大学问

始于问而终于明

雅理译丛
田雷 主编

Larry Siedentop

发明个体

人在古典时代与中世纪的地位

[英] 拉里 · 西登托普——著
贺晴川——译

GUANGXI NORMAL UNIVERSITY PRESS
广西师范大学出版社
· 桂林 ·

发明个体：人在古典时代与中世纪的地位
FAMINGGETI: REN ZAI GUDIANSHIDAI YU ZHONGSHIJI DE DIWEI

Inventing The Individual: The Origins of Western Liberalism

著作权合同登记号桂图登字：20-2020-136 号

图书在版编目（CIP）数据

发明个体 ：人在古典时代与中世纪的地位 / （英）拉里・西登托普著；贺晴川译．—桂林 ：广西师范大学出版社，2021.1（2021.3 重印）
（雅理译丛 / 田雷主编）
书名原文：INVENTING THE INDIVIDUAL
ISBN 978-7-5598-3290-0

Ⅰ．①发… Ⅱ．①拉…②贺… Ⅲ．①自由主义－研究 Ⅳ．①D091.5

中国版本图书馆 CIP 数据核字（2020）第 192872 号

广西师范大学出版社出版发行
（广西桂林市五里店路 9 号 邮政编码：541004
网址：http://www.bbtpress.com）
出版人：黄轩庄
全国新华书店经销
广西广大印务有限责任公司印刷
（桂林市临桂区秧塘工业园西城大道北侧广西师范大学出版社集团有限公司创意产业园内 邮政编码：541199）
开本：880 mm × 1 240 mm 1/32
印张：15.75 字数：260 千
2021 年 1 月第 1 版 2021 年 3 月第 2 次印刷
定价：88.00 元

历史学不只是研究各种史料性的事实和制度；
它真正的研究对象是人类的心灵：它理应渴望知道，
在人类生活的不同时代，
这颗心灵相信过什么、思考过什么、感受过什么。

福斯泰尔·德·库朗热

前言

“西方”意味着什么？

现在谈论“西方”(the West) 还有意义吗？我们生活的各个 1
国家曾经被称为基督教世界的一部分，现在很多人则称之为后基督教的世界——我们似乎已经丢掉了自己的道德方位（moral bearings)。我们再也没有一个有说服力的故事，告诉自己我们的起源和发展。在我们对各种事情的看法里，几乎不存在什么叙事上的全面胜利。不论好坏，事情已经发生在了我们身上。

也许有人会对这种处境表示欢迎，认为这是从种种历史神话（historical myths）中获得了解放，这些神话诸如人类原罪与救赎的《圣经》故事，或者是由科学的发展来“保证”的进步信仰。还有人会说，一种更加包容的全球化叙事，已经让任何诸如西方叙事之类的东西变得不仅过时，而且道德上可疑。

我不能同意。如果我们是在一个全球的背景下看待西方，我们处境的最突出之处就在于：无论我们乐意与否，我们都正处在各种信念的相互竞争之中。

最明显的例子就是伊斯兰基要主义的发展。在一种世界观里，宗教律法驱除了世俗领域，妇女的从属地位也违背了人人平等的信念——这种世界观与西方流传甚广的道德直觉水火不容，而这还只是一例。

不过，有了这些道德直觉，难道就意味着我们还能根据共同信念（shared beliefs）来定义西方吗？西方能够提供的种种信
2 念，通常被人们形容为“自由主义的”(liberal)。但在这里，我们立刻遭遇了一个难题。因为在伊斯兰基要主义者和不少西方人的眼里，自由主义已经成为“不信”(non-belief)的代表——因为它的漠然中立与宽容放任，不然就是因为它的衰落。为什么会这样？这项指控成立吗？

本书试图弄清楚这些问题。它的论证有赖于两个假定：首先，如果我们想理解各种信念与各种社会制度之间的关系，也就是理解我们自己，那就得把眼光放得非常长远。道德和信念的深刻变革，可能花费数世纪才渐渐改变了各种社会制度。期望流行的习俗和态度能在一夜之间改变，这是很愚蠢的想法。

第二个假定在于，信念仍然具有第一位的重要性；这个假定曾经获得过远比今日更多的人的认可。19 世纪，围绕着历史变革的问题有过一场旷日持久的论战——“观念论者”和“唯物论者”的论战，后者主张社会秩序与其说是依赖共同信念，不如说依赖于技术、经济的相互依存，以及一套先进的社会劳动分工。即便马克思主义的说服力在 20 世纪末受到挑战，这个观点也未曾失去信誉。毋宁说，在一种奇特的来世里，马克思主义渗入了自由主义的思想，不断引诱着我们贬抑各种信念的作用。由于二战后西方享受的前所未有的繁荣，这种诱惑变得越来越大。我们已经开始去经济增长的神殿做礼拜了。

与此相反，本书要尽可能严肃地对待道德信念，途径就是观察一系列“时刻”；在这些时刻里，各种业已改变的信念在

两千年间渐渐影响了各种社会关系。这不是说，这些信念就是唯一起作用的原因。西方发展的故事既不简单，也不是线性的。任何原因都不可能永远保持独一无二的强力；尽管如此，在我看来道德信念已经为西方历史赋予了某种清晰、总体的"方向"。

因此，我讲的故事是关于"个体"(individual) 如何成为西
方的组织性社会角色，也就是说，我们认为理所当然的"公民
社会"(civil society) 及其著名的公私领域区分，以及它对良心和
选择的作用的强调，这些东西究竟是如何产生的。这个故事讲
的是一系列缓慢的、高低不平的、艰难的步伐，它们迈向了现 3
已得到公开承认和保护的个体的道德自主 (moral agency)，在法
律面前的平等，以及各种强制性的"基本"权利。

一场道德信念的根本变革塑造了我们生活的这个世界。但这并不是说，那些引起或推动了这场变革的人预见或意欲这场变革最终的社会结果。我的故事一部分是关于这场信念变革所造成的出乎意料的结果。追溯这些结果，在西方自由主义的故事里占了很重要的一个部分。

如今，许多西方人自称是基督徒，却没有定期上教堂，甚至对于基督教教义都只有很粗浅的认识。这是虚伪还是无知？也许都不是。这一点可能暗示，人们意识到他们生活的同时也是大多数人热爱的这个自由主义的世俗世界，是一个由基督教信仰所塑造的世界。如果这是事实，以这种方式来描述他们，他们就会对自己的道德直觉的起源表示敬意。

自由主义的世俗主义发源于基督教西方，难道这只是偶然吗？本书试图回答这个问题。讲述一个概念的两千年发展历程

的故事，至少已经不是时尚了。可以理解，历史学家对于技术化论证之类的事情已经变得十分敏感，所以他们会去调查18世纪、19世纪关于“进步”的历史理论所造成的危险。我已尽力避免这样的危险。

但这也不是唯一的危险。如今，智识劳动的分工和知识的单纯积累，为想要从这么长的时段中探索出一条通路的人营造了巨大的风险。专家不得不有所保留，不得不小心遗漏或歪曲，否则会犯大错。但是，难道我们也必须放弃努力，再也不去确认和追溯历史进程中那些更长的发展线索了吗？在我们看来，这样做未免代价太高了。

本书难免是一部解释的著作，而非初级的学术著作。我认为它所利用的资源是最富有穿透力和最具原创性的，也是从我能找到的无数资源里筛选出来的。我确信，这场筛选的过程也排除掉了许多有价值的资源。尽管如此，还是有一些在世的或已经离世的历史学家的著作让我留下了深刻的印象；这些著作既是巍峨耸立的成就，对于我所要解决的问题也是关键性的帮助。我极大地受惠于他们的榜样。以下人物就是这本书的真正
4 英雄：福斯泰尔·德·库朗热（Fustel de Coulanges）、弗朗索瓦·基佐（François）、布莱恩·蒂尔尼（Brian Tierney）、哈罗德·伯尔曼（Harold Berman）、彼得·布朗（Peter Brown）。如果这本书只是让他们的著作获得了更多读者关注的话，那它也是有所成就了。不过，我希望这本书能为处于西方身份之核心的自由主义传统提供一份更好的理解。

一生的阅读、交谈和争论，让后面的篇章得以成形。一些影响过我的最重要的友谊，现在已是回忆的材料：这些朋友是

保罗·弗里德（Paul Fried）、米戎·吉尔莫（Myron Gilmore）、约翰·普拉门纳（John Plamenatz）、以赛亚·伯林（Isaiah Berlin）和约翰·布罗（John Burrow）。布罗在逝世以前，读过大部分手稿，并一如既往地提供了很多敏锐、有益而机智的评论。还有一些人也阅读和评论过几乎全部手稿，他们是古列尔莫·维迪拉梅（Guglielmo Verdirame）、亨利·马耶－哈丁（Henry Mayr－Harting）、迪阿梅·麦克库洛（Diarmaid MacCulloch）和爱德华·斯基德斯奇（Edward Skidelsky）。他们的评论和批评总是无价的。我还要特别感谢古列尔莫和亨利·纽曼（Henry Newman），他们和我度过了数不尽的夜晚，我们的交谈涵盖了我们时代的几乎所有问题。他们的慷慨和忠诚也促成了这本书的出现。最后，我要向牛津基布尔学院的路得·德里（Ruth Dry）表示敬意。对于这份手稿接二连三的修订，她的耐心总是令人感到愉快。

LAS
基布尔学院，牛津
2013年8月

目　录

第一编　古代世界

第二编　道德革命

第三编　通向基本法的理念

第四编　欧洲身份认同的形成

第五编　统治的新模式

第六编　现代自由的阵痛

第一编　古代世界

第一章
古代家庭

身在西方的我们，要想理解自己创造的这个世界，就必须 7
首先理解另一个与我们相距遥远的世界——这里的遥远不在于空间，而在于时间。

遥远的过去总是以种种令人意想不到的方式继续活着。让我们看看这样一幅场景：一个男人抱着新娘，跨过他们新房的门槛。谁能想到这个温馨的习俗（custom）竟是某些信念的遗留，而这些信念曾经支撑着一个与我们社会迥然不同的社会呢？那可是一个在许多方面都令人厌恶的社会。在那里，祖宗敬拜、家庭宗教（the family as a cult）以及嫡长子继承制创造了各种根本上不平等的社会身份，不仅体现在男女之间，也体现在头生子与其他男性后代之间。

因此，要想理解一种习俗就其起源而言并不温馨，而是严厉的和强制性的，我们就一定要搁置自己的先入之见。我们必须想象自己踏进了这样一个世界：在这里，行为受到习俗的支配，习俗仅仅反映着家的诉求，反映着家的记忆、仪礼和功能，而非个人良心的诉求。我们必须想象自己踏进了一个所有的人或人格皆非我们如今理解的“个体”（individuals）的世界。

自从16世纪和民族国家出现以来，西方人逐渐将“社会”

(society) 理解为一种由个体组成的团体。直到晚近，这种理解才伴生出一种差异感，即其他文化也有过不同的组织基础，可能是种姓、氏族或者部落。不过，最近几十年西方人通过资本
8 主义、民主的传播和人权话语影响了世界的其他地区，从而弱化了那样一种差异感。全球化已经让我们能更加容易地将一种个体化的，亦即更重视个人偏好和理性选择的社会样板，推广到全世界。

我们已经成了自己成功的受害者。原因在于，我们面临的危险就是将个体视为某种“显而易见”或“不可避免”的事物，认为它是由一些于己无关的外在事物，而非我们历史上的各种信念和斗争所捍卫的对象。诚然，每个人都有自己的身体和心灵，但这就足以保证人人平等是由自然而非文化所决定的吗？

就基因遗传而言，自然只是一种必要而非充分条件。平等也需要某种法律的基础，其形式就是人人享有的各种基本权利。要想理解这一点，最重要的是要理解西方世界距离它的起源已经走了多远，理解这种远离是如何发生的，为什么发生。我们需要盯住彼时与此时之间的每一步，这并非总是一件容易的事情。人们普遍为一种个体化的社会样板的胜利自鸣得意，这一点恰恰反映了我们的历史认识存在着某种令人担忧的衰落。例如，对于亚里士多德将奴隶定义为“生活工具”，或者古代认为女人不可能完全成为理性主体的看法，我们简单地一概视为“谬误”——这些都是某种落后的正义感的症状，几乎无法推进我们对过去的理解。毕竟，极度的社会不平等在那些文化水平极度有限的社会里更容易存在，也貌似更加有理。

西方文化起源于希腊、罗马和犹太-基督教，此乃老生常谈。问题是，哪一个来源最重要呢？不同的时代有着不同的回答。在中世纪，基督教被视为最重要的来源，16 世纪的宗教改革也持同样的观点。不过，18 世纪启蒙运动的看法就不同了。在攻击“迷信”和教士特权时，启蒙思想家们试图将近代欧洲与古希腊罗马之间的道德距离和智识距离缩减到极致，其做法则是将“黑暗的”中世纪与他们时代的“光明”之间的鸿沟扩大到极致。在他们看来，自然科学和理性探究已经取代了基督教信仰，成为人类进步的能动主体。个体从封建社会的等级秩序中得到解放，人类心灵从自私自利的教士们的教条中得到解放，这些都象征了现代性的诞生。

因此，罗马帝国陷落与文艺复兴之间的一千年就成了一个 9
不幸的停顿，一场人性的倒退。吉本（Gibbon）著名的《罗马帝国衰亡史》邀请近代欧洲人一道为古人举办一场高雅的哀悼，其间就混杂着悲伤和一种反教士的嘲弄乐趣。基督教信仰的道德意义总是受尽白眼，我们只要看看吉本如何评论一位晚期罗马帝国的夫人就懂了——她将自己的女儿献祭给基督，因为她决心要当上帝的“丈母娘”。在吉本及其许多同时代人看来，个体解放的现代世界是一种向着更加自由、更加世俗的古代精神的回归。这种观点广泛流传，即便如今已在很大程度上清除了恶意的反教士主义。

可是，古希腊罗马究竟有多么自由和世俗呢？为了回答这个问题，我们不得不探索最初使得古代城市国家——城邦（polis）——的种种制度得以产生的宗教和道德信念。原因在于，这些信念塑造了某种独一无二的社会观念，直到 1 世纪以前都未尝经历过严重的挑战。

这些信念和实践活动塑造了尚在襁褓中的古希腊罗马，并且在它们巅峰时刻也大多犹存；一旦我们仔细观察它们，我们就被拉回一个真正遥远的道德世界——印欧世界，它甚至先于我们通常所谓多神论的古希腊罗马。我们发现自己进入了另一种思维模式，而它造就了一种“家就是一切”的社会观念。用我们的话来讲，这不仅是一种公共制度，同样也是一种宗教制度，因为家父长（paterfamilias）既是家的管理者，也是家的最高祭司。

要想重新把握那个世界，观察和感受到那个世界究竟发生过什么，我们就要有极富想象力的一跃。一位名叫福斯泰尔·德·库朗热的法国历史学家做得最成功，他进入了几千年前居住在希腊和意大利半岛上的那些人的心灵。他的《古代城邦》（1864）是 19 世纪最杰出的著作之一，揭示了前历史的宗教信仰先是如何塑造了家庭制度，接着又如何塑造了古希腊罗马的公共制度。它揭露了古代家庭的本性：“通过研究古代私法
10 （private law）的各种准则，我们便可以窥测到，在史书所能记载的时代之前的数世纪里，家是社会的唯一形式。”[1]

从早期的希腊罗马法典出发，库朗热逆向地展开工作，以此考察了这样一个世界——在那里，祖宗敬拜（ancestor worship）创造了某种家庭宗教（domestic religion）。他的书一直都是“在论述古代城邦方面最有影响力的现代作品之一”，[2]但库朗热本人不太信任现代人对古人的描写。他似乎认为，诸如“合理性”和“私有财产”之类的范畴会造成混乱，阻碍我们进入与自己的心灵和制度截然不同的其他心灵和制度。他说：“如

果我们想理解古代，我们的第一条规则就应当是拿源于古人的证据来支撑自己。”[3]正是这样的决心，赋予了库朗热这部作品了不起的价值。

库朗热不仅利用了一批最早的法典，也借鉴了早期的史家、哲学家和剧作家的成果，以求重新把握那些塑造了古代家庭和城邦的信念的意义。在追溯古希腊罗马城邦从某种前历史的家庭社会（society of families）中兴起的过程中，他有时可能夸大了那些信念的统一度和范围。别的原因也发挥着作用，现实有时比库朗热设想得更复杂，因为人类理解自身的方式从来都无法把握全部的真理——它会选择、简化，偶尔还造成干扰。尽管如此，库朗热拥有一种卓越的能力，他能从语言本身和最早的法律一直追溯到各种制度的根底。因此，他的解释始终贴近于古代思想家们（不只是亚里士多德）对自己社会的发展的理解。[4]库朗热的核心关切就是他们关于自身的种种信念。

在库朗热看来，最初的古代家庭既是宗教信仰的场所，也是宗教信仰的中介。它是一种实现不朽的手段，既是一种形而上学，也是一种宗教信仰（cult）。古代家庭的各种活动满足了拥有自我意识，并且试图克服死亡这一事实的生物的需要。家庭成员环绕在家火（family hearth）周围，父亲照料圣火，供奉祭品和奠酒，诵读从他父亲那里学来的祷辞；这样，家庭成员就与他们的祖宗联结到一起，并为他们自己的未来做好了准备。家中祭坛的火绝不能熄灭，因为据说它是活着的。它那摇曳不定、无实体性的火焰并不仅仅代表家的祖宗，它曾经就是他们的祖宗：人们认为这些祖宗就生活在地下，必须有人为他 11
们提供食物饮料，否则他们就会变成恶灵。因此，照料家火成了一项首要的义务。长子将接替父亲，主持家中祭坛的各种仪礼（rites），也就是成为家的最高祭司。而后，他的长子也将接替他。

这个由宗教信仰建立起来的循环只属于家。神灵是不可共享的。唯独有血缘关系的男子死后才能被奉为家的神灵。人们还相信，过世的祖宗只从家庭成员那里接受供奉。因此，外人（strangers）被排除在死者敬拜之外，唯恐犯下严重的不当或渎神之举。库朗热说："希腊语有一个表示家的词语十分重要……ἐπίστιον这个词直译是'围着火堆的人'。可见，一个家就是由这样一些人组成，他们被容许敬拜同一家火，祭祀同一祖宗。"[5]如果家火没有得到合适的保护和照料，"安息"在它下面的祖宗（"地下神灵"）就会感到不满，出来游荡，不再作为神灵，而是像魔鬼那样给生者惹麻烦。

通过研究古希腊拉丁语的词根——库朗热还补充了诸如吠陀之类的其他印欧来源——关于圣火和神圣祖宗的信仰得到了揭示。我们不应该把这些信仰当作单纯的人类学好奇心而束之高阁，因为这些信仰所建立的种种实践活动仍然在历史上存活下来，成了古希腊罗马的家庭活动，尽管有所改变。事实上，一直到基督教来临以前，它们确立了日常生活的框架。库朗热写道：

"希腊人或罗马人的房屋内都有一个祭坛，祭坛上常燃着少许煤块及炭块。使这炭火夜以继日，乃是这家主人应负的神圣职责。这火若是熄灭了，则这家人必遭不幸。每天晚上，人们往炭灰上添置煤块，以使它缓慢地烧着而不至于灭掉；每天清早一起床，第一件要做的事就是加添木柴，使这火重新燃烧。只有在一家人都死绝时，祭坛上的火方才熄灭。所以在古人的语言中，一个家的断绝与家火的熄灭，意义是一样的。”[6]

最年长男子的绝对权威，圣火的照料者，家庭宗教的保护 12
者——到后来这些就是“家父长”（paterfamilias）的表现。家父长的权威是宗教信仰的直接产物，而儿子独身也被视为失职，因为这威胁了整个家庭的不朽。

在古希腊罗马，其他家庭活动同样也是宗教信仰的直接产物，例如妇女的附属地位、婚姻的本性、财产权和继承法。我们先以妇女的角色为例。女人只能通过父亲或丈夫才能参与死者敬拜，因为血统的追溯只根据男系。但即便如此，宗教依然完全支配着亲属关系的界定，以至于要是一个养子被允许参加一家的敬拜，那他们就拥有了同样的祖宗；要是一个儿子抛弃了自家的敬拜，那他们也就完全没有任何关系，成为陌生人。

回到把新娘抱过新家门槛的那个例子，我们现在逐渐能理解这种活动的起源了。在这个世界里，家就是唯一的社会制度，家庭敬拜就是个人身份的来源，因而从一家到另一家对女人来说实在是意义重大的一步，这一步彻底改变了她的身份。那么，举行一场婚礼还必须做些什么呢？首先，女儿必须在自家圣火前进行一场正式仪式，表示与自己的家永远分离。但在宣布断绝自家的敬拜时，她也失去了全部身份，暂时成了非人（non-person）。这就是为什么她的未来丈夫必须抱着她跨过新家门槛的原因。只有当她在丈夫家的圣火前进行另一场庄重的仪式，从而被接纳进了新家的敬拜之后，她才能获得一个新的身份——这个身份让她能在这个家自由出入。这样，她也再度拥有了祖宗和未来。

很显然，无论过去、现在还是未来，家庭都是社会实在的基本单位，也必然是建造一切更大的社会单位的原料。任何事物都不能侵犯家庭领地而为合法。库朗热认为，这反映了一个前历史时期的存在：早在城邦和政制诞生以前，大大小小的家
13 庭就是唯一的社会制度。人们认为，巡勘家庭领地的边界不仅是在确立物理上的边界，也是在确立某种道德上的边界。边界之外都是外人和敌人，而这两者也没有那么确切的区分。至少从一开始，人们认为家庭圈子之外的人与圈子里的人毫无相同的特征。他们不承认普世的人性，奴隶制的实践就证明了这种态度。

在这些关于家庭本性的信念与所有权观念的起源之间，也存在着某种直接的联系。家庭祭坛及与其相伴的祖宗神灵，为人们提供了一个定居生活的场所，一种与土地之间的固定关系。库朗热写道：

“自最古时代起，在希腊和意大利的社会中，便有三种制度确立无疑了。它们就是家庭宗教、家以及财产权。这三种制度密不可分，在起源上有着明显而紧密的关联。私有财产的观念出自宗教本身。每家各有其圣火，各有其祖宗。每家各祭它的家神，每神各佑自家。神灵就是家的财产。”[7]

家庭财产的边界同样也是某种神圣领地的边界。正如两个圣火及其象征的神灵不可混合，连通婚也不行，所以家的地界（enclosures）也必须保持清楚分明。

数世纪之后，当希腊人和罗马人最早建造了城邦时，这种原始信仰仍然存活在实践活动里。尽管城里的房屋不得不离得很近，它们却不能相互接触。无论多小，总有一点空间必须将

它们分开："据罗马法的规定，两宅之间必须空出二步半，这块空地是留给'界神'（god of enclosure）的。"[8]当然，后来的房屋建筑打破了这一禁令，但它从一开始就塑造了罗马的财产法。

如今，当我们看待别人时，我们首先是将他们视为拥有各种权利的个体，而非各有其指定地位的家庭成员。也就是说，我们现在是将人视为理性主体，他们的理性和选择能力使得自己有正当理由得到某种根本的地位平等，某种道德平等。我们 14
甚至倾向于将这种道德平等视为某种知觉事实，而非社会价值。我们假定理性主体要求得到平等的关怀和尊重，而这一假定已是如此根深蒂固。

不过，我们已经看到事实并非总是如此。当我们重新把握那些促成了古希腊罗马城邦起源的前历史的宗教信仰和实践活动时，我们就会发现自己踏进了一个所谓小型家庭教会的世界。任何人都不准向不止一个圣火进行敬拜，或者向不止一个世系的祖宗进行祭祀，因为每一世系都构成了一种永恒的神性，既联结起过去、现在、未来的家庭成员，也只佑护他们。参加不止一个圣火的祭祀将被视为骇人之举，也是一种极易同时为这些家庭带来灾难的不虔敬。

每家各有其神灵，它们从自己的神那里寻求保护，也只祭祀自己的神；正因如此，与家庭敬拜相断绝意味着失去了全部的个人身份。这就证明了库朗热下述看法的正确性：古代家庭不是奠基于出身、情感或自然力量，而是基于宗教。早在以宙斯或朱庇特为核心的诸神信仰之前，强有力的宗教信仰就塑造了古希腊罗马人的家庭制度。这些信仰反映了一个早在城邦被创造出来之前的时代，那时只有大大小小的家庭存在。

不过，更大的团体也渐渐发展了起来。多神论的出现，就是这些团体发展起来的标志。如果说家庭是人类团体唯一持久存在的单位，其基础是宗教信仰，那么，更大的团体要想出现就必须满足某些条件。在城邦得以出现之前，新的家庭团体必须发展起来：首先是“家族”(gens)，也就是扩大了的家庭；然后是氏族（clans)，希腊语称为“族盟”(phratries)，拉丁语称为“胞族”(curiae)；最后是部落（tribes)。库朗热并不认为，这些更大团体之间总是存在着家的纽带。可是，一旦它们成形，他们的信仰就迫使他们必须找到某种共有的神性。人类团体的每一次扩大都需要建立一种新的敬拜，承认一种比各家庭的神性更高的神性。

15 这些中间团体的痕迹长期存活在古希腊罗马的城邦制度中。只要人类团体向前迈进的每一步都需要宗教信仰的一次扩大，也就是承认共有的神性；那么，家庭宗教的原初模式就始终具有影响力，就连古代史家也为它的强韧感到震惊。[9]

很显然，我们距离启蒙视野下的那种古代世界的主导精神已经很远了——那是一种自由、世俗而不受宗教权威或教士束缚的精神。由于受到各种反教士信念的驱使，这些18世纪思想家们并没有注意到古希腊罗马世界的某些重要东西。他们没有注意到，古代家庭从一开始就是名副其实的教会，而这个教会束缚其成员的程度再怎么夸大也不为过。作为所有祖宗的代表，父亲本人也是一位预备的神灵。他的妻子只能算作丈夫的一部分，只是通过他才有了祖宗和后裔。作为祭司和管理者，父亲的权威从一开始就大到甚至有权利抛妻弃子或者杀死他们。独身和通奸都被视为重罪，因为它们以不同的方式威胁了家庭敬拜。

不过，父亲也是在一家共有的信仰基础上施展自己的权威。他的权威不是恣意专断的权力。最重要的绝对义务是保存家庭敬拜，也就是照料自己的祖宗，不让他们遭到遗忘。这种对家庭圈子的情感约束，赋予了家庭一种极不寻常的强度。仁慈，也就是对人本身的关心，既不被视为德性，也很可能叫人无法理解。但是，履行作为家庭成员的义务就是一切。库朗热写道："责任感、自然情感、宗教观念——这些都混合在一起，用的是同一个词。"[10]这个词就是虔敬（pietas）。

我们也不能认为，到了后来家并入更大团体的历史时期，家庭虔敬的诉求就变弱了。例如，我们要注意到，这些诉求仍然塑造了罗马公民的日常活动。库朗热指出："人们朝夕都祷告于家火、家神和祖宗面前，出门时他们祷告，回家时他们也祷告。吃饭也是一种宗教礼节，他们与诸神分而食之。出生、入教、成年礼、婚礼及各种事件的纪念日，都属于宗教的 16
庆典。"[11]

维吉尔（Virgil）的《埃涅阿斯纪》写在罗马共和国让位于罗马帝国之际，歌颂了在危难处境下虔敬的诉求。贝尼尼（Bernini）雕刻的《埃涅阿斯、安喀塞斯、阿斯卡尼俄斯逃离特洛伊》——现藏于罗马的博尔盖塞美术馆（Villa Borghese）——生动地体现了这些诉求。它表现了特洛伊陷落后，埃涅阿斯（Aeneas）带着父亲安喀塞斯（Anchises）和各位家神，他儿子阿斯卡尼俄斯（Ascanius）带着家火的场景。父子身上带着对他们最重要的东西，这就是对虔敬观念的一种强有力的视觉再现。

仔细看来，家庭制度为古希腊罗马人的公共法律和政治制度奠定了基础，而家庭制度又是由关于神圣祖宗之种种诉求的信仰所塑造的。财产权观念便是其结果，也最为清楚地展现了这一点。在最早的古希腊罗马法律里，财产交易遭到了严厉的禁止。即便到了后来的历史时期，财产交易的四周也充满了禁令和惩罚。理由很显然，家产对于家庭敬拜是不可或缺的：“宗教规定，家火必须固定在某一土地上，坟墓既不能毁坏也不能挪动。若废除财产权，家火就居无定所了，这样就会导致各家相互混杂，死者无人过问，无人敬拜。”[12]因此，财产权并不属于某一个人，而是属于家庭。最年长的男子是将土地作为一种信任（trust）来掌有的。继承规则很清楚地说明了这一点，因为财产和家庭敬拜一样遵循着相同的规则。它将移交给长子，若无男性子嗣，则移交给最近的男性亲属，女儿不能继承。在雅典，如果死者只有一个女儿，她就必须嫁给那位继承人，即便那人或她已经结婚！

财产的处置不是一件关于契约或个体选择的事情。在最早的时代，古希腊罗马人认为，财产首要地是一种延续家庭敬拜的手段。在雅典，一直到梭伦的时代（公元前6世纪）以前都不存在遗嘱的意愿或权利，而梭伦的改革仅仅允许无子女的人立遗嘱。只有到后来战胜了宗教方面的强烈顾虑，遗嘱才取得了进展。即便在雅典最伟大的年代，库朗热也毫不费力地找
17 到了这些顾虑的残留例子。柏拉图（Plato）在《法篇》里轻蔑地回答了一个临终之人想任意处置自己财产的意愿：“你不过是这个世界的临时过客，这类事务，难道是你能决定的吗？你不是你产业的主人，你甚至不是你自己的主人。你连同你的产业，都属于你的家，你的祖宗，以及你的子孙后代。”[13]

霎时我们觉得，采用 18 世纪启蒙运动的格言，称这些信仰皆是“偏见”是一种很诱人的做法。这些偏见在古代奠立了一种等级制的社会观念，而且在祖宗敬拜的各种纯正、早期的形式下存活了很久。事实上，基于这些偏见的许多法律安排都在历史中发生了改变：财产的处置变得更加容易，家父长的权威也多少受到了限制。各种变化的发生，为一场道德革命的到来做好了准备。

不过，古希腊罗马人一直将“社会”理解为各家庭联合而成的团体——其中各家有各家的宗教信仰——而非个体联合而成的团体。因此，家庭内部的司法根本上一直都是家父长的事情，而非城邦的事情。源于家庭宗教的父权，导致了女人的附属地位：

“希腊与罗马的法律有同样的说法。女子未嫁则从父；父死则从兄弟或亲属；已嫁则从夫；由于她行婚礼时已永远脱离父家，故夫死后也不能回本家；寡妇从她丈夫的亲属，换言之，有子则从子，无子则从丈夫最近的亲属。”[14]

因此，家庭领域的不可侵犯与家庭敬拜的排外性，从一开始就紧密联系在一起。它们确立了某种道德边界，就连后来发展起来的古代城邦也有义务给予尊重。立法领域止步于家庭财产。干涉财产就是干涉一家的宗教，也就是干涉最神圣的义务。对欠债者的处置足以证明这一点：即使一位欠债者失去了对自己身体的控制，也不能碰他的财产。

我们现在能更好地理解，古希腊罗马的宗教信仰对于他们 18
的社会和政制安排造成了何种首要后果。就连库朗热也没有足够清楚地认识到这种结果。为了理解这一点，我们必须抛弃现代的公私领域区分，这种区分支撑着我们关于公民社会和个体自由的种种观念。

对古希腊罗马人而言，关键性的区分不在于公私领域，而是在于公共领域和家庭领域。而且，他们认为家庭领域只属于家，而不是属于一群被赋予了权利的个体。家庭领域是一个不平等的领域，角色的不平等对古代家庭的敬拜而言，是最根本的。因此，难怪当古代城邦被创造出来的时候，公民身份只属于家父长和他的儿子。女人、奴隶和国外出生的人既没有自己的家火和敬拜，也没有公认的祖宗——他们被直截了当地排除在公民身份之外。家的虔敬排除了他们，虔敬竖起了一道不可拆除的藩篱。

在古代家庭里存在着一种强烈的感情，我们对此是未知的。但是，这种强烈感情的代价就是牺牲了道德的透明性，牺牲了我们所谓的人道的诉求。

第二章
古代城邦

我们已经考察了一个前历史的世界；在那里，家庭就是一切，义务、神灵和祭司都只属于家庭。那么我们是如何从那样一个世界出发，抵达希腊与意大利的城邦世界和历史记忆呢？人类团体的范围究竟如何扩展，如何逐渐孕育出城邦和各种政治制度，其实也就是孕育出真正的政治理念呢？ 19

查明真相很重要，因为城邦在后来引发了一种通称“古典共和主义”的政治话语传统，其影响力持续至今。有时，这一传统被提出来是为了谴责现代世界的一些基本制度，例如民族国家、市场和代议制政府。这样的例子尤其出现在18世纪后半叶：或许是受了让-雅克·卢梭（Jean-Jacques Rousseau）著作的启发，法国的革命领袖们都开始讲起古代公民的“德性”（virtue），讲起他们对公共事务（res publica）或公共福祉的一腔热忱，而他们这么做是为了重新塑造欧洲社会和政府。例如，罗伯斯庇尔（Robespierre）的修辞表明，古代的公民权才是对“真正”自由的考验。在他看来，古代自由成了最本真的自由。

这种主张应该让我们暂时停下来。我们已经发现了一个绝非世俗的古代世界。我们已经发现，家庭及其对神圣祖宗的敬拜——简直就是小教会——曾经是古代社会的建筑原料。如果那个社会并不支持任何类似于个体角色、法律面前人人平等以及个体权利之类的东西，那它的政治制度怎么可能等于自由
20 呢？当有人提出这种主张时，他究竟是在谈论哪一种自由？归根结底，古代城邦的发展是否导致了家庭宗教的毁灭和各种个体权利的出现？古代的公民权是否标志着世俗主义的到来？如若不然，古代人的自由究竟有着什么样的含义？

为了回答这些问题，我们必须更加仔细地观察家庭世界如何转变为城邦世界，因此我们要从公元前三千年和两千年移步到公元前一千年。

尽管家塑造了古希腊罗马以前的制度，这是我们的出发点，但错误的做法是用现代的说法来设想家，认为它就类似于现代人的核心家庭。家的建构是由那些宗教信仰所推动的，而恰恰是这些信仰导致了家庭规模的迅速扩张。次子们及其后代始终隶属于家的祭坛及其圣火。不止如此，一旦这些隶属家庭的数量在相继几代人间增长起来，这个父权制的家庭或“家族”(gens) 就有了亲属。其中一些人获准得到了类似于妇女那样的“下等角色”，从而永远隶属于这个家。同样也可能存在着隶属于家，却没有宗教联系的奴隶。

这些父权制的家庭或“家族”(gentes)，最终如何形成了各种更大的团体呢？他们只知道一种办法，也是这样做的。确切地说，他们逐渐承认了共同的祖宗，创立了共同的敬拜。一座祭坛被立起，是为了一位公认的神灵或“英雄”。接着，一种仪式性的宴会被确立下来，相当于一家人“神圣”的一顿饭。这些更大的团体也需要自己的祭司、集会（assembly）和仪式，

因为一种崭新的宗教身份维持着族盟或“胞族”(curia)，也就是我们所谓的氏族（clan）。反过来，当这些新兴团体在规模和亲缘性方面都得到了提升，它们就会逐渐建立起一个更大的团体，称为部落（tribe）。部落也需要自己的神圣祭坛，需要一位神灵，也就是公认的“一个神化的人，一个英雄”。

当几个部落通过创立一种共同的敬拜，补充而非取代先前存在的家族、族盟或氏族以及部落的敬拜，从而实现相互联合的时候，古代城邦就形成了。这里，库朗热的解释遭到了批判。他或许夸大了各城邦创立时的一致性。难道这些城邦总是由具有家庭起源的氏族所创立的吗？或许不然。[1]但正如我们所见，库朗热也没有说这些更大的团体里总有某种家庭纽带的存 21
在。他的论点也不排除另一种可能性，即各团体的角色因为并入城邦而发生了改变。有一个事实始终存在：就其正式的组织而言，希腊人和罗马人都是围绕着那些附属团体的诉求来打造公共制度的。他们满足了族盟或胞族（curias）还有部落的要求，并赋予它们各自一个正式的角色。因此，这样产生的城邦就是一个宗教联盟，一个吸纳了其他团体的团体，而所有这一切都是在摹仿家庭和家庭敬拜。古代城邦并不是一个由个体组成的团体。

宗教观念随着团体规模的扩大而扩大。库朗热并不认为宗教的发展能以任何简单的方式推动社会的发展，但他确实强调两者间的直接联系。因此，随着团体规模的扩大，自然神或多神论就变得越来越重要，因为这些神灵更容易为人们所共享，比祖宗更少具有家的排外色彩，并且更与自然力量而非神圣祖宗相关。这些神灵象征着海、风、丰产、光、爱和狩猎等，也有人们熟悉的名字，例如阿波罗、尼普顿、维纳斯、狄安娜和朱庇特等。人们为这些神建造的公共庙宇，也为宗教观念的扩大提供了物质证据。尽管如此，每个城邦的神仍然是排外的；因而，即便两个城邦都敬拜“朱庇特”，这位神在它们那里也有不同的属性。

特殊主义就是法则。即便在一座城邦建立后，人们也无法设想它不尊重那些曾参与其建造的神圣祖宗、神圣仪式以及不同团体的管理者。因为人们认为，死者的灵魂仍然活在它曾协助创造的这个城邦的地下。公元前 6 世纪，政治家梭伦（Solon）为雅典人制定了法律，其中就有一条出自德尔菲神谕的建言：“你们要敬拜地下的死者，城邦的首领。”[2]城邦在涉及子孙后代的事情上必须尊重他们的权威，因为城邦的权威完全就是他们权威的一部分。神灵和团体要携手前行。

古代城邦的这种团体性和神圣性，支配着它的正式组织。无论在投票程序、军事组织还是宗教祭祀的问题上，部落、族
22 盟（curiae）和家庭都负有责任，也通过它们来引导公共生活。人们认为这一点十分重要：在同一个祭坛上祭祀的人们，彼此之间应当有着最紧密的联系。祭坛是人类团体的联结纽带，这一点在古希腊罗马人的战争观念中得到了体现。在欧里庇得斯（Euripides）的一部戏里，一个士兵声称：“与我们一道并肩作战的神比敌军的神更强大。”[3]

一个雅典或罗马的年轻人获得全部公民权的历程，重演了作为城邦之基础的团体的历程。他降生在一个家庭，数日后就要参加这家的敬拜。数年后，这个年轻人相继入了族盟的宗教和部落的宗教（每一次都有一场仪式性的宴会，“神圣”的一

顿饭)，直到他20岁前在一场公共典礼上被正式接纳为一位公民。库朗热写道：

“至16或18岁时，他可以申请加入城邦。行礼之日，他在放着牺牲的祭坛前宣誓，表示自己永远遵守……城邦的宗教。从此以后，他便入了公共宗教，成为公民。如果我们观察这位雅典的年轻人一步步从一种敬拜过渡到另一种敬拜的过程，我们就有了人类团体的历经阶段的一个象征。这位年轻人不得不遵循的进程，亦是社会最初走过的进程。”[4]

古代公民相继加入的宗教敬拜，都没有为个体的良心或选择留下丝毫余地。这些敬拜要求权威不但凌驾于这个人的行为之上，也凌驾于他的思想之上。它们的准则支配着这个人与自己和与他人之间的关系。它们的准则渗入了生活的方方面面，无论是衣着、举止、婚礼、运动、教育、交谈还是志向。如果人们认为一个公民可能对他人具有太大的影响力，从而潜在地威胁了城邦的统治，那他就会通过贝壳流放法而被逐出城邦，根本不用他做出什么颠覆活动或者证明他有颠覆的意图。城邦的安全和福祉就是一切。

古代城邦的宗教性体现在其统治形式上。库朗热写道：
“如果我们要对公民下一个确切的定义，我们应该说，公民就 23
是享有城邦宗教的人。”[5]起初，城邦的管理者同时也是城邦的祭司，这两个职能没有分开。在城邦中，属于每一团体的仪礼，供奉给主神的神圣餐饮，这些都是管理者的职责。敬奉城邦诸神是他们的首要责任。正如这些神起初只属于家庭，城邦诸神也不可与异邦人共享。正如我们所见，一旦城邦接纳，即便是自然神灵，也成了爱国主义式的。因此，一城邦的祭司职分与另一城邦的祭司职分毫无瓜葛，根本不存在什么共同的教义。因为城邦的神灵只保护这个城邦，关心这个城邦的福祉；它们在这一点上心怀“忌妒”。

王权是最高的祭司职分，主管着随城邦一道建立的宗教。君王就是古代城邦，亦即联合各团体之团体的世袭最高祭司。君王的其他职能，例如行政和军事领导，都不过是其宗教权威的附庸。既然祭司所知的神圣仪轨和祷辞每一天都在“拯救”城邦，那么谁在战争中能比祭司更好地领导城邦呢？后来，当王权让位于共和政体时，城邦的最高管理者——雅典人称为archon，罗马人称为consul的“执政官”——仍然是祭司，其首要职责就是祭祀城邦诸神。其实，执政官在主持祭祀时戴在头上的花环，也成了一个表示权威的普遍符号，即王冠。

正因为最高管理者是祭司，所以他守护的法律最初也是一种宗教的法律，是由缔造城邦的英雄赠予城邦的永久产业。法律是宗教信仰的必然结果。这里不存在什么现代主权者的观念，不存在什么纯粹的人类能动性运用权威来创造新法律的观念。祭司们心怀忌妒地守护城邦的法律，因为法律被认为是诸神一手打造的作品。其实，它们在被写成文之前很可能就是祷辞，最开始还可能是被唱出来的。库朗热写道：

“这些古代诗句都是不可更改的文本。若变一字，移一词，易一音，都会破坏它被启示于人所依赖的神圣形式，从而毁坏
24 法律本身。法律就像祷辞，只有在正确念诵时，才与神性一致，若有一字改动，就会变得不虔敬。在最初的法律中，外在的和字面的东西就是一切，不必追求它的意义与精神。法律的价值不在于它所包含的道德原则，而在于构成仪轨的字句。法

律的力量在于构成它的神圣词语。”[6]

即便当法律被写成文字，数量也变得更加庞大的时候，它们仍然掌握在祭司们手中，不能任人查看。因为法律只在一个严格意义上才是公共的，即它们只适用于公民。生活在一个城邦里，绝不意味着处于法律的保护之下。例如，居住在城邦里的奴隶或者异邦人都没有那样的保护。只有在那些共同参与城邦敬拜、在同样祭坛上献祭的人们之间，法律才能建立起某种关系，也只有他们才是公民。

宗教信仰塑造了古代“爱国主义”的品质，这个词的意思包括事奉“祖辈的土地”。当城邦遭到包围时，古代城邦的护卫者们并不是受到我们理解的利益所驱使的。他们不是在保护一种创造和捍卫个体权利的公共制度。同样，他们也不是受到那种为了歌颂和巩固现代民族国家认同而被创作出来的历史故事所激励的。古代爱国主义没有什么自私自利、抽象或感伤的成分。

古代公民认为自己是在守卫祖宗的土地，他的祖宗也就是他的神灵。他的祖宗与城邦的土地不可分离，失去土地就意味着失去家的神灵。事实上，城邦的丧失就意味着神灵已经抛弃了它。这就是为什么，每当创立一个新城邦的时候，第一场公共仪式都要求城邦的成员挖一条沟渠，用来接纳从先前城邦带来的土壤，并且象征着他们祖宗的埋葬之处。这样一来，公民仍然可以说这是他们祖宗的土地，祖辈的土地（terra patria）。在普鲁塔克（Plutarch）的解释里，罗马的缔造者罗慕路斯（Romulus）就是通过这种做法，替他的祖宗神灵建造了一个新的住所。一座城邦的基础不在于建立一些家庭，而在于肯定一种世代相传的宗教认同，也就是“爱国主义”。

25 因此，古代公民在保卫城邦的同时，也是在保卫自己身份的核心。宗教、家庭和领土不可分离，三者的结合使得古代爱国主义变成了一种居于首位的激情。一旦保卫城邦没有成功，奴役便随之而来。这一点仅仅证明了先前的一个真正可怕的事实：一旦失去了家庭神灵，身份认同必然也将随之丧失。

现在我们能理解，为什么爱国主义对古代公民而言不只是最强烈的情感，也是至高的德性。他的一切重要事物——他的祖宗、他的敬拜、他的道德生活、他的骄傲和他的财产——全都取决于城邦的存活和福祉。这就是为什么，献身于“神圣的祖辈土地”被视为至高的德性。在不顾一切地献身于城邦时，公民就是在侍奉他的神灵。根本没有什么抽象的正义原则能让他停下脚步。虔敬和爱国主义是同样的东西。对希腊人而言，做人没有爱国主义，就是不够格做一位积极的公民，也就是一个“白痴”——其实这个词最初就是这个意思，它指的就是退出城邦生活的人。

因此，一位城邦公民所能遭受的最严厉惩罚就是流放，这一点绝非偶然。流放比死亡还糟糕，或者说生不如死。一个人要是被流放，意味着他与宗教仪礼和宗教关系相分离，而它们是个人身份认同的来源。对公民而言，城邦不只是一个物理性的环境或场所，城邦还是他的整个生命。库朗热写道：

“他若离开神圣的城墙，出了城邦领地的神圣边界，就再也找不到任何宗教和社会关系了。在祖国之外，他便没了正常的生活和法律。在祖国之外，他没了神，断离了一切伦理生活。只有在祖国内，他才享有人的尊严及其义务，他只在那里才是人。”[7]

当然，这也是为什么后来的亚里士多德提出了那个著名的观点：只有公民生活才是唯一值得过的生活。

库朗热注意到古人有一个我们没有的区分，以此说明古代城邦的本性：在表示城邦的时候，古人区分了“城”(urbs) 和“城邦”(civitas) 这两种用法。有什么区别呢？“城”是物理位 26
置，是集会和敬拜的场所。但“城邦”是道德枢纽，是公民的宗教和政治团体。在遇到非常状态时，即便城遭到破坏，团体或许还能存活下来。在库朗热看来，这就是维吉尔的埃涅阿斯故事的意义。在城破人亡之际，埃涅阿斯保住了特洛伊的圣火，也就保住了特洛伊城的团体的道德基础，即特洛伊的神灵。从那以后，埃涅阿斯的远征其实是这些神灵的远征。正是它们将罗马认作新家，也正是它们要阻止埃涅阿斯在别处定居，连狄多（Dido）的迦太基也不例外。因此，这部史诗讲的不是一个男人的战斗，而是特洛伊诸神如愿以偿地当上罗马诸神所经历的战斗。

诸神引导着他们的城邦。只有严肃对待这一前提，我们才能理解历史上古希腊罗马城邦在共和政体取代最初的王权期间的种种活动。投票本身还不足以授予官员以合法性。在雅典，抓阄被视为弄清楚诸神之选择的最佳手段。在罗马，执政官选举只能从一份由大祭司们提供的名单中产生。大祭司们在选举前夜还要一边念候选人的名字一边观天，如果认为兆头不好，就要除掉一个名字。这就是为什么罗马人有时发现自己是在选举自己讨厌的人，而非受欢迎的公众人物。诸神的意愿才是最重要的。

正是这种信仰，将古希腊罗马人引向了各种在我们看来奇奇怪怪的占卜活动。库朗热写道："如果罗慕路斯是希腊人，他一定会求问德尔菲的神谕；如果他是萨姆尼人，他就会跟着神兽，也就是狼或啄木鸟去找；如果他是拉丁人，也是伊特鲁利亚的近邻，由于深受占星学的影响，他就会依靠飞鸟的行踪来探知神的意愿。"[8]这些活动在城邦后来的发展中并没有消失，而是在古希腊罗马的历史中存活了很久。

尽管如此，到了公元前6世纪，事情还是起了变化。无论在希腊还是意大利地区，一种根本上是等级制的社会——其中家父长与祭司结合在一起——遭到了底层民众的攻击，他们此
27 前在城邦统治中从来没有一席之地。我们必须记住，公民最初在数量上是何等之少，最初的公民都不过是"父亲"（patres）——这个词在罗马人的用法中仍然存在，也就是将元老（senators）称为城邦之"父"。在很多城邦，只要父亲——家的祭司——还活着，次子就不能成为公民。这个家历经几代而形成的各支族的族长，也不能得到公民的地位。那些与这个家及其宗教毫无血缘关系的依附民（clients），更不可能享有公民的特权。

当然，将最初毫无争议的卓越地位说成是"特权"，这种做法已经暗示着信念的变革。这是一个时代的症候，那时的阶层冲突渐渐侵蚀了古代城邦赖以成立的社会结构。阶级冲突发生在斯巴达的"平等人"（equals）和"下等人"（inferiors）之间，雅典的"世袭贵族"（Eupatrids）和"依附民"（thetes）之间，以及罗马的贵族（patricians）和平民（plebeians）之间。但我们不要过分夸大这场变革的范围和速度，他们创造的古代信仰和社

会结构仍然相当坚韧。

即便阶层冲突开始放宽公民阶层的成员资格，公民权的最初基础——参与敬拜城邦的诸神——依然维持了很久。各种信仰都在抵抗变革，这一点的证据就在于：从希腊的众多城邦中造就统一的国家非常困难，困难与其说是由于地理原因或技术落后，不如说是由于这些城邦国家固执地依赖于本邦的神灵，而本邦神灵不欢迎异邦人。更有甚者，来自不同城邦的人们相互通婚，即便不被视为背德之举，也会被认为很古怪。当城邦之间迫于情势而结成临时同盟的时候，这些盟约还要刻在纪念章上，表现为两位神互相握手的形象。这些神灵绝不能搞混了！

对诸神的畏惧，支配着古希腊罗马人在战争与和平时期的行为。如果祭司突然报告了什么不祥征兆，即便诸事皆备，一场远征或战斗也可能延期——征兆可能是一颗彗星、日蚀或者鸟的行踪，抑或是一头祭牲的内脏里有什么东西遗失。斯巴达人的战事总是受制于月相，而雅典军队绝不会在每月的第七天之前投入战争。在伯罗奔尼撒战争期间，雅典舰队在叙拉古外遭到全灭；这起事件直接导致了雅典的衰落，而事件原因在相当程度上要归咎于他们对征兆的依赖。库朗热写道：“雅典人与罗马人一样，也有自己的忌日。在这些天里，没有婚礼，没 28
有集会，也没有庭审。”[9]若非如此行事，便是触犯诸神。

宗教和政府始终是完全交融在一起的。从公元前 6 世纪到公元前 3 世纪，城邦的统治形式发生的变化——君主制变成贵族制，贵族制变成民主制——并没有减少城邦国家对其成员的权威。根本不存在与城邦及其诸神的诉求针锋相对的个体权利观念，不存在正式的思想自由或行动自由。无论参加集会还是出任公职，都具有义务性和强制性。公民隶属于城邦，无论身体还是灵魂。

因此，古典共和主义传统大加歌颂的古代公民的自由，与我们的自由观念相差甚远。古代自由是指在城邦统治、公共权力中占有一席之地，包括参加集会、发言争论、裁断辩词、站队投票之类的特权和责任，如有需要，甚至还可能出任公职或当陪审员。古代自由不能容忍人们对政治运作（political process）漠不关心，公共事务（res publica）就是一切。

家庭领域及其人身依附或亲属关系，或许都算不上什么。库朗热援引了普鲁塔克记述的一个斯巴达故事，后来卢梭也将它树立成了18世纪的榜样：斯巴达的军队有一次在留克特拉（Leuctra）战败，死伤无数。当这消息传到城邦时，死者的亲属“笑容满面”，幸存者的母亲为儿子的死里逃生表示哭泣和悲哀。这个故事可能带有某种神话成分，但没什么能比它更好地阐明古代城邦毫无限制的要求——对城邦而言，根本不存在一个具有合法诉求的私人领域。

由于公民权的卓越地位，以及它对公共权力的分享，公民权的要求很高。公民总是公开展示在众人眼前，就像演员在公众面前表演那样。不过，这里的公众包括比他们更下等的人，包括他们的次子、依附民、妇女和奴隶。宗教信仰创造了公民权这种角色，如果剥去了宗教信仰的外衣，公民权就只留有极强的审美诉求，以及对卓越和权力、庄严和骄傲的诉求。或
29 者，它必定是在某一阶层的人眼里成了这个样子——这类人的数量渐渐增长，定居在城邦却没有成为城邦“人民”的一员。

为什么会这样？这一阶层在罗马被称为平民（plebs），它的标志性特征就是与其城邦或城邦的基础之间毫无宗教联系。或许由于他们是后来者，因此平民没有家庭祭坛，所以也没有祖宗，没有神灵，甚至不像依附民与家庭敬拜之间还有一些间接关系。正是平民阶层与依附民一道，逐渐开始反抗公民权的限制。

所以说，阶层冲突——关于谁应当被算进公民阶层的争论——支配了从公元前6世纪一直到罗马帝国出现之前的古希腊城邦的历史。但是，争论本身仍然受制于古代家庭的宗教所遗留下的各种前提。换言之，女人、奴隶和生于外邦的人当然不可能被算进公民阶层。他们始终被限制在家庭领域和下等人的领域。只有一个城邦为这条规则提供了一项非常重要的例外，这就是罗马。

希腊和意大利城邦的贵族制是以家庭及其敬拜为基础的。贵族制的长期优势，已经将王权缩减成了某种宗教职能，剥夺了君王的政治权威。个中原因不言而喻。君王们经常笼络下层民众，与依附民和平民（plebs）结成同盟，一道反对贵族的权力。城邦贵族面临的挑战既来自一无所有的人，也来自家庭内部的人：前者是没有家庭敬拜或神灵的阶层，后者是质疑家庭传统秩序的依附民。由此，城邦贵族实行了一场政治革命，为的是避免发生社会革命。

尽管如此，一场社会革命还是渐渐发生了。生活在19世纪中叶的库朗热援引近代欧洲历史为例，以便理解那场革命。因为真正的问题在于，如何理解一场非常缓慢、渐进的进程，一场社会结构的转变，而不是理解从13世纪到18世纪逐渐侵蚀了法国封建制度的进程。库朗热的两位前辈，弗朗索瓦·基佐

(François Guizot) 和亚历克西·德·托克维尔 (Alexis de Tocqueville) 考察过阶层冲突在那场进程中所发挥的推动作用。当库朗热试图根据古代家庭及其敬拜来理解贵族制赖以存在的社会力量时，他也发现了某些同样引人注目的东西。

30 分析一场社会革命，意味着要超出古代史家的叙述里能找到的东西。古代史家的重心首先放在政治事务上。他们热衷于描述和分析古代城邦世界里可见的政治事件，结盟、对外战争、内战等就是他们的主业。即便是古代史家中最敏感的修昔底德 (Thucydides)，大体也是把城邦的社会结构视为理所当然。另一方面，库朗热试图理解在这个社会结构中发生的一场根本变革，他依靠的是古代文献的零星记载，尤其是关于财产的本性和财产分配的信息。

第一场主要的变革发生在父权制家庭内部。嫡长子继承制遭到了攻击并逐渐式微，结果不仅是次子继承和成为完全的公民，古代家庭或家族 (gentes) 的支系也获得了独立。这些新生事物极大增加了公民的数量，并且削减了古代一家之长作为祭司所拥有的权力。

接着是第二场重要的变革。家庭的依附民逐渐获得解放，成了自由民。起初，依附民不能拥有财产，甚至在替家父长耕作的土地上的居留权也得不到保障。他们的处境比奴隶好不到哪儿去，库朗热写道："古代社会的这种变化，或许与欧洲中世纪发生的社会变化类似。先是乡村的奴隶变成隶属于土地的农奴 (serfs of the glebe)，再从可任意征税的农奴变成缴纳固定地租的农奴，最后才变成自耕农 (peasant proprietors)。"[10]

这些变革最根本的地方在于人们期望的提升。反过来讲，这种提升归根结底在于比较：一旦父权制家庭仅仅是一个更大团体，即城邦或城邦国家的一部分，比较也就得以可能。作为管理者和祭司的家父长，不再是可见权威的唯一代表，诸神唯一的代言人。鉴于家父长融入了公共生活，他也渐渐失去了自己的半神地位。现在，家父长们手下的依附民“终于能互相见面、互相交谈、互相表达各自的欲望或怨恨。他们能对各自的主人进行比较，并且瞥见了更好的命运”。[11]

在要求得到公民权的全部特权之前，他们最初的和最强烈的欲望就是获得财产权。不过，公民权终究也会随之到来，因 31
为在一个方面获得更大的平等只会助长在另一个方面的被排斥感。反过来讲，公民权开启了一种抽象化的进程，它可以，也确实威胁了世代相传的种种不平等。

没有人能比一些所谓“僭主”(tyrants) 的统治者更好地理解这一点。在以前那些毫无特权的阶层看来，僭政之所以可取，乃因为它是一种削弱古老的贵族制的手段。僭主之所以被称作僭主，乃因为“王权”一词会唤起某种宗教角色，而后者不禁会让人想起那些以古代家庭及其敬拜为基础的附庸关系。下层民众支持僭主，就是为了打倒他们先前的上级。一旦实现了目的，僭政就是一件可以丢弃的工具，这一点不像最初的君王们所要求的神圣权威。僭政就是一种带有相对剥削意味的工具。

从这种相对剥削中产生的动力，慢慢摧毁了城邦最初的贵族制。但是，要说它也彻底摧毁了贵族本身，那就大错特错了。恰恰相反，促使那些次子、依附民和平民 (plebs) 行动的动机在于他们想分享公民阶层的特权，显露一下自己也比得上长期兼有祭司的庄严、统治者的骄傲、军人的荣耀于一身的公民阶层。那个阶层乐于摆出一副英雄的造型引人注目，但它丧失了行动力。古代人对裸体的热衷并非偶然。裸体表现了一种社会上的卓越感，也就是公民的卓越：他们超出了那些只有家庭关心的事务，转而通过城邦来为自身寻求荣耀，也通过自身来为城邦寻求荣耀。在人们眼里，以裸体的样子示人比妇女、商人、奴隶的低俗乃至于下贱的需求更加卓越。

作为一个下等的领域，家庭领域始终存在。在城邦因为罗马帝国的控制而纷纷衰落以前，社会革命重新塑造了古代城邦，却并没有干预家庭领域。社会革命是一场无权无势的群体为了得到更大权益而发起的斗争，但它不是我们所理解的追求正义的斗争。

城邦的诉求始终至高无上，城邦的敌人没有任何权利可言。当被问及在和平时期攻占忒拜人的一座堡垒是否正义时，
32 一位斯巴达的王回答道：“要看这件事是否有利，只要有利于我们的国家，这么做就是对的。”[12]这种信念也体现在对被征服城邦的处置中。男人、女人、孩童和奴隶遭到毫无怜悯的处决或奴役。家、田地和家畜，一切用于事奉敌方神灵的东西通通都要抛弃。如果罗马人赦免一位囚犯，他们就会要求他这样发誓：“我的人身、我的城邦、我的田地和流过田地的水、我的边界神灵、我的庙宇、我的所有动产以及一切属于神的东西；我要将它们统统献给罗马人。”[13]

在本邦的命运危如累卵之际，希腊人和罗马人都会变得铁面无情。

第三章
古代宇宙

古希腊罗马公民所扮演的英雄角色，时常证明着他们的卓 33
越。可是，这不仅仅是一个关于仪式或公共表演的问题。无论是作为统治者、祭司还是军人，公民的行动都被认为具有一种强大的合理性。公民的行动就是对城邦及其神灵之诉求的正确回应。公民大会的决议不容许任何独立审查，也不存在个体权利的观念。毕竟，下等的社会阶层并不被认为是完全理性的。妇女、商人和奴隶无疑有着重要的社会功能，但他们的心智没有提升到公共领域及其关切的层面。相反，闲言碎语、唯利是图的算计和毫无怨言的服从才是属于他们的命运。

我们遇到了一个与现代世界的理性完全不同的“理性”观念，因为这个词内部“载有”关于社会和自然世界的等级制前提。这些前提关涉到公民的优越性及其对荣誉的崇拜，我们在色诺芬（Xenophon）的对话《希耶罗》（*Hiero*）里就能看到：

“一切生物似乎都同样地喜爱食物、饮料、睡眠和性爱。不过，对荣誉的爱并不在没有言辞的动物中产生。就此而论，它也不能在所有人中找到。对荣誉和赞美的渴望，只产生于那些与野地的走兽方方面面都不同的人：也就是说，它只产生于那些被断定为真正男子汉的人，而非一般人。”[1]

公民就是某种超人。公共生活的基础在于奉行宗教，它让
34 公民们有机会表达自己的虔敬和爱国心。在公民们看来，他们对荣誉的喜爱应当加进某种对事物之正确秩序的意识。我们称之为公民“地位”的东西，更应当被理解为某种自然禀赋。这种前提很可能扎根于这样一个时代：那时的公民人数较少，他们不只是祭司和统治者，实质上也垄断了读写能力，垄断了这种能力所授予的地位。无论如何，这种关于卓越的前提得到进一步强化，是由于后来演说术在各种更大集会中的作用、公共论辩的复杂化以及人们对公民的军事实力的期望。

然而，公民阶层的逐渐扩充确实也改变了其声誉的本性。祭司式家庭不得不与崭新的公民组织方式平分秋色，家庭的虔敬不得不与各种崭新的思考方式相结合。在雅典，从贵族政体向民主政体的发展改变了各部落的本性。这些部落在某种意义上变成了公共集会的分支，反映着公民权和投票的要求，而非祭司式家庭的要求。在罗马，社会变革的一个类似征兆也出现在军队不再仅仅根据家和家族（gens）来组织的时候。相反，百人队（centuries），也就是人数，成了军队组织的基础。因为货币的引入促进了财产的流通，过去的依附民和平民经常变得很有钱，而他们也在军事上发挥着越来越大的作用。相比于昂贵的重装步兵，也就是希腊的重装步兵（hoplites）和罗马的军团步兵（legionaries），最初作为贵族打仗手段的骑兵（cavalry）已经衰落。因此，数量和金钱——这就引入了一点抽象性——在拥有特权的公民阶层里渐渐变得更加重要，补充了公民阶层的宗教基础。

城邦统治的扩大参与，致使公共论辩变得十分重要；这两

者在智识上造成了一些惊人的后果。新的技艺得到了发展，也就是集会上的那些细致争论和有效说服所必需的技艺。这样一来，公开讲授的逻辑学和修辞术也逐渐产生了。提出一个融洽的解释，为它辩护，将它有说服力地讲给一群与自己平等的人听——这些能力成了城邦领袖的必要条件。直到公元前5世纪，这些富有批判性和想象性的能力，有助于一种抽象的哲学思考从宗教与诗当中涌现出来，雅典就是这种哲学思考的中心和标志。

不过，这些发展也造成了一个意料之外的重要后果。理性 35
或合理性——逻各斯（logos）亦即话语的力量——开始与公共领域，与集会上的发言和一个卓越阶层的政治角色密切相关。理性成了一个发号施令的阶层的属性。与此同时，理性与在社会上的卓越性几乎混为一谈，所以产生了如下前提：理性能够发号施令，矛盾的是，甚至让理性来界定某种不变的秩序或“命运”时也是如此。因此，罗马作家塞涅卡（Seneca）自认为能规定好星辰的职能：“即便在这些星辰最轻微的运动上，也系靠着列国的命运。无论最伟大的事件还是最微小的事件，都要顺应一颗友好或不友好的星辰的行迹。”[2]

这种理性“统治”的前提，同时塑造了人们对社会世界和自然世界的理解。在自然世界里，这种前提体现为一种对于“目的统治着一切进程和实体”的信仰，这里的目的就是亚里士多德（Aristotle）所说的“目的因”。那样一来，非人类世界里的种种关系就融入了在人类生活中起作用的理性。结果，理性能认识到一切事物的“自然的”朝向，在“存在巨链”(great chain of being) 中找到它们各自的位置。在社会世界里，这种前提体现为一种对于“有自然等级秩序和某一卓越阶层存在”的信仰，这里的卓越阶层出于“自然”就有权施行统治、约束以及必要的强制。因此，在一个有人生来发号施令、有人生来俯首听命的社会里，理性的动因力量（motivational power）似乎是自明的。单靠其自身的来源，理性就能确保行动。

我们应当关注这种前提。因为它与近代哲学的一大核心传统针锋相对，尤其是仅仅赋予理性以一种工具作用的经验主义传统。在近代观念看来，理性作为一种能力，并不能成为动因（motivate）：它无法促使我们行动。理性只能向我们提供衡量不同行动方案的结果的手段。最典型的是，近代思想在个体的思虑和行动之间插入了一项独立的活动，即“意愿”（willing）。不过，直到今天，人们还在争论，古希腊哲人是否有一个清晰分明的意愿概念。如果他们真的有这个概念，那它似乎也出现得比较晚。更令人震惊的是，荷马时代的希腊也就是《伊利亚特》和《奥德赛》那个年代，甚至连表示“意图”（intention）的词都没有。[3]

人们将下等人的顺从、家庭领域的顺从视为理所当然，从
36 而将合理性与在社会上的卓越性等同了起来。这样一来，古代世界就不那么需要一种意愿学说，也不那么需要假设有某种独立的活动或能力存在于每个人的行动之先。人类能动性的观念是由社会的结构所塑造的，有的人生来就是发号施令，有的人生来就是俯首听命。因而，思考与行动之间并没有什么本体论上的鸿沟。在必要情况下，从事理性思考的人的地位就已经确保了他的行动是可以理解的。

我们能看到，这种前提在古代存留了很久，即便在哲学从

深陷危机的习俗中兴起之后也是如此——习俗的危机也是由各种集会里的公共论辩所养成的。柏拉图在《理想国》里追问，一个正义的社会应当是什么样子。他回答道，通过类比一个正义的人，我们就能最简捷地理解它到底是什么。那么，一个正义的人具有什么样的特征呢？理性是最高的能力，正义的人是受理性统治的。理性统治着行动，各种欲望为理性提供燃料。在柏拉图看来，这里面隐含着怎样的社会涵义呢？既然理性是只属于少数人也就是只属于哲人的属性，那么，哲人就应该统治。哲人应该引导军人阶层的行动，而后者又要由一个庞大的下等阶层来供养，也就是我们今天所谓的工人。

柏拉图对这一类比的运用富有启发性。尽管他表面上是从某种个人正义的图景推论出一个正义社会的图景，但我们忍不住会认为，推论其实是在另一个方向上展开：柏拉图对个人正义的构想是以一个根本上已经分层化的社会作为模版，这个社会有着各种依照演绎推论的结论来行事的既有团体。当然，柏拉图的推论并不一定认为哲人王就是传统的公民阶层。就此而论，我们可以看到更加抽象的哲学反思所造成的影响。但是，柏拉图的社会观始终认为，根本的阶层差异确保了思想与行动的和谐一致。在柏拉图看来，所有人生来具有一种属性，这使他们各自适合一特定的社会角色，各有各的“合适”位置。

古代世界轻视劳动，不信任商业贸易；古代世界赞美军人的勇敢；尤其还有古代世界对于世界或宇宙的构想——古代世界的这几点特征，只有在上述前提的背景下才有意义。

我们已经看到，公民德性、爱国主义或者对城邦福祉的无 37
条件献身都被当作最高的德性。现在，对“奢侈”的喜爱被认为是对公民德性的首要威胁，而货币的发展无疑刺激了这种爱好的发展。赞美斯巴达的人常常将这种爱好归到雅典人和科林斯人的头上。在他们看来，奢侈将不可挽回地导致城邦的败坏，使得公民不再关心他们应当关心的事情，也就是公共福祉。因为沉溺于奢侈，公民变得心里只装着财富及其带来的好处，也就是消费、炫耀和享乐。相反，斯巴达人被引以为公民的榜样。他们过着一种苦行式的集体生活，总是手里拿着武器，时刻准备响应责任的呼召。斯巴达人被剥夺了行动。

无疑，这种看法带有很强的宣传色彩，但它的影响力并没有随之减弱，无论在当时还是在变成古典共和主义传统的惯用手段以后。原因在于，这种修辞捕捉到了城邦思想的一个重要方面。奢侈的增长代表了某种朝向家庭领域的后退，代表了公民的公共热情的减弱，反倒是养成了自我放纵乃至于娇弱，而这些特征恰恰标志着家庭领域的下等本性。

荣誉而非快乐，才是公民应该关心的东西。因为荣誉或“荣耀”是对德性的公共报偿。苏格拉底（Socrates）戏剧化地展示了公民面临的一个抉择：他复述的故事是在讲年少的赫拉克勒斯（Heracles）如何面对“恶”与“德性”之间的争辩。就在恶为这个少年提供了一条经由快乐而达幸福的捷径之后，德性说道：

“你懂什么真正的快乐？……你在有所需要之前，就已经用一切东西把自己装得满满的了。你在还没饿的时候就去吃，还没渴的时候就去喝。为了尝尽美味，你罗致厨师；为了开怀痛饮，你备好昂贵的酒，还在夏天奔波找些冰雪来让它变得凉爽些；为了睡得舒畅，你不仅预备了柔软的床褥，还在床下安置了一个支座……你在没有性需求的时候想尽办法煽起淫欲，把男人当作女人使用。你就是这样教导你的朋友们，使他们在夜间放荡无度，而在白天则把最好的时光用来睡觉。你听不到 38
赞美，这是一切声音中最令人感到快乐的声音。你也看不到一切事物中最令人感到快乐的事物，因为最令人感到快乐的事物莫过于你自己所做的高贵功业。”[4]

关键是要得到其他公民的赞美，更不用说下等人的赞美。而只有通过一心一意献身于公共福祉，这样的赞美才能得到。实现这个目标需要有清晰的思考和自制。修昔底德记述的雅典与斯巴达之战（公元前 431—404 年的伯罗奔尼撒战争）的英雄们就是原型，他们的反面则是像阿尔喀比亚德（Alcibiades）那样的一位反面英雄（anti-hero）所做出的放纵、越轨行径。

上述这种修辞的核心处有一种简单的对立存在，那就是男性的阳刚与女性的阴柔。如果说前者与斯巴达和早期罗马共和国的勇武公民们特别相关，后者就不只与偏爱享乐的雅典和科林斯的社会相关，还与罗马帝国有关系。因此，商业贸易与“屈从”欲望渐渐有了联系，也与破坏公民精神的雅致、感官快乐以及某种自恋渐渐有了联系。商业贸易成了单纯素朴之敌，几乎成了衰亡的同义词。商业贸易及其养成的热衷奢侈的风气，将男人变得女里女气。罗马的演说家和道德家西塞罗（Cicero）喜欢引用塔伦图的阿奇塔斯（Archytas of Tarentum）的一句话，内容就是奢侈和声色对城邦带来的种种恶：“这些恶中的最大者，便是使得人们容易做出不爱国的行为。”[5]

英雄男子坚决抵抗着这些“微不足道”的欲望的诱惑，对他们裸体的崇拜被用来完善两种品质的对立：一是公共生活所必需的品质，一是家庭领域所养成的品质。公民必须随时准备好做一名军人，不仅要保卫城邦的领土和诸神，还要做好准备，投入公民大会可能决定发起的远征行动。斯巴达的军人随时待命。

如我们所见，对其他城邦的军事讨伐不能依据抽象的正义理由来予以裁断。关键只在于成功与否。斯巴达王阿奇达慕斯（Archidamus）就是以这样的方式来敦促斯巴达与雅典开战："记住，你们是在攻打一个伟大的城邦；要想到你们可能给你们祖先和自己带来的光荣，也要想到你们一旦失败则将带来的耻
39 辱。把这些牢牢记在心里，跟着你们的领袖走，严格注意你们的纪律……"[6]

除了荣耀之外，战争胜利能在经济上和政治上获得同样多的好处。因为在古代，军事活动与经济活动之间并没有什么清晰的界限。这是为什么呢？战争与征服的一部分意义就在于奴役敌人，战争就是在补充劳动力。因此，难怪劳动被认为毫无荣誉可言；与劳动相联系的是战败，以及永远低贱的社会地位。

不可避免的是，这种根本的地位差异渗入了人们对于如何正确使用心智的判断，也就是人们对于合理性的判断当中。公民的"高贵"品质与商人的低贱技艺之间的差异，就是一个很好的例子。严肃的反思和说服促进了人们对于公共福祉的知识，与它们相对立的则是市场上的讨价还价和斤斤算计。对公民而言，以市场上的那种方式来运用自己的心智实在是不光彩，他有更好的事要做。（莫非这就是为什么罗马人认为，将军和执政官在任期内积攒巨额财富是一种"心不在焉"吗？）

诚然，话语和理性（logos）的能力还有另一种可能性，那

就是异议（disagreement）。如果人们在最俗气的家庭事务上都能对语词的使用产生异议，那么集会论辩所能产生的异议就更是多得多了。往坏里说，诉诸公共善的做法可能不过是在掩盖公民对党派利益的维护，而对荣誉的追求或许也成了虚荣的玩物，后一种情况可称为“阿尔喀比亚德综合征”。一旦发生了这种事情，城邦就败坏了。家庭领域逐渐压倒公共领域，更没有什么高贵可言。

内战的危险始终潜伏在公共论辩的背景之下。因为它能从整体上削弱城邦，最终不仅将导致城区（urbs）的毁灭，也将致使作为伦理共同体或团体核心的公民（civitas）走向毁灭。这种极端的危险可能表现为：城邦里的某一党派或阶层向别的城邦请求介入，正是这种手段帮助马其顿王国一步步蚕食了希腊诸城邦。这种行动无异于抛弃了逻各斯，抛弃了集会上的理性 40
论辩。共同体无异于因个别公民而遭到了流放的惩罚，因为它使得城邦陷入了一个几近陌异的毫无礼法的世界，一个没有家庭或城邦神灵可以指望的世界。

被征服的威胁，可以遏制内战（stasis）前景的到来。公民阶层必然也是军人，他们关心的事就是保卫城邦的独立。这种关切有助于团结各党派，它将公共福祉或公共善的观念变成了某种黏合剂。因为正如我们所见，被征服将导致奴役，导致古代公民权赖以界定自身的卓越地位遭到突然的、彻底的沦丧。

对公民而言，被征服意味着他们不仅会失去各种善，而且会失去诸神，失去个人身份。城邦丧失完全的自治是苦涩的，或许最终只有一位霸王（overlordship）能让这味苦药变甜；只有他能保存城市的独立和敬拜的种种外在形式，从而保存公民的卓越地位。因此，尽管马其顿王腓力（Philip）和亚历山大大帝（Alexandre the Great）在公元前 4 世纪晚期征服了希腊腹地的各城邦，接受他们的统治还是比沦为奴隶更可取。

先前的下等群体对城邦的僭政表示默许，以便跻身公民阶层，分享该阶层的特权。与此类似，扩大了的公民阶层最终极不情愿地牺牲了自治，以便保留自己的特权。然而，公民的卓越的社会地位本应具有某种卓越的合理性，到头来却不得不忍受一个更加野蛮的世界和一种更加遥远的统治形式。有人认为，直到公元前 3 世纪—公元前 2 世纪，许多希腊人才先后对马其顿和罗马的“帝国”进程表示欢迎，视其为一种从他们城邦无休无止的社会冲突中解脱出来的办法。

这就创造了一种严重的身份认同危机。因为，公共领域促使公民置自己于不顾，转而热衷于参与统治和战争方面的各种大事，如果迄今都是由保卫城邦独立的需要来为公共领域的优先性提供理据的话，现在又有什么能阻止公民退归家庭领域的低贱快乐呢？有什么能阻止他们丢弃理性卓越性的要求，丢弃
41 这种对于他们的角色和骄傲至关重要的东西呢？随着城邦的衰落，一整套社会观念和理性自我的观念都遭遇了危机。

在大多数希腊城邦看来，“法”总是等同于“正义”。参与立法有助于让公民们觉得，遵守法律是一项无条件的义务。守法在公民应有的自尊中据有核心地位。此外，守法还被用来说明，为什么希腊人比其他“野蛮人”更加卓越。希罗多德（Herodotus）讲了一个关于斯巴达的废王德马拉图斯（Demaratus）的故事：这人在波斯王薛西斯一世（Xerxes）的宫中避难。当波斯王预谋入侵希腊时，考虑到希腊人数量较少以及没有主人

逼迫他们战斗这些事实，波斯王就问他希腊人会不会抵抗。德马拉图斯回答道：

“他们是自由的，没错，但他们并不是完全自由的。因为他们也有一位主人，这主人就是法律，他们对法律的畏惧甚于你的臣民对你的畏惧。无论这位主人命令他们做什么，他们就做，而这位主人的命令永远不变：无论胜算多少，它都不准他们在阵前逃跑，而且强迫他们必须站得坚稳，要么胜利，要么死去。”[7]

这就是城邦衰落所导致的危险：上述的那种骄傲遭到了损害，整个贵族制的社会模式也随之遭到了损害。

难怪有一些哲学运动——智术师（Sophists）运动尤为著名——已经开始思考：是否法或正义不过只是强者所立的规则。公民阶层的内部争斗与城邦之间的连年战争，在雅典与斯巴达的那场旷日持久的战争中达到了极致，这些事实也增加了他们立场的可信度。然而，这种怀疑论遭遇了引人瞩目的智识阻抗。在古代世界里，并不只是关于自我、合理性和行动的观念带有一个高度分化的社会的痕迹。同样，这种痕迹也能在古希腊罗马盛行的关于世界或宇宙的观念中找到。

归根结底，我们绝不能忘记：正是希腊人创造了“自然”。换言之，他们发明的这个概念经历了漫长而多变的历程，在这两千五百年间被各种不同的社会和文化使用。自然概念的原初形式，也就是罗马人从希腊人那里接受的自然概念，与19世纪达尔文主义描绘的“红牙血爪”（red in tooth and claw）的 42
自然图景简直风马牛不相及。最开始，这个概念表达的是一种理性的秩序或存在的等级。在“伟大的存在巨链”中，万物各有其固定的位置。

希腊的自然观念并没有一开始就在自然（physis）与文化（nomos）、宇宙与社会秩序之间作出截然区分。相反，它将两者呈现为独一的连续统一体。联结两者的纽带就在于自然不平等的前提，以及每一存在者都有其归宿或目的（telos）的前提——借由这个目的，存在者就能在存在的巨链中占据一个特定的位置。只有在趋向其目的时，存在者才能实现其本性，并促成万物预定的和谐。要想成为完全的理性存在者，就要能把握这种“自然的”秩序。

当希腊人开始思索天体秩序时，他们的思考习惯发挥了作用。希腊人将他们的等级观念投射到了宇宙中，塑造了他们对天体的理解。这种理解在亚里士多德那里得到了详尽的阐发，后来在托勒密（Ptolemy）那里发展成了一套复杂的模型。罗马人接受了托勒密的模型，一直到中世纪晚期，它都未曾遇到严重的挑战。

我们可以看到，这种等级观念的影响已经消退：它阻碍了古希腊思想家们对宇宙的意见分歧。最早的宇宙学家之一阿里斯塔库斯（Aristarchus）将太阳置于万物的中心，地球绕日旋转。不过，地球绕日旋转的观念与希腊思想难以契合。希腊人那稳定、“理性”的等级秩序怎么可能建立在运动之上呢？因此，相反的一种模式越来越受到青睐，即地球位于万物的中心，周围环绕着永恒不灭的诸天体。[8]

就这样，自然不平等的前提塑造了古希腊人对行星和恒星的理解。在希腊人眼里，它们在不止一种意义上是“天上的”物体。这就是说，它们是在一连串越来越大的水晶天球（crys-

talline spheres）当中环绕着地球，其中，在外的和“更高的”恒星天球超越于在内的和更低的行星天球之上。据说天球越远，就越纯粹，越有灵魂性。亚里士多德为每一层天球指定了各自的智性（intelligence）。在诸天体中，紧邻地球的月球纯度最低， 43
也就是智性上最低。那些位于终极天球里的最远的恒星，代表了最纯粹的智性，统御着其他星辰。布朗认为：“古代思想家们被一种令人晕眩的上升观念搞得时而欢欣鼓舞，时而心灰意冷。当他们走到夜空下时，他们觉得自己正在仰望一层又一层生气勃勃的存在者，每一层都比上一层更荣耀，每一层都与他们沉重的自身截然不同。”[9]对质料的不信任，同样影响了他们对天上事物的看法。心灵应当统治身体，毕竟身体只不过是“低贱的质料”；根据这种前提来进行类比，可见的宇宙也就被描述为一种灵魂的上行。

尽管有着等级观念所强加的种种限制，希腊宇宙学家和托勒密仍然在没有借助望远镜的情况下绘制了“天体”的运动，展现出非凡的创造力。由于托勒密参考了古巴比伦的文献，并且发展出一套复杂精致的数学技术，他的模型便能解释人眼所见的绝大部分事实，也使得古人预言日月食和至日成为可能。不过，我们现在称作自然事件的东西，在他们看来仍然是迹象或“征兆”，也就是揭示诸神意愿的迹象。无论电闪雷鸣、飞鸟行迹还是将一头动物从笼中放出来观察其行为，所有这些“征兆”都能影响古代城邦的决策。尽管出现了更加抽象的思想，但自然对于古希腊罗马人而言始终充满着目的。占卜就是一门确认目的的技艺：希腊人诉诸神谕和征兆，而罗马人“坚定不移地相信占星学的预言力量”。

因此，就连抽象的力量——无论体现为数学还是哲学——似乎也是通过上行的意象来证明理性卓越性的要求。毫不奇怪，那些所谓追随柏拉图的“新柏拉图主义者”都非常依赖于这样的意象。通过定义，卓越的心灵就能将自己从“低贱的”质料中解脱出来，使自己能听到“诸天球的音乐”；在柏拉图那里，这个特点创造了哲人王统治的权利。

44 可是，智术师们开始质疑这种看待事物的方式。智术师是一个非常吸引人的团体，他们是第一批职业教师或知识分子，也就是说，他们拿自己的服务来换取报酬；正因如此，他们在一个仍有贵族制残留的社会里蒙受了很深的偏见。或许更重要的是，这些智术师总是来自小城邦，背景卑微，却在各城邦之间游荡。他们到哪儿都不是公民，在传统希腊人看来，这就将他们摆在了道德领域之外。智术师严格说来都是“非道德主义者”，因为他们确实不属于任何城邦的道德世界。即便他们的教育方式，似乎也破坏了他们所谓传授公民的必备技艺的主张，因为他们最自豪的本领就是用同样自如的方式来展示，如何成功地捍卫或驳斥一切个别命题。[10]

当苏格拉底与普罗塔戈拉（Protagras）这位头号智术师展开辩论的时候，很显然，他对普罗塔戈拉的对话技巧报以极大敬意。智术师已经开始区分“自然”和“约定”（convention），并且常常让这两者针锋相对。然而，他们并不寻求某种单一的策略：有人或许拥护“出于自然”而存在的东西，例如赤裸裸的强者统治，而有人又会捍卫“出于约定”、出于习俗或未成文的道德准则而存在的东西，据说实定法就取决于它们。不过，无论寻求什么策略，智术师都要培养起某些思考习惯，它们足以扰乱如下前提：自然和文化本属于个别的伦理统一体；社会奠立于法律之上，而法律的背后是诸神奠立的一套等级秩序。这样一来，智术师便助长了某种怀疑主义。

难道理性真的是神为道德和社会秩序选定的工具吗？还是说，“理性能且应当统治”的要求，只不过是在掩饰欲望、虚荣和单纯的强力在人事中扮演的角色？难道理性并没有提供一条通达万物本性的特权道路，只不过是提供了一种操控的手段？无论是否出自智术师的本意，这些问题已经提出来了，因为智术师的做法致使人们开始怀疑一种对世界的目的论理解。

当然，智术师在哲学上遭到了强有力的反对。在回应“诡辩术”(sophistry）的同时，柏拉图和亚里士多德试图将他们对社会和政治的论述，重新安置在一个由目的（telos）来界定的世界框架内。出于对城邦公民的未来的忧虑——因为亚里士多德说这是“唯一值得过的生活”——他们致力于恢复目的论的 45
统治地位。无论是柏拉图深受数学启发的诸理式（forms)，还是亚里士多德提出的诸原因（causes）的类型学，理性认识都居于核心。这种知识就是实现和谐的必要且充分条件，因为它是在认识和遵循这个充斥着感觉和流变表象的质料世界背后的理性秩序或逻各斯。无论对自然秩序还是社会秩序而言，关键都在于认识目的。

这种捍卫目的论的辩护，使得哲人能自视为一个卓越阶层，也就是公民阶层的先锋队。在很长一段时间里，哲人的关切始终与城邦的关切，与公民技艺的培育紧密相连。如上所述，逻各斯或理性秩序的观念与公共演讲和公民天职的观念融为一体。即便持续不断的追问和对理性结论的追求导致了城邦不安定，并且像苏格拉底那样，招来了从事颠覆活动罪名的指控，但我们仍然可以认为，对自我认识的培育赋予像雅典那样的城邦一种非常重要的竞争优势，一种在知识上因而也是在力量上的优势。原因在于，正如思想与行动在希腊人的心中融为一体，知识与技艺也是融为一体的。在公元前 5 世纪，波斯人在希腊人跟前遭遇的惊人失败，以及雅典帝国的扩大，似乎早已证实了这些观念之间的联系。但在其后的数世纪里，这些几成定论的东西遭到了动摇。

逻各斯的观念塑造了希腊人对法和宇宙的理解。起初属于城邦诸神的祭坛，渐渐到逻各斯的观念下寻求庇护。然而，如果说城邦集会里的争辩是以家庭敬拜和城邦神灵为代价来推动了抽象论证的发展；那么，希腊城邦在伯罗奔尼撒战争之后的衰落，马其顿王国的崛起及其将先前骄傲的城邦国家几乎缩减成殖民地的事实，也为逻各斯观念的发展营造了一个更加强有力的势头。一度呈现于城邦及其法律中的逻各斯，逐渐被某种呈现于普世的理性秩序中的逻各斯取代，这种秩序就是所谓的“自然法”。

由于看到权力从各个城邦转移到庞大的军事帝国，人们的
46 心灵受到了重大的影响，再也不能无视这种具有全新规模的社会组织了。中央集权取代了地方自治，致使哲人们怀疑先前维系着城邦生活的种种前提：公民的生活真的就是唯一值得过的生活吗？当城邦不再是自主和自治的时候，公共生活真的有理由全盘控制人的身体和心灵吗？难道拒绝全心投入城邦生活就是一种“白痴”之举吗？

城邦的巅峰之后就是希腊化时代。在这个时代，哲人们开

始思考一种普世的或“人的”本性，以此充当不同的社会习俗的基础。不过，他们的思考主要是为了证明他们自己的理性卓越性，证明他们能够克服一时一地的狭隘眼界。就此而论，这也是一种对于长期支撑着等级制社会观念的自然不平等前提的重新肯定。这些哲人的思考并不具有任何激进的道德意义，他们不是颠覆分子，也不打算质疑或削弱古代世界“贵族”的信仰和实践，尽管他们肯定受到了城邦国家的衰落以及庞大帝国的到来——先是马其顿后是罗马——的影响。

各种关于社会的正当秩序的贵族式前提，开始在一个更大的世界里寻求庇护。我们能在新兴的哲学运动，例如廊下派那里，探查到一种难以阻挡的策略。廊下派提供了一种关于自制的苦行式教训，借此而将“理性能且应当统治”和“激情必须彻底受到理性主宰”这些前提推上了全新的高度。廊下派所依赖的动因模式，仍然扩大了一个对下等社会力量发号施令的卓越阶层的影响。成为“世界公民”提供了一种崭新的特权，尽管这是一种克己、隐退和沉思的特权，而非公共参与的特权。成为世界公民与区分城邦的公民和下等人一样，拥有相同的合理性假定；这种假定仍然保留了一种卓越感，并在城邦倾圮之际为骄傲提供了一处避难所。

可是，这个避难所要求的代价很高。它将社会卓越性与可
见的地方性力量分离开来，并且削弱了先前敬虔、好战而富有 47
戏剧性的公民阶层对下等人的掌控。在希腊化时期，由公众名流赞助的各种华美的纪念碑、建筑和竞技——例如建造亚历山大里亚城就是为了纪念亚历山大大帝——都无法完全掩盖自治的丧失。难道我们会以为他们的下等人也注意不到这一点吗？

第二编　道德革命

第四章
颠转的世界：保罗

我们发现，自然不平等的前提根植于古代思想的核心。无 51
论是在家庭领域和公共生活中，还是在沉思宇宙的时候，古希腊罗马人都看不到诸如机会均等之类的东西。相反，他们本能地看到了一种等级制或者金字塔结构。

不同等级的社会地位，反映了存在固有的不同。家父长、祭司或公民既不需要争取他的地位，也无须证明其正当性。他的卓越地位反映了他的“本性”，这是自我证成的。而且，这种等级制观念是如此根深蒂固，以至于连物理世界的进程也要根据各种等级分明的本质和目的来理解，“诸天体的音乐”便是这样来的。理性或逻各斯一道提供了理解社会秩序和自然秩序的钥匙。人们认为，思想和存在相互关联，最终相互保障。关于理性的种种前提，确保了各种理智范畴能在某种意义上“控制”实在，即便在界定某种永恒不变的秩序或“命运”时亦是如此。

可是，自然的不平等意味着理性并没有平等分配给所有人。感官的扰乱、欲望的突变、想象的诱惑，这些情况都严重限制了理性认识的分配，连那种以公民理性著称的社会角色也是指望不上的。一种受理性支配的生活，要求将社会地位所赋

予的骄傲融入规训和克己。在柏拉图看来，只有少数精选出来的护卫者才能抛弃不可靠的感官世界，逐渐上升到关于诸理式
52 的知识。亚里士多德对待物理世界的态度较少怀疑，但就连他的追随者们也毫不怀疑：他们在存在的等级秩序中具有某种目的（telos）或“功能”，而这一点确定了有些人“出于自然”就是奴隶。

因此，理性或逻各斯与万物的某种等级秩序——万物“各在其位”——实质上不可分离。根据一种主流的现代观念，它们都依赖于一种无法挽回的贵族式前提。不过，早在公元前一世纪，这种贵族制模式就遇到了威胁。

有一种威胁我们已经见过了。早在罗马共和国变成奥古斯都（Augustus）的帝国之前，罗马就在不断扩张势力，直到地中海也成了罗马的内海。就政治生活而言，罗马成了地中海世界的中心，其余地区则沦为边缘。罗马像一个庞大的剧场或舞台，被征服的公民和藩属城邦则沦为台下的观众，不再是各自舞台上的演员。他们世代承袭的角色陷入了危机。

公共生活为公民身份及其特权提供了正当性根据，而地方自治的削弱，也就是公共生活的削弱，在社会上和智识上都造成了深远后果。古代家庭曾经催生了一种贵族制的社会模式，多神论则表现了许多独立自主的政治生活中心的自尊。由于集权（centralization）的缘故，古代公民阶层患上了致死的疾病；相应地，熟悉的城邦神灵也渐渐沦为微不足道的鬼怪。取代这些事物的是一种凶猛、遥远而且经常难以捉摸的力量，这就是罗马。

在这个不熟悉的环境里，那些人民（尤其是公民阶层）

将变成什么样呢？不必吃惊，这是一个宗教动乱与制度变革相叠合的时代。密特拉神（Mithras）、奥西里斯神（Osiris）和其他的异邦神祇都吸引了一批信徒。秘仪宗教的增多、对个人“救赎”的追求以及一种对异邦信仰的全新开放性，都反映了古代公民的失势。再者，地方认同的削弱一道折磨着下等人群和上等人群，因为不只是城邦神祇失去了大权，整个古代理性主义结构也是如此；如上所述，古代理性主义与等级秩序沆瀣一气，认为理性就是某一卓越阶层的特有属性。

柏拉图哲学的发展，为这些更广泛的发展描绘了一幅逼真 53
的肖像。尽管理性的上行使得少数人抵达存在巨链，并且将思想与存在紧密结合到一起，哲人们却不再满足于这种理性上行的模式，而是开始操心一切存在者的根源。他们开始操心所谓的绝对者（the Absolute），操心某种超乎我们理解的第一因。对于隐藏在万物背后的那种力量的探究，使得哲学转向了一个更加神秘的方向，同时也开始重新塑造伦理思想。因为在它看来，思考的伦理准则与其说是源于万物本性的理性结论，毋宁说是一种“超越”理性的能动性（agency）所发出的命令。[1]

这就好比将对付罗马权力的考验放大到了某种宇宙背景下，难道“意志”而非“理性”才是万物的关键所在吗？若是如此，一种认为理性是自然和正当生活之关键的哲学传统，能否也提供一个恰当的意志观念呢？各种秘仪宗教的吸引力已经强烈地暗示了一点：个人的信仰或献身行为正在侵夺那种“理性”秩序的要求。

不经意间，这些新问题为一种宗教传统大开方便之门；截至公元前 1 世纪，它已不再只是一项地方传统。一场重要的犹太人流散运动，使得激进的一神论引起了地中海沿岸讲希腊拉丁语的城市居民的注意。在许多城市，犹太会堂成了人们兴趣的中心。纵使仪礼资格（例如割礼和饮食方面）仍然保留着犹太教的部族认同，它们也吸引了大量信徒。最终，这些信徒得到了一个名字——“敬畏上帝者”（God-fearers）。

究竟是什么导致犹太信仰突然变得如此吸引人？部分原因在于意象。独一、遥远而不可测度的上帝向一个民族颁布祂的律法，这个意象非常贴近那些臣服于罗马“帝国”（imperium）之下的人们的经验。但原因也不仅仅在于意象，而是关乎意义、关乎法的意义，因为犹太人“律法”的意思不是逻各斯或理性，而是命令。确切地说，律法就是耶和华的意志。

54 古代公民是在城邦中参与公共讨论和决议的产物，与之伴随的是一种统治特权的感觉；这种感觉已经渗透进了古代人对合理性本身的意识中。这就导向了一个结论：理性能够统治。但现在，无论这种感觉还是结论，都因为城邦的衰落而陷入了危机。

服从某种外在的意志，渐渐成了主导性的社会经验。对此，只有犹太教作出了自己的回应。犹太《圣经》传达了相当激进的讯息：德性就在于服从上帝的意志，而理性不可能探测到祂的意志。上帝的意志不可能从第一原理中推导出来，也不可能在自然这本大书上读到，重要的唯有《圣经》，因为它记录着上帝的命令和应许。作为上帝意志的中介，历史事件比演绎推理享有更高的特权。犹太人的上帝拒绝一切界定，祂说："我将是我将是者。"（I will be who I will be.）*

因此，一种新的时间感与新的意志观念结合到了一起。在古希腊罗马人看来，循环一直都是理解变化的主要模式：出生、成长和衰亡的循环，似乎很贴近他们对于政治制度遭到败坏、"德性"遭到"奢侈"损害的经验。唯有英雄立法者的功业能够复兴德性，但这也是暂时的，循环终将再临，永恒就是循环本身的产物。再者，这种可预见性也十分契合古代理性主义的思考框架。

犹太人的时间感则不一样，它是线性的而非循环的。就算以色列人反复堕入偶像崇拜，这一点也没有打消他们对于上帝统领一切事件的信仰。祂不是引导自己的子民踏进了"应许之地"，并且一再拯救他们吗？犹太人的上帝在时间中展示自己。无物持留如故，这就是时间的本性。如果我们将这种感觉追溯到一支游牧民族的荒漠经验，他们意识到吹过大地的风日复一日改变着他们的土地，这样算不算是异想天开呢？

不过，还有别的东西。律法虽然一直被视为耶和华"选民"承袭的遗产，却包含着祂对所有子民的意志。既然所有人注定都能对律法犯罪，就连最著名的犹太王大卫（David）也不
例外，因而律法并不具有贵族制的意涵，那种意涵来自古希腊 55
罗马人将法等同于某一公民阶层的逻各斯的做法。同样，耶和华的意志不具有逻各斯或理性所体现的静止性，就好比游牧民族往昔的遗留意象也成了犹太一神论别具一格的比喻——上帝

* ［译注］出自《旧约·出埃及记》3：14。译文据原引 ESV 版《圣经》，但这句话的翻译一直聚讼不休。读者可参考冯象，"我乃我是者"，载《宽宽信箱与出埃及记》，北京：生活·读书·新知三联书店，2007 年。

的意志就像是吹过荒漠的风，任谁都无法抗拒。

到了公元前1世纪，意志概念渐渐为哲学反思提供了一块崭新的地基。前人思想的理性主义与新兴的意志论（voluntarism）之间出现了一道鸿沟，前者的典型例子便是塞涅卡对诸神的评论："那些相信诸神不愿为害的人都弄错了；诸神是不能为害的。"[2]这就是说，诸神自身也受制于实在的理性结构，他们也必须臣服于某种可理解的自然秩序。

晚期柏拉图主义者开始违背上述理性主义，这一点体现在对于绝对者的解释当中。他们主张，由于存在的第一因超越于理性认识之上，那它就只能通过瞬间的光照（illuminations）启示给那些在理性训练的引导下从感官经验上升到诸理式之知的人。可是，这些光照启示的时刻不可言说，任何语言都无法表达。关于绝对者，一切能说的话都是否定性的：它不受限制，不受强迫，不是知识的对象。但若是如此，就连思想与存在的统一也无法限制绝对者，即是说它不受任何限制了。无论何时，无论以何种方式，绝对者都能随心所欲地行动。[3]

臣服于一位遥远的罗马统治者之下的经验，或许促进了公民阶层中受教化群体的哲学兴趣。但在地中海沿岸的城市人群看来，这样的经验更容易导致一种宗教态度，而非哲学信念。城邦提供的一系列角色统统遭到了动摇，结果往往是人们从业已习惯的角色退归自我，这也是某种内在的流亡。城邦的戏剧正在丧失其催眠术般的力量：人们不再操演由各自既定"本性"写好的那部分，而是不得不以另一种方式实现自我认同。
56 现在，一种臣服行为俨然成了知识的先定条件，因而渐渐出现了这样一种情形：导向理解的是服从，而非颠覆。这是一个非同寻常的转折，因为将服从置于认识之先而非之后，几乎就是一场智识革命。这场革命从根本上推翻了公民阶层对卓越的要求。

到了公元前2世纪，这种论证的新取向使哲人们变得更加自觉，他们不再宣称摩西和柏拉图早已教导过同样的真理。大约公元前170年，盖伦（Galen）对比了犹太教对造物主的信仰与柏拉图和亚里士多德对造物主的认识：前者相信，造物主那毫无约束的意志是万物生成的开端；后者则认为，造物主的工作也要受制于理性的指示，“即便一位神也无法改变他自己的本性”。[4]

如果旧约的上帝是通过祂那意志的指示而为人所知，那么祂的理性也超越了人的理解：“我的意念不是你们的意念，我的路也不是你们的路。天怎样高过地，我的路也怎样高过你们的路，我的意念也怎样高过你们的意念。”* 伴随着先知以赛亚（Isaiah）的这些话，一种新的同情心标志着古代地中海世界正在面临一场深刻的变革。为了理解那个世界，越来越有必要把一种意志活动视为先决条件了。

其实，这看上去就像犹太人的思维习惯彻底战胜了古希腊罗马人的思维习惯，就像能动性与合理性这两种观念之间的战斗，能动性要将合理性逐出战场。比起基于自然的“理性”，犹太人的“律法”观念难道不是更贴近日常经验，也有助于应对它吗？可是，犹太思想并没有完全取得胜利。结果之所以如此，至少部分原因在于一位年轻犹太人所见的异象（vision），

---

* ［译注］出自《旧约·以赛亚书》55：8-9。

这人就是大数的扫罗（Saul of Tarsus）。

我们已经看到了一种来自巴勒斯坦地区的宗教传统所产生的影响，它偏爱时间和意志，而非理性和自然。但是，巴勒斯坦自身也无法免受外部的影响。一些希腊人统治的国家在亚历山大大帝东征之后纷纷崛起，自此以后，近东地区就一直或隐或显地受到希腊的影响。希腊语也成了一种通用语言。少数闪
57 米特人未尝逢此际遇，对希腊语一知半解，但另一些人已然精通希腊语，例如大数的扫罗，希腊化的犹太人并不鲜见。希腊文化在所有主要城市都有非常明显的存在感，甚至于耶路撒冷。总之，在长达3个世纪的影响下，近东世界已经变得非常希腊化了。

罗马势力的扩张推动了这场文化大融合，但也给犹太民族及其身份认同造成了新的威胁，尽管这种身份在屡遭入侵和流散的若干世纪里一直得到了坚守。无怪乎在这段时期，犹太教变得越来越不稳定，弥赛亚运动也在不断增长。在这些运动中，有人盼望着一位民族救星的到来，有人则宣布弃绝这个世界，预言"终末之日"（the last days）降临。

其中一大运动就是耶稣运动。我们知道大名鼎鼎的施洗约翰（John the Baptist），刚开始拿撒勒的耶稣（Jesus of Nazareth）似乎只是这人的门徒。但后来耶稣自立门户，收揽信众，他们陪伴耶稣在加利利的郊外布道。耶稣只是在布道吗？我们知道，他宣讲的是悔改，以及世界即将终结。他称上帝为"父"：上帝爱祂所有的孩子，尤其是那些处于社会边缘的人。只有真正为自己的罪作悔改的人，才有希望进入上帝之国。他们要变得像孩子一般，心怀博爱，并且信靠上帝的怜悯。

显然，耶稣的门徒尚未就他的使命是什么达成一致意见：有人可能倾向于将他视为弥赛亚，这里是指一位将率领以色列人战胜敌人的领袖；而有人是在更加神秘的意义上理解“国”这个词。从犹太人和罗马权威的角度来看，或许正因为不确定耶稣究竟想干什么，他才会在耶路撒冷遭到逮捕、审判和处刑。过了不久，人们相信耶稣已经死而复生，他的工作也将继续下去；这样的信念使得这场运动（或曰“这条道路”）在耶路撒冷重获新生，其领导者是耶稣的兄弟雅各（James）和门徒西门彼得（Simon Peter），这就是所谓的“耶路撒冷教会”。

除了这些少得可怜的事实外，我们对历史上的拿撒勒的耶稣没把握作更多断言。不过我们确实知道，耶稣的门徒很快就 58
将耶稣受难视为一场道德地震，而它的余波一直影响到我们当代。耶稣的门徒开始宣讲，耶稣的献身和死亡是一次对历史的伟大干预，一场来自上帝意志的新启示。待到时机成熟，对于该启示的理解就构成了我们所理解的个体本性及其要求的关键基础。它为个体提供了一个现实的立足点。

起初，耶稣受难；后来，耶稣复活。在古代，一直是父权制家庭拥有不死的能动性。如今，借由耶稣的故事，个体的道德能动性得到了提升，仿佛成了一扇独特的窗户——透过它能看到万物的本性，体验到恩典而非必然性，还能瞥见某种超越死亡的东西。个体取代家庭，成为不死的所在。

关于耶稣，现今留存的最早文献统统出自大数的扫罗之手，当然这人后来成了圣保罗（St. Paul）；正是保罗将“弥赛亚”或曰“受膏者”一词翻译为希腊语。凭着优美的辞藻和坚定的决心，他开始向非犹太世界宣讲耶稣“基督”：这位神子为人的罪而死，他的复活给了人永生的希望。因此，“基督”不是一个专名，而是某种头衔和理念。最初它是指一位将以色列救离敌手的受膏者，但保罗赋予这个词一种全新的含义，宣告基督为全人类带来了救赎。“基督”就代表了上帝于此世的临在。

很难说保罗发明了一种作为宗教的基督教。保罗觉得自己从耶稣那里发现了某种重要的东西，也就是关于人类的道德事实：它是重建人类身份认同的基础，打开了一条通往他所谓“新的受造”(a new creation) 的道路。保罗说：“虽然我们曾经按照人的看法认识基督，但现在不再这样了。如果有人在基督里，他就是新的受造，一切旧事已经过去，你看，都变成新的了！”[5]在保罗看来，上帝正是凭借基督而让世界（指那些个体性的灵魂）与祂达成了和解，“不再追究他们的过犯，并且把和解的道理托付了我们”。传播“爱的福音”（message)，就成了保罗的一项伟大使命。

59 那么，我们现在就要努力进入保罗的心灵了。

还在身为大数的扫罗之时，保罗迫害过耶稣运动的成员。某日从耶路撒冷到大马士革的旅途中，他发生了一场著名的悔改经历。根据新约的记录，保罗看到了耶稣的异象，还被它的力量甩下马背。不过，我们当然可以怀疑他的悔改是否来得如此突然，如此完整。更可能的情况是，保罗花了数年时间思考拿撒勒的耶稣的意义，找到了这些词语来表达他崭新的信念。保罗的异象渐渐成了一个观念，也就是众所周知的基督观念。

在保罗看来，基督启示了一点：上帝借着人的能动性行事，并且救赎了它。基督还启示了这样一位上帝，祂潜在地存在于每一位信徒当中。保罗写道：

“谁能使我们与基督的爱隔绝呢？是患难吗？是困苦吗？是迫害吗？是饥饿吗？是赤身露体吗？是危险吗？是刀剑吗？……但靠着爱我们的那一位，我们在这一切事上就得胜有余了。因为我深信无论是死，是生……或是任何别的被造之物，都不能叫我们与神的爱隔绝，这爱是在我们的主耶稣基督里的。”[6]

借由信仰基督，人的能动性就可以成为上帝之爱的中介，保罗有时称之为“透过爱而作工的信”(faith acting through love)。* 信仰接纳上帝之爱，这就是一场发生在内心的十字架受难，由此才能生发一种改头换面的意志，耶稣其人就是体现。对保罗而言，这是一种个人的更新，另一个更好自我的创造：“我已经与基督同钉十字架；现在活着的，不再是我，而是基督活在我里面；如今在肉身中活着的我，是因信神的儿子而活的；他爱我，为我舍己。”[7]

其实，保罗设想了人与基督之间的某种神秘结合，这就引入了一种业已修订的理性概念，他有时形容为上帝的“愚拙”(foolishness)。这是一种通过信仰来重塑理性的根基，它构成了某种古代哲学所不知的深刻动机。保罗写道：“因为那已经立好的根基就是耶稣基督，此外没有人能立别的根基。”[8]爱的牺牲本质向所有人开放，爱将所有人都视为上帝的孩子：“所以弟兄们，你们当知道，赦罪之道是由这位耶稣传给你们的。在 60

* ［译注］见《加拉太书》5：6，一译“透过爱而显明的信”（faith expressing itself through love，见 NIV 版《圣经》）。

你们靠摩西律法不能称义的一切事上，信靠他的人就得称义了。”* 保罗不仅向犹太人，也试图向全人类传福音。保罗的福音号召人们去寻找某种更深的自我，寻找某种与上帝的内在结合。它要为理性本身赋予一种全新的深度。理性丧失了贵族制的内涵，不再与地位和骄傲相关，而是与某种具有解放力量的谦卑相关。

保罗的基督观念颠覆了古代思想一直依赖的自然不平等前提。与此相反，他把赌注下在人类平等上。这个赌注开启了透明性，使得我们能且应当按其所是地看待他人，反之亦然。在人类平等上的信仰之跃，启示了如下事实：历史上不断积累的不平等的社会地位和职能背后还有一位上帝，祂为人的行动——爱的自由行动——赠予了人人皆可通达的根基；这就是保罗的耶稣异象的启示。正如保罗的计划，基督观念开始向一种古代信念发起挑战，后者认为人类受制于某种不变的秩序或“命运”。

保罗在去大马士革之路上所见的异象，等于是发现了人的自由，发现了每一个人、每一个体潜在具有的某种道德能动性。这种“普世”自由及其道德涵义，全然不同于城邦公民这一特权阶层所享有的自由。

保罗的基督观念融合了犹太和希腊思想的基本特征，由此创造了某种崭新的东西。这一点可以从《加拉太书》里的一段名言看出来，这封信写于耶稣受难约二十年后。耶稣强调上帝是父（fatherhood）；保罗据此主张人人皆兄弟（brotherhood），

---

* ［译注］见《使徒行传》13：38-39。

间接地宣告了自己的角色就是向异邦人传道的使徒（apostle）。保罗写道："并不分犹太人或希腊人，作奴仆的或自由人，男的或女的，因为你们在基督耶稣里都成为一体了。"[9]在各式各样的人类关系中，保罗讲的"一体"（one）昭示了一种新的透明性。通过基督观念，保罗主张所有人的道德平等，主张一种所有人平等共享的地位。此外，他的伟大使命变成了救赎一切个体灵魂，途径是与人分享他的基督异象，使得某种新自我的创造成为可能。

所有人都能"在基督里成为一体"，借由基督共享上帝的公义；这种主张表明，保罗往犹太思想里植入了一种新的抽象 61
性。这种抽象性使得基督徒将共同体理解为一群道德平等的能动者意志的自由结合，保罗以隐喻的方式形容为"基督的身体"。该隐喻将个体与其存在的根源相联系，以此实现了一种将个体意志道德化的神秘结合。这种由诸要素混合而成的基督教，极大地受惠于希腊思想的各种发展。原因在于，围绕城邦公民权的争论已经导致个人脱离了纯粹家庭和部族的身份，同时，晚期希腊化哲学也引入了一种更加广泛、更富有思辨性的"普世主义"风格。反过来讲，智识的广度之所以得到拓展，也是因为地中海绝大多数地区已经臣服于罗马这支唯一的力量。

实际上，保罗的工作就是让晚期希腊化哲学的抽象潜能——关于某种普世的或"人类"本性的思辨——与犹太教一心服从的某种更高意志或神圣意志相结合。为了实现这一点，保罗不再将意志视为某种外在的、强制的能动性。于他而言，基督之死提供了一种内在受难的象征和途径，一种离弃"属肉体的”生命而转向“属灵的”生命的象征和途径；离弃属肉体的生命，就是指离弃那些将随肉体一道死灭的本能和欲望。“在基督中死”，意味着真正获得了名副其实的意志。这是一种解放，或者像保罗经常说的那样，是一场“新的受造”的开端。而且，必要的信仰也是一种个体行为和内在事件。

保罗在神圣意志与人的能动性之间创造了某种内在的结合，从而颠覆了自然不平等的前提。他设想，神圣意志与人的能动性在每个人之中至少潜在地能够结合为一，由此证明了人与人之间的道德平等。这种结合由基督给了人类，保罗所谓的人们“在基督中成为一体”就是这个意思。这种结合通过一种良心的创造，标志了一种“真正”个体意志的诞生。

既然过去一直认为，人的行动完全受到各种社会范畴的支配，受到既定地位和角色的支配，那就无须其他基础来塑造人的意愿了。可是，这一状况因道德平等观念的提出而发生了变化：它要求保罗在作为能动主体的人当中看到更深的东西，这
62 时突然就产生了一种找到个体行动的控制标准以及每个人内在的行动力量的需要——保罗宣称，在他的基督观念里找到了这样的标准和力量。现在，个体的身份认同不再为他偶然据有的社会角色所穷尽。个体与其社会角色之间拉开了一道鸿沟，从而标志着一种新自由，也就是良心自由的来临。但是，良心自由也带来了一些道德义务，因为它认为，所有人都是上帝的孩子。

在保罗看来，基督信仰使得一种所有人平等共享的首要角色得以出现，这就是“灵魂的平等”；相比之下，习俗性的社会角色退居第二位，无论是父亲、女儿、官员、祭司，还是奴

隶。这种首要角色可以附带数量不定的社会角色，就像一主体带有各种属性，但属性无法定义那个主体。这就是保罗的基督观念向人的身份认同当中引入的自由。

然而，这种首要角色所喻示的个体自由，并不意味着保罗就是消解而非替代了传统的社会纽带。保罗的社会模式不是“原子化”的社会。断非如此！相反，保罗为人类团体创造了一种崭新的根基，也就是自愿的根基：平等信念引导着爱的意志，进而凭借爱的意志吸引人们加入这个团体。在保罗看来，爱的动机性力量就是内在于我们每个人的神圣印记：

“我若能说世人和天使的方言，却没有爱，我就成了鸣的锣、响的钹一样。我若有先知讲道之能，也明白各样的奥秘，各样的知识，并且有全备的信，叫我能够移山，却没有爱，我就算不得什么。我若把一切所有物分给人，又舍己身被人焚烧，却没有爱，对我仍然毫无益处。爱是恒久忍耐，又是仁慈；爱是不嫉妒，不自夸，不张狂……爱是凡事包容，凡事相信，凡事盼望，凡事忍耐。爱是永存不息的。”[10]

爱创造了某种保罗所谓在“基督躯体”之内的神秘结合，这个隐喻表达了保罗眼中基督徒团契（Christian association）最独特的地方。* 融入良心的意志相互联结成了无形的纽带，这根纽带强化了这个神秘的躯体，由此区别于那些基于出身、性别 63
或社会地位的团体。人的能动性要求某种新的独立和尊严。

因此，保罗让耶稣这位历史人物担负起了人类自我意识进

* ［译注］Association 除了指人在自然关系和社会生活中形成的“团体”，也特指在基督教语境下一群个体凭借信仰而缔造的特殊“团契”。故后文译名随文意取舍，不再另注。

程中的一个关键时刻。在保罗之前，人们对于某种“人类”本性的思考还没有什么强烈的道德讯息。与此相反，保罗的基督带来了一项革命性的道德讯息。在保罗看来，基督就是上帝给人的一项挑战，要人改变对自身的观念，进而实现道德的普世性。凭靠信仰，他们能获得某种道德上的重生，也能超越于犹太律法或纯粹的循规蹈矩之外。洗礼（Baptism）成了领受“圣灵”的标志，意味着信徒从此“在基督之中”且获得了自由。保罗选择的意象是打破奴隶制枷锁；在一个奴隶制迄今都是基本制度的世界里，这是非常有说服力的。保罗带来了一个人们普遍希望的消息。

保罗沿着安纳托利亚海岸遍访诸城，最后踏进了希腊。在传道途中，保罗主张他的上帝是一位“与我们同在”(with us)的上帝；“属灵的”时代已经接续“属肉身的”时代而来；耶稣的复活是带着一个“属灵的”躯体，而非“属肉身和属血气的”躯体。耶稣复活预示着新时代的开端，但这并不意味着“圣徒们”将不再迟疑或不再堕入老路。实际上，保罗多数时候都是在和他建立的教会通信，与一些思维习惯做斗争。在他看来，这些习惯再度创造奴役，以规矩取代博爱，并且赋予了“君主和权力”一种它们本不具有的实在性。

尽管遭遇了一系列挫折乃至最终殉难，保罗却可以说取得了胜利。因为他对于耶稣受死和复活的理解，既为世界带来了一副全新的实在图景，同时也通过应许作为个体而非某团体成员的人能通达最深的实在，为“个体”提供了某种本体论的基础。在此，我们又看到了抽象化的力量：抽象化一度促使希腊化时代的哲人去思考某种先于社会习俗的人类本性，现在又转向了一种新的道德应用。自我能够且必须得到重构——这种信念既导致了保罗的结论，认为基督徒自由高于犹太律法，同时也证明了保罗使命的正当性，即让异教世界皈信启示于基督之中的以色列人的上帝。

某些犹太基督徒想让皈依犹太教成为做基督徒的先决条 64
件，例如，他们要求男子行割礼。这种做法引起了保罗的愤怒和轻蔑，原因不只是它危害了保罗自己设想的使命。在保罗看来，基督徒的自由向全人类开放。作为信靠基督而获得的恩典，自由行动迥异于仪式行为，迥异于对各种规则不假思索的应用；别的想法在保罗眼中都是反动，而非上述精神的进步。这就是保罗要将希腊哲学的抽象化潜能另作他用的缘故：保罗为它赋予了一种几近于咄咄逼人的道德普世主义。就这样，希腊理智与犹太意志结合到了一起。

个体理性平等地存在于所有人身上，得到它的代价则是要对启示于基督之中的上帝意志表示顺服。在保罗看来，一旦理性与意志成了二选一，那就错了。在基督中，上帝的力量和智慧同时得到了启示。耶稣之所以是基督，乃因为他的受死与复活给了所有作为个体的人一条通道，使其能通达上帝的理智和意志。保罗写道：“这样，律法成了我们的护卫，直到基督到来，使我们因信称义。但信既然来到，我们就不再在护卫手下。你们因着信，在耶稣基督里都作了神的儿子。”[11]

常言说得好：“我所愿意的，我没有去做。我所恨恶的，我反倒去做。”[12]不过，借由信仰的礼物，人类行动不再受限于单纯的习惯。在保罗看来，智慧和力量只有在基督中才能合而为一。唯有凭靠信仰，人的行动力和理性才能融合到一起。保罗写道："犹太人要求神迹，希腊人寻求智慧，我们却传扬被钉十字架的基督；在犹太人看来是绊脚石，在外族人看来是愚笨的。但对那些蒙召的人，不论是犹太人或希腊人，基督是神的力量，神的智慧。"[13]

那么，保罗这么讲，究竟实现了什么目的呢？既然上帝是"启示"于基督之中的上帝，那么舍弃一切转而爱上帝的做法又会导致怎样的结果呢？我们无法尽知这么做于保罗而言的全部意义，但我们至少可以部分认为，保罗隔断了各种道德原则与他那启示录式图景之间的关系，后者是一个业已更新的宇宙。为此，我们必须仔细审视保罗的主张背后的一个预设：人的意志在某种意义上是先于社会的。这种意志源于保罗的伟大
65 发现，源于他那神秘的基督异象。这位基督在万物的本性里，为某种先于社会的，或者说个体的意志预备了基础。个体的能动性要求在神的能动性中有其根源。基督代表了上帝在尘世的现身，代表了个体身份的终极依靠。

保罗掘开了所有社会劳动分工的根基，结果发现，在授予社会地位和描述社会角色的种种习俗话语之下，还有一个人人共通的实在。这就是人类进行思考和选择的能力，也就是人的意志能力。这种实在也是一种潜能，使得我们能将自己理解为自治的能动者，理解为上帝真正的孩子。

可是，如果思想依赖于语言，而语言又是一种社会的机制，那么理性能力如何可能拥有一种先于社会的基础呢？这是保罗的主张所面临的困境。在保罗看来，借由信仰之跃，在基督中赠予的爱就是一种先于语言的解决办法，换言之，他把赌注押在了人类的道德平等上。信靠耶稣要求人们在他人当中看

到自己，同时也在自己当中看到他人；这种看法使得人真正道德化而成为能动者。因此，保罗的解决办法是说：人的自治只有凭靠顺服才能完全实现，也就是顺服上帝启示于基督之中的理智和意志。这种顺服行为就是“一场新的受造”的开端。

保罗错了吗？他盼望着基督再临，结果却令人失望。“终末之日”的延后，也让保罗所建教会里的“圣徒”们备感难堪。直至公元 1 世纪末，基督教会开始不再强调世界即将终结，但保罗所构想的一个业已更新的世界，或许在形式而非内容上更具误导性。原因在于，他的基督观念实际上为一种新类型的社会奠定了基础：“这世界的样子将要过去了。”[14]尽管保罗在致哥林多教会的信里写下的这句话还可以有别的解释，但保罗本人似乎坚信，新的受造正在到来。

顺服基督究竟意味着什么？用宗教的说法，它要求在人与人的关系中，博爱应当压倒其他一切动机。不过，即便没有关于人类共同体（“基督的身体”）的启示录式图景，推进“基督徒的自由”也要求接受道德平等和互惠之类的前提：“你们
蒙召得了自由，只是不可把这自由用作放纵肉欲的借口，而要 66
凭着爱相互服侍。因为全部的律法，都在‘爱人如己’这一句话里面成全了。”[15]这些前提许诺要创造出某种崭新的自由和透明性，它们在先前的人类关系中并不存在。

因此，在保罗的著作里，我们看到了一种新的正义观念的出现，它依赖的前提是道德平等，而非自然不平等。如今，正义向一种正直的意志说话，而不再描述一种万物各有其“专属”或命定位置的境况。保罗的基督观念提升了人类能动性的

自由和力量，只要后者受到正确的指引。保罗在他的耶稣异象里发现了一种道德实在，这使得他能为一种崭新的、普世的社会角色奠定基础。

第五章

内在的真理：道德平等

在保罗的教诲里，有一种关于深度的意象发挥着主导作 67
用，这就是“向下”(beneath) 行进，找寻“上帝的深奥”(the depths of God)。[*] 尽管保罗在外邦信众对犹太律法负有多少义务这一问题上，与耶路撒冷的教会领袖产生了分歧，他强调的内在性和自由观念却传遍了地中海沿岸的各大教会。起初还是基督徒会堂的这些教会，逐渐开始宣扬起一种保罗的福音：借由在基督中赠予的恩典，“上帝之国就在你心中”。

犹太人的激烈反对，有助于赋予耶稣运动一个更清晰的身份。此外，公元 70 年罗马人毁灭耶路撒冷的事件也强化了外邦皈信者的作用，扩大了保罗的影响力。接下来的几十年里，这批人不再只是起初的犹太教派，像耶稣兄弟雅各率领的教派那样，而是渐渐被称为“基督教会”。

至于“教会”在 1 世纪末到 2 世纪初的发展情况，我们也只能大致猜测。其时，基督教的福音书还没有被定为正典，人们也无法在基督教作品与犹太《圣经》的关系上达成共识。

---

* ［译注］参见 ESV 版《圣经》《哥林多前书》2：10：“圣灵测透万事，连上帝的深奥也测透了。”(For the Spirit searches everything, even the depths of God)

事实上，当时人们对某些问题的不同看法很快就变得非常重要，甚至于2到3世纪渐渐成了划定基督教“正统”的渠道。只有审视这些歧见，我们才能了解这场运动的本性——它在当时流传甚广，渐渐吸引了罗马权贵们的注意。

由于基督徒对终末的盼望渐渐减弱，他们便愈发需要解释
68 自己。自2世纪中叶起，殉教者游斯汀（Justin Martyr）和里昂的爱任纽（Irenaeus of Lyons）写下了第一批重要的护教著作。爱任纽追随保罗的观点，主张“牺牲并不能使一个人成圣，因为上帝完全不需要牺牲”，毋宁说“唯有供奉牺牲之人的意愿纯洁，才能使牺牲成圣”。[1]个体意志或意愿的品质渐渐成了基督徒的主题。在某种意义上，保罗关于深度的意象已经为需要尊重的良心提供了一片领域。如今，个体的能动性与神的能动性都被理解为同一连续体的不同部分。

这种意识或直觉就这样渐渐形成了。在围绕基督徒信仰要义而展开的体系性思考中，亚历山大里亚教会占了上风。这座发达城市的教会收罗了一批知识分子，他们是由教授各种希腊哲学的学园培养的，其中尤以新柏拉图主义为巨。这些人试图调和希腊哲学的范畴与“基督”的新信仰，也就是信仰一位于耶稣之中启示自身的上帝。他们的尝试导致了一系列论争，论争主题包括意象，包括人之能动性或自由所扮演的角色，包括理性的权利要求。最终，这些论战促使一种“人人皆是道德平等的能动者”观念迈出了最初的重要步伐，同时也反映了基督教信仰能为古代理性主义塑造的心灵带来多大麻烦，因为那种理性主义被植入了一堆关于自然不平等、等级秩序和命运的前提。

围绕着意象的论争隐而不显，这是一场“下降”意象与“上行”意象之间的斗争。保罗认为，上帝“与我们同在”这种观念让下降的意象占了上风。道成肉身（incarnation）的确是一个关乎知识的问题，但这种知识关乎的是一种内在的事件和实在，正如2世纪后期写作的亚历山大里亚的克莱门（Clement of Alexandria）援引保罗所强调的那样：“上帝的知识在基督之中，在基督之中隐藏着一切知识和智慧的秘宝。”克莱门知道，这种对下降的强调与理性的上行这一传统柏拉图主义意象形成了对比——后者是要攀登高峰，从不可靠的感觉经验上升到确定的知识，至少对少数人而言应当如此。因此，克莱门引用约翰福音，以便让基督徒的上帝成为个体存在者的理由或根据：

“使徒约翰写道：‘从没有人见过上帝，只有在父的怀抱 69
里的独生子把祂彰显出来。’约翰用上帝的‘怀抱’来表达祂的不可见和不可言说。为此缘故，有人也用‘深奥’（depth）一词来表明，祂是不可触及和不可理解的，但祂拥抱万物，笼罩万物。”[2]

一旦认识了基督所启示的深度，亦即发现了一种救赎的意志，这种知识反过来也会引起人类自由的难题。因为，如果说信仰基督能将人类从原罪的枷锁中解放出来，那么每一个人必定潜在地拥有了自由，拥有了某种自由意志。

可是，过去的思维习惯不会轻易败退。源于犹太传统的时间、意志和原罪，已经融入了一个推崇知识、秩序和控制的希腊框架。我们可以在奥利金（Origen）的论述中看到这种融合，他是3世纪早期从事写作的一位克莱门的学生。奥利金思考过宗教语言的本性，目的是要证明上帝对待人的做法只能用人的语言来描述，而人的语言总有各种限制。因此，说上帝“愤怒”或者“报复”，这些话不能作字面理解，它们更像是一位慈爱的父亲在对待孩子时会说的话。

同样情况也适用于人的自由，以及上帝对这种自由所造成的结果的“预知”。这两者并不矛盾，奥利金认为：

“经上有言‘对以色列的子裔这样说；或许他们会听从，并且悔改’（《耶利米书》26：2-3），在这段话里，上帝并不是在说‘或许他们会听从’，就好像祂对此心存犹疑似的。上帝绝无犹疑，这一点绝不能成为理由……个中缘由是为了让你尽可能清楚自己的选择自由，以免你说：‘若祂预知了我的堕落，那我就注定要堕落。若祂预知了我的得救，那我肯定就能得救。’因此，祂的行事就作得好像不知道你的未来一样，没有预示或预知你是否将悔改，好叫你保留自己的选择自由。所以祂这样告诉先知，‘说吧；或许他们会听从’。”[3]

无论上帝的经世还是神意，都没有排除人的自由。相反，
70 个体选择、行动和行动后果正确说来都是神意经世的证明，而它不同于命运。

在奥利金看来，上帝创造了“各种生来就有自由选择能力的理性受造物”，它们“每一个都受自身固有的自由意志的引领，要么摹仿上帝以臻完善，要么无视上帝以致堕落”。人类世界的多样性表明，有一种自由是人类能动性的关键所在。由此，“理性受造物的多样性”的根源“不在于创造者的意志或裁断，而在于受造物凭借固有的自由所作的选择”。[4]

在试图融合犹太与希腊思想范畴的这些努力当中，有一种

相当新颖的做法：强调可以论证的事实，反对形而上学的思辨。其中出现了一种反对复合实体或复合本质的新偏见，它不愿意与各种在神人之间充当中介的存在者共存于世。早期基督徒自认为卷入了一场讨伐“魔鬼”（demons）的战争，甚至提出，魔鬼的存在只是由于有人信仰它们。在这里，我们或许会看到：虽然“天使与魔鬼”的说法在基督教的论述中长期存在，保罗对于那种信仰“黑暗”的做法的猛烈抨击则是最初的力量或雏形。但说到底，这套新的观念结构确实敌视它们。

无独有偶，早期基督教的护教学家都强调自身信仰的单纯性。他们的做法是把重心放在人的意图或意志上，而不是关注那些虚假的存在者，后者只是让人误以为自己能掌控或影响什么。“我完全坚信，那些拜偶像的庄严仪礼和秘密仪式，是靠着他们虚夸的庄严和索纳的费用才建立了凭信和威望，”3 世纪早期一位令人敬畏的迦太基皈信者德尔图良（Tertullian）这样说道，“至于上帝，这位宇宙万有的创造者，则根本不需要香火或血祭，那是区区魔鬼们的饲料。我们不止是鄙视这些魔鬼；我们制服了它们；我们让它们日夜蒙受耻辱；我们将它们驱离人群，民众可作见证。”[5]这些护教学家毫不妥协地反对黑魔法。某种意义上，他们是在重新定义人类的行动领域，为最终出现一种更加清晰的区分奠定基础，这便是行动的“内在”理由与外在事件的物理原因之间的区分。

批判基督教的人，例如 2 世纪后期的凯尔苏斯（Celsus），71
曾为上述心态深感困扰。凯尔苏斯认为，由于将自然缩减为仅仅是为人类意图服务的工具，基督教过于尖锐地将人与自然的其他部分割离开来，并且贬低了自然。“他们说上帝创造万物是为了人，”凯尔苏斯抱怨道，“祂放弃了整个宇宙，放弃了诸天球的运行轨道，只是跟我们住在一起。”[6]凯尔苏斯提出了一个严肃的问题，但他没有看到，澄清人类自由的领域对于个体道德责任的确立究竟有着怎样的重要性。对于皈信基督教的人而言，在洗礼中领受“圣灵”象征着从异教以及犹太教的字义解经（literalism）中得到了解放。“在基督之中”就意味着领受了圣灵。圣灵让人去关心他们应该关心的东西，即真正的道德选择和慈善事工，同时也让男性割礼和各地神庙奉献的牺牲再无必要。

德尔图良呼告道：“多么可悲的不信者呵，竟敢否定上帝有其独特的种种属性，否定祂的单一和力量！”[7]某种意义上，他的心态预示了中世纪晚期一位牛津大学哲学家所奠定的原则。“奥卡姆剃刀”主张，一切解释应该始终表述得尽可能简单，勿增实体。人的各种欲望和意图也不应该和自然进程混淆到一起。要说奥卡姆（Ockham）的原则在早期基督徒重新肯定人类能动性的作用时就扎下了根，恐怕也不为过；这些根蒂培养起一种对于自然和文化之区别，对于人类理性之限度的意识。

无疑，早期基督教的护教学家都将异教的多神论与理智和意志的滥用联系起来。在神化自然力量和创造地方神灵的过程中，异教令人不去关注个体意志和上帝赋予人的责任之类的核心问题。就连犹太教也落入了将意志等同于外在服从律法的窠臼，从而将保罗引向了看到“内在”这一相反的做法，引向了动机。这种将“上帝之爱”视为正当行动之根源的基督教意识，具有相当程度的实践性。对此，我们可以在公元4世纪圣巴西尔（St. Basil）的护教著作中略窥一二。他的论敌捍卫古代理性主义的种种前提，谴责基督徒崇拜“他们一无所知”的事物。作为答复，巴西尔反倒是以希腊哲学的特色来攻击希腊哲学最后的捍卫者们：

“他们不该问我们是否知晓上帝的本质；他们应该问我们 72
是否知道上帝是令人敬畏的、正义的或仁慈的，而我们承认确实知道这些事情。另一方面，如果他们说上帝的本质不同于上述这些属性，那他们就不能依据上帝本质的单纯性，营造出各种虚妄主张来反对我们；因为这样一来，他们自己就是承认了祂的本质不同于祂的每一种属性。上帝的活动是多样的，但祂的本质是单一的。我们的立场就在于：我们正是从上帝的活动来认识我们的上帝，尽管我们无论何时都不会宣称接近了祂的真实本质。这是因为祂的活动触及了我们，但祂的本质始终是不可触及的。”[8]

在这些早期文献里，一种关于理性之作用的谨慎观点渐渐浮现了出来，或许可称之为一种更加民主、更少贵族含义的理性观念。演绎理性有助于发现真理，但它无法确定关于自身来源的真理。理性不能也不应该强迫现实，基督徒的谦卑就被视为一种避免上述错误的谨慎。上帝在基督中的启示的“愚拙”，就是一项永远的警告。*

除此之外，这些文本的重要性在于，它们不光回应了异教

* ［译注］参见詹姆士钦定版（KJV）《圣经》《哥林多前书》1：21：“因为在上帝的智慧里，此世不能靠智慧来认识上帝，上帝就乐意凭着传道的愚拙，去拯救那些信的人。”（For after that in the wisdom of God the world by wisdom knew not God, it pleased God by the foolishness of preaching to save them that believe.）

徒或犹太人的观点，还回应了其他一些觉得很难抛弃古代理性主义框架的基督徒，这一点对基督教“正统”十分重要。迟至4世纪，身为教父之一的尼撒的格列高利（Gregory of Nyssa）还以一种古板的柏拉图主义口吻，来描述摩西在西奈山领受律法的事件。格列高利评论道：“当不具理性的畜群被尽可能远远地驱离了那座山，摩西便接近了通向更高思想的上行道路。任何动物都不许出现在那座山上，在我们看来这一事实便表明：一旦想到可理知的实在，人就正在超越源自感觉经验的知识。”[9]

至于基督教会的安排如何恰当，格列高利毫不迟疑地得出了结论：

“民众听不见来自上界的声音。惟有摩西为他自己而研习其中隐藏的秘密，并将他凭靠上界教导而获得的神圣真理，教
73 导给了人们。教会的安排也是如此。教会不是为了让每个人都极力理解那些奥秘，他们应当选出一位有能力理解神圣真理的人，而后他们应该悉心关注此人……”[10]

看来很明显，格列高利的柏拉图主义偏爱贵族制。对他而言，实在一直是本质上可理知的，但只有少数人能做到。他保留了柏拉图式的上行意象。在他看来，多数人连一座真正高山的山脚都无法登上，“因为这座山其实就是对上帝的认识”。

古代理性主义并没有很快落败。事实上，它在2世纪开展了一场强有力的最后反扑，这就是众所周知的灵知主义。灵知主义一部分是对犹太影响的反抗。灵知派回到了那种柏拉图式的前提：知识是启蒙的条件，有一种存在的等级秩序鄙弃“低贱的质料”。灵知派也依赖上行的意象，它使精英得以可能。

自我解放要求人们放弃物质世界及其“黑暗”，由此才能上行回归“光明”的世界。在基督徒的灵知派看来，基督就提供了那个光明世界的知识，但那些能获得这种知识的人都很像柏拉图笔下的护卫者。结果，灵知派偏离了保罗的前提，即知识和救赎的真正条件在于凭靠信仰而得解放。上帝的“愚拙”丝毫不合灵知派的口味。

基督徒的灵知派毫不犹豫地增加了本质和实体：有一段灵知派文本竟然数点出不下30种“最高”等级的存在！这些最高等级的存在都是纯粹的思想，产生于超越的上帝，并且丝毫没有沾染上质料或“黑暗”。可是，一旦它们当中的最低一级——智慧（Sophia），沉溺于性欲，进而产生了一个由作为下位神的耶和华来统治的物质世界，这种纯粹存在的下降秩序就到了一个不纯粹的地方。相应地，在亚当受造时，他还保有光明世界或纯粹存在的残余，但因为他身体的缘故，亚当也被卷入了物质世界及其诸多诱惑，卷入了耶和华的世界当中。只有基督这位光明形象的再次到来，才能将上帝的真正本性重新启示出来，并且让少数精英的救赎得以可能。[11]

这些灵知派观念反映了一些由于基督教信仰与柏拉图形而上学的结合而产生的问题。对于犹太教备感陌生的物质世界，它们深表厌恶；对于保罗曾经颠转的自然不平等的前提，它们与之调情；至于耶和华与基督徒的上帝是否同一，它们则表示怀疑。事实上，灵知派根深蒂固的二元论恰恰威胁了道成肉身的观念，因为它质疑了上帝与人在基督中的直接结合。在灵知派看来，精神与物质不可能结合。 74

如果说灵知派由于与古代理性主义的联系而代表了基督教

运动中保守乃至反动的一面，那就还有另一面存在，而这一面揭示了基督教信仰历经若干世纪后才完全展现的颠覆社会的潜力。同样，我们也能通过一段文本和一个人物，来大略了解这种潜力。这人就是马西昂（Marcion），自保罗以来基督教思想中最富争议的人物。马西昂生于1世纪末，是黑海岸边一位长老兼主教的儿子。马西昂后来成了一名富裕的商人和船主，但他同时也是一个郁郁不得志的知识分子。他怀有一种激情，要找到并且定义基督教信仰中真正崭新和独特的东西。这股激情最终驱使他前往罗马，踏进了“正统”开始称呼的“异端”。

在马西昂看来，保罗书信和路加福音已经提供了一切必要的东西，他提出了保罗教诲的一个更加激进而简化的版本。马西昂不像保罗那样操心耶路撒冷教会的问题，而是发表了一篇独立宣言。启示于基督之中的爱的上帝，不是旧约里那个嫉妒的上帝，那是属于一部族的原始存在。基督的启示无须犹太《圣经》的扶助，它是一种新的启示，这就足矣；救赎之道也是为那些信靠上帝良善的人所设。马西昂想从基督教的福音书中剔除毫不相干的犹太因素，事实上他或许也是第一个试图改造那些“独一无二的”福音书的人。[12]

马西昂紧紧抓住了保罗的基督观念中带有普世性的一面，强调这个观念中潜在具有的抽象的个体主义，但不像保罗那样认为它是与以色列人的上帝所立的新约。马西昂显然受到了灵
75 知派思想的影响，但他也避免了一种二元论的观点，没有把基督变成一个仅仅具有人类形象的纯然精神性存在。另一方面，马西昂也没能避免一种诱惑，即认为救赎就是指修炼得好的灵魂回归上帝。马西昂忽略了保罗思想的一些特点：它们将基督

教会刻画为“爱”的团契，这是一种以人人平等的信念为基础的新型共同体。

马西昂主义关心个体灵魂的命运，而非某种“圣徒”的共同体。显然，他建立的教会更具有等级制的性质，或许这是灵知主义的后遗症。尽管如此，他的教会也因为给了妇女一个重要的地位而遭到批判。如果说马西昂是异端，那很可能是因为，他将保罗思想中潜在的个体主义，发展到了一种足以让后世将他视为新教徒原型的程度。

另一个来源也能让我们略知基督教潜在的激进主义，这就是大约50年前发掘于埃及沙漠的文献——《多马福音》。我们尚不清楚它的确切写作日期，尽管多数学者认为现存文本可以追溯到2世纪中叶。《多马福音》无疑反映了灵知主义的影响，但也很可能吸收了另一种关于耶稣传道的重要的早期亚兰语传统，是学者们猜测存在过的许多“口传福音”的幸存品。无论如何，《多马福音》包含着一些非同寻常的段落，它们的主题只能称为“妇女解放”。

我们知道，古人的习俗观念认为，妇女不是完全具备理性的存在者。妇女与奴隶的从属地位都是以这种方式而得到证成的。《多马福音》向信徒们提出了一项全新的计划：要将女人变得和男人一样！男人和女人要变得“同一”，意思显然是说：女人也应该能成为理性的能动者，也应该能意识到自己拥有像男人那样的理性能力和道德能力。《多马福音》写道：“若是你合二为一，若是你让外在像内在、内在像外在……若是你将男人和女人变成一人，让男人不再是男人、女人不再是女人，那你就将进入（上帝的国）。”[13] 保罗曾催促信徒去完成

自我的重构，而这项任务在这里明显变成了一场妇女地位的变
76 革。这段文本的意思是说，只有当妇女获得自由时，男人才能同样获得真正的自由；只有当我们承认男人和女人拥有共同的本性时，人人平等的信念才有可能产生相互的益处。

在《多马福音》里，道德的透明性是正确使用心灵的结果。《多马福音》推进了保罗催促的事业，即从等级制的权能中解放出来。正如多马（Thomas）所言，耶稣的言辞颠覆了妇女的从属地位，这可是古代家庭及其整套社会观念的一大支柱。耶稣的话与福音正典里的一段话相符：耶稣问自己的追随者们，一旦侍奉上帝有如此要求，他们是否准备好了抛下家庭的纽带，离弃父母和兄弟姐妹。

耶稣的诫命偏爱个体的能动性而非集体的能动性，偏爱良心而非世代因袭的社会角色。它们或许也揭示了保罗式个体主义在耶稣言辞里的一些根源。无疑，这些诫命能让我们更容易理解保罗的信念：信仰揭示了人类能动性的根基，并且具有解放作用。在《多马福音》里，我们看到基督教信仰所产生的道德直觉得到了某种崭新的应用。人类道德平等的信念，渐渐威胁到了基础性的阶层差异。

当然，《多马福音》只是一份少数派报告。但它表明基督教所产生的道德直觉很难得到宽容，即便在有组织的教会忙于安抚罗马权威，否认自己从事阴谋或颠覆的时候也是如此。保罗曾坚决主张："掌权者的权力都是上帝授予的。"* 大体上，所有早期教父都同意这一点。凯尔苏斯认为基督徒效忠的对象

* ［译注］见《罗马书》13：1。

令他们成了坏公民，为了反驳这一看法，奥利金主张基督教道德为公共权力提供了一种更好的基础：“一个人越是虔敬，在帮助皇帝的时候越有作用，其作用甚至盖过了那些在战场上杀光敌人的士兵。”[14]

这是一个决定性的论据，它暗示了什么？凯尔苏斯抱怨道，基督徒不愿向国家的诸神献祭，不愿担任公职，也不愿应召入伍；这些都危害到罗马帝国的安全，削弱了它赖以支撑的虔敬。在答复中，奥利金至少含蓄地提出了一种完全不同的社会观念。他所主张的社会承认道德对公共权力的限制，从而产 77
生了一种超越于传统公民义务之上的个体责任领域：“我们知道在每一座城市都有另一个国的存在，它是由圣言（Word of God）创造的。”[15]奥利金的言外之意是说，长远来看，一个以基督教道德为基础的社会能提供某种更好的稳定和生存的前景。他说：“凭着祈祷，我们摧毁了一切挑动战争、违背誓言、搅扰和平的魔鬼。我们对皇帝的帮助，要胜过那些表面上从事争战的人。”[16]

因此，早在奥古斯丁（Augustine）的“上帝之城”以前，基督教护教学家就提出了“上帝的国”来伸张个人良心的诉求。良心的要求似乎不可抗拒地源自于道德平等的前提，平等、选择和责任萦绕于这些人的脑海中。早在2世纪中叶，爱任纽就反复强调过：“上帝的公正裁断是平等地施予所有人的，而且绝不落空。”

如果上帝创造的人是平等的、具有自由意志的理性能动者，那就应该有一个让他们自由选择和为之负责的地方存在。找到这样一个地方，最初只是基督徒的一个自卫手段，但情况很快不止于此。德尔图良清楚地看到，基督徒的道德信念具有怎样的影响："基督教之善有着完满和独特的性质，日常之善则不同；因为所有人都爱自己的朋友，惟有基督徒爱自己的敌人。"[17]尊重人人皆有的选择自由，或许也可以视为后者的一个方面。

要是认为"平等的自由"这一信念已经出现在早期护教学家那里，许多人会对此大吃一惊，甚至觉得受了冒犯；因为反教士主义已经成了自由主义史学的一个内在部分，它不会同意这样的结论。此外，对于任何类似于历史目的论的解释——通常所谓"历史的辉格解释"——的不信任，也强化了那样一种怀疑主义。可是，文本就是事实，事实就是如此。2 世纪中叶，里昂的爱任纽问道："圣言降临到地上，带来了什么新东西呢？"仅仅时隔几十年之后，德尔图良便认为答案十分清楚："对我们的上帝而言，只须举出一件大能的事迹就足够了——祂将自由带给了人。"[18]

78 德尔图良或许是在奥古斯丁以前最杰出的教父，而他对良心的诉求有着十足的把握：

"我们敬拜独一的神……你们觉得还有别的神存在，但我们知道它们不过是魔鬼。尽管如此，每个人都应该按照自己的信念自由地进行敬拜，这是一项基本的人类权利。谁都不能遭到别人宗教的伤害，也无法受到别人宗教的帮助。践行宗教必须自由，不能强制，就连用于牺牲的动物也必须自愿献身。因此，就算你们迫使我们成为祭品，你也根本没有向你的诸神献上有价值的供奉。他们不会要不情愿的献身者成为祭品，除非他们是堕落的神；然而上帝不是如此。"[19]

这里，我们可以看到：作为一项基本权利，作为一种人之为人的正当力量，人的个体权利最早得到了肯定。德尔图良的主张是否也意味着，基于同意的权威不同于纯然物理力量，不同于纯粹施加约束的力量呢？这一点很可能藏在许多早期护教学家共同拥护的一种看法里，他们认为：基督徒终究是“更好的公民”，尽管他们不愿祭祀国家的神祇或者皇帝，因为他们为社会秩序赋予了某种良心上的奠基。无论如何，德尔图良决心捍卫良心的诉求，捍卫一块属于个人选择的领地，这是毋庸置疑的。

但是，到了公元 313 年罗马皇帝君士坦丁（Constantine）公开认可基督教会，基督教不久也成了罗马帝国的官方宗教以后，这样的决心还存在吗？

第六章

重释英雄主义

79 截至3世纪后半叶，基督教已经成为罗马帝国的一个主要现象，基督徒也成了一个不容忽视的团体。公元250年以后，在德西乌斯（Decius）和瓦勒良（Valerian）统治的十年间，间歇性迫害让位于更加坚决的镇压，目的就是要迫使基督徒敬拜国家神祇和皇帝。但是，镇压很快就停息了。由于基督徒（尤其是近东地区的基督徒）人数众多、财富充足和分布位置优越，长期迫害很难开展下去，尽管基督徒此时仍然是少数派。

无论如何，“殉道者的冠冕”或许一度提升了基督教的道德吸引力。无论男女贵贱，来自社会所有阶层的个体总是毫无怨言地忍受折磨和死亡，偶尔甚至还有点得胜的意味；这样一幅景象戏剧性地描绘了这种新信仰的特征，它是一股令人毛骨悚然的强大威胁。

晚期基督教的护教学家很可能夸大了殉道者的人数，但这不重要。重要的是，殉道活动渐渐重释了先前理解的英雄主义。古代的英雄都是像奥德修斯（Odysseus）那样的贵族，出身于一个起着领袖作用的家庭，而且经常与城邦的基石相联系。古代英雄都是典型的男子汉，强壮、善谋且功成名就。英雄几乎就是半神，这也反映了古代多神论的本性。名誉是英雄主义的养料，家庭和城邦虔敬都保留着英雄的美名。英雄就是一种出类拔萃的社会存在。

与此相反，无论是在面对一群暴民的石刑、斗兽场里的猛兽还是烈火焚烧的时候，基督教的殉道者都要公然挑战社会。在家庭和城邦虔敬的各种诉求面前，基督徒拒绝曲意逢迎，而且也拒绝敬拜皇帝；这意味着他们尽管孤立，却不愿屈服。因 80
此，难怪罗马权贵们将殉道者视为“全人类的敌人”，因为他们坚持孤立。

但他们真是孤立无援的吗？殉道者们声称自己行动的名义来自某种更重要的联系，它支撑着他们的意志。很显然，他们在自身之中，找到了比社会习俗或规矩更加珍贵的东西。但这还不是全部；令他们标新立异的内在信念是一种无视任何性别、阶层和地位的东西。殉道表明，某种基于良心的个体意志得到了运用，并且它使这种意志变得可见。

在造就一批基督教殉道者的同时，古代世界其实既将它试图摧毁的对象变得神圣，同时也摧毁了它试图保护的东西。原因在于，基督教殉道者愈加支配了大众的想象，而我们也很容易理解个中缘由。殉道者提供了一种向所有人开放的英雄主义，一种民主式的英雄主义。正如 3 世纪德尔图良所言，殉道者的鲜血浇灌了“教会的种子”。

作为一种所有人平等享有的根本道德地位，个体的观念或许就是通过殉道的现场或传说才第一次进入许多非基督徒的心中。殉道者身上总有值得称赞之处，这一点或许有时也吸引了一些身为异教徒的观众和迫害者。因此，迫害基督徒导致了一个出人意料的结果：个体或道德平等的观念变得更容易理解了。对于这种既是个人的、潜在也是普世的动机，只要看一眼它的深度，就能让人难以忘怀。

基督教主要还是一个城市现象，对那些“中层”人士有着特别的吸引力。基督教通过说服和榜样来传播，而这些方式在上等阶层看来都不甚光彩。凯尔苏斯的一段抱怨很有名：“众所周知，羊毛织匠、鞋匠和漂洗工，这些丝毫未受教化的普通人在我们家里，在比他们更老也更智慧的主人面前一个字儿都不敢说。可是，一旦私下里有小孩和愚蠢的妇人围在身边，他们就变得惊人地口齿伶俐，让小孩别听父亲的话，转过来相信他们，接受他们的教导。”[1]

81 在基督教的壮大过程中，妇女乃至于奴隶发挥了重要的作用，而且正是通过这些人，基督教渗入了上等阶层；这难道是偶然吗？基督教运动吸引了边缘人群。通过信靠基督而获得的尊严，尚未公开挑战父权或者奴隶制，但它毕竟将自尊给了人。一场道德革命就这样展开了。

教会早就觉得有必要做好自我组织，于是有了一套圣职的等级秩序。1 世纪的非正式分工，现在让位于每座城市都有的主教（bishop）体系，协助者是长老（presbyter）和助祭（deacon）。有学者写道：“从使徒、先知、教师到主教、长老、执事的转变仅仅发生于两代人之间，尽管我们在现有资料中偶尔能窥见这场进程，但确切的历史已经晦暗不明。”[2]不过，基督徒对等级秩序的适应并未止步于此。截至 3 世纪末，基督徒已在罗马政府中身居高位，无论罗马城还是外省，甚至在军队的高级士官中也能找到基督徒。更有甚者，教会得到了富人的捐助，最大的主教座堂（episcopal see）也发展出了复杂精细的福利机构。事实上，从它们为贫穷的教友提供生活必需品这一点看，教会几乎就是微型的福利国家。很快，主教便成了重要的公共人物。

教会对罗马帝国的渗透，产生了两方面重要的结果：一方面，它挑战了城市统治阶层的修辞和行为举止；另一方面，它也威胁到一种平等主义的“圣徒共同体”意识，后者坚持教会就是一群受迫害的少数派，还要从教会内部发起一场运动，以拒斥世界及其种种“诱惑”。现在，让我们一一察看吧。

对于古代晚期城市统治阶层的修辞和举止的变化，彼得·布朗曾作过一番杰出的考察。这些人重视仪表，重视高贵的出身，重视教化（Paideia）或者说文化；这种态度在帝国里有着重要的作用。华贵的马车、考究的言辞和繁复的礼节，无一不表现了他们的优越地位。对于家庭和公共生活中一直不受约束的权力而言，这些特征几乎就是唯一有效的约束：“从家庭里的妇女和奴隶一直到僭主身边可怜的朝臣，许多人的生活在许 82
多情况下似乎都取决于上位者的一念之间。”[3]

上位者的愤怒十分危险。难怪，上等阶层要抓住一切机会来提醒帝国政府：由于他们的仪表礼节和公共演说技艺，城市的治理绝不能缺少他们。教养、礼节和仪典将皇帝与他城市里的上等阶层联系起来，并且针对权力运用提供了唯一近似于宪政约束的限制。因此，绝非偶然的是：这种上等阶层的教化（Paideia）越来越看重繁文缛节，即便有时不能达成一致。这是一种自卫的形式，当然也很脆弱。

免受肉体刑罚之苦是身为城市显贵阶层一员的最典型特征，也是其自信的条件。但是，当显贵阶层为了增加税收而遭到扩充的时候，过去保护着高贵出身和教化（Paideia）的各种特权便陷入了危机。鞭笞和酷刑不再仅限于下等阶层，而这是对礼节的可怕破坏。结果，城市显贵越来越因为对自身地位的焦虑而备受折磨。一度作为社会地位优越之标志的裸像（nudity），渐渐也成了在一种陌异而反复无常的公共权力面前的赤裸（nakedness）。

但到了3世纪末，一部分城市精英开始走上一条不同的道路来对付皇帝和行省总督，这就是利用基督教信仰，使他们成为下等阶层的代言人。一种新的修辞帮助他们争取到了城市的领导地位，其基础就是“爱穷人”。布朗认为，由于利用了基督徒自身形象的某些特征，例如教会的社会包容心、基督教福音的简单易懂、基督教对传统文化的质疑以及它的福利作用，“爱穷人”使得城市精英内部发生了某种重新整合。这种修辞既反映也促进了上等阶层的基督徒与城市主教之间的结盟，他们通常都是一些有文化或者说受过教化（Paideia）的人。

这种新修辞被用于“一项永无止息的任务：在城市内部施行管治，并且向外面世界说明管治的需要”。[4]它是一种基督教
83 民众主义，提醒皇帝及其臣仆记得：主教现在也是城市治理中一个不可或缺的因素。比起那些还在敬拜国家神祇的城市精英，主教们自称能比他们更好地动员民众和塑造民意，因为主教们的“爱穷人”如今已经扩展到会众之外，涵盖了所有的城市人口：“在一个声称挑战精英价值的宗教的名义下，上等阶层的基督徒赢得了对城市下等阶层的管治。”[5]这些人利用了一种经久不衰的基督教修辞：它将信仰的传播归功于目不识丁的布道者的谦卑，归功于那些像使徒彼得和保罗一样，明显缺

乏传统城市精英的教化（Paideia）和礼节的人。

穷人的这种新修辞，使得城市精英内部的重新整合成为可能，但我们不能因此而忽略这一事实更加广泛的意义。它的到来，标志着在公共话题领域发生了一场根本的话语变革。过去，贵族价值一度塑造着话题，体现为虔敬和教化（Paideia）等语词；如今，它已经让位于另一类可谓是民主的价值了。穷人的修辞蕴藏着一类新社会的种子："社会的整套等级秩序是由所有积极参与城市生活的人所组成的，城市权贵却自以为高踞这一等级秩序之巅。相反，基督教的主教则是针对一种社会的虚空确立了他的权威，而穷人就被界定为不属于任何社会团体的人。"[6]因此，"爱穷人"将公众的关注扩展到了公民阶层这一特权阶层之外。主教们的"爱穷人"扩展到了奴仆、穷人和外裔群体，扩展到了那些在公民的等级制下无立锥之地的团体。他们得到了一个家，这是一份难以抗拒的赠予。

就这样，早在得到多数城市居民的支持以前，基督教会就可以宣扬自己的包容心，也就是"普世性"。同样，这种主张也使一种道德地位（"灵魂的平等"）渐渐变成了一种可见的社会角色，也就是个体。原因在于，无论富人还是穷人，包括那些曾经被排除在公民阶级之外的人，都是以个体的身份来领受圣礼。他们的受洗和领圣餐，都是作为个体而非某一团体的成员来寻求救赎。

因此，基督教会逐渐瓦解了贵族制社会的团体性质。但 84
是，教会在渗入城市社会的同时引入了新的道德习俗，一场反抗运动也在教会内部酝酿成形，它对于任何拥抱此世的企图都表达了焦虑感。这场运动采取的形式就是隐遁于城市生活之外，而且以一种相当生动的方式表现了基督教的品质。

这种隐遁的天性在犹太教中已有先例，像艾塞尼派（Essenes）那样的团体就是逃到边远地区去过苦行生活。但是，基督徒的隐遁更像是个体主义者的行为，特别是刚开始的时候。这场运动肇始于3世纪晚期的埃及和叙利亚地区，个体纷纷隐遁"荒野"，最终成了众所周知的"修士"（Anchorite）和"僧侣"（Monk）。重要的是，他们隐遁时的身份都是个体，而非有组织团体的成员。这一点亮明了他们目标的本性，目标就是救赎，但须以一种特殊的方式来加以理解：他们试图通过克服个人的欲望，发展出一种更高的意志。早期最著名的修士圣安东尼（St. Antony）形容他们的目标是寻求圣灵的帮助，"赢得对自己灵魂和身体的控制，以便二者皆能成圣"。

殉道时代迎来了终结，但在许多基督徒心中，他们仍然觉得有必要证明新信仰所释放的动机的深度。对有些人而言，居家苦行似乎已经不够了。这些苦行者先是跑到洞穴以及其他蛮荒之地居住，远离城市和乡村。渐渐地，有人迁得更远，在山里筑造土屋，或者占据废弃的军事营所。这些修士养成了一种以独身、贫困和克己为特征的生活方式，既远离城市广场和集会的喧嚣，甚至还远离教会的仪礼。他们力图克服此世的诱惑，此世的魔鬼，途径便是在孤独中——通过他们自己——与神感通（commune with God）。

修士们力图赢得对自己身体的主宰，创造真正意义上的意志，其做法是研习《圣经》、冥想和祷告。在他们看来，这些都是基督信仰所必需的首要步骤。与此同时，遁回自我也触及了道德的普世性。一位重要的修士认为："所以弟兄们，让我们人人平等吧，从最低微到最伟大的，无论贫富，让我们都在和谐与谦卑中得到完满。”[7]修士们否弃自私、无常的欲望，试 85
图通过顺服的习惯而成为一种超凡意志的化身。内在性就是一切。有一个故事，讲的是一位年轻的隐者想向一位德高望重的长者学习：

“（年轻人说）要说做了哪些日课，我守了点斋戒，作了祷告和冥想，生活宁静，也在尽力净化我的思想。还有什么是我能做的呢？老人站起来，手伸向了苍穹，手指变得就好像十支火炬（lamps of fire）*。老人向年轻人说，‘若你愿意，你的全部都能变成火焰’。”[8]

很多城市基督徒没有分享他们的孤独，而是自己在家苦行修炼（“献身上帝的童贞女”并非罕见）。这些人与修士有着同样的观点，也认为苦行生活是“主全部的轭”（the whole yoke of the lord）。** 反过来，这种流传甚广的观点也赋予了修士极大的声望。

当然，孤独对许多修士而言也只是相对的孤独。他们起初都是城市居民，而他们理解的“荒野”可能也不过是城外的乡村。通常，他们的居室与城市之间的距离都是脚力可及的。再者，一旦修士隐居的声望传播开来，他们就成了城里基督徒弟兄们热切访问的对象；在驱使这些人来访的动机里，好奇心和虔敬或许占有同样多的分量。

---

* ［译注］参见 KJV 版《圣经》《启示录》4：5：“又有七支火炬在宝座前点燃，这就是上帝的七个灵。”（And there were seven lamps of fire burning before the throne, which are the seven Spirits of God.）

** ［译注］参见 KJV 版《圣经》《马太福音》11：29：“负起我的轭，向我学习。”（Take my yoke upon you, and learn of me.）

要说有的修士完全否弃此世，与上帝感通，这么讲当然有所夸张。最典型的例子就是柱上修士西缅（Simeon the Stylite），他常年在安提阿城外的一根柱子顶上生活。据说，西缅的一位门徒也在君士坦丁堡外的一根柱子上生活了 33 年。此外，还有一些禁欲形式也流行了起来，例如披戴沉重的锁链或者靠食草维生。这些隐者常常形容他们挑战社会的做法是“为基督的缘故而变愚拙”。[9]毫不奇怪，许多城市精英都谴责他们是在做戏。尽管如此，修士们所筹划的自我形象也赋予了他们一种引人注目的道德权威。作为城市居民为“孤独”贴上的标签，这股超凡魅力（charisma）最终产生了修士们所具有的治疗力量。他们有时被称为“实践的”哲人，也就是不靠寻章摘句而习得智慧或影响力的哲人。

这里流露出一种民主乃至于民粹式的讯息。一位来访哲人
86 问过那位后来成了圣安东尼的科普特人，为什么他的山间避难所里一本书都没有，这人答道：他的冥想所需的一切就是“上帝的创造”。尽管父亲有钱，安东尼还是散尽家产，隐遁乡间，靠着《圣经》、祷告和体力劳作来抵御引诱他的“魔鬼”。安东尼不懂希腊文这门高级文化的语言，却也不觉得有什么感到抱歉的必要：“我的书……就是上帝之创造的本性；无论我何时想读祂的圣言，它都会出现。”[10]他与性欲的斗争也从未间断过，无论这性欲是对女人还是男童而发。安东尼的第一位传记作者阿塔纳修（Athanasius）曾这样报道：“他奉行守夜礼（vigil）到了如此程度，以至于经常整夜整夜地不睡觉。他一日一餐，日落时吃饭，有时两天甚至四天才吃一顿，而他的食物也只有面包、盐和水。”当时埃及的气候肯定帮了忙，因为

安东尼据说一直活到了 105 岁。

对于这场在埃及和叙利亚很快赢得大量人群支持的运动，如果我们设想它还有什么更加极端的表现，那留给我们的就是一些在基督教的品质方面极富启发的东西：基督教的平等主义，基督教潜在的内在性。当教会弱小并且遭受迫害的时候，强烈的共同体意识（“圣徒的共同体”）多多少少掩盖了这种品质。换言之，这些身处困境的共同体限制了基督信仰所释放的道德冲动。但是，修士们又以一种戏剧性的方式释放了这些冲动，传统的城市空间也因他们所传的福音遭到了挤压。

对此，没有人比圣奥古斯丁有更周全的认识。西方人过了好些时候才知道埃及和叙利亚发生的修道运动，但在奥古斯丁第一次听说这场与圣安东尼（约公元 386 年）有关的运动时，他立刻就理解了这场运动的内在及其民主意义。奥古斯丁写道：“未经教化的人崛起了，他们凭借这场风暴占据了天堂。而在这里的我们，纵有一身学识，却还在这血肉的泥坑中打滚……”[11]

修士们进军荒野的运动要求抛弃各种传统的共同体形式，尤其是城市或城邦，而且一开始也没有假装自己还属于任何的组织或日常生活。它宣称，孤独、祈祷和《圣经》足够将修士们提升到更高的道德层次。修士们对城市的人群和喧嚣无动于衷，他们在孤独和寂静中寻求上帝，同时克服各种诱惑、魔 87
鬼和自然的威胁。如果说殉道者提供了一种更加民主的英雄模式，修士就可谓是一类新型的竞技者（athlete）；后者的目标既不是身体健壮，也不是竞技荣耀，而是征服自己的意志。他们取胜的舞台是荒野，而非环形竞技场。他们的观众是上帝，而非人群。他们的成功表现为某种内在的声音，而非热烈的掌声。

3 世纪末，埃及和叙利亚部分乡村地区已经“挤满了”修士。一个世纪过后，一些到访埃及的罗马旅人也抱怨那里人满为患，虽然他们本来是对这种肇始于东方的现象感到好奇。人们对埃及的某些仪式抱有无比浓厚的兴趣，以至于诞生了一种刚开始还很松散的非正式共同体。修士们每周聚一两次以便接受服事（services），服事的人则是邻近城市的教士。无疑，城里的神职人员（clergy）鼓励修士宗教生活的这种常规化，鼓励它为这一场基督教无政府主义运动带来他们希望的律例（discipline）。

第七章
一种新的团契形式：修道运动

在寻求救赎之路上，灵魂平等是基督教信仰的核心。对于 88
这场创造了教会的运动而言，这就是最重要的道德事实。但在一世纪期间，该事实还藏在一种对“终末之日”将至的神秘幻想中，后者相信基督再临即将宣告一种新的创造到来。

人们对于基督再临即将发生的盼望逐渐减弱，从而引发了接下来数世纪的重新思考。如果确如保罗所言，基督已经在这世界之中，那这一点会带来怎样的变化呢？如果圣灵使得信众“在基督中成为一体”(one in Christ) 成为可能，那么“圣徒”又应该为周围的世界带来什么呢？他们应该以什么态度来对待罗马帝国的社会和政府？

历史学家们经常争论早期基督徒对待罗马帝国政府的态度。但他们容易忽略一个问题：基督徒究竟是如何根据一种源自其信仰的道德直觉来构想社会的？这真令人遗憾，因为到了2世纪末，基督教信仰就已经开始冲击传统的社会观念。事实上，这些信仰开始为一种新的社会观念奠定基础。

为什么历史学家对这个问题的考察如此缓慢？原因有二。首先，他们的印象始终觉得早期教会已决心不冒犯罗马权威，觉得它们急于表明基督教运动毫无颠覆性或者阴谋存在。有人甚至将这种自保本能追溯到了“明智”的福音书，上面记着罗马总督彼拉多（Pilate）自称无法指出耶稣犯了什么罪过。*
89 第二个理由与圣奥古斯丁的深远影响有关。奥古斯丁写作《上帝之城》（The City of God）的时候，发生了公元410年阿拉利克（Alaric）率领哥特人洗劫罗马的事件。奥古斯丁否认，基督教因为抛弃了过去的国家神祇所以是罪魁祸首。相反，他试图将这起事件的重要性降到最低；奥古斯丁认为，一切人类制度都无法抵挡衰亡和灾难。他坚称，上帝之城不能等同于任何制度，甚至也不等于教会。奥古斯丁的论点可以简单解释成拒斥一切对于社会改革或社会再造的兴趣，尽管这样解释未必公正。

但是，我们不能错误地以为，基督教信仰还没开始重塑主流的社会观念。五十年前，皇帝尤利安（Julian）想将异教重立为帝国的官方宗教，重设庙宇。但他的做法也体现了一种变革的征兆，因为尤利安理解的异教是一种已被基督教的道德直觉“净化过”的异教，他想设立的新祭司也是以“对上帝和邻人之爱”为标尺，以“博爱”为使命。事实上，尤利安经常抱怨异教徒未能理解一点：基督徒“对待陌生人的乐善好施，对死者墓穴的关心，以及自诩他们生命的圣洁”解释了基督教“无神论”迅速传播的原因，当然尤利安所说的无神论是指基督徒对多神教的拒斥。[1]

很显然，尤利安敏锐地看到了基督教的平等主义道德主旨。他也希望将这种主旨与多神教融合起来，祛除后者与等级

---

* ［译注］参见《路加福音》23：1-23：23 彼拉多向控告耶稣的众人三次否认耶稣有罪的故事。

秩序和自然不平等的前提之间的传统关联。可是，一旦祛除这些特征，异教也就完全失去了原本的身份。所以，尤利安的算盘很可能从一开始就落空了。

基督教逐渐将外在的可见事物转向内在。君士坦丁皇帝在公元312年皈信基督教后，在罗马建了一座大教堂（basilicas），它从建筑上就体现了异教与新道德信仰之间的重要差异。与有着富丽堂皇的圆柱和外部装潢的古代庙宇不同，基督教堂十分朴素，外部砖石未加雕琢，圆柱和装饰物也留在了教堂内部。这是一场具有标志性的变革：异教最关心的是外在的循规蹈矩，而如今的基督教特别关心内在信念。

在4世纪到5世纪期间，激烈的争论席卷了各大基督教 90
会，因为这是确定基督教的“正统”以对抗后来沦为“异端”的其他思想的时刻。同时，这也是一个在基督徒皇帝的庇护下产生了“普世的”教会会议（church council）的时代，包括尼西亚大公会议（325年）和卡尔西顿大公会议（451年）。阿里乌主义（Arianism）、幻影论（Docetism）、撒伯里乌主义（Sabellianism）和多纳徒派（Donatism）等一批思想都被定为异端，它们给三位一体（圣父圣子圣灵之间的关系）带来了难题。幸运的是，我们不必关注他们争论的大多数问题。但有一个问题不容忽视，即基督的本性，神学家一直称之为基督论问题：基督的人性与神性究竟有着什么关系？这两种本性在耶稣身上又是如何联系起来的呢？

对于这些问题，东西南北各地的答案都不相同，而且遍布于当时广泛存在的基督教会中。人们采取的各种立场都是深奥费解的，例如：圣子是否与圣父同样永恒；神性究竟是通过耶稣的生活而完全展现在他身上，还是逐渐发展出来的。不过，在各式各样的争论背后，都潜藏着一个问题，它是个体观念发展的核心。

上帝在耶稣之中成了“我们肉中的肉”(flesh of our flesh)[*]，这种说法对于人的本性究竟意味着什么？在什么意义上可以说上帝在这个世界上活动，可以说上帝“与我们同在”呢？这些问题还会引发连锁反应，尤其是出现了基督徒皇帝以后。试问，基督徒应该如何看待社会呢？何种政府形式适合这样的社会呢？在看似深奥难解的神学争论背后，大量实践问题涌现了出来。围绕基督论的争议也是如此，尽管这些问题换了表述并且藏在深处。

让历史学家深感震惊的是，神学问题竟然变成了亚历山大里亚和君士坦丁堡的街头巷尾热议的事情，还能挑起强烈乃至于暴烈的民众感情。在一篇著名的布道词里，尼撒的格列高利描述了他在5世纪的君士坦丁堡碰到的公众意见：“在这座城市里，如果你找人换零钱，他会和你讨论圣子是受生的还是非
91 受生的；如果你问面包的好坏，你将得到的答案是圣父更大，圣子更小；如果你想洗个澡，人家就会告诉你圣子受造之前无物存在。”[2]难道这些人的兴趣只是流行一时的时尚吗？

---

* ［译注］此句似非《圣经》原文。“我肉中的肉”（flesh of my flesh）本寓意“亚当-夏娃”与“基督-教会”的类比（《创世纪》2：23-24，《以弗所书》5：29-32），指“我们”属于上帝/基督。但这里是flesh of our flesh，可以参照加尔文(Calvin)《基督教要义》中的一段论述，理解为道成肉身的人性一面：“由于这个凭信，我们可以相信，我们是上帝的儿女，因为那自然为上帝的儿子从我们的身体取得身体（flesh of our flesh），从我们的骨肉取得骨肉，如此与我们同在（《创》2：23-24，《弗》5：29-31）。”

这些民众情感理应提醒历史学家们去注意迫在眉睫的更大问题。所谓迫在眉睫的问题，当然是指应该如何构想社会；这就是街头巷尾的人们都深切关心的问题，即便他们不能确定自身的关切究竟是什么。他们卷入这些深奥的争论，这一点本身就暗示了一种关于平等、关于某种共通人性的思想进步。民众（demos）不再一味谈论有特权的公民阶层。即便是奴隶，在教会里听了那些激情澎湃的布道以后，也会产生一些神学意见。不过，这种平等的进步能够也确实影响不同的政治路线。围绕着正确的政府形式这一问题，4 到 5 世纪的人们见证了两种截然相反的结论，它们都来自人的道德平等这一基督教的前提。

第一种结论的代价，就是牺牲传统的城市上等阶层及其教化（paideia）。它认为，新的道德信仰使得每个人都要平等地服从同一个中央政府，也就是罗马皇帝。这种结论寄生于一神教，将皇帝的角色类比为神圣的宇宙统治者的角色。皇帝预示着上帝，它将每个人与体现上帝权柄的洗礼盆（font of authority）直接联系起来。任何中介都不值得信赖：古代的家庭宗教、城邦公民团体和地方权贵，再也无法正当地介入这种受命于神的唯一关系。人们纵有承袭而来的社会角色，却逐渐变成了个体，注定各有各的灵魂。古代对于社会等级制和自然等级制的想象，同样也在逐渐消退。

至此，我们开始看到基督论争议所造成的影响。彼得·布朗也注意到了，他写道：

“皇帝不再向哲人低头，因为他们共同受到一种优雅、高贵的教化所强加的诸般约束。皇帝向主教和圣人低头，因为即

92 便是基督本人也曾低头，以便变得和他统治的人一样。身披王权的皇帝明确表示，他不与那些上等阶层的臣民共享同一种文化，而是与所有基督徒共享了同一种普遍的人性，尽管他的所有表现都与此相反。”[3]

由于坚持平等的服从，不信任一切中介，皇帝权力与一种准基督式权威之间的融合就这样渐渐改变了政府的观念，同时也改变了社会的含义。

凯撒利亚的优西比乌（Eusebius of Caesarea）是最早的基督教史家之一，也是君士坦丁皇帝的同时代人，他的作品有时几乎就是在为神权与王权之间的类比作辩护。至于布朗所谓与基督论争议相伴生的情绪，优西比乌也深受其影响：这种情绪就是一种对于上帝“令人敬畏的俯就”（awesome condescension）的意识，即上帝俯身化成基督的肉身，从而让自己与人的境遇保持一致。在某种意义上，神权与王权的类比有助于理解类比的双方：如果上帝成了天上的皇帝，那么皇帝“几乎就是地上的上帝”。原则上，皇帝宣称自己与每一位臣民都有着非中介性的直接联系，而且对他们一视同仁。

当然，上帝为了获得某种人性而进行的俯就，也对所有个体施加了一项决定性的义务。这里同样有上述类比的存在：新兴的基督教罗马帝国刚刚起步，这条漫长的道路最终会把古老的罗马帝国理念转变为现代的主权观念，让个体取代家庭而成为臣民服从的最小单位。晚期罗马法里所谓的“个体主义”潮流——父权的弱化、妇女地位的提升以及继承法的变革——很可能就是这种基督教心态的产物，同时也是它的反映。

不过，如果说道成肉身向人们启示了一个以新的方式现身于世界的上帝，个体的能动性与神的能动性如今是被理解为同一连续体的两部分，那么，另一种得出了不同政治结论的论证路线也同样可信，因为援引“基督徒的谦卑”和援引“神圣王权”或许一样有效。这条路线可以将权威的要求视作是“由内而外或由下及上”，而非从“高处”往下降。在这个意义上，道德平等的前提被证明是一把双刃剑。

早期教会阐释了这一选项，尽管阐释得支零破碎且不融 93
贯。个中原因在于，一旦使徒和先知的时代过去了，长老和主教的选拔就要依据信众的普遍同意。最早的实践事例就是长老候选人领受“按手礼”(laying on of hands)，进而产生地位更高的“主教”群体。就算候选人凭借学识和教化（paideia）而得到预定，主教的选任本身往往也是民众“欢呼”(acclamation）的结果。这里我们就能看到，在城市权贵的传统与一种更具平等主义色彩的新兴文化之间，存在着某种妥协。

由“下等人”选出“上位者”的做法成了惯例，尽管既不够正式也未成体系。只是到了后来，到了教会与罗马帝国的融合已经相当紧密的时候，这条惯例才不得不与另一条惯例，也就是由“上位者”选择“下等人”的实践达成妥协。甚至早在帝国对基督教表示官方宽容乃至于信奉之前，主教就以城市代言人的角色来跟皇帝打交道，而这种角色也为城市教会的发展带来了某种贵族制转向。富人也不例外，他们捐助的教士渐渐形成了一个自主的、自我存续的实体，就像过去富人阶层为古代城邦里的胞族（curia）提供支持一样。个中原因在于，身居高位的城市官员们都是将司法权当作一种私人权利，当作一种毋庸置疑的继承物或与生俱有的权利来使用。他们的权威与选举或代议制毫无瓜葛。

不过，纵使城市教会与它们生长于斯的贵族世界达成了妥协，修士们新兴的混乱的运动却还保留着教会的原始惯例。当修士们越来越多，并且集中到特定地方时，修道运动就迈出了组织化的第一步。如上所述，城市教士鼓励这种发展方向，因为修士们的生活总是远离教会的仪轨和圣事。尽管如此，修道运动的组织化也是更多地揭示了基督教的道德核心，而非 4 世纪晚期已成罗马“国教”的基督教所能做到的。当隐者或修士变成修道院僧侣（cenobite），也就是苦行成了集体活动的时候，基督教信仰就开始生发出一种崭新的“共同体”观念，一种全新的社会组织形式。

94 由于修士们进驻乡村或“荒野”的运动逐渐扩大，组织化的需要也愈发变得明显。例如埃及的尼蒂亚山（Nitria），到 4 世纪时已是彻底人满为患了。帕拉迪乌斯（*Palladius*）在他的《劳西亚史》（*Lausiac History*）中写道：“在这山上有大约五千个生活方式不同的人，各人按各人的能力和意愿生活，因此，无论独自生活、与一位伴侣生活或者一群人共同生活都是可以的。”他接着写道：

“山上有七座面包坊，既满足了这五千人的需要，也满足了大漠里总计六百位修士的需要……在尼蒂亚山上有一座很大的教堂，侧面立着三株棕榈树……在教堂旁边有一间客房接待来访的陌生人，他们可以住到自己想走为止，没有时间限制，甚至待上两三年都行……山上还住着医生和制糖人。他们还使用酒，酒也是商品。所有人都在亚麻作坊里从事手工劳动，所以一切东西都是自给自足的。实际上，要是你在九点钟时驻足聆听，你就能听到一阵唱诵赞美诗的歌声；这段旋律从每一位居民口中响起，如此他们便相信自己正高踞于世界之上的天堂。他们只在周六周日占用教堂。”[4]

晚近研究强调这一切活动中隐含的组织化程度，因为修士们雇佣了一位代理人来替他们做买卖，还在某些地方建立了最初医院的雏形。

难怪，无论修士还是外人都认为，修道运动获得了某种团体身份。至于这种新的身份认同，最显著的特点就是它的基础在于自愿联合，在于个体的意志行为。这是一种与古代世界的信仰和实践之间的根本决裂。一直以来，家庭宗教、公民地位和奴隶身份的确定都是源于出身或者受迫于强力。诚然，很多神秘宗教的发展都是靠着个体的支持，但是如果他们不能在这样一个秩序剧变的世界上抛头露面，那他们始终不过是半秘密性的“神秘”社团罢了。

原始教会也是靠个体“皈信”才发展起来的。可是，在
面对官方的敌视乃至于迫害时，“圣徒们”同样隐遁世外，被 95
迫生活在孤独当中。他们的信仰和实践至少也是半秘密性的，所以异教徒才会盛传关于基督徒食人和群交的可怕传说。私人住所和地下墓穴就是他们秘密集会的地点，这就是早期基督徒的活动，几无自我宣传的意味。恰恰是殉道、流言和暗中传教，反倒成了早期基督教的发展方式。

修道运动则不然。即便有些夸大，它也确实是在挑战现有社会形式的同时，宣示了一种新的自信。无论在身体上还是在道德上，修士们都与古代家庭和城邦一刀两断，由此提供了一幅奠基于不同原则的世界图景。他们靠一种更深的纽带来努力

克制自己，虽然屡屡冒犯良好的品位和礼节，但这一点表明：个体良心能够且应当约束各种社会纽带，并且赋予它们一种全新的基石。

从孤独隐士到集体修道的转变，证实了一种崭新的社会性存在；它的基础在于个体良心的作用，在于接受一种普世道德法则的要求。这一点在妇女的地位和待遇问题上体现得无比清晰。我们知道，妇女在早期教会的成长过程中扮演了一个重要角色。截至 3 世纪，“献身上帝的童贞女”已经在上层家庭和大多数基督徒共同体中获得了新的声望。那么在这“新的时代”，有什么最显著的证据能证明一个女人的自由呢？答案就是性禁欲，这明显是一种个体意志的行为。[5]修道运动很快也推进了这些道德的发展。妇女的苦行共同体被创造了出来，也就是后来的女修道院；这一点标志着妇女从古代家庭、从家庭领域里亘古不变的从属地位中凸显出来，上层妇女无疑是领军人物。

但这还不是全部。修士们的生活方式无意间还导致了一个重要的结果，即恢复了“劳作”的名誉，因为它斩断了劳作与某种奴隶地位之间的联系，抹去了劳作之上附着的古代奴隶制污点。劳作获得了一种新的尊严，甚至成了自尊的某种条件。凯撒利亚的巴西尔呼吁道：“我们万万不可把虔敬这一理念当作怠惰的借口，或者逃避劳动的手段。”毕竟，怠惰既向
96 “魔鬼”，也向各式各样的影像、幻想和欲望敞开大门，它们都动摇了一种道德上的正直意志的基础。况且，这种意志正是修士们努力遵从的对象。个人救赎被视为一场充满劳绩的终身追求，而非瞬时性的迷狂出神（ecstasy）或突如其来的启迪。

既然修士的孤独生活让位于集体修道或修道院制度，相互扶持的观念便通过劳作而具有了核心地位。起初，还有人反对放弃那种“最高天职是在孤独中与神感通”的信念。但到了4世纪早期，埃及僧侣帕克米乌（Pachomius）已经倾向于相反的观点。在他的推动下，一种更加集体性的苦行主义渐渐成形。有一篇文献记载了帕克米乌的言辞，他说尽管修道院僧侣过的生活“在许多过着修士生活的人看来并不完美”，但其实“他们远胜过修士，因为他们的行走是遵照着使徒的吩咐”。[6]

在共同生活的同时寻求个人救赎，这么做似乎更贴近福音书的原意。与灵魂平等相一致的共同体，本质上就是一种有着共同价值的共同体。根据一份帕克米乌早年生活的记录，这种共同生活应当“塑造人们的灵魂，好叫他们在上帝面前保持纯洁”。以平等为基础的劳作和分享，有助于形成“一种完美的团契（koinoia），就像《使徒行传》描述的信众团契那样：‘他们是同一条心，同一颗灵魂。’”。[*7]

渐渐地，劳作加入了祈祷的行列，几乎成了一种祈祷形式。凯撒利亚的圣巴西尔（330—378）为东方修道运动立了规矩，他认为劳作与祈祷之间没有任何冲突，因为“上帝的意志就是我们应该给饥饿的人食物，给干渴的人饮料，给裸身的人衣物”。[8]良心的要求与对社会义务的强调之间达成了和解，这种和解一道塑造了东方和西方修道运动的未来。

在巴西尔看来，修道生活作为一种既孤独又有社会性的生活，在《圣经》上也能找到依据。这一点在耶稣的头两条诫

---

* ［译注］参见《使徒行传》4：32。

命中得到了概括：“你要尽心、尽灵、尽智去爱主你的神。这是第一条也是最大的诫命。第二条也和它相似，就是要爱人如己。”[9]平等与互惠的结合，为巴西尔的修道共同体观念提供了
97 基础。同时，这两项前提也创造了一种史无前例的权威类型——成为权威就要变得谦卑。“让品性的温顺和心灵的谦卑成为卓越者的特点吧，”巴西尔如此提议道：

“因为，如果主不惧怕服侍祂自己的奴仆，而是愿作一名奴仆，服侍祂造人所用的泥土……那我们必须对与自己平等的人做些什么，才能被视为完成了对主的摹仿呢？所以说，这件事对卓越者而言十分重要。不止如此，这人还必须富有同情心，对待那些因缺乏经验而未能尽责的人也要忍耐，不要让罪湮没无闻，而是要温顺地忍着焦躁，怀着善意疗救他们……”[10]

这种非同寻常的新的权威模式及其引发的修辞，还有一段很长的未来要走。它将在6世纪得到一个至关重要的阐发，这就是后来塑造了西方修道运动的圣本笃会规（Rule of St Benedict）。圣本笃会规加强了权威理念的民主化，主张修道运动的领袖将他们的管理与一种“聆听”文化相调和，尊重僧侣各人的不同需要。目标是“努力劳作，好成为天国的同胞”。为了推进这种道德平等，圣本笃力图在修道院内消除一切社会差异。

如何管理这些新的修道院共同体呢？答案似乎是这样的：起初，修道院的管理混合了前人的实践与年长僧侣的权威，后者都是已证明其圣洁的人。在埃及沙漠，帕克米乌与舍鲁特（Shenoute）最早安排了僧侣们的住所，统一了他们的着装，建立了一套敬拜的仪轨，舍鲁特还提出了修道的宣誓词和一定时

间的试用期。不过，巴西尔才是关键人物。他主张，修道院应该保持相对较小的规模，甚至可以在城里；僧侣应该共享财产；僧侣的时间应该分为劳作和祈祷，一天有七门日课和两门晚课。巴西尔不鼓励过于夸张的苦行。相反，僧侣们通过建立学校和医院的做法，融入了周遭的世俗生活中。[11]

巴西尔承认，修道院的最终权威应该属于当地的主教。但他也认为主教只能偶尔动用权威，因为僧侣们应该自己管理自己，应该让那些资质已获证明的人，让修道院长（abbot）来引 98
导他们。因此，他的理念很清楚，就是自我管理，一言以蔽之就是僧侣们要“同一条心、同一颗灵魂”。这样的自我管理意味着，惩罚的必要性将降到最低。

由于如此严肃对待个体的责任，道德平等与有限政府的理念便紧密联系了起来。在古代家庭和城邦里，人们期望的全部不过是行为的外在服从。但是，对于修道运动视为神圣的社会秩序，其基础是良心和来之不易的个体意愿，而非公共强加的阶层差异。无论实现这一点有多大困难，理论上人与人的社会地位“毫无差别”，无论其阶层是高是低，是奴隶还是生来自由。

表面上看，僧侣的特点就是努力克制自己，它需要一种严格的、却是自我施加的服从。这就是为什么我们能看到，在对基督徒自由的保罗式称颂与对修道者义务的强调之间出现了某种吊诡的结合。现在看来，自由就是服从个体良心施于己身的种种准则，就在于这些准则的自我施加。修道院长的权威应该就像是一种从不犯错的良心的权威。

诚然，这些原则经常在实践中做出让步。社会条件变了，尤其是西方，罗马帝国也在4世纪败给了日耳曼部落的接连入侵。各个家庭开始纷纷将自己的孩子“送进”男女修道院，部分原因是对于日益增长的社会动乱的反应。此外，有一种观点认为：孩子必须在成年时出于一种自由的意志行为，自行确定自己的“天职”；但这种观念更多是理论上的，而非实际的。这样一来，修道院长的权威不得不加强。有了众多年轻的见习修士，面对如此“蛮夷”的社会条件，西方修道院与其说是要为平信徒（laity）建立学校——就像巴西尔的东方模式那样——不如说它已经成了学校本身。

不过，总有些东西在混乱和妥协中存留下来。今天的修道运动有着自6世纪以来毁誉参半的名声，这一点令我们很难把握它在那些更早世纪里所享有的荣耀。但在古代晚期，修道运动所提供的社会秩序图景对人们的心灵造成了强大影响：这种
99 社会秩序以平等为基础，限制强力的作用，尊重劳作，同时也致力于祈祷和慈善活动。在“罗马的和平”（pax romana）遭逢动荡之际——先是476年日耳曼入侵后的西罗马帝国倾覆，后是穆斯林在东方的征服——修道运动仍然保留了一幅正常社会的图景。

修道运动保留的社会秩序图景，并不属于古代世界。相反，它揭示了一种社会秩序的崭新基石。原因在于，尽管有很多失败和妥协，修道运动却是将法和义务的理念与个体的同意和良心的作用相联系，而非与不加思考的习俗或外在强力联系起来。修道运动让我们瞥见了“另一个世界”，一个至少近似于基督教道德直觉的世界。这短短一瞥，缓慢却无疑是在侵蚀着古代世界残留的信念与实践。

第八章

意志的软弱：奥古斯丁

使徒保罗利用他所见的基督异象来呼唤一种自我的重构，100
并且以一种激昂、直接而诗性的语言做到了这一点。4 世纪末，保罗有了一位名副其实的继承人，这就是我们熟知的圣奥古斯丁（354—430 年）。

奥古斯丁出生于罗马帝国北非境内的塔迦斯特（Thagaste）。他那虔敬而坚定的母亲莫妮卡，将他培养成了一名基督徒。但在迦太基求学期间，奥古斯丁对“智慧”的追求将他引向了二元论的摩尼教信仰。后来，奥古斯丁在罗马和米兰靠做修辞教师谋生时，又受到新柏拉图主义哲学的吸引。不过，基督教始终在他的良心中葆有一席之地。在米兰期间，奥古斯丁沉迷于保罗书信，结果在 386 年经历了一场深刻的皈信。在《忏悔录》（*Confessions*）里，有一次奥古斯丁因省察自己的良心而痛哭不已，在止住哭泣后，他描述自己如何捡起了一直阅读的保罗书信：

“我抓到手中，翻开来，默默读着我最先看到的一章：‘不可荒宴醉酒，不可放荡纵欲，不可纷争嫉妒，而应以主耶稣基督为甲胄，勿要在自然和自然的欲望上花心思。’* 我不愿再读，也不必再读了。因为我读完这一节，顿觉似有一道信心的光倾泻进了我的心灵，驱散了一切怀疑的阴霾。”[1]

保罗为奥古斯丁心灵带来了一场永久的转向。这种新的方向，使得他能为保罗的计划赋予一种更加体系化、哲学化的形式。

自我向着恩典的作工敞开，借此重构了自身。这种自我的
101 重构，促使奥古斯丁去关注人的意志及其运用条件，从而顺理成章地写出了一部天才的精神自传——《忏悔录》。这本书的形式就是一段长长的祷告，它深入解释了奥古斯丁与自我、与他的上帝之间的关系，而这种解释使得有些人将个体的诞生归功于奥古斯丁。原因在于，奥古斯丁将“意志”描绘成“理性”和“欲望”之间不可或缺的范畴，并且将意志植入了我们的“自我”概念中。无疑，他的著述有着一种难以置信的自我意识，人的堕落在他那里根本不是一个别处听来的陈旧故事；奥古斯丁是在人这一族类中看到了自身，又从自身中看到了人这一族类。人类困境的平等性，成了奥古斯丁作为基督徒写下的所有东西的基础。

奥古斯丁援引各种古代思想和文献来为基督教作辩护，因为他不仅对拉丁古典著作有着强烈的爱好，同时也依据古代哲学的许多标准立场，来证明自己的观点。奥古斯丁的心灵特别容易陷入对物质世界的怀疑，也就是说，奥古斯丁对心灵和物质的区分非常敏感，这是他的特点。即便在抛弃了摩尼教哲学

* ［译注］《罗马书》13：13-14。

的极端二元论之后，普罗提诺（Plotinus）的新柏拉图主义依然在很多方面吸引着他，包括它那从日常世界上行到更纯粹的思想和存在领域的图景。

对于精英主义的诉求，奥古斯丁并不觉得陌生。暂居米兰的时候，奥古斯丁周围都是一群文雅而投缘的伙伴，一度给他留下了受过教化且爱哲学的心灵所能留下的印象。上行的意象诱人心魄，使得奥古斯丁和朋友们能一起思考实现“完满”的问题。

然而，奥古斯丁的皈信摧毁了他以前确信无疑的东西。上行的意象渐渐变得像一种妄想，通过智识教化而实现个人完满的目标也变得遥不可及。保罗的深度意象更令人信服，同时，他强调情感（feeling）而非纯粹的判断活动在动因中所起的作用，这一点也更贴近人类经验。在奥古斯丁看来，保罗的基督观念正确地让谦卑成了救赎的关键：“我恳求您，上帝，向我展现我全部的自我吧。”那种“合乎理性的”自我无法舍弃自
身存在的来源，除非沦为自欺的牺牲品：“在恐惧和战栗中作 102
成你的救赎吧：正因为是上帝在你之内作工，你才会希望有一个善良意志，并且照着它行事。”[2]唯有理智的骄傲，才会以为人的意志能够完全做到自我决定。但是，道成肉身表明，实现这一点还需要更多的东西：“我的心灵，一旦靠它自身的力量来探询自己，就会觉得无法真正信赖自己的报道。”奥古斯丁的自我观念成了一种自主与依赖的微妙混合。

各种情感，或者发自“快乐”(delight）的召唤，就是人类行动的来源。“谁会全心全意拥戴那不能给他快乐的东西呢？”深受保罗影响的奥古斯丁如此问道，“但谁能自行决定，那给

他快乐之物就会来到他身边，谁又能自行决定，它一旦来了就真的能给他快乐呢？”[3]保罗在迷狂出神的状态中觉察到，当恩典缺席之时，意志的核心地位就与意志的某种软弱如影随形；奥古斯丁对此大为拜服。奥古斯丁的著述很大程度上都成了对保罗的注疏，而且一直如此。

奥古斯丁延续了保罗开创的事业，即破坏古代信念和实践的基础。神之力量潜藏于动因的深处，而每个人对于神之力量的平等服从，如今似乎嘲弄了自然不平等的前提。以为有的灵魂天生具有优越性，这种信念现在必须遭到摈弃：“我始终不知道，究竟根据什么标准来决定哪些人应该受拣选，从而靠恩典得着救赎。要是让我来设想如何作决定，我会本能地选择那些智识更高或罪愆更少的人，或是二者兼备的人；我觉得还应该加上几条，包括受过一套健全而体面的教育……”言犹未尽，奥古斯丁又用一种略带苦涩的口吻补充道：“一旦我作出如此决定，祂就会觉得我可笑。”这些崭新的信念迫使奥古斯丁重估智识卓越的诉求，间接地也重估了古代社会的整个贵族制结构。

基督已经启示，上帝之爱对所有人都是平等的。这是个简单的事实，但并非所有人都能理解。在奥古斯丁看来，这是一个超越了人类理解的奥秘。对此，正确的回应就是谦卑，就是一种不断更新的内在性，而非重弹老调，相信卓越的心灵可以不管有死之人的普遍命运。在当上北非的希波主教后，奥古斯丁每天都遇到各式各样的人类动因。对一名基督徒而言，只有一个选择：“一种深度呼唤另一种深度。”

奥古斯丁修改了新柏拉图主义对于灵魂之旅的解释，使其

贴合保罗的意象。这不再是一场上行的历程，不再是超脱物质 103
世界的进程。相反，答案藏于内在之中。正如彼得·布朗所言：

“《忏悔录》是一篇内在世界的宣言：‘人们目不转睛地盯着群山的峰峦入云，盯着巨海的波涛无尽，盯着河流的辽阔蜿蜒，盯着环流的大洋，群星的行迹；但他们未尝留意自己，他们未尝对自己产生惊异。’一个人除非先找到自己，否则绝无指望能找到上帝：因为这位上帝‘比我最深处的存在还深’，越是朝向‘内在’，越是能‘更好地’体验到祂。最重要的是，人的悲剧就在于他被驱使着逃向‘外在’，失去了与他自己的联系，在远离他‘自己的心’之外的地方‘游移’：‘你就在我面前，但我离开了我自己。我找不到自己，更不用说也找不到你了。’”[5]

《忏悔录》向我们讲了一个故事，主题不是奥古斯丁的理智历程，而是他的“心灵”或各种“情感”的历程。追寻上帝被证明是追寻唯一的“快乐”，它既不危险，亦非幻觉。

在奥古斯丁看来，个体的自觉行动如今必须理解成一种理智与情感的神秘融合，这是一种令心灵受到“触动”的隐秘过程的结果。奥古斯丁认为，意志是意图与情感的复合，其实也就驳斥了古代思想中的一种流行前提，即理性主要靠自身固有的资源就能产生动因。在奥古斯丁看来，皈信乃是恩典的作工。而且，自我向恩典的敞开首先在于认识到“祂已如此造就我们，而非我们自身使然……”[6]

即便皈信，也不过是一场艰苦旅程的开端。旅途中，新的自我将不断遭受怀疑和诱惑的侵扰，唯有借助恩典才能克服它们。奥古斯丁强调恩典的重要作用，这使得他能提出一种更加现实的解释，以解释人类选择的限度：

“你之所以遭到怪罪，原因不在于你对自己的意志无知，而是你忘了追究是什么导致你的无知；不在于你无法令受伤的
104 肢体复原，而是你拒绝了能疗治它们的上帝。没有人被剥夺认识如下事实的能力：有的东西一旦没被意识到，就会造成危害，而关键问题就是要发现这个东西。除此之外，须知人应该忏悔他的软弱，这样上帝才能帮助这个艰苦求索并且作忏悔的人。”[7]

随着对于意志的复杂本性的分析，奥古斯丁完成了对古代理性主义的破坏。家父长、作为城邦基础的贵族制社会、作为一系列归宿或目的之等级秩序的宇宙：所有这些都失去了支撑，都成了可以怀疑和批评的对象。我们失去了对于演绎推论的信心，得到了祈祷，因为人只有通过祈祷，才能寻求恩典的扶助，以实现他们更好的意愿。所以，向上帝忏悔自己的软弱才是“真正虔敬的样子”。

演绎推论事实上遭到了贬低。理性不再等同于社会优越性，而是不得不面对和理解一个它无法彻底掌控的世界；这一点即便在自我内部也是属实。不论多么正直的意图，事实总是限制着它，而在奥古斯丁眼里，没有什么比我们为自己打造的枷锁更是事实了。意志的败坏，就是人的困境所在。由于拥有记忆的能力，人们总是屈服于他们先前的爱好和情感。他们发现自己总是在既成后果面前束手无策，总是短视，总是听凭先前选择的摆布：

“在我们的现在，在为习惯所俘获之前，我们确实有做或

不做一件事的自由。当我们确实有自由来做某事时，行动的甜蜜和愉悦便攫住了我们的心灵。进而，灵魂也被囚禁于它无法打破的习惯当中——这种习惯是通过自身的罪行，为了自身而被创造出来的。”[8]

源于过去行为的愉悦，被“植入”记忆当中。通过回忆和重复，这种愉悦“神秘地”得到了强化。

这样一来，那些情感或意愿变得不由自主，选择的自由也就遭到了限制。因此，奥古斯丁是将先前的行为，而非物质世界，视为意志败坏的根源。奥古斯丁的分析使他能理解保罗的困境：“你不愿意的，你却做了。”进而，奥古斯丁追随保罗
的看法，将祈祷——将自我向恩典的敞开——视为这道恶性循 105
环的唯一出路：“我们摧毁了自己，但造就了我们的祂令我们重获新生。”

因而，在奥古斯丁看来，个体的内在性绝不是一片沉默的区域。它是一个对话的区域，即与上帝的对话；难怪《忏悔录》要采取长篇祈祷的形式。在人类的创造者面前承认人人平等；在这个意义上，发明个体并不是一种走向孤独的活动。相反，正是一种自我意识的创造，削弱了由一套语言的习俗性话语所授予的社会身份和社会地位。自我最深层次的斗争都是先于语言的，这些斗争要努力找到能公正对待我们对于自由和依赖的情感的语词。

奥古斯丁的上帝观念，使他成了我们内在最深处斗争的关键代表。可是，由于他承认人的意图需要在一种更深的能动性中寻求支撑，奥古斯丁就不是在否认自由意志的现实性。相反，他试图澄清“真正”自由得以可能的条件，在这些条件

中，善良或正当的意愿能够起作用。这样做的原因在于，习惯总是在我们先前的选择中给我们设下圈套："如果你想知道我是什么意思，那就试着不要发誓吧。这样你就会看到，习惯的力量是如何自行其是的。"[9]

意志的转变，就是要逃离"记忆"所强化的不值得欲求的习惯和依赖性；要做到这一点，单靠判断行为还远远不够。奥古斯丁坚持认为，唯有留意我们存在的根基，我们才有希望从"黑暗"逃向道德透明的"光明"。但即便到了那时，我们也只是偶尔才有慰藉和宁静的时刻，因为习惯总会卷土重来：

"有时你让我充满一种迥异于我日常状态的情感，一种内在的快乐感觉；若是在我内部充盈，它就会成为某种与我现在生活完全不同的东西。可是，我那不幸的重负将我拉了回来：我又被拽入自己的习惯，动弹不得；我痛哭流涕，可还是被紧紧束缚着。习惯的包袱真是一股必须对付的强力啊！"[10]

奥古斯丁效仿保罗，比任何人都坚定地捍卫人的脆弱，捍卫一种正直意志对于神之扶助的依赖。这一点，同时也让奥古斯
106 斯丁成了一位心如磐石的反对者，反对一切诸如至善论伦理学之类的东西。在他看来，自由意志的现实性并不意味着：人的意愿——哪怕是突然的"皈信"——能成为正当行动的一个充分条件。

在这种信念的支撑下，奥古斯丁投身于他晚年最伟大的一场哲学争论，也就是他与佩拉纠（Pelagius）关于意志问题的争论。奥古斯丁是非洲人，佩拉纠则来自英格兰岛屿。这两位天赋异禀的人都去过意大利和罗马，不过奥古斯丁待的时间略短了一些。皈信后的奥古斯丁做了一名神父，不久当上了北非希

波城的主教，这意味着奥古斯丁的信念成形于他那繁重的教牧职责。相反，佩拉纠自始至终都是罗马的一位平信徒，而且对地中海沿岸的智识潮流持开放态度，尤其是东方修道运动取得的艰苦成果。

佩拉纠博得如此声望，也是因为他那些深受保罗书信启发的著述，但他传达的讯息大相径庭。在佩拉纠看来，上帝是创造了各种义务的立法者，而人可以靠自己的选择来履行这些义务。上帝要求一种人力所能及的全面服从。在一处对于保罗十三封书信的优雅阐释里，佩拉纠毫不避讳地指出："既然完满对人而言有可能实现，那它就是义务。"可是，关于意志力量的这种观点，损害了奥古斯丁所强调的意志的不可靠。

佩拉纠没有奥古斯丁那样成体系的思想。我们最好将他视为一名改革者，他试图提升由基督教信仰所塑造的灵魂之中的道德野心。在罗马，佩拉纠的辅祭（Acolytes）通常出身于元老院贵族的家庭，这些人希望将他关于人的自由与责任的主张应用于法律和公共行政。难怪佩拉纠认为奥古斯丁的《忏悔录》暗示了某种关于恩典的宿命论或寂灭主义思想，并且予以猛烈抨击。对于意志运用的条件展开细致入微的彻查，难道就不会削弱善良意愿的作用吗？对于人性原罪的过分强调，难道就不会阻碍基督徒成为他们理应成为的样子吗？

奥古斯丁与佩拉纠的关系或许能通过一个类比来得到理解，这就是17世纪伟大的欧洲哲人与18世纪接替他们的改革者或哲人。笛卡尔（Descartes）、霍布斯（Hobbes）和斯宾诺莎 107
（Spinoza）之所以卓越，都是因为他们有无所不包的哲学体系；相反，伏尔泰（Voltaire）和狄德罗（Diderot）之类的18世纪作家更加好辩，也更直接地卷入了社会改革。后者就像佩拉纠那样，关心的与其说是如何阐明自己的想法，不如说是如何改变周遭的世界。不过，还有一个更加鲜明的对照体现在18世纪最令人敬畏的哲人身上：康德（Kant）效法奥古斯丁认为，尽管我们必须尽力完善自身，但我们“能够”成为的样子总会落后于我们“应当”成为的样子。道德的完善不可企及，我们就这样陷入了一场无法完胜的战斗；这一点令我们不禁想起，奥古斯丁也曾痛苦地强调过意志的软弱以及人与人的道德平等。

在奥古斯丁（以及康德）看来，我们谁都不能自称在道德领域取得成功。我们都是失败者，但就在这既是悲剧、却也谦卑的失败里，包含着一种强有力的平等主义讯息。不过，我们不必掩盖佩拉纠作为改革者的野心的本性。佩拉纠及其信徒深受东方修道运动的影响，他们将修道运动解释为一种挑战：它要将一个目前是“官方”基督教的罗马世界，转变成一个“真正”的基督徒社会，一个最大程度满足基督教道德要求的社会。为了实现其目标，罗马的佩拉纠主义者向一个有影响力的统治阶层的基督徒成员发表演说，相反，奥古斯丁的听众则是一群卑微的乡下人。

奥古斯丁努力让他那些过着平庸生活的教友能意识到恩典的活动。与此同时，佩拉纠及其信徒则在攻击一个虽已官方接纳基督教，却依旧充满传统异教信仰和实践的社会的伪善：在这样的社会里，“赠予”往往是表现富人骄傲的工具，家庭宗教和父权制家庭仍然强大，奴隶制与酷刑也没有遭到公开挑战。

东方的修道共同体已经开始提出一种新型社会的图景，即便模糊，但也是一个以人与人的道德平等为基础的社会。与此相应，佩拉纠的信徒也试图将一种新的道德严肃性引入罗马世界，让既定的官方规范变成真正的规范。[11]这种完善论或许也 108
是在对一个深陷危机的统治阶级的需要作出回应：失控的危机肇始于日耳曼人对西罗马帝国的接连侵略，尤其是公元410年阿拉利克率领哥特人洗劫罗马之后。

佩拉纠想要人们对新的基督教律法表示一种严格、普遍的服从。彼得·布朗从一位西西里的佩拉纠信徒写下的狂热书信里摘录了一段话："信仰上帝的人，便会留心祂的诫命；我们按照上帝的诫命行事，这就是对上帝的爱。"因此，所有信徒都应该达到修士的标准，因为基督徒的义务不会随着社会地位的不同而发生改变：

"并不是所有被称为基督徒的人都被赐予了基督徒行为的律法，这么说难道不对吗？……难道你觉得，对于那些拥有宣泄暴虐之特权的人（例如统治者），地狱之火就不会烧得那么烫，而对于那些以虔敬为天职的人，地狱之火就会烧得更猛吗？……对于完全一样的人类而言，不可能有什么双重标准。"[12]

在布道辞里，佩拉纠显然很想看到基督徒改变自己的行为，组成一个可见的、独特的并且无可谴责的社会，以此公开谴责一息尚存的异教习惯和态度。

奥古斯丁无法接受这种主张。上帝在基督中启示的恩典正在被献祭给一种更具智识色彩的律法，这么做难道就不是一种实实在在的危险吗？奥古斯丁对于人类动机的阐释相当依赖保罗书信，这一点使得他能看到佩拉纠的主张中有一种倾向，要回到古代世界的理性主义，亦即回到它所维系的精英主义。在奥古斯丁看来，根本错误在于，认为教会可以成为一个引人注目的“完美”基督徒的社会。恩典的作工并非如此，理智不可能要求得到爱。理性也不可能凭借意愿，以佩拉纠布道辞所要求的那种方式产生动机。任何人类制度都无法臻至完美。

奥古斯丁强调人类意志的复杂性，以及恩典在人类动机中的作用；这种看法为后世基督教关于自我的思考打上了永远的印记。古代的主流看法是将意志简单视为“一种欲望活动”，
109 无论是否合乎理性，如今取而代之的看法则认为，“意志是一种既不同于理智也不同于欲望的灵魂能力”。[13]正因为奥古斯丁理解了意志作为动机性力量所具有的复杂性，理解了人类意愿的脆弱性，他才会反对那些关于教会改革潜力的“幼稚”主张。同时，这也有助于他去对付那些将教会对近期事件的影响过分夸大的异教徒意见。

有人认为，公元410年，罗马之所以遭到洗劫，是因为它接纳基督教而抛弃了“异教”诸神。为了反驳这种看法，奥古斯丁在巨著《上帝之城》中主张，人的软弱和罪恶困扰着一切社会，也就是所谓“尘世之城”。它们完全听凭兴亡盛衰的任意摆布，而其中之根源又在于人性的软弱。就连教会也不能幸免，所以上帝之城或“永恒之城”不能等同于成形教会。充其量，教会只能帮助个体灵魂向恩典的作工敞开，鼓励人们保持谦卑、禁欲和祈祷：“从那些身居高位的教士口中，‘勿以恶还恶’这条诫命被宣读出来，作为神的权威所赐予的。有益的建言也被提议给了我们这些会众。这就好比在一间学校的

教室那样，只是这教室现在已向所有性别、所有年纪和所有社会等级的人开放了。”[14]教会的诉求具有普世性，但最后的结果依然掌握在上帝手中。创造良心或引导良心，都不可能像佩拉纠所要求的那样简单。

尽管如此，教会的任务还是要努力创造和照看良心。因为良心是通向上帝之城的入口，它能通向一种与他人彼此归属的意识，通向一座更好的“天上之城”。在良心里，自我所爱之物的品质必定成为考验。尽管人事中总是混杂着善恶（就像各种动机那样），人们至多也只能指望公共政策达成某种有益的均衡，但是，福音书作者约翰（John）所说的“察验心灵”（glance of the heart）* 仍然使区分“信者”和“不信者”得以可能。

有信仰的人和完美的人远远不是一回事。当奥古斯丁描述他所熟悉的希波城里的基督徒时，他既没有夸大这些人的行善习惯，也没有轻视他们在性交和吃喝方面的愉悦，还承认他们时而有些虚荣和愤怒。这些人不会通过打官司来捍卫自己的财产，但他们也有一颗能赋予自己道德认识的良心。这笔财富造就了一位正派的基督徒，他会“自觉蒙羞，并将光荣归于上帝”。[15]

在奥古斯看来，有信仰的人会认为自己只是尘世的羁旅过 110
客。这并不是说他们拒绝参与公共事务，或者不愿改善此时此地的事物。不过，他们终究以另外的方式来实现自我认同。这

---

* ［译注］原文查无出处，似是约翰所著《启示录》2：23：“众教会就都知道我是察验人的思想心灵的。”（And all the churches will know that I am he who searches mind and heart，据 ESV 版《圣经》）

些人不是世俗野心或快乐的奴隶，也不受制于他们社会的习俗或者政府所设的约束。他们都有一个更好的希望，并且要带进自己与他人的关系当中：这希望使得他们能严苛地评价自己，同时培养起对他人的博爱。

至此，奥古斯丁的基督教信仰已经带领他走出哲学，走出了新柏拉图主义所关切的个体理智的命运。他不再孤立地看待有信仰的灵魂，也不再醉心于“逃离”一个低贱的物质世界。基督徒既不能也不该将这个世界弃置不顾，而是要将一种彼得·布朗所说的“侨居”(resident alien）心态带进世界。这里，我要以布朗的一句话作结：“因此，《上帝之城》绝不是一部关于逃离此世的著作，相反，它不断复现的主题是‘我们在这人皆有之的有死生活中的使命’；这本书讲的是如何以出世的心态生活在此世之中。”[16]

难怪在接下来一千多年里，奥古斯丁单凭一己之力便对西方神学产生了最大的影响。他的著述将在拉丁教士的修道院和大教堂里为人们传抄、研习和尊崇，而拉丁教士在那片土地上塑造的文化也就是欧洲的文化。在奥古斯丁之前，神学很大程度上一直是希腊人的专属，但奥古斯丁激励拉丁教会对自身的智识和道德资源产生了新的自信，为拉丁教会留下了一种无与伦比的关于人类能动性的精妙解释。

第三编　通向基本法的理念

第九章
塑造新的心态与习惯

到现在，我们的首要关注是基督教对各种信仰的影响。我 113
们看到了一段非同寻常的历程：基督教思想家借助希腊哲学资源来为新的信念赋予一种体系化的、公共的形式。双方的融合也包含着彼此的妥协。基督徒的信念要符合逻辑和形而上学推理的规范，符合规范论证的必要条件。如此一来，有时候这些信念就失去了它们在原始教会那里还具有的诗性激情。但是，希腊哲学同样遭到了改变，它的传统前提——自然的不平等、理性的动因力量——渐渐遭到了否弃。

尽管理性失去了古代哲学赋予它的几近于强制的力量，论辩的习惯——规范论证的习惯——却在古代晚期的教会里保存了下来。从 4 世纪起，最典型的事实莫过于教会的各级会议都在讨论教理和规范的问题，无论地方会议、教省会议还是大公会议皆是如此。人们不禁以为，罗马在城邦和地方权贵的影响力衰落之后，就变得集权和威权主义了，而这些会议将一种代议制政府形式偷运进了罗马世界。但是，不管怎样，论辩的习惯已经在教会生活中扎下了根。一些如今被视为正典的经文，在当时却需要人们界定其中包含的“真理”，捍卫真理免受错误意见或“异端”的侵害。但悖谬在于，这种做法实际导致的结果却是，众说纷纭的各种意见一直活跃在人们眼中。

历史学家经常强调 6 世纪皇帝查士丁尼（Justinian）关闭了
114 雅典的哲学学园，由此暗示，理性论证渐渐让位给了一个信仰的时代。但是，我们不能错误地作出结论，认为这些学园代表的哲学传统从此沦丧。相反，这种哲学传统既渗入了教会的教理，也推动了教理的成形，但是它也让一些基本问题始终留有争论余地，例如基督和三位一体的本性、自由意志与善工的作用、恩典和预定的运作。

诚然，论证开始依赖于一系列崭新的前提，包括个体灵魂与作为根基的上帝之间的关系，人类理性的限度和不可靠，以及多神论所导致的道德危险。但如我们所见，古代哲学的论证也依赖于一系列独有的前提，例如它们偏爱家庭和城邦的身份而非个体的身份，将某些人判定为出于自然的奴隶或曰“活的工具”，并且经常认为心灵的高级能力就是尽可能从世俗世界解放出来，进入一种纯粹理式的更高领域。

无论哪一种前提，都是在打开一条思考路径的同时，又堵死了别的路径。若以为古代晚期的崭新前提为人的认识和行动提供了新的可能性，这是不是过于想当然了？若以为基督教道德信念所隐含的个体主义影响具有一种潜力，能同时改变主流的社会观念和世俗世界观念，改变“自然”和“文化”，这是不是异想天开？最后，若以为一种以道成肉身（上帝“与我们同在”）为前提的宗教会改变人们的时间观念，使人有希望削弱古代对于生生灭灭无尽循环的信仰，这是不是又出人意料呢？[1]

我认为不是这样。但要重申一点，我们不能愚蠢地以为，这些思想领域里的根本变革乃是毕其功于一役。基督教道德信念的影响须历经若干世纪才能得到显露和澄清，甚至要过更长时间，方能重新塑造长久以来的社会实践或体制。

当然，我们没有否认有些变革确实是迅速发生的。我们已经知道，埃及和叙利亚的修道运动就是一场与城邦世界彻底割离的个体主义运动，以至于有时差点就成了无政府主义。尽管如此，它还是确定了新世界的某些特征。在这世界里，社会关 115
系的基础是个体良心而非被指定的地位，同时，劳作也重新焕发生命，几乎成了某种形式的祈祷。

异教节节败退，虽然其反抗力量也不容低估，尤其是古罗马的贵族制。帝国晚期的皇帝们禁止了公共祭祀，而它过去一直是城邦之为宗教团体的中心。在关闭异教庙宇之后，与泛灵论宗教相关的乡村祠堂也遭到了攻击，而这些都是在得胜的一神论宗教名义下所做出的行径。这种一神论压制了道德能动主体的多样化，因为它认为这会扰乱个体灵魂与它们的上帝之间唯一重要的联系。

当然，古老的多神教信仰及其实践依然残留着，尤其是在乡村地区。有时，对于这些崇拜地方神灵的宗教和尊崇人格化自然力量，特别是那些与传宗接代相关的力量的节庆而言，征服它们的办法仅仅是将其改造为基督教，一个明显的例子就是将基督降生的日子定在冬至第二天。为了同时获得变革和延续的好处，基督教的建筑或圣坛通常也是兴建于过去庙宇和祠堂的废墟之上，这种转变的一个例子就是罗马的圣克莱门教堂：在这座 4 世纪的教堂的基石下，还残留着一座密特拉神庙的遗迹。

很长一段时间里，基督教对民众口味的迎合很可能限制了它对于少数受过教育者的智识影响，例子就是早期教会的殉道故事所产生的“圣徒”崇拜。人们对圣徒及其遗物的崇拜，为多神教留了一条无害的活路，而它在后来的中世纪变得十分重要。凭借一些令人更觉亲近而非敬畏的人物，这种崇拜重新驻进了宗教世界。

尽管如此，基督教信仰很早就在一个关键领域重新塑造了人们的实践。他们摧毁了古代家庭，换言之，他们摧毁了作为一种宗教崇拜或宗教团体的家庭。我们知道，古代家庭的信仰和实践曾经支撑着一整个作为古代城邦之基础的社会。家中年长男子的特权和义务，就是以家庭祭司或首领的身份行事。他
116 负责维持家庭祭坛上的圣火及其相关的仪礼，毕竟家火是祖先们活生生的表现。

家父长对其他成员的权威直接来源于祭司身份。古代家庭的宗教性，使得家庭而非个体成了基本的社会单位。古希腊罗马公共体制的不平等地位，根源就在于古代家庭宗教奉为神圣的不平等地位。基督教会将父亲的宗教权威转交给了一种独立的教士职分，由此铲除了家父长的宗教基础。它剥夺了家长权威的要求，从而动摇了过去束缚着家庭成员的附庸关系。

这一点很早就表现在妇女角色的变化上。人们越来越难以将妇女简单视为商品，难以认为妇女完全服从家父长的权威。早期教会坚决主张，婚姻关系为每个人施加了平等的义务。一旦神父成了裁定良心问题的权威，妇女就能在家庭之外寻求引导和帮助。教士为他们提供了一片新的道德空间，并且充当了某种上诉法庭，让次幼子和妇女更有可能受益。

我们知道，妇女在人们皈信基督教的过程中扮演了重要角色，以致有些异教作家纷纷抱怨妇女对孩子和配偶的“不幸而幼稚”的影响。到了3、4世纪，妇女的新角色又在“献身的童贞女”中得到了证实，要是没了妇女拥有理智和意志这一前提，这种角色就毫无意义。妇女再也不用遭受古代家庭的地位限制。

难怪，这类妇女独立宣言似乎在上等阶层的家庭里十分常见。在基督教对于灵魂平等的信仰的帮助下，有些妇女获得了原本是由优越的家庭地位所产生的自信感，并且另作新用。凭借着在社会上的自信，当然还有一些商业手段，基督徒妇女开始扮演起新的角色：她们变成了捐助者、门徒和旅行者，非常珍视与基督徒智识领袖们的交往，而且利用这些关系来拓展自己的教育。

圣耶柔米（St Jerome）的事业也可资佐证，他曾将《圣经》 117
翻译成拉丁语，也就是著名的武加大版《圣经》。耶柔米先后到过罗马和巴勒斯坦，并且吸引了“虔敬的贵妇们”的注意。在罗马，他在一位有钱妇人的家里办了一个名为保拉（Paula）的沙龙，后来它成了基督徒学习、论辩和敬拜的一大中心。当耶柔米离开罗马，住到了伯利恒以后，他也助长了东方修道运动对西方旅客的吸引力。在他所谓自己居住的“洞穴”里，耶柔米接待罗马贵妇们的来访次数远远出乎其意料，以至于他有时感到十分恼火……

到了4世纪末，西方有钱人家的嗣女前往东方僧侣和隐士们（尤其是圣安东尼）的遗址游历，这种做法已然蔚为成风。例如，来自西班牙的贵族妇人艾瑟莉娅（Etheria）就穿过埃及沙漠到了西奈，后经巴勒斯坦抵达耶路撒冷，最后到了君士坦丁堡。这位妇人“决心一览无余，从修士的小屋到摩西击打过的磐石统统都不放过”。[2]

至于古代家庭在基督教信仰影响下发生的其他变革进程，我们难以知晓详情。但是很明显，凭着基督的名义，丈夫们至少在属灵的意义上必须平等对待他们的妻子。因此，对通奸的谴责不再是只适用于妻子，而是同样扩大到了丈夫。另一方面，关于离婚和再婚的争论虽然刚开始还未尘埃落定，但争论本身的存在无疑表明，古代家庭距离那个丈夫对妻儿拥有“生杀予夺”大权的年代已经多么遥远了。

在晚期罗马法中，父亲对儿子的权力遭到了实实在在的削弱。此外，还有一些我们所谓“人道主义”的变革也值得关注。公元316年，君士坦丁颁布法令，禁止在罪犯脸上打烙印，因为“人是照着上帝的形象而被造的”。另外，罗马人给予奴隶的保护也比希腊人多，法律禁止“过度或毫无理由地严酷”对待奴隶。在4世纪，解放奴隶的程序也变得更加简便。君士坦丁下令，奴隶可以在一位主教或者行政长官面前得到解放。

这些发展都是基督教规范渗入帝国后的结果吗？在基督徒
118 圈子里，人们对待奴隶制的态度当然也是不断变化的。虽然没有直接挑战法律，但他们将解放奴隶视为一桩重要的德性，一封保罗书信可资佐证：它讲的是一位逃亡的奴隶欧尼西慕（Onesimus），保罗清楚地说自己希望这人“为着福音的缘故”而得到解放。在教会里，主人和奴隶都被视为“弟兄”。实际上，有几位奴隶就成功升任为主教。[3]

至于基督教与西方奴隶制的最终废除之间有着怎样的关系，这是一个复杂且充满争议的课题。无疑，总有一些看法会过分夸大或简化教会在反对奴隶制过程中的作用。实际上，早期教会十分谨慎地避免在这一问题上发声，至少有两个理由：一是法律，教会自从保罗以来就一直尽量避免冒犯罗马的权威，所以他们打着和平与秩序的旗号而对法律和现有权威保持服从；二是习惯，对于那些从小在一个等级森严的贵族制社会中长大的人而言，他们也很难看到其他的选项。因此，唯有到了奥古斯丁，我们才能看到一些基督教护教学家将奴隶制解释为人类原罪所导致的必然后果。在他们看来，要想拯救奴隶的灵魂，也就是承认他们在属灵意义上的平等，根本不需要对奴隶制度本身发起攻击。这些基督徒与廊下派并无二致，他们一方面认为，灵魂的奴役才是真正问题，另一方面也轻易地回避了法律上的奴隶制问题。

尽管如此，基督教的规范还是带来了一些变化。古代也有批评奴隶制的人，譬如塞涅卡，他主张人们对待奴隶应该更加温和，并且出于一些谨慎的理由而对奴隶制感到担忧，因为奴隶造反就是一幅可怕的景象。还有一些批评者承认“不义”的奴隶制存在，也就是有些人因为战争的命运而非“出于自然”沦为奴隶的情况。但是，像亚里士多德那样的流行偏见一直存在，他坚信“有人出于自然就是自由人，有人出于自然就是奴隶”，公民与“蛮夷”的对立就是其极致。这些流行看法始终如一地支持着不平等。

相反，基督教坚持上帝眼中的灵魂平等，从而颠覆了上述
看法。它卸掉了奴隶制正当性给人强加的重负，迫使一些信徒 119

不得不寻找宽容奴隶制的其他理由。这种颠覆在奥古斯丁那里就能看到，他与奴隶制问题做了一番艰苦缠斗，最终的结论是灵魂的奴役比法律上的奴隶制更重要，而且两者相互独立。但是，当时也有一些基督徒走得更远。一种支持平等的看法塑造了尼撒的格列高利的态度：在4世纪的君士坦丁堡，他对蓄奴展开了一场猛烈的抨击，而这件事收录在他一篇优美的布道辞里。

格列高利的布道是对下面这句话的思考："我买了男奴和女奴。"格列高利的措辞毫不留情，在他看来，买下一名奴隶就是在暗中否认上帝的裁断：

"告诉我，你花了多大价钱？你可知现存事物中有什么抵得上这人的本性？你给理性的定价是多少？……上帝说过照着我们的形象，按着我们的样子造人。如果这奴隶的样子一如上帝的样子，并且……被上帝授予掌管地上万物的权威，那么告诉我，谁是他的买主？谁又是他的卖家？唯独上帝拥有这等权力，毋宁说，即便是上帝本身也没有这等权力，因为他赐予的恩典……是不可收回的。上帝不会将人类降格为奴隶，因为祂在我们一度遭受罪的奴役时，呼召我们获得了自由。"

相反，奴隶主实际上是在假装自己是"上帝之形象的主人"：

"这种力量于你这凡人有什么用处呢？既不能长寿，也不能带来美丽、健康或德性上的卓越。你们都出身于同样的祖先，你们的生命都属于同一类，就连灵魂和身体所遭受的一切，对于拥有奴隶的你和受主人奴役的他也是相似的——痛苦和快乐，欢笑和不幸，悲伤和喜悦，愤怒和恐惧，疾病和死亡。在这些事上，奴隶和主人之间还有什么区别呢？他们难道不是呼吸着同样的空气吗？他们难道不是同样能看见太阳吗？……如果你们在所有这些方面都是平等的，那么告诉我，你究竟在哪一点上与众不同，以至于身为凡人的你竟敢自以为是某人的主人，还敢声称‘我买了男奴和女奴’，就像买了一群猪羊似的！”[4]

尼撒的格列高利虽然并没有表达当时教会的主流意见，但 120
他也不是孤军作战。

有两种事物汇聚到一起，导致古代哲学论证的核心策略变得越来越不可信，虽然许多基督教思想家曾经也从廊下派那里予以借用。这种策略就是截然区分身体和灵魂，认为灵魂所需的一切无须借助于社会地位或身体条件就能得到。如今，这种策略之所以变得不可信，就是因为所有各种社会条件下的基督徒都聚集到了同样的城市区域里，就连奴隶也不例外。他们在教堂里一道分享基督徒的圣事。

基督教堂是一座取材于罗马建筑的建筑形式。起初，它只是一座长方形的会客厅。但是，在它的最初形式里，教堂的用途无疑受限于古代城市的地位不平等。可是，在它的基督教形式下，任何人原则上都不会遭到排斥。公民的骄傲与上等人的尊荣，在基督教堂里统统不存在。人们虽然还有所隔阂，却在本质上变得“灵魂”相似。由此一来，他们触碰到了一条已拓展至城邦之外的地平线，并且接受了一种将他们形容为“上帝的孩子”的修辞。教士们强调，上帝的裁决终将平等地落在所有人头上，而每个人也都能得到上帝的爱。民众的巡礼队伍浩浩荡荡地开向各地“圣徒”和殉道者的坟墓，其间混杂着不同社会阶层和不同性别的人，这一点同样推动了一种更具民主形式的社会性的发展。

正是在基督教堂里，一种崭新的社会形式诞生了，进而孕育了后来中世纪的城市。在西欧，中世纪早期的城市与古代城市之间渐渐有了显著差别。在从古代到中世纪早期的过渡期间，地方主教是城市生活中最重要的人物。在西罗马帝国的最后一百年里，主教成了当地城市的实际统治者。他们接手的许多职能，最初是由帝国行政官员负责，后来也有世袭的城市精英或氏族首领（curiales）协助。皇帝狄奥多西（Theodosian，438 年）和查士丁尼（Justinian，529—533 年）编纂了两部法典，上面记载了这一角色的变迁。主教不只是处理琐碎平庸的行政事务，也要负责保卫城市。查士丁尼命令道："既然城市
121 的护卫者们要在正统信仰的奥迹（Holy Mysteries）方面受过良好教育，那么，我们希望这些人要由尊贵的主教、神父和显要人物选出，并且设为制度……"[5]

如今，主教作为城市中的新角色的独特之处，就在于它的基础是一种"民主"而非"贵族"的诉求。正如"爱穷人"一样，这种诉求最早兴起于东罗马帝国的城市，但它周围还残留着帝国的行政体制和皇帝的权威。在西方，5 世纪帝国的衰亡加剧了流动性和不确定性，但也必然催生了更多的革新。

尽管主教通常出身于传统的城市精英，他们在地方上的权威如今却有了别的基础，也就是他们与城市大多数人共享的某种信仰。我们知道，这些主教所倚仗的修辞具有包容性而非排他性，它能以一种前所未有的方式鼓舞妇女、穷人乃至于奴隶，让他们觉得自己也是城市的一员。当然，这种修辞也有其

现实对应物。与古代城邦相互隔绝的空间不同，如今城市里的基督徒人口开始共享同样的空间：他们都在教堂或主教堂（principal church）里聆听主教“发自教座”（ex cathedra）的言辞，或是共同参与洗礼、弥撒和葬礼之类的仪式。人人都能前往各地殉道者的坟墓巡礼。

我们不能错误地以为，在西欧入侵者被越来越壮观的景象所感化，教士与平信徒的区分也越来越完整之后，这段时期的教会与中世纪教会就有了相似的仪式。或许，无人能比 17 世纪法国画家普桑（Nicolas Poussin）更成功地捕捉到早期教会圣事的尊严和素朴。在他描绘圣事的一组画作里，某种非同寻常的强度和内在性跃然纸上：正是这些圣事，将一种城市空间与业已改变的社会关系联结了起来。

由教会圣事培育的社会关系，预示了古代的终结。城邦的等级秩序开始衰亡，哪怕教会里还残留着谄媚权贵、男女有别之类的遗风，也比不上一种人人享有某种平等基础的新观念。122
城市权贵们被一些耳熟能详的话语引进了新的伦理世界。人们开始亲眼见到和感受到了基督教信仰视为理所当然的灵魂平等，道德平等也即将融入首要的社会角色。最终，古代城邦的贵族品质遭到了毁灭。

既然这些主教往往出身于贵族世家，那他们真的愿意看到这种结果吗？当然不会。回想起来，这些人过的生活简直怪异得很：他们的直觉和习惯属于一个世界，他们新的信仰却属于另一个世界。可是，他们摇摆于一种贵族制社会的高级享乐与一种更加平等或民主的秩序所带来的伦理挑战之间，丝毫没有觉察出两者有什么冲突，至少未尝感到不适。对于 5 到 6 世纪晚期基督徒权贵们的道德状况，法国史家基佐有一段犀利的评论。他强调，尽管权贵们的生活方式可以有异教的生活方式和虔敬的隐修方式这两种极端，但大多数人还是以一种相当奇怪的方式结合了二者的要素。

高卢南部的某些权贵就是其中一种极端。他们仍然过着罗马贵族的生活，显赫程度丝毫未减。这些在西罗马帝国暮年身居高位的人，与日耳曼入侵者达成了协议，退休回到了自己的乡下庄园。即便如此，他们还是会有一些不舒服的时候。有一位地方官滑稽地描述了自己受过的一场煎熬：他不得不与自己负责看守的一群臭气熏天的“蛮夷”共进早餐，很不幸，这群人的餐桌礼仪在他看来简直不堪入目。尽管这样的地方官有许多都成了基督徒，但我们很难知道他们的信仰究竟是不是口头说说而已。不管怎样，基佐是这样描述的：

“他们在自己的领地里过日子，远离人口众多的地方，靠打猎、钓鱼和各类娱乐打发时光。他们拥有漂亮的图书馆，经常还有个剧院，那里会有一些修辞家（通常是依附民）表演戏剧。在奥索尼乌斯（Ausonius）的庄园里，修辞家保罗上演了
123 他的喜剧《论奢侈》，他不仅创作了间奏曲，还亲自担当导演。在这些场合里，也会有一些智力游戏和文雅的谈话。他们讨论古代作家……哪怕是最微不足道的生活插曲，他们都能写诗纪念一番。”[6]

总之，基佐的结论认为，这些权贵过着高雅、丰富而惬意的生活。可是，这种生活也是“绵软、自私而了无生趣的，它抛弃了一切严肃的事业，也抛弃了任何急需的利益和一般的利益”。

主教们的生活则是另一种极端，例如5世纪来自阿尔勒的主教依莱尔（Hilaire）。他几乎一辈子都生活在城市的外围：

“只要醒来，依莱尔就会接待任何想拜见他的人。他聆听人们的抱怨，尽量顾及人与人的差异，所以他就像和平的法官那样行事。之后，依莱尔前往教堂，在那里主持弥撒、布道和进行教导，往往要花几个小时。回到家后，依莱尔一边吃饭，一边听人给他朗读一些训导文章或者他要求的其他什么东西，这段时间里人们也可以随意进来一块聆听。依莱尔也亲自参加劳作，有时为穷人缝制衣物，有时又在教会的田地里忙活。他的一天就是这样度过，在他的人民中间，投身于严肃而有益的事业。”[7]

这些主教难免也要卷入城市的事务，他们不得不时刻操心公共福祉。但是，他们所想的公共福祉的含义，与那个阶层分化严重的古代城邦里的公共福祉再也不一样了。

古代的公民权观念渐渐遭到抛弃，不用说，就连那些比依莱尔世俗得多的主教也抛弃了这一观念。主教的生活既要履行严肃的公共职责，也还留有旧贵族的享乐。这些在法律和修辞方面训练有素的人，拯救了高雅文化的成果和一种教养良好的社交生活。不过，他们也知道，自己无法对这个时代伟大的道德革命保持中立，“只要他们还想葆有一定的重要性，发挥积极的影响”。很可能正是出于这种动机，旧罗马的许多元老院贵族纷纷做了主教。

其中的突出代表，就是5世纪克莱蒙的主教希多尼乌斯·阿波尼纳里斯（Sidonius Apollinaris）。希多尼乌斯出身于一个备受尊敬的富庶家庭。但他能适应那个时代的主旋律，没有放弃 124

令他的家庭和阶层与众不同的品味。为了阐明这一点，基佐引用了一封诙谐但富有启发的信，它是出生于里昂的希多尼乌斯写给朋友厄里菲乌斯（Eriphius）的："你叫我把一些你岳父吩咐我写的诗送过去。你的岳父，这位可敬的人即便是在同辈人中间，也做好了命令别人和服从别人的准备。"希多尼乌斯接着描述了他离开里昂，前往圣茹斯特（St Just）墓所的一次巡礼："日出之前，我们挤在一群数量庞大的男男女女当中作了一年一度的巡礼，教堂……装不下这么多人，尽管它四周有着那么宽阔的门廊。"[8]

等到晨祷礼毕，教士和僧侣的唱诗班轮流诵唱赞美诗的时候，"社会的各色阶层"就散开，在一股"令人窒息"的闷热中等待弥撒。一些"地位最高的公民"前往总督夏格里乌斯（Syagrius）的坟墓，那里有一片漂亮的草坪，周围还有爬满藤蔓的凉亭。他们就在那里展开热烈的谈话，不让"纳贡"或"他们的势力"（无疑是指日耳曼入侵者）之类的话题扫了兴致。

没多久，厌倦感还是来了。所以，"由于年龄不同，我们分成了两个阵营：一边嚷嚷着来一盘网球，另一边则要摆桌玩骰子"。厄里菲乌斯的岳父腓力玛奇乌斯（Philimathius）对自己的年龄估计不足，在打球的时候，他很快就因为闷热和虚脱而倒下了。缓过来后，他竟然要希多尼乌斯作诗纪念一块刚刚敷在他额头上解暑用的湿毛巾！希多尼乌斯警告说，这样的公开炫耀或许会冒犯"众缪斯"。腓力玛奇乌斯则回击道，阿波罗更可能被他那些行事秘密的学生所冒犯——"你可以想象，这样迅速而文雅的答复收获了何等掌声"。

于是，希多尼乌斯创作了一首四行诗。比起长篇累牍的分析，这首诗的结尾向我们透露了更多关于这个转折时代的情况：“另一天的清晨，不知是刚洗过热水澡的缘故，还是狩猎让汗珠爬满了你的额头，英俊的腓力玛奇乌斯或许还在寻找这块毛巾，擦干濡湿的前额，好叫汗水从你的额头流进这块毛巾，就像流进一个酒鬼的喉咙。”[9]但这首诗还没作完，里昂的
主教就露面了。于是，希多尼乌斯的伙伴们纷纷起身，与其他 125
人一道去望弥撒。

实际上，这样的巡礼构成了早期基督徒团结精神的一个重要部分，无论地点是在教堂内、在城市里还是“圣徒”的墓所。这群人是如何组织起来的呢？我们无从得知。他们也许充分反思过旧社会的等级秩序，尽管上述段落表明，一些传统精英仍然意识到自己需要“赶上”民众运动的潮流。

害怕无聊，暗示了他们那拥有特权的过往。不过，纵然混杂了不少机会主义色彩，新的信念仍将为这样的人打开不一样的未来。

第十章
属灵权力与世俗权力的区分

126 任何一套信仰都有自己的逻辑和限度，基督教尤其如此。要想明白这一点，我们就要追问：在476年西罗马帝国灭亡后的两三个世纪里，基督教信仰对法律和政府治理产生了怎样的影响？

诚然，混乱失序是这个时代的标志。城市纷纷衰落，权力也转移到了乡野“蛮夷”手中。日耳曼众头领本想模仿罗马的道路，但他们纷纷建立的新王国也只是盛衰一时。基督教会经过不懈努力，促成了新来者们的皈信。基督教的阿里乌派否认圣子“与圣父同是一个实体”，从而与正统爆发了冲突。人身与财产的法律状况也没有得到界定。上述种种，都是这个时代的特征。

失序归失序，但也有一些重要的革新，甚至失序有时还是革新得以发生的原因。这些革新不仅缓慢，也谈不上连贯，可它们孕育了未来进一步变革的可能性。到了9—10世纪，它们开始赋予西欧一种独特的身份，不仅有别于毗邻的伊斯兰世界，也不同于东方的拜占庭帝国。

第一项革新纯属意料之外的结果，而原因就是主教和教士阶层在城市里扮演的新角色。主教们通常是城市的实际统治

者，所以他们也是应对日耳曼入侵者的主力。当时，不仅城市
及其所辖的罗马民众遭遇了危机，教会的未来也处于风雨飘摇
之中。452 年，利奥一世（Leo the Great）成功“劝退”阿提拉
（Attila）及其匈人部落（Huns），使得罗马免遭洗劫，虽然其中 127
可能也有金子的功劳。但是，在保卫城市和应对“蛮夷”入
侵这一点上，教士证明自己比传统的市政官员做得更好，教士
也就成了外交家和行政官员。

事实上，教士的新角色正在削弱传统城邦治理的基础。古代城邦的基础一直是生而具有的特权，其中包括个别家庭在市政治理上的世袭领导地位。古代家庭既是公共制度，也是宗教制度。由于宗教权威转移到了教士手中，家父长的权威遭到了削弱，因而市政官员的世袭权利也随之遭到削弱。

即便在帝国晚期，财富和出身仍然是进入市议元老院（curia）* 的门槛，元老院成员（curialis）的地位也是一旦授予便世代沿袭，不可废除。毋宁说，哪怕元老院成员的财务状况已经让他不堪重负，法律也严禁他加入军队、教士或者出任公职。在某种意义上，元老院成员开始反叛自己的地位，反抗这种与生俱来的权利所带来的负担。

人们渐渐觉得，市政官员不应该把他们的地位当作一项与生俱来的权利攥在手中，尤其考虑到教士作为行政官员、法官和外交家的重要性。公共权威基于出身的传统诉求，将财产

---

* ［译注］根据基佐的说法，“每个城市的元老院（sénat），名称为 curia 的罗马市市长评议会也常常称自己为 senatus（元老院）……可以任意组织元老院的皇帝，常常从帝国的一些行省里把各主要城市的一些重要家庭成员招揽进去”。见基佐《法国文明史》，北京：商务印书馆，1999 年，第 43—44 页。因此，为了体现地方城市与罗马的“元老院”建制异同，故译作“市议元老院”。

权、公共职能和宗教义务统统混淆在一起。新的区分不仅迫在眉睫，也开始渐渐成形，虽然刚开始毫不起眼。

一旦教士意识到自己发挥着主要的公共职能，他们又会如何看待自己的使命呢？教士的世界观，是将灵魂得救摆在优先位置。奥古斯丁雄辩地指出，教士关切的范围包括全人类，原则上不排斥任何人。所以，难怪他们在考量城市利益的时候，一般都倾向于考虑到所有人，而非仅仅考虑传统拥有特权的公民阶层。6 世纪末，在高卢举行的一次教会会议甚至还禁止主教养狗，理由竟是怕吓跑前来乞援的人！

这并不是说，主教们丝毫没有意识到世代相袭的地位差
128 异，或者对崇尚财富的现象浑然不觉。习惯的力量使得他们洞若观火，特别是在他们出身贵族的时候，而这是 5、6 世纪经常出现的情况。不过，无论是教士与城市民众共有的信仰，还是教士权威的来源，其基础都不再是家庭或阶层的诉求，而是个体的诉求。很早以来，教会就成了那些被排斥于公民阶层之外的人的庇护所。

教会将教士阶层打造成宗教的代言人，既贬抑了家庭和出身权利的作用，也间接地贬抑了城市治理的司法基础。实际统治城市的那些新人，开始依赖于一种或可称为“基督教民众的修辞”，其基础便是对灵魂平等的信仰。因此，难怪这种修辞最初的影响就是对城市治理的影响。

如果无人生而具有统治的权利，那么统治权的基础又是什么呢？可以说，首席市政长官的职能就是代表市议元老院，从市议元老院那里获得权威。反过来也可以说，市议元老院代表共同体，代表全体的“市民”（urbs），而非仅仅是传统的公民

阶层。到了6世纪早期，这些新的态度逐渐在西哥特王国的成文法典中正式成形。

可以说，上述进程产生了代议制政府最重要的基础。在《法国文明史》（*History of Civilization in France*）一书中，基佐注意到了城市治理在西罗马帝国衰亡后发生的一些变化。他特别指出，高卢南部地区是5到6世纪西方最繁荣、最有文化的地区。不只是里昂、尼姆和波尔多，还包括后来成了西哥特王国首府的图卢兹之类的城市，都有着极富活力的城市生活。基佐的一些结论值得我们加倍关注，本章不少内容都受惠于他：

“在古罗马的自治市，上层行政长官……将他们的司法权当成一项私人权利，而不是通过选举的途径出任市议元老院的代表；权力属于他们，而非市议元老院。自治政体的原则更倾向于贵族制，而非民主制。这一直是古罗马习俗（mores）的产 129
物，原因尤其在于上层行政长官的宗教权力与政治权力之间的原始混合。在西哥特法典《阿拉利克简明法》（Breviarium）里，市政法律的条款发生了改变：行政长官运用权力，不再是以自己的名义，而是以市议元老院的名义，代表市议元老院。现在，司法权归属于市议元老院全体。市议元老院的组织形式变成了民主制，结果引发了一场从古罗马的自治市（municipality）变成中世纪自治市（commune）的大转型。”[1]

但是，有一个也许是最重要的地方，基佐没有讲清楚。上述的法律发展之所以重要，不仅因为它直接反映了政府治理的情况，也因为它间接体现了社会的情况。它表明，基督教民众的修辞正在削弱整个社会观念，基于“自然不平等”的社会观念逐渐让位于一种基于“道德平等”的社会观念，社会是由个体而非家庭组成的团体。希多尼乌斯·阿波尼纳里斯略怀假意地惋惜道，西罗马帝国衰亡后再也无法形成正式的、亦即法律上的社会分层，这时并非只有他一人这么想。

这场进程宣告了一个新世界的诞生。正如基佐所言，这个世界的奠基原则是民主制而非贵族制。意味深长的是，这场进程也为城市治理奠定了新的司法基础，而它的第一次出现是在西哥特法典中。原因在于，在过去西罗马帝国领地里的所有日耳曼王国当中，教士只有在西哥特王国才有最大的影响力。

不过，不只是教会的教义将教士阶层推向了西哥特法典所展示的方向，先辈们的实践也是助力。原因在于，虽然这时已经有了教士与平信徒的正式区别，但早期教会的实践仍然遗留在主教和修道院长的选举中，甚至是教宗的选举。早期教会实践以这样一条原则为基础：上位者应当由那些即将服从他的人们来选任。不只是地方教士选举他们的主教，就连全体城市民
130 众也参与了主教的选任。虽然“凭靠欢呼”还带有一丝重要的崇拜因素，但它也不是例行公事般的批准认可，而是实实在在的选举。

主教的选任没有什么固定章程。人们常常引证的一个例子，就是374年安布罗修（Ambrose）被选任为米兰主教。年轻的安布罗修刚被皇帝派往米兰担任总督，就遇到一场因为当地主教之死而爆发的激烈冲突，包括教士和民众在内的两大阵营——大公教徒与阿里乌派——争相想要继位。安布罗修决定前往大教堂，亲眼看看这场冲突的情况。可是，他到那儿后还没开始调查，熙熙攘攘的人群中就有声音（某些记载说是孩子的声音）喊道：我们要提名安布罗修主教！于是，这位年轻的总

督就这样开始了他的事业，最终成了圣安布罗修。

一个世纪过去了，民众与教士的纠葛丝毫未减。在一封信里，希多尼乌斯·阿波尼纳里斯描述了在沙隆举行的一场乱糟糟的主教选举。当时，城里的人们分成了几派：

“教士大会察觉了众多党派的存在……造成这局面的原因是在竞争者当中有三巨头存在：第一位毫无长处，只是夸耀自己显赫的家世。另一位……靠着一帮吵吵嚷嚷的食客撑腰，优势不过是自家厨房的丰富食物；第三个人则达成了一项秘密交易，一旦实现野心，他就会让支持者瓜分教会的属地。”[2]

一群前来沙隆主持选举的主教认清了局势。在一番内部商议之后，他们突然推举一位谦逊而诚实的助祭约翰。这个德性无可置疑的人，虽然不是神父，却被宣任为主教，“着实叫那些阴谋家大吃一惊”。

这些就是一个古代等级秩序已成废墟的社会的剪影。不仅罗马军队和帝国行政体系退出了舞台，地方权贵或“氏族首领”(curiales) 也丧失了生机与独立。如今，紧张激烈的生活只
能在教会，而非传统制度那里找到。正如基佐所言，“罗马民 131
众”已经成了“基督教民众”。在教会里，由下位者选举上位者的原则——同意原则——没有被上位者选拔下位者的原则取代，尽管后者在基督教成为罗马国教后有所发展。人们不禁认为，第二条原则的“发展”是一种反映古代世界之态度的症状，它要为新信仰留下最后一道印记。尽管如此，这段转折时期的核心道德事实依然是两种原则之间的漫长斗争。

虽然到了中世纪晚期，教会渐渐被第二条原则也就是上位者选任下位者的原则支配，但第一条原则仍然存活在中世纪自

治市里。至于城市治理的新司法基础，其根源也可以一直追溯到5、6世纪主教和教士阶层执掌城市的时候。仔细想想，教士治理城市似乎是一件令人忧虑的事情：既然后来人们都认为教宗的诉求威胁了世俗权威的独立性，甚至于威胁其生存，那么，教士治理城市的做法难道就不会为神权政体铺平道路吗？但这样的结论错了。

对于那些直面帝国崩塌之际的教士们，我们必须努力让自己进入他们的心灵。这些教士必须对付一群起先与自己毫无共同信仰，但确实垄断了物理暴力的人。恐惧征服了他们，他们寻求的不是卓越，而是生存，但生存就意味着要设法进入这群侵略者的心灵。教士们没有直接挑战日耳曼人的习俗，而是尝试界定一片自己的专属区域，一片暴力由于其本性而无法侵入的领地。他们早已习惯区分“神圣”和“世俗”，因为他们援引基督的诫命，恺撒的归恺撒，上帝的归上帝。如今，教士们指出了一种“上帝赐予”的法律，能为有死者提供来生的希望，而这种“道德”的法律不同于习俗或人的命令。

因此，教士在和日耳曼侵略者打交道时，很容易依赖永恒或“属灵”的关切与纯然世俗关切之间的区分。教士捍卫着一片只准他们进入的领地。基督为个体提供了“救赎”的希
132 望，而这位不可见的王所立的法律成了一把道德利剑，在处境困厄的教士手中发挥了戏剧般的效用。6世纪，一位雄辩的爱尔兰传教士柯鲁班努斯（Columbanus）来到大陆，回想起他们当时的心境：“我来自世界的尽头，在那里，我见过属灵领袖真正投身于主的战争。”教士们的信念具有一种力量，给侵略者留下了深刻的印象。虽然这种力量会因为主教城市的财富和精

致而得到加强，但它的发挥并没有强力所带来的好处。

教会人士运用这把道德利剑的锋芒，开辟了一条通往“自我意识”的道路，使其暴露出来。它开启了审判日，也就是在死亡的那一刻，灵魂将受到造物主的召唤，被引导进入天堂抑或地狱。6 世纪末，格列高利一世那些流传甚广的布道就传达了这种信息：“让我们想想，正在来临的审判者有多么严厉，祂要审判的不只是我们的罪行，还有我们每一个思想。”[3]当然，教士的说法首先不是操纵人们的盲信心理，也不是依赖于世俗的类比。通常，他们是表明自己在提供一种灵魂的“治疗”，就连格列高利一世也爱把教士称作“灵魂的医生”。但本质上，教士是在为自己争取和捍卫一块不可见的领地，一块位于内在的领地。柯鲁班努斯对信众讲道：“我们寻求的上帝并没有远离我们……因为祂就住在我们内部，一如灵魂在我们身体内……我们必须永远依靠上帝，这位深邃、浩瀚、隐匿、崇高而全能的上帝。”[4]

诚然，教士自身的利益也在他们劝人皈信的努力中发挥了一部分作用。圣徒和殉道者的遗物、圣墓以及常常归于他们的“奇迹”，维系着那些主教城市的重要性，并且为主教提供了跟侵略者打交道的有用筹码。有一个事实导致他们之间的关系变得复杂：哥特人先前皈信了阿里乌派理解的基督教，而公元 506 年法兰克人在克洛维（Clovis）的领导下皈信了“正统”的天主教信仰。结果，那些更加精细的教义争论往往服务于教士的当前需要。

尽管如此，教士也因其信仰的本性而突破了单纯的自身利益。在法兰克人的墨洛温王朝治下，公共道德与福利成了 6—7

133 世纪教会会议的主导问题。虽然教士未曾宣称自己有权定夺世俗事务，但他们成功地将“博爱”准则引入了公共政策的领域，而过去它的职能在那里还没有得到认可。当时开始出现一种观念，即立法要有一种主导的道德框架存在：

“如果没有基督教会，这个世界……必定就会落入纯粹世俗暴力的手中。只有教会运用了一种道德力量。不仅如此，教会存续了下来，并且传播了关于某种准则、关于某种超越于所有人法之上的法的观念。为了救赎人性，教会提出了一项根本的信仰，即存在着高于一切人法的法。根据不同的时代和习俗，它时而被命名为理性，时而被命名为神法……”[5]

尽管后来的反教士者会将这种宣言视为压迫，基佐却认为它为一种数世纪后才完成的进程奠定了基础，而这进程就是属灵权力与世俗权力的正式分离，以及人类心灵的解放：

“从教会中产生了一个伟大的事实，即属灵权力与世俗权力的分离。这种分离是良心自由的源泉，它所依赖的原则不是别的，正是良心最完美、最广阔的自由。属灵权力与世俗权力的分离以如下观念为基础：对于灵魂、信念和真理，物质力量既不享有权利，亦对它们毫无影响。两种权力的分离，发源于思想世界与行动世界、内在世界与外在事实世界之间的区别。这条原则让欧洲人为之付出了多少奋斗、遭受了多少苦难，而它直到那么晚近的时候才获得胜利，并且在其进步的过程中还要时常反抗教士的偏好——因此，正是在欧洲文明的襁褓时期，这条原则在世俗权力与属灵权力分离的名义下得到了清晰的表达。”[6]

这并不是说，教士清楚地知道他们起初捍卫的这条原则的潜在含义。在他们看来，这条原则是在为他们提供保护伞，以便抵御可能灭绝教会及其使命的野蛮力量。教士们唯一拥有的剑，就是属灵权力的剑。

5 世纪的教士几乎没有意识到，或者说几乎没人明确承认，良心自由不仅能被用来捍卫教会，同样也可能限制教会的 134
诉求。无论如何，教会在提出这条原则时，确实是忠实于灵魂平等的信念逻辑。属灵权力与世俗权力的区分依赖于个体良心这一前提，因为后者能被解读为如下含义：必定存在一个让所有人自己管理好自己行动的领域，也就是一个受良心统治的选择的领域。某些早期基督教思想家试探性地倾向于这种结论，例如德尔图良、安布罗修、图尔的圣马丁（Martin of Tours），以及奥古斯丁一生中的大多数时候。不过，他们在未来很长一段时期里都将是“自由主义”的少数派。

还有一项革新冲击了在法律和政府治理方面的种种发展，这就是新宗教与学术事业的结盟，基督教与哲学传统的联合。有人会对此感到惊讶，因为当时遗留的古典学园——无论是培养语法学家、修辞家还是哲学家的学园——的教导总是同情异教，敌视新宗教。但现实就是，严肃的智识论争已经基本抛弃了古代学术的幸存者们。

教师们依赖帝国的支持，学生们也在古典学园里接受严苛的管教，这些事实最终导致了各种形式的奴役，授课价值也大打折扣。通常，文学创作要求在既定的形式上做一些细微改动，以及对一些古老的语法、历史和哲学文本进行筛选。由于大多数学生都来自一个逐渐崩溃的特权阶层，他们学习的欲望也就随之减弱了。古典学问本来是为了一个社会体系而被精心营造出来的，既然社会体系已变得支离破碎，古典学问也就与那个年代的问题无涉了。它成了一种展览品，尤其是为了给日耳曼入侵者留下深刻印象。在西哥特人和法兰克人的宫廷里，“展示古老的拉丁修辞术和拉丁诗歌仍然备受欢迎”。[7]这些入侵者的子嗣经常被派往新建的皇家宫廷，去学习“精妙的言辞”。但是，古典学问的吸引力已不在其实质，而是沦为装饰。

相比之下，基督教世界完全是另一幅样子。基督教紧张激烈的智识生活体现在不断传播的书信和长篇著述中，它们同时涉及教会准则和哲学问题，例如灵魂的本性、意志自由、恩典
135 和必然性。这种生活尤其受到了两方面的推动作用：其一，主教们通常遴选于兼具特权和教养的古老阶层，但他们也醉心于世俗事务。他们无法满足于单纯为自身缘故而进行的“纯粹”思辨；其二，主教们还有一种优势，体现在对基督教教义问题的争辩上，因为当时的基督教教义还未确定，所以他们有一种非同寻常的讨论的自由。福音书正典虽已成形，但在最基本的问题上，对福音书的解释仍然是开放的。尽管社会和政治动荡不安，但在高卢人统治的 6 到 7 世纪期间也至少举办过 13 次教会会议，讨论神学问题和实际问题。[8]教会给了古典哲学一次“新生”。

由于缺乏一脉相传的基督教学园，学术就在昔日的西罗马帝国土地上（尤其是高卢地区）受到了修道院的庇护，这些修道院成立于 5 世纪。很快，西方修道运动就变得与东方不同：埃及和叙利亚的修士起初是在寻求“荒野”的孤独，旨在逃离尘世的种种诱惑，但在外族侵略和帝国倾颓之际，西方修道院成了共同体和学术的庇护所。修道院成了学园，出身于

高贵家庭的年轻人纷纷汇集到修道院，譬如马赛附近的勒昂修道院（Lérins）。他们不是为了寻求孤独，而是想在新的信仰方面接受更深的教育："南高卢地区的修道院成了基督教的哲学学园，人们在这里冥想、争论和教学。崭新的观念、大胆的思想乃至于异端都是从这里产生的。"[9]

为什么这很重要？历史学家们经常强调，这些修道院在传承古典文化，尤其是在传抄古代文本方面起了至关重要的作用，但它们还保护了一些同等重要却更加直接的东西。修道院为一个有教养的教士阶层的诞生作了准备，不仅吸纳了大量昔日贵族阶层的成员，还使他们放弃了社会特权的态度和习惯：

"勒昂修道院往尘世派去了一群狂热的三十岁年轻人，他们出身于古老的家庭，完全掌握了修辞和治术这些古老的技艺，不过是以一种新的方式，为着一种更高的理由而使用它们。古老秩序的转变首先体现在身体上，一种严酷的苦行体制将身体完全改换了模样，使得他们的身体再也没有了昔日贵族 136
的逸豫。华丽的长发剪短了。他们的脸蛋曾因养尊处优的生活而满面红光，如今也随着忏悔赎罪的禁食而失去了光泽。就连高卢社会的'天生'领袖，他们高傲的眼色和矜夸的步态也被一种修道院要求谦卑的纪律约束。"[10]

并不是所有修道院都会履行这种职能。7 到 8 世纪，许多修道院确实变成了失去土地的贵族子弟的庇护所，但也有一些修道院始终吸纳着范围更广的社会群体。我们知道，东方的修道运动至少为新的社会勾勒出了一幅模糊形象，这是一个奠基于人人平等之信念上的文明社会。西方的修道运动势必走得更远，它们开始打造起一个教士阶层，就像主教们所做的那样，为社会治理带来更加平等主义的态度。

教会迫切需要创造一个具备起码教养的教士阶层，这是因为西欧与东罗马帝国有一个重大差异：在东罗马帝国，帝国的行政体系一直存在。自从君士坦丁皈信基督教以来，教会与国家的关系一直是罗马帝国整体的特征，其标志就是教会对国家的极大顺从，而这些传统也在东罗马帝国里得到了延续。对基督教而言，顺从的记忆终究挥之不去，尤其还混杂着因官方采纳基督教而生的感激之情。因此，东方的教士阶层从未觉得有再造国家之必要。

相反，西方的教士阶层对日耳曼入侵者形成了一种截然不同的态度，无论是对西哥特人、勃艮第人还是法兰克人。教士不仅成功地让新来者皈信，而且在智识上明显比他们更优秀。5世纪，昔日执掌帝国行政的领袖人物，有时也会成为那些宁披“毛皮”、不穿“紫袍”的新国王的顾问。但到了6到7世纪，这种角色越来越多地落到了高等教士手中，因为他们在当时其实已是唯一有教养的阶层。此外，主教通常遴选于古老的贵族家庭，这一事实也很可能巩固了他们对新来者的影响。这些主教变成了顾问、告解神父（confessors）、导师，有时甚至还
137 是谏议（critics）。他们不仅向新的统治者带来了“精妙的言辞”与复杂的罗马法和公共行政制度，还向他们带来了基督教教义和道德的各种要素。[11]

因此，教士阶层在西方新兴诸国的缔造过程中扮演了一个重要角色。事实上，到了6世纪，法兰克诸王都在抱怨主教们的权力和财富。根据编年史家图尔的圣格列高利（Gregory of Tours）的记述，希尔佩里克王（King Chilperic）发过一句感叹：

“除了主教，任何人手里都没有一点权力。没有人把我当作国王来敬重，所有敬重都落到了各城市的主教手里。”格列高利的《法兰克人史》（*History of the Franks*）生动地描绘了后罗马时代高卢地区遍布的混乱景象，既有外在的混乱，也有道德的混乱。在格列高利一句精彩的开场白里，主教们的进退维谷体现得淋漓尽致：“许多事情正在发生，有的好，有的坏。”

主教想要什么？他们与什么战斗？诚然，他们要与异教的残余战斗，而这场战斗还要在乡村持续数世纪之久，毕竟，“异教徒”（pagani）这个词最初的意思只是乡下人。但在列位新王的宫廷里，为了城市人群的利益，主教们将其影响力用来保全罗马法，亦即狄奥多西法典，同时还要柔化那些入侵者的“习俗法”。不久以后，他们又有了更大的野心。至少从上述西哥特王国各种事件的走向来看，教士阶层在那里发挥的作用比在法兰克王国和勃艮第王国重要得多。

我们可以从 5 到 7 世纪新兴诸国流传的继承法中，推知它们那里发生的社会革命。法兰克人的萨利克法典（Salic law）以成文法的形式确定了截至当时法兰克人的未成文习俗，但这部法典的编定日期一直留有争议。其中很多习俗早在他们定居罗马帝国之前就已存在，但另一些条款反映了较晚的时期，也就是法兰克人已经在罗马人当中定居时候的习俗。无论如何，萨利克法典是一部只适用于法兰克人的法典，罗马人仍然受自己法律的统治。所以说，法律完全是“人身性的”（personal），适用于同一种族的人，而不是领地性的（territorial）。

这种“人身性的”而非“实在的”的立法体系（亦即适用于一领地上所有人的立法体系），在两个世纪乃至更长时期 138

内都是新兴诸国的准则。但即便如此，正如基佐所言，我们还是能在流传数世纪的继承法中探查到一些重要的变革。这些变革反映了罗马和日耳曼这两种社会的逐渐融合：诸日耳曼部族放弃了游牧生活的习俗，获得了不动产，同时接受了罗马的民法和刑法的诸多要素。因此，“瑞普利安人的法律与其说是日耳曼法，不如说是萨利克法；勃艮第人的法律与其说是日耳曼法，不如说是瑞普利安法；西哥特人的法律甚至与勃艮第人的法律更不相似”。[12]

基佐说得未免简略，但这个趋势确实存在。原因在于，无论是入侵者们彼此之间还是入侵者与罗马人之间，一旦有了不动产，就会形成各种更加持久的关系。罗马的民法和刑法与这些关系相契合，传统的日耳曼习俗则不然。这场进程很早就开始于意大利和高卢南部的各城市，但在所有新兴诸国里，教士才是推动这场进程发展的关键。事实上，正是西哥特王国的教士为这场进程带来了最初的结论。西哥特人的法律是由某种议会来辩论和确立的，这就是在西哥特第二首府托勒多（Toledo）举行的会议，由教士主导。在他们的影响下，西哥特的国王们于 7 世纪废除了人身性的立法体系，改用实在的或曰领地性的立法体系。罗马和日耳曼的法律融合了，罗马法也相应遭到了形式上的废除。两支民族成了一支。由此而来的《西哥特法典》（Forum Judicum）远比早期日耳曼法典复杂精细，其精细和一贯的特征大多应该归功于罗马法。

不过，西哥特法典也是一项与众不同的领地性立法。它是由基督教信仰孕育的道德直觉所调和过的罗马法，而不是回到一个传统上将家庭领域（亦即家庭及其宗教）奉为“神圣”

的帝国的法律之治。同样，西哥特法典也没有保留“蛮族”法律的根本特征：“在那些蛮族里，人们根据自己的地位而有各自的特定价值。蛮族、罗马人、自由人和封臣等不是同等价格，他们的生命有一份价目表。”[13]西哥特法典舍弃了“人身性”法律，一种更强调平等的承诺油然而生。尽管尚有含混以 139
及过去的残余存在，教士仍然为西哥特法典引入了一条原则，即人人拥有“法律眼中的平等价值”。

540年左右努西亚的圣本笃（Benedict of Nursia）为修道院生活制订的规章，更加鲜明地宣告了这种平等主义的重要性。本笃的“会规”将成为西方修道院改革的蓝图，它阐发了一种源自圣保罗和奥古斯丁著述的关于权威的全新观念。原因在于，本笃会规的核心是“简单和自律，而不是赎罪苦行或自残式的克己”。本笃强调一种平等的“内在性”，诉诸“心灵的耳”，以此打造一个基于良心的共同体。修道院长对修士们的权威变成了一种事关“相互倾听”的东西，所以，哪怕是最年幼的修士和新成员的声音也能得到尊重。本笃声称：“现在我们说，所有人都应该被召来参加会议，原因就在于上帝经常是把更好的事物启示给最年幼的人。”[14]特别的是，本笃尽力保护修道院共同体免受外部世界各种社会区分的影响，禁止收受资助，禁止对个别修士的特殊待遇。修士们都要统一衣着，统一饮食，统一劳作。

这种统一性服务于某种道德意图。教宗格列高利一世（Gregory the Great）所著《本笃的生平》（*The Life of Benedict*）一书讲到，一位地方贵族的儿子在当了修士后，人们要他分担一项工作，就是为本笃掌灯，侍候这位院长享用晚餐。这个年轻人暗自思量："这是谁啊，就该我站这里掌灯一直候着他吃饭？我为什么要表现得像这人的奴隶一样？"[15]为了警醒人们当心社会地位和世俗骄傲的反抗，本笃会规有意打造一个极端平等的共同体。

诚然，本笃会规赋予了修道院长极大的权威，但这本质上是一种道德权威，既是以共同体的共识为基础，也受其约束。原因在于，修士们拥有同样的目标，也共同拥有一种支配着统治者与被统治者之间关系的正义感："本笃关于权威之为管家（stewardship）的理念，直接影响了他最伟大的追随者格列高利一世的著作《教牧法规》（*Regula Pastoralis*）。这本书将塑造一种流传数世纪之久的关于权威的观念，即教牧关怀（Pastoral
140 Care）。"教牧关怀的内容大多是执掌属灵权力的各项职责及其精细之处。因此，"照看灵魂"要求各种形式的鼓励和道德指引，而不考虑任何社会地位，"将温软的言辞与令人恐惧的威胁、师长的严苛与父亲的慈爱糅合到一起"。[16]

服从修道院长的权威，就是一种承认所有灵魂的道德平等，承认照看灵魂的重要性的方式。这项使命不仅将扩展到主教，也将扩展到世俗统治者。格列高利强调"统治者对其臣民负有各种沉重的义务"，这一点自 7 世纪以降，就扩散到了整个西欧：

"格列高利写下了一系列关于基督徒教长（rector）* 之职责

---

* ［译注］rector 在宗教改革之前有着相对广泛的用法。在罗马帝国崩溃前后，它用来指充任各城市统治首脑的主教。到了教宗格列高利一世的时代，《教牧法规》将它用作 pastor（教牧）的同义词。直到罗马天主教体制相对稳定后，它就正式指在教会内部主掌某项建制的人，小到医院、大学、神学院，大到教堂、圣所、教区。为行文方便，统译为"教长"。

的文字，借此，他重新创造了一套关于统治精英的语汇。有了《教牧法规》的指导，拉丁欧洲的国王和教士再也不用指望东罗马这一残存的‘基督教帝国’来引导自己。格列高利已经给了他们一项统治的使命和一份行为守则，就像曾经激励过罗马帝国统治阶层的东西那样，清晰分明，森罗万象。”[17]

越来越多的人开始承认臣民也有灵魂，从而对“正确的统治何以成立”这一问题造成了重要影响。这就是迈向发明个体的又一大步。

第十一章

蛮族法典、罗马法与基督徒的直觉

141 语言本身就是社会变革和智识变革的一个重要证据，而在很早就有“黑暗年代”之称的6世纪到8世纪早期，这种证据尤其重要。这时的城市生活一直遭受着威胁，但正如昔日的历史学家们所言，它们还没到灭绝的地步。

在南方，有一种生活方式明显属于罗马的残留，尽管当时生活的中心已是教堂和市场，而非神庙和竞技场。其实，神庙和竞技场通常沦为采石场，供应建筑的原料。在北方，城市的规模还很小，新建的宗教建筑经常选址于罗马城墙之外，也就是“城郊”(sub-urbs)。

就表示城市生活的基本习语而言，其含义是变动不居的。“城市”(urbs) 和“城邦”(civitas)，这两个词开始混为一谈。在罗马帝国时代，“城市”是指物理意义上的一座城及其城墙，而“城邦”则指一种范围更大的公民团体，其中一些人或许还住在“城市”外面。7世纪，塞维利亚的伊西多尔（Isidore of Seville）试图捍卫这两个词的原初含义：“civitas是指借由某种团体的纽带而联合起来的一大群人，而这种纽带就来自于所谓的公民……urbs是由它的城墙所筑就的，而civitas的名字则是源于它的居民，而不是石头。”[1]

或许，伊西多尔的区分无意间揭示了人们思想中的变革。他将“居民”和“公民”并举，这就暗示了为什么“城邦”一词渐渐偏向领地性的含义。诚然，古代世界的公民身份只是在所有居民中塑造了一个阶层而已。可是，一旦古代各种形式的公共政府统统衰亡，教士阶层取得了更加重要的角色之后，“居民”的含义就渐渐偏向于“灵魂”而非公民，更具吸纳性 142
而非排他性。“城邦”的观念开始与主教的座堂和领地，也就是与教会的教区（diocese）相融合。结果，到了墨洛温王朝的时代，“城市”与“城邦”几乎可以互换了：“在墨洛温王朝的拉丁语中，用来表示市镇一类的词很模糊，urbs 和 civitas 都能意指市镇及其周遭的乡村。”[2]

所有人被视为一个整体，而非根据各人的地位来看待；这种看法促使语言用法渐渐发生了改变。古代的社会分层正在遭到削弱。昔日特权阶层里的一些敏锐人士很快就懂得，他们的优越地位如今不能再依赖形式化的社会分层，而是要靠别的东西。公元 478 年，也就是西罗马帝国覆灭的两年后，希多尼乌斯·阿波尼纳里斯注意到：“古老的阶层等级曾经作出了从高到低的区分，既然它们如今已遭废除，那么，文化必将充当未来衡量高贵与否的唯一标准。”

不过，遭到削弱的不只是过去与政府治理和公共法律挂钩的社会地位。那些在日耳曼部族中支撑着家庭的各种态度与习俗，也因教士宣扬的信仰而遭到威胁。它们与一千年前孕育了古希腊罗马城邦建制的态度和习俗非常相似，其核心就是父权制、妇女的附属地位以及不可变通的继承规则，虽然日耳曼部族的父权较少具有祭司色彩，并且赋予次子（有时甚至包括妇女）更多的自由。

基督教教义与晚期罗马法的影响，开始向哥特人、勃艮第人和法兰克人的态度和习俗发起了一致挑战。我们可以从新兴诸王所立的法典中看到这场进程，他们都是受了罗马的帝国理念的启发。新兴诸王没有简单地接受先辈的做法，而是纷纷开始立法，去做昔日罗马皇帝们做过的事情。例如，公元 510 年前后法兰克人最早完成的习俗法汇编《萨利克法典》与公元 600 年后完成的第二部主要汇纂《瑞普利安法典》(Lex Ribuaria）之间，就有一些重大的变革发生。众所周知，前者严禁妇女继承祖辈的地产，而后者放宽了限制。有一个事实不容低估：罗
143 马法在这些后继王国中的同化和发展，证明教士曾经做了多么大的道德努力来影响日耳曼生活方式。

当然，我们也不要过分夸大日耳曼生活方式的变革程度。无论是教会，还是罗马有教养阶层的幸存者们，在应对新来者的问题上都是失败大于成功；只要读过 6 世纪图尔的格列高利所著《法兰克人史》，就会相信这一点。暴力和短视的习惯，以及一种毫无约束的生活所带来的纵情享乐，意味着背叛和谋杀将在新兴诸国的统治家族中成为常态。尤其是法兰克人，他们普遍对西哥特人抱有怀疑态度，因为他们觉得西哥特人与“罗马道路”靠得太近了。法兰克人之所以反对西吉贝特王（King Sigibert）的遗孀，也就是西哥特公主布伦希尔德（Brunhild）的统治，部分原因也在于此。

但是，即便在法兰克人那里，我们也能发现变革的一项突出例证，它记载于 7 世纪马库夫（Marculf）编的一部法条汇纂里。公元 561 年到 584 年在位的希尔佩里克国王，公开表明自

己反对先辈的习俗："我们民族有一个悠久而邪恶的习俗，那就是否认姐妹和兄弟一样能分得父亲的地产。但我认为这是错的，因为我的子孙都是平等地源于上帝……因此，我最亲爱的女儿，我也要让你和你的兄弟也就是我的儿子们一样，成为平等且合法的继承人。"[3]想象一下，这位神父该是带着多么欢欣鼓舞的神色，仔细记下了希尔佩里克的这些话！这些变革要求遵从意志的指示，放松家庭对财产权的控制。既然教会是变革的主要受益者，那么，离教会和修道院成为头号地主的日子也就不远了。

但我们不要为此分心，它们不过是新信仰引发的一系列始料未及的结果罢了。更重要的是，基督教坚持灵魂平等的立场揭示了一副关于现实的崭新图景，虽然起初还不那么明显。对于个体灵魂之命运的关切，逐渐蚕食掉了那个等级制的集体图景，以及传统上体现这一图景的多神教。

5 到 7 世纪，对于道德能动主体增多的现象，教会会议和传教士往往报以猛烈抨击，认为这是所谓"魔鬼"（demons）的异教残余。因此，西哥特神父布拉加的马丁（Martin of Braga）质问加利西亚的会众们："既然你们已经舍弃了魔鬼和跟随它的 144
那些天使，也舍弃了它所做的恶事，为什么现在又要回去崇拜魔鬼呢？"马丁想到了什么？他其实是想到了诸如"观察月初几日、在树丛和泉边点烛、在金曜日（星期五）结婚、呼告魔鬼的名字"之类的做法。[4]历届教会会议尤其要将天使崇拜，也就是通过呼告乌列尔、米迦勒和拉戈尔之名来祈祷和护身的做法，斥为魔鬼崇拜和偶像崇拜。这些邪教威胁了上帝与个体灵魂之间唯一重要的联系。

6 世纪晚期，墨洛温王朝召开的若干会议表明，教会的斗争对象不只是某些根深蒂固的异教。还有一种东西更加危险，那就是当时流传甚广的一种将异教与基督教实践相融合的意愿：

“正月初一严禁装扮成牛犊或牡鹿的样子，严禁赠送恶魔的礼物……严禁在森林里、在神圣的树木旁、在泉边收回誓言……任何人也不准制作木腿或木制肖像……严禁人们去找预言者、占卜师或妄称知晓未来的人……”

刚开始，这类教会立法很可能收效甚微，因为墨洛温王朝的教会主要是在城市地区，而乡下几乎没有人尝试对教会展开全面建设。直到 8 世纪晚期，加洛林王朝的教会才作了这样的努力，打造了一批多少受过教育、有能力布道和担当道德楷模的乡村神职人员。

古代的信仰和实践不仅残留，而且渗进了基督教的礼俗，一个特殊的例子就是 6 世纪人们对于弥撒的普遍看法。彼得·布朗揭示了，一种向祖先供奉“神圣”食物的远古习俗如何融入了弥撒之中。基督徒虽然有了新的信仰，却仍然供养着死者：“各家都在基督教的圣餐仪式上供奉食物、酒和金钱，好让他们的死者仍然是作为教会的一分子而得到‘纪念’。”7 世纪发生了一场戏剧性的变革：“只有到了 7 世纪，圣餐亦即弥撒才失去了作为家庭供养死者的‘食物’这一性质。弥撒渐
145 渐被视为一种只有神父才能供奉的‘牺牲’，平信徒对这种‘牺牲’无法献上任何东西。”[5]教士而非家庭变成了道德权威，这一点揭示了新宗教颠覆性的一面。教士关心的是个体灵魂的命运，而非家庭的诉求和延续。

布朗所谓的“死亡的基督教化”(Christianization of death)，最能体现深受基督教信仰所鼓舞的个体化进程。他发现，7世纪酝酿着一场深刻的变革，这是一种对于“审判日”、对于个体灵魂的死后命运的全新关注。过去，基督教的信仰和实践让人看到了此世的天堂，预先品尝了永恒的至福，但现在的兴趣已经压倒了过去。7世纪的基督徒生活在一个动荡的世界，他们没有过去那般自信，而是越来越担心个体的罪，及其在最后审判日时带来的后果。

集体得救的希望少了，对于“灵魂那可怕的最后旅程”的焦虑多了。布朗讲了一个故事：7世纪晚期，有一个名叫巴隆提乌斯（Barontius）的贵族，在布尔日做了修士。他做了一个关于自己死后前程的可怕的梦，梦里的他被高悬于自己出生城市的上空。他的灵魂究竟将属于天使，被他们召上天堂，还是属于“尖爪獠牙的魔鬼”，被他们拽入地下？在这个决定性时刻到来之前，他能否涤净自己的罪呢？布朗写道：

“过去，基督教信徒或许更有信心得到救赎，但他们所盼望的彼岸世界一直无以名状。与那些人尽皆知的伟大圣徒不同，个体信徒的身份认同容易湮没在天堂的金色迷雾中。相反，胆怯的巴隆提乌斯有一张面孔，一张写满了‘已涤除’之罪和‘未涤除’之罪的面孔。这些罪令他独一无二。他觉得自己就像珊瑚礁，是由自身个体性的一桩桩罪过、一样样德性所筑成的……在我们看来，巴隆提乌斯的彼岸经验似乎有些离奇，但它们以一种新的精确性回答了如下问题：自我作为独一无二的个体，有多少当下时刻其实是在过着一种死后的生活。”[6]

难怪布朗和其他一些学者会认为，在这种追问的背后有一种具有全新深度的自我意识。换言之，这是一种关于万物之道的更加个体化的图景。

146 尽管有不少古代的信念和实践卷土重来，教会却始终坚持自己的道德事业，毕竟这项事业也是它存在的理由。令人印象深刻的是，尽管7世纪，正规教育和文化不断衰落，教会对“迷信”的正面攻击却一直持续。在基督教信仰所培育的思想习惯中，一种在道德现象与物理现象之间更加清晰的区分已经萌生苗头。因为根据奥古斯丁的雄辩论述，唯一重要的斗争发生在自我内部，其目的是为了创造一种正直意志，而这场斗争使得人们对于非自愿有了一种更加敏锐的意识；即便在自我内部，也不是所有事件都各有一个意图。但与此同时，一种古老的习惯如今也有了被控不虔敬的风险，那就是探究本不属于人的物理事件背后的意图。

教会反对多神教的斗争就体现了这一点。只有上帝才拥有对万物之理的完备知识，这种态度在奥古斯丁对恩典在此世的神秘作工的思考中得到了强化。先天证明的“确定性”遭遇了基督教信仰设下的种种限制，因为基督教坚信上帝是通过时间来显示自己的，而不是通过三段论。无独有偶，在11世纪逻辑学研究复兴之际，普遍词项或范畴的地位也成了一个核心问题。因此，演绎论证的限度——例如它在经验到人力控制之外的事物时的易错性——有助于在人类行动的“理由”和外部事件的“原因”之间形成一种更加清晰的区分。

因此，教会在所谓“黑暗年代”期间发起了一场进程，从物理世界手中夺走了意向性，最终让物理世界保持它自身的样子。教会会议立法的对象，就是将物理世界的不同部分视为各色精灵或半神的居住地的看法。当然，将自然事件（尤其自然灾害）解释成神灵“发怒”的习惯一直存在。教会难免也会利用这种习惯，而且教会在铲除这些居间存在者或半神的刚开始，或许还强化了这种习惯。在一定程度上，5 到 6 世纪盛行的圣徒崇拜也是多神教的一个替代品，因为人们认为，圣徒可以向上帝行代祷之事（intercede with deity）。在一种以普遍词项来表达的信仰内部，始终有一些宗教情感根深蒂固，而它们与当地人亲熟的当地环境联系紧密。在圣徒或殉道者的一处遗迹周围做祈祷，不仅能满足这类情感的需要，还能让城市作为朝 147
圣中心而得以存活。

然而，无论是基督教信仰所偏爱的内在性，还是这种内在性所关切的意向性，都不只是促成了教会的教义及其立法。只要可能，教士阶层还想将这种关切引入公共的刑法领域。我们在西哥特王国的立法中可以看到这样的尝试：他们通过区分事件中的意向性元素和非自愿元素，使得意向性成了“板上钉钉”的事实。

7 世纪，由教士主导的托莱多会议援引罗马法，试图用仔细查验证据的做法来取代比武或亲属的发誓，作为判决的依据。它还打算重新调整犯罪与惩罚之间的关系。由此，法典开始发生变化。在西哥特的立法里，我们能看到“一位开明立法者为了克服蛮族做法的暴虐和缺乏反思所做的努力”：

“相较于其他日耳曼部族的相关法律，西哥特法典中《论人的生养和死亡》（*De coede et morte hominum*）一章就是非常典型的例子。在别的法律里，既成损害似乎是构成犯罪的核心，物质或金钱赔偿则是相应的惩罚。但在这里，犯罪被还原为它那真实无疑的道德要素，也就是意图。犯罪的诸多形式，无论是纯粹过失杀人、故意杀人、预谋或非预谋杀人，几乎都得到了像我们现在法典那样的区分和界定，而惩罚的不同只在于比例。”[7]

不止如此，教士受到灵魂平等的信念鼓舞，开始拒绝日耳曼人给不同人指派不同的法律价值的习俗：

“立法者唯一保留的区分，是自由人与奴隶的区分。对自由人而言，惩罚的不同并非根据死者的出身或阶层，而只是根据凶手的罪责程度来衡定的。虽然他们不敢剥夺主人对奴隶的生杀予夺大权，但通过将它置于一项正规的公共程序之下的做法，他们至少能尝试限制这项权力。”[8]

148 由此可见，教士不只是借用了罗马法，同样也发展了它。

晚期罗马法已经提到过对待奴隶更加人道的做法。但在西哥特法典里，出现了一种新的说法：

“如果说任何一桩罪案都应该有罪犯或同谋受到惩罚，那我们不是有无数理由去谴责那些杀人不眨眼的邪恶之徒吗！鉴于骄傲的主人们经常处死奴隶，自己倒洗得干净，那么，正确的做法就应该是彻底废除这项特权。我们规定，所有人都应该永远服从这条法律：未经公共审判，任何男女主人都不得处死自己的男女奴隶，或者任何依附于他们的人。”[9]

立法者这里提到的骄傲，表明他们受了基督教道德直觉的影响。但在当时，我们知道，教士对西哥特国王的影响要大于他们对墨洛温国王的影响。

然而，法兰克人的一支显赫家族颠覆了墨洛温王朝，从而引发了一系列重要后果。这个家族早在733年就表现了自己的气概，当时绰号“铁锤”的查理·马特（Charles Martel）在普瓦捷打败了穆斯林侵略者。墨洛温国王曾经统治着一个地方分权乃至于组织无序的王国，各地的城市（civitates）或教区均享有高度的自治。显赫的法兰克人经常与罗马的元老世家通婚，后者仍然以伯爵或主教的身份主管地方事务。事实证明，新王朝加强了统治，野心也更大，特别是公元768年马特的孙子加冕为法兰克帝王的时候，他就是我们熟知的查理曼（Charlemagne）。

在其统治的近五十年里，查理曼不仅彻底巩固了新王朝的合法性，还确立了法兰克人对西欧大部分地区的统治，从意大利北部一直到波罗的海。查理曼治下的头十年见证了他的不断扩张：与异教的萨克森人作战，巩固了法兰克人对伦巴第王国的统治，并且开始从穆斯林手中收复西班牙。查理曼效法其父丕平（Pepin），与教宗一直保持着紧密联系。这是一段共赢的关系，其高潮便是在800年的圣诞节那天，教宗亲自在圣彼得 149
的罗马为查理曼行加冕礼。毫无疑问，查理曼多少也有复兴昔日罗马帝国的梦想。他想重建社会秩序，打造固若金汤的疆界，击败蛮族。但这并不是他想要的全部：他还想建立一个“基督教帝国”，以此宣扬“正确”的信仰和实践。

实现秩序与统一的前提条件，似乎是将改善教育和改革教士阶层的举措推进到乡村地区。在某种意义上，查理曼恢复了公权力与教会之间的联系，而在8世纪西哥特王国亡于穆斯林入侵以前，这种联系也曾是西哥特王国的特点。但两者有一些不同，因为在这时，改革的意愿无疑是来自查理曼本人。正是他搜罗了欧洲一批最有天赋的教士，召入宫中，激励他们投入改革（renovatio）的事业中去，其中就有来自英格兰北部的一位修士约克的阿尔昆（Alcuin of York）。

在漫长的统治生涯里，查理曼逐渐掌控了教会，就像拜占庭君主与东方教会的关系那样。他将自己的意志不仅施加在教会管理和教士守则的事务上，例如推动阿尼昂的本尼迪克特（Benedict of Aniane）的修道院改革，提升教士的受教育水平等。同样，他也对教义问题施加自己的意志。

意志的力量、统治的习惯与强烈的道德理想，在查理曼一则故事中体现得淋漓尽致。8 世纪，查理曼对拜占庭帝国发生的圣像破坏之争（iconoclastic controvery）作了一段答复，这段答复就写在法兰克教士狄奥多夫（Theodulf）呈给皇帝的一份报告的边角上。狄奥多夫认为，希腊教会想在不与其他教会商议的情况下自行裁定圣像崇拜之争，这样做太过放肆。对此，查理曼批注道："就是如此。"狄奥多夫接着又谈到主教的首要职责是教导基督徒子民，这时查理曼加了一句："当然!"（转引自布朗）

查理曼的评论将权力与理想令人兴奋地融为一体，但也不能说他成功缔造了一个"国家"，就我们所理解的这个字的含义而言。查理曼的帝国始终表现着他的意志、他的精力。就其
150 理想而言，这个帝国指向了未来，但就其在创造法律体系上的乏力和诉诸强制的做法而言，它又反映了过去留下的沉重遗产。基佐捕捉到了这项事业的不稳定性：

"作为一片辽阔疆土的主人，查理曼对于他眼中万物互不相融、混乱失序和粗鄙的景象深感愤怒，他想改变它们的丑陋境况。首先，查理曼通过巡按使（missi dominici）行事，这些巡

按使被派往各地监察当地的形势，或是进行改革，或是将情况上报给他。其次，查理曼也通过代表大会（general assemblies）行事，这项制度在他那里要比前人正规得多。在这些大会上，他召请领土内所有重要人物到场。这既不是自由集会，也不像那种我们熟知的议事会。查理曼只是利用这些大会来得知各种事实，以便在乌合之众中营造某种秩序和统一。”[10]

查理曼既喜欢咨询他人，也有自行决定的决心，两者形成了对立。但这种对立大多是由于他所处的时势，因为查理曼的成就既不够稳固，也暧昧不明。诚如基佐所见，推动查理曼行事的动机是对一种社会的愿景，这样的社会“与其说不违背，毋宁说更加拓展了或更加规范了权力的分配和人们思想的条件”。

不知不觉中，查理曼的执政同时经历了古代的垂暮与欧洲的奠基。现在，这种两重性就是我们将要考察的对象。

第十二章 加洛林王朝的折中

151 查理曼的成就既比他希望的要少，也比他原本打算的更多。

要想理解加洛林时代的骚动，视角之一就是将其视作围绕所有权（dominium）的含义而展开的斗争。现在已有大量学者争论：晚期罗马法是否在所有权的形式下产生了主体权利的观念，即个体的基本权利，而非某种由法律规定的客观上正当的“法律结果”（outcome）？这是个难题，但在衡量过各种证据以后，我认为晚期罗马帝国并没有出现任何主体权利的观念。

8世纪，所有权的内涵始终是指那些能够控制或拥有权力的人，我们今天的“支配”（domination）一词也残留着这种涵义。所有权的观念具有约束公共立法，限制其运作范围的作用。所有权是由过去的事实所确立，而非从任何抽象的平等原则中演绎出来的。所有权观念的用途就是保护一种不平等或臣属关系的领域，一种有着继承财产、妇女和儿童、仆役和奴隶的家庭领域。由此，所有权确立了贵族式的社会理想，保护财产和父权。在罗马，冠以“统治权”（imperium）之名的公共权力观念也潜在接受了这种对自身运作范围的限制。臣属关系的首要单元是家庭，而非个体。在此意义上，统治权与所有权的

观念互为补充。所有权在公共司法的合法诉求之外，确立了一 152
系列属于家庭的支配权和财产领域，从而体现了最初构成古代城邦之基础的家庭的宗教性质。

尽管查理曼比任何人都坚持领主权的诉求，但在他的治下，统治权与所有权之间的微妙关系遭到了扰乱。原因在于，查理曼一方面决心重建西方帝国，另一方面又要确保它成为一个彻底的“基督教帝国”。为了融合这两种目标，查理曼及其顾问，也就是当时最有才华的教会人士，开始真正将基督教的道德直觉移植到既有的法律概念上来。

传统以来，权威的观念都是由统治权来体现的，公共权力也承认父亲是家庭中无可置疑的统治者。现在情况变了，而且变化发生在不经意间，因为查理曼及其教士顾问们在宣讲统治者与被统治者的关系时，越来越依赖所谓“基督教民众的修辞”。我并不是说，统治权的含义转变是有意为之，这样就误解了欧洲 8 世纪末到 9 世纪的社会条件和智识条件。我想说的是：相反，正是为了在一片更广阔的领土内完成重建中央政府、恢复社会秩序的任务，查理曼及其顾问才会引入一些关于义务之基础的全新直觉，也就是基督教信仰所导致的直觉。

这些道德直觉究竟有多重要呢？对此，历史学家的回答必须谨慎，因为它们的重要性极易遭到夸大或贬低。这个问题取决于基督教信仰中固有的一种普世主义。自保罗的时代以来，基督教思想一直致力于人之为人的地位和诉求，完全不考虑他们在特定社会中偶然获得的特定角色。很难说保罗的上帝观念能给个体一份现实的自有财产，但它确实为个体良心及其诉求奠定了规范性基础。9 世纪，这种道德普世主义开始冲击加洛林王朝对于统治者与被统治者之关系的看法。虽然意义重大，却也成效有限。要想理解其中的限制，我们就应该考察“基督教民众的修辞”。

153 让我们先看看这种修辞的革新性，也就是它在道德上具有颠覆性的一面。这种修辞在教宗格列高利一世的著作中有其根源，此人最初是一位罗马贵族，接着成为僧侣，后来又不情愿地做了罗马主教。格列高利的著作在随后两三个世纪里产生了巨大影响，它们在大多数修道院和教堂的图书馆里都能找到，其中传播了基督教民众的修辞。这种修辞对“照看灵魂”偏爱有加，奠定了所有人在上帝及其“恐怖审判”面前的根本平等，从而为加洛林帝国的统治带来了一些重要发展。

我们知道，792 年，出于确保臣民忠诚以及为“基督教民众”再造一座稳定帝国的愿望，查理曼要求每个人发誓效忠自己。最令人吃惊的是，他不仅要求自由人发誓，还要求那些属于皇室和教会财产的奴隶发誓！要知道，这种要求在古代是无法想象的，因为那是一个将奴隶定义为“活的工具”的世界！802 年，查理曼再次要求年逾 12 周岁的“所有人”发誓，这次明显拓宽了自我承担的义务的范围。不止如此，查理曼晚年的法令有时还超越了性别差异，用上了诸如“每一个基督徒”和“完完全全的所有人，绝无例外”之类的说法。查理曼的宣誓表明，奴隶和妇女也拥有灵魂，拥有一种能为其誓言和忠心作担保的道德能力。

查理曼主张，所有发过誓的人都懂得誓言。原因在于，一旦违背誓言，发誓人就该为“不忠”受到重罚。我们不可低估这项条件的意义：“宣誓仪式都是用各地区的方言来举行的。宣誓者绝不可能宣称，自己不懂当时说的是什么。因此，每个人都能通过自己的誓言，‘以我所有的意志，以上帝赋予我的理智’服侍查理曼。”[1]这种对个体之意志和理智的强调，代表着一次里程碑式的道德飞跃。它开启了一条道路，通向对社会秩序之基础的崭新理解。

有一种令人瞩目的崭新兴趣得到了公开许可，这就是对内在性的兴趣。基督教仪式的意义再度得到申张，矛头直指曾与 154
自己密切联系的异教实践。因此，查理曼本人带头捍卫洗礼的意义，并且重新界定了教父母（godparents）的职分。在大约公元 802 年一封写于亚琛宫殿的信里，查理曼描述了他近日对一场洗礼的干预：

“在主显节那天，我们身边有许多人都想效仿洗礼人那样，把婴儿从洗礼时的圣洗池中举起来。我下令，这些人都该小心自省，问问自己是否知道或想起来主祷文和信经。有许多人压根儿记不得任何一条仪轨，于是我命他们退下……这些人觉得颜面无光。”[2]

查理曼及其教士试图让教父母成为一个本于良心的角色，这就与罗马人和法兰克人的习俗截然不同：后者会邀请别人来“举起”自己的婴儿，为的是建立很有用的家庭结盟，以及找到保护人。

因此，与“基督教民众”这种说法相关的道德规范，以形形色色的方式逐渐酝酿起了一场思想革命。这场革命预示着古代奴隶制的末日，虽然后者在加洛林帝国中还有很多残余。加洛林王朝的立法，不仅保留了西哥特法典禁止主人未经公审即处死奴隶的禁令，而且明确规定奴隶之间的婚姻不可分离，即便双方隶属于不同的主人。原则上讲，家庭领域不再凌驾于公共控制之上。个体开始成为臣属关系的单元，既是一种社会角色，也有一种道德地位。广泛传播的乡村教会和服务于所有信徒的教区神父，以及它们所带来的人人共享的场所与圣事，无一不推动着这场尚显脆弱的运动继续发展。

诚然，宣誓和效忠的重要性既有日耳曼的根源，也有基督教的根源。在流动的军团里，成员对首领的忠心一直都是以誓言为基础的，至少表面如此。但是，誓言也在日耳曼部族中创造了一群有权势的人，一块贵族把持的飞地。普世性丝毫没有体现其中，军团背后的农夫、女人和奴隶都没有作过宣誓。尽
155 管如此，宣誓的传统无疑也令加洛林帝国更容易接纳和拓展这种实践。

基督教民众的修辞带来了一种普世性或道德平等的讯息。它将所有人都视作道德能动主体，但这种修辞的应用自身也有限制：在教会和洗礼仪式的支配范围外，人们并未被完全当作人来看待，他们没有获得“灵魂”。无论是在北方疆界对付的异教徒萨克森人，还是征战南边穆斯林的时候，查理曼都表现得心狠手辣。在对付敌人的时候，任何“人道”的呼吁都会被当作危险的软弱而遭拒斥，即便他完全理解这种呼吁。有时，查理曼会迁走当地的所有人口。782 年，他还在不来梅城外斩了 4500 名萨克森人。

不过，在查理曼领地内部，尤其当他试图为“基督教民众”再造稳定政府和社会秩序的时候，我们看到了一种截然不同的态度。查阅查理曼的事迹和立法会让人不禁对良心的作用生发敬意，这种感觉至少在受到他那些教士顾问的激励时会得

到增强。查理曼强迫萨克森人皈信的做法，引起了教士阿尔昆的强烈抗议。他认为人只能被迫受洗，但不能被迫信仰："信仰必须出于自愿而非强迫。皈信者必定是被引向信仰，而非被迫接受信仰。一个人有可能在不信的情况下就被迫受洗。一个成年的皈信者应当回答他真正信仰和感受到的东西，如若撒谎，他就无法得到真正的救赎。"[3]在阿尔昆看来，这种道德信念就是基督教的核心。他是在暗示，被迫信仰这种说法本身就是自相矛盾。

我们很容易忽视查理曼所倚重的监察各地的巡按使（missi dominici），及其频召各地大佬集会（当然不是我们的自由集会）来听取当地情况的做法。可是，查理曼如此保持与贵族和教士的密切联系，将他们置于身旁，这番苦心暗示它不只是一种明智之举。为了确定真正的公共利益，以便创造一个意志的统一体，查理曼想要树立榜样，而他的这种愿望可不止体现在他将名门望族的子孙引进宫廷的做法上。查理曼不仅要得到他们的忠诚，还要提升他们的思想。有时，他们就像他的私人秘书一 156
般。在查理曼对年轻人寄予的厚望中，他召集的那些有学识的教士成了核心，尽管他也很能将这些人的影响力与自己对狩猎的私人爱好结合到一起！

如何治理已经极大扩张了的帝国版图？查理曼回到了领主权（lordship）的观念，但它已经受到日耳曼习俗和基督教道德直觉的改造。查理曼认为，治理社会不可能没有一个常任的统治阶层，但问题是这个阶层与其余的基督教民众之间应该是怎样的关系？如上所述，答案就是以发誓为基础的效忠观念，而效忠也是日耳曼军事部族的传统。在后继的诸王国中，效忠还将塑造一种做法，那就是将土地或曰恩地（benefices）赠与手下，相应地换取他们的服从。

实际上，许多恩地都变成了世袭性的，公共土地（亦即皇室土地）也一直存在着同样的危险。郡（county）是首要的行政单元，通常与过去某座城市（civitas）的领土基本一致。加洛林王朝的统治者们会为每个郡指派一名总督，郡内的皇室属地也会留出一块用来满足总督的日常需要，但查理曼有时抱怨道："一些郡和一些领受过恩地的人对待这些土地的做法，就好像这是他们的自有地产似的。"[4]其实，到了查理曼统治的末年，郡本身的公职大多都成了世袭性的，而原先与公职挂钩的土地也变成了私有财产。

由于宣誓的作用，上位者与底层的关系变得像是主人与受誓言约束的仆从的关系。尽管如此，宣誓的普遍化仍然体现了基督教民众的修辞对日耳曼习俗的改造。原因在于，它将某种自由意志的因素引入了一般的社会关系，并且承认良心的作用。查理曼建议，所有自由人都应主动接受某个上位者或主人的统治，享受相应的利益和庇护。无疑，这么做往往是由于各地的形势而不得已为之，但鉴于查理曼将其说成是出于意志之举，他就使统治者与被统治者的关系具有了一种崭新的特征。

查理曼希望缔造一种既具备等级秩序，也有至少名义上的
157 同意的社会秩序。在806年发布的敕令（General Capitulary）中，查理曼坚称："每个自由人，只要是从主人（无论是领主还是地位更高者）手中收过价值一索里都斯的财物，就不准离开他。除非主人试图杀掉他，棒打他，羞辱他的妻女，或者偷窃他的财物。"[5]所以说，臣属关系是由于交易和一丁点自由而得

到缓和的。

查理曼融合了社会等级秩序的需要与教会倡导的灵魂平等的一些诉求，试图以此让人身与财产的关系得以稳固。查理曼统治的原创性就在于此。早在802年查理曼发布的《巡按使敕令》中，这样的融合就已经体现了出来："所有人都应当按照上帝的诫命，过一种公正、良善的生活。还有，所有人都应该在指派给自己的位置或天职上，全心全意地坚守和忍耐：教士的生活应该完全依照圣典，不要想着低贱的利益；修会的生活应该置于勤勉的约束之下；平信徒和世俗百姓应该正确应用法律，克制恶意和欺骗。所有人都应该在完美的爱与和平中共同生活。"[6]

这种说法的乐观程度似乎几近于幻想。但我们仍然能看到，在这时代的种种发展背后，存在着一场尴尬的运动，它在两种图景之间徘徊不定。正是这两种图景之间的张力，开始赋予基督教一种更接近"彼岸世界"的性质。原因在于，传统的社会秩序图景根植于自然不平等的前提，召唤一种固定的社会等级秩序，但基督教的图景乃是上帝眼中的灵魂平等。这两者究竟如何联系起来呢？当"彼岸"世界的观念越来越扩散开来的时候，这个难题开始压在人们心头。

我们知道，个体灵魂的命运将在审判日饱受折磨的图景，逐渐取代了先前基督教民众集体得救的愿景。后者更加自信，也曾经寄生在古代团体式的社会观念上。几个世纪以前，"圣徒"受迫害而形成的团结精神也对它产生了巩固作用。到了8至9世纪，这种集体的信心消失了。多达（Dhuoda）是查理曼之子虔敬者路易（Louis the Pious）治下一位宫廷大臣的妻子，在她写给儿子的一封语气焦虑的信里，我们看到了一种崭新的情绪：

158 “现在，我需要不停地为你和别人祈祷。在我死后，还需要更多、更多的祈祷……因为我对留给自己的将来怀有巨大的恐惧，所以我的心要搜寻一切地方。我根本无法确定，我的事工能否让我在终末之时得到自由。为什么？因为我已经在思想和言辞上犯了罪。但尽管如此，我也不应该对上帝的仁慈彻底绝望……我离开人世后要想得救的话，我高贵的儿啊，没有人比你更能为我尽心尽力地作事工了。”[7]

作为基督教重视人类平等与良心的代价，对个体灵魂及其命运的关切也日益凸显了出来。

格列高利一世的著述不仅体现了修道传统，也推动了这类关切的发展。他的著述鼓励人们进行持续的自我省察：

“基督徒越是努力追求完美，他就越是相信自己看到了自身的不完美。格列高利用一个词来形容这种关于自我的看法，那就是惶恐（horror）。他的意思不是说对地狱的恐惧，而是指一种梦魇般的眩晕感：虔敬的人在看到自身之罪是多么顽固、狡猾，而且极少具有特殊性时，就会产生这样的感受。他鼓励正义的人对自己作一番‘严格的描述’，以此作为他们的‘烦难’（districtio）。他们必须像上帝看着他们那样，看着自己……”[8]

这种追求透明性的欲望，当然可以追溯到奥古斯丁和保罗。但在格列高利一世简洁的叙述里，加洛林王朝发现了一种适合其时代的语言，因为这激励了他们去寻找一种基督徒身份，以便将分裂的帝国重新联结起来。就这样，一种新的自我意识开始汹涌高涨。

这些关切有助于解释，为什么查理曼始终要在基督教民众中尽力宣传“正确”的信仰和实践。他的目的就是根除无知与叛教行径，以免阻碍对“上帝的子民”(populus dei) 进行革新。查理曼强调，教士的职责就是“率领上帝的子民抵达永生的牧场”。如下一事可资佐证：在查理曼的晚年，这位帝王开始认为他派往各地的巡按使应当是两位，一位是平信徒，另一位是教士。

查理曼本人就是统治者听从格列高利一世建议的例子。格 159
列高利一世的《教牧关怀》援引了圣本笃会规，其中主张“照看灵魂”是率领基督教民众之人的首要职责。如上所见，格列高利将修道院长对僧侣的权威变成了一种模式，不仅适用于主教，也适用于世俗统治者。为了实现这个目的，格列高利一世强调个体良心的重要性。统治者应当对自己的臣民施加道德权威，而不只是赤裸裸的权力。这才是他们“沉重的责任”。

7 世纪的西哥特诸王已经深受格列高利一世建议的影响，但到了查理曼与其顾问（例如那位盎格鲁-萨克森僧侣，约克的阿尔昆)，才一道将这些建议变成了一项野心勃勃的社会计划。基督徒的谦卑要求统治者对每个人的良心说话，无论其社会地位如何。格列高利一世承认，这个野心的根源就在于保罗所强调的内在性。他和保罗一样认为，道德权威应当摹仿上帝的俯就（condescension)，发掘人类处境的深度，并寓居于此。

这样一来，正义的重心就更具平等主义色彩了。但代价也是有的，因为越是对自己有了更强的意识，就越容易产生对自己更强的不信任感。格列高利一世承认，“在关于自己的事上，心灵经常对自己说谎”。因此，《教牧关怀》认为，理想的统治者应该努力“既要通过怜悯与每个人发生紧密联系，也要通过冥想而盘旋在所有人之上”。灵性引导需要某种像上帝的“无我”(selflessness)之类的东西。

因而，公共秩序和照看灵魂都属于统治者的职责，正如查理曼认为自己负有基督徒的义务一样。公共秩序需要认可帝国内部法律和习俗的多样性，也就是罗马法与日耳曼习俗的各种混合状况。但是，帝国的普世性必须由“基督教法律”来予以保障。这就是为什么正确的公文和演说辞如此重要的原因：这种正确性能为一个包括平信徒与教士在内的有教养阶层奠定基础，好让他们统治和管理全帝国的灵魂。查理曼及其顾问通过修正拉丁语的文法，试图净化拉丁语，但这种经过净化的拉丁语也没能阻止在诸拉丁民族中发展出各式各样的通俗体。不
160 过，在一个基督教帝国内，纯净的拉丁语毕竟保障了照看灵魂这项事业的普世性。

有人以为加洛林帝国本质上就是开倒车，其动机不过是要复兴昔日的罗马帝国。这种看法不对，因为加洛林王朝的统治者们都坚信自己是在做一项原创的事业，即在所有基督教民众中推行正确的信仰。同样，他们也没有将推行信仰与理性和学术的辩护截然分开。

806年，亚戈巴德（Agobard）离开亚琛，奉命担任里昂的总主教，而他的任务就是阐明（信仰与理性的）这种统一性。在里昂，亚戈巴德还身处一个盛行精灵（demon）信仰的世界：精灵们居住在较低等的环境中，能成为人类邪念的帮凶，还能操纵物理世界，其活动表现为雷电和风暴等。亚戈巴德绝不接

受这一切，他是一个异常激进的一神论者，坚持唯有上帝才具有超自然的力量。任何精灵都无法操纵天气，而那些认为精灵能如此行事的人都不过是“半信者”。在亚戈巴德看来，发展不充分的理性也会阻碍正确的信仰与个体得救。他的主张意味着，良心要起作用，就需要理性的充分发展。[9]

人们对于个体得救的焦虑不断滋长，结果巩固了以修道为志业的生活方式所留下的遗产。现在，僧侣也被视为教士的一分子，尽管是一个独特部分。基督徒们广泛认为，修道生活代表着最本真的基督徒生活，与信仰的道德要求联系最为紧密。僧侣习俗的单纯性不就证实了这种印象吗？我们知道，西方修道运动从一开始就具有共同体的形式。它的理念也是一种在同伴当中的孤独，兼以灵魂的操练，而灵魂操练的养成要靠一种遁世隐修的生活，包括沉思、研习和劳作。

虽然并不总是事实，但修道院原则上的确是代表了一个世界：灵魂的平等更加清楚可见，人类团体也有良心的奠基，体现为个体和集体的自治实践。无论男女，修道院长的权威都体现了一种更高的自我，而这正是团体的目标。这种更高的自我既是“彼岸”世界的准备，也是其预兆。

墨洛温王朝曾有一种情况经常发生：地方权贵无法将修道 161
院变成贵族属地，以此挫败教会法。不过，一旦这种情况发生，由僧侣来选任修道院长的做法就可能产生意想不到的结果。在那些资金雄厚的修道院里，一场选举有可能使出身低微的人一跃登上高位。由于掌管着大量资产，这样的修道院长就不那么容易被平信徒贵族的要求胁迫。典型例子就是阿尔昆，他是 797 年查理曼任命的图尔修道院院长。阿尔昆推行过一种教育改革，借助标点——罗马文献中均无标点——而使文本变得更容易让人理解。凭借修道院的资源，阿尔昆力图为他那位主人的帝国创造一种教士精英。但还不止于此，在地方教士及其会众中推广读写能力和知识也一样重要，因为这么做既能促进社会秩序，同时也抑制了地方上封建领主的野心。[10]

修道院改革很快成了查理曼改革大业的一部分，他的帝国里有几百所修道院。事实上，修道院逐渐取代古代城市，成为人类团体的首要模式。对于那些生活在异教世界中的基督徒而言，他们的希望和恐惧也渐渐发生了改变。乡村生活只有粗鄙且经常遭遇危险的境况，修道院共同体却有文雅而正规的常态，花园和农田都能得到精心照料——两相对比，后者显然更让人觉得就像彼岸世界，就像天堂："墨洛温王朝有一项古老习俗，就是给平信徒官僚或忠诚的伯爵分封一块主教辖区，但到了 9 世纪，这习俗已经渐渐湮没无闻。大多数主教……都是从修道院中遴选而被任命主教之职的，这样就为他们的职位带来了一种更加严格、更加理想主义的态度。"

悖论在于，基督教一方面变得更具"彼岸性"，因为它追求一种更加清晰的彼世理念，但另一方面也为社会改革打造了一把强力的工具。道德平等的愿景需要最前沿的新事物出现：9 世纪塑造了基督教民众的修辞的东西，还只是直觉与意象，再过两个世纪，它们就将推动一种全新的正义感成形。但在那
162 之前，暴力和失序将随着加洛林帝国的崩溃而出现，相形之下，这种道德平等的愿景也会更加凸显，进而使 10 世纪教会推行的改革事业得以可能。

我们已经看到，查理曼怎样融合了在其治下的两种社会秩

序的愿景，亦即领主制与“照看灵魂”这两者。在追求后一种愿景的过程中，查理曼创造了一个更有教养，也更具包容性的高等教士阶层，一群训练有素的基督教精英。即便查理曼帝国衰亡之后，这批精英也仍然幸存了下来。9 世纪晚期到 10 世纪，高等教士试图通过照看灵魂的愿景来维护统一性。他们坚定不移地追求自己的愿景，与日益壮大的世袭地方领主所造成的种种后果做斗争。地方领主的权力甚至威胁要摧毁教会自身的普世性，将世俗领域和属灵领域统统纳为己用。很少有主教在这种引诱面前表示屈服：他们不仅外出搜寻信徒，而且披挂武装，亲率信徒们投身战斗。

在与这些发展进程做斗争的同时，教会中那些已受查理曼“纠正”的教士领袖们开始创造一个新世界。教会已不再是古代教会，不再是奥古斯丁、图尔的格列高利或格列高利一世的城市教会。古代城市基督徒的团结是要为一种信仰铺平道路，而这种信仰带有不断增长的个体主义倾向。如今，个体主义倾向之所以越来越强，乃是因为人口分布的变化、乡村重要性的提升和公共权力的破裂；换言之，乃是因为查理曼帝国末期兴起的极端地方主义，它为我们熟知的封建主义铺平了道路。

第四编　欧洲身份认同的形成

第十三章
为什么封建主义没有再造古代奴隶制

查理曼要求得到所有人普遍的宣誓效忠，结果引起了基督 165
教道德对社会角色的第一次严重冲击，同时也是自我（或曰“灵魂”）脱离世袭身份的一次危险尝试，目的在于让这些身份获得良心上的认可。在查理曼死后的一个半世纪里，这场冲击的性质变了。它不再像查理曼计划的那样是要让世袭身份获得认可，而是有了潜在的颠覆性。

人们通常将9世纪末到10世纪视为向封建主义的过渡期，而他们也通常将封建主义视作现代欧洲的反面：封建社会奠基于彻底的社会不平等，土地的所有者有权利统治那些被束缚在土地上的农奴（serf）。可是，如果更仔细地看这段过渡期，我们就会发现，现代欧洲的道德基础正在成形。后来，它们还将成为个体、国家以及一种所谓“市场经济”的贸易的基础，让个体成为具有组织作用的社会角色，让国家成为一种独特的统治形式。

为什么我们应该把封建主义视为现代性的序曲，而非其反面呢？要想知道缘由，我们就得审视劳工状况的各种变化，正是它们导致了封建主义。

关于封建主义的文献已然汗牛充栋，但这个词本身还是个问题。有人认为应该抛弃这个词，因为它所刻画的那些社会关系既非原创，也从未构建起一套完整的社会体系。“佃农”(coloni)、“乡民”(rustici)、“纳税民”(tributarii)，这些晚期罗马法用来描述劳工的词汇不可胜数，而且含义难辨。实际上，我们不清楚这些词汇的用法有多少一致性，特别是在日耳曼入侵和西罗马帝国陷落后的混乱之际。

166 但有一些事情是很清楚的。上述词汇所隐示的社会状况已经不同于奴隶制的社会状况：“奴隶”(servi) 任由主人买卖，而且起初是不能结婚或拥有财产的。相反，“佃农”(coloni) 依附于土地，但不能以售卖佃农的方式而使其与土地分离，他们也可以结婚和拥有一定财产。佃农既不会与其家庭分离，也不会沦为实物交易的物品，而这些做法在当时也不是惯例了。

基佐为这种社会状况的起源作了一番意味深长的解释，其内容涵盖了 5 到 6 世纪在高卢和意大利地区劳作的绝大多数人民。基佐既否认这是征服所导致的突发后果，也否认这是贵族野心逐渐臣服于一群自由的乡民所导致的结果。相反，他认为这种乡村人口状况的出现早于日耳曼人对高卢的征服，甚至还早于罗马人对高卢的征服。氏族或部族是在西欧诸民族中（包括意大利人、凯尔特人和日耳曼人）最初确立的一种社会形式，而这种劳工状况恰恰就是它们的特征。[1]

隶属于一氏族或部族的乡村劳工都是依附于土地的，就像罗马的佃农（coloni）那样。他们拥有的世袭权利是耕作土地，而不是完全占有土地。他们要付给族长实物地租，跟随族长打仗，还不能摆脱自身的地位。在罗马法里，逃跑的佃农允许由地主亲自追捕，无论他们被找到时身在何处、做什么职业，哪怕是当了教士也得束手就擒。

乍一看，佃农的状况似乎不比奴隶好多少，但两者也有一些重要差异，包括身体上和道德上。佃农不像奴隶那样一直饱受恣意的体罚。在罗马法里，佃农可以对自己的地主提出正式的法律投诉，例如地租突然上涨或自己遭受犯罪侵害的情况。如前所述，西哥特教士们试图缓和奴隶的处境，其方式也不过是将一套类似的“权利”扩展到他们身上。罗马法的这种保障意味着，佃农至少获得了一种边缘性的公共地位和保护，或可称为准公民权。佃农与“公共事务”（res publica）并非毫无干系。当然，一氏族或部族的农业劳工没有得到过这样的法律保障。但从另一方面来讲，这些劳工或许也享受到了罗马晚期的 167
佃农所没有的慰藉。他们的从属地位得到了缓和，因为其中有着归属于一个部族式“家庭”的意味。

总之，这种乡村劳工的状况有一个最令人震惊的事实，那就是它的持久性。罗马地主继承了高卢族长的做法，四个世纪后，日耳曼部落首领也大体不变地取代了高卢地区的罗马地主。这一点并不令人奇怪：早在跨过莱茵河以前，日耳曼部落首领就习惯了拥有一批依附于土地的劳工。

上述就是加洛林王朝继承下来的乡村劳工状况，此外还有古代奴隶制的一些重要残留，以及许多小型的自由地产或“自主地产”的保有者（这群人的分布范围仍有争议，但随着地域不同而不同，而且自主地产在南方更常见）。不过，日耳曼人的入侵也引发了一些重要后果。日耳曼侵略者并没有在大范围乡村地区推行奴隶制的经验，也就是大体保留贵族产业不变的那一类奴隶制。随着入侵而来的失序状况，人与财产的关系遭到了彻底扰乱。在这种状况下，新的日耳曼地主也很少留心奴隶与佃农的区别。他们倾向于让前者融入后者，融入他们自己熟悉的乡村劳工状况中。[2]

在这场融合的过程中，奴隶得了好处，佃农却失去了好处。佃农逐渐失去了罗马帝国曾经提供的公共司法的机会。墨洛温王室和加洛林王室尽力维持一种公共的司法权，全仰赖于伯爵的帮助，而这些伯爵本来是中央政府的代理人。可是，哪怕在最好情况下，这种获得公共司法的机会也变得越来越难；最坏情况下，机会完全没有。结果，佃农的准公民地位遭到了损害。

查理曼力图重申公共领域的重要性，让人们获得司法的机会重新变得容易："我们希望，并且要求伯爵们不要为了自己打猎或其他快乐的缘故，就免除自己法院开庭的义务，或过分缩短开庭时间。"至少部分看来，查理曼要求佃农们立下的誓言，始终是在尝试重新肯定佃农们传统的公共地位，而且也取得了一定成功。不过，虽然是为了一种注定灭亡的准公民权而战，但这只是一种最后的垂死抗争。

168 另一方面，9 到 10 世纪，古代奴隶制确实在皇室和教会的庄园里消失了。随着曾经的奴隶和佃农纷纷安居在家庭地产上，小规模的农耕生产开始盛行起来。在这些庄园里，奴隶与佃农一块饮食起居，相互通婚，过着相似的生活，两者的差别也就渐渐模糊了。与此同时，出于安保的考虑，许多自主地产的主人会将财产"托付"(recommended) 给一位教会保护人或世俗保护人，同时获得一份世袭地位及其相应的租金。到了 10 世纪末，古代奴隶制大多在小型庄园里残留了下来。[3]

因此，随着乡村劳工的这些早期地位相互融合，中世纪农奴制（Medieval serfdom）应运而生，同时许多奴隶和曾经的自主地产所有者的处境渐渐变得与佃农们相似。可是，中世纪的农奴（serf）与罗马的佃农有一个关键区别，而它正是9到10世纪之所以被称为“古代的终结”的理由。古代奴隶制衰亡，小型家庭庄园兴起；与此同样重要的是，佃农们的处境也产生了某种道德上的不稳定，而它将导致中世纪农奴制的混乱和短命。这种不稳定的根源究竟在何处？这里我们既要考虑到外部环境，也要考虑到新的信念。

在外部环境方面，最显著的变革发生于政治领域。9世纪末，加洛林帝国的式微致使中央集权的行政管理急速崩溃，皇室对地方司法也失去了一切有效的监督。公元876年，秃头查理（Charles the Bald）许诺给自己的手下一份恩地，并且凸显了这些恩地的世袭性质，尽管他的统治权原则在当时仍然存在：

“我下令起草这份特许状（charter），借此将上述的产业完完整整地授予他，包括土地、葡萄园、森林、草地、牧场，以及在其间生活的所有人……如此而使他和他的子孙终其一生，都将凭着恩地及其用益的权利予以保有和掌管。”[4]

既然转让了这么多皇室产业，加洛林的末代君主们就得与自己的伯爵进行磋商，而不再是发号施令了。因此，帝国的法令或“敕令”（capitula）的数量减少了，其目标也不那么野心勃勃。但是，权力和权威的分散化并未止于伯爵。君主的专断权（bannus）不仅下放给了伯爵，还落到了各地的地主手中。截至 169

9 世纪末，许多地主——“封主”（seigneur）或曰“领主”（lord）* ——均已成为一地之民的实际统治者，能对当地民众予以课税、审判和惩罚。帝国碎裂成了无数实际独立的世袭封地（fief），这一点已是既成事实。

虽然封主的专断权是从君主的专断权下放而来，看起来也不仅仅是一种财产权，但它确实加强了封主手中的权力。查理曼的野心是借助政府督察或曰“钦差”（missi）来监督地方司法，而这已成泡影。同时，“民众会议”（mallus）——由伯爵主持的一种公共法庭——也在许多地区迅速丧失了重要性。[5]这样只会导致一个结果：地方领主开始行使高等司法的“权利”，包括生杀大权、军事服役和征税等事务，而它们之前一直属于公共领域。虽然这些新“权利”是公共权威的后裔，但很快就被声称是封主权所固有的东西。

987 年，雨果·卡佩（Hugh Capet）加冕称帝。人们通常认为，这场王朝更迭的事件确证了实际统治模式已经从王权变成了地方性的封主权利，卡佩王朝早期的君主们在巴黎地区之外几无影响力。这场变革最显著的标志，就是大规模的城堡修筑

---

* ［译注］法文 seigneur 与英文 lord 一般是互译词，但这里想提醒读者注意一个重要问题。“封主”属于狭义封建主义的概念，这是查理曼时代短暂出现过的一种“封建制度”的理想型，特征是将军事贵族之间的人身依附关系（效忠宣誓）与土地赠予的契约关系（封土采邑）相结合，形成一个既保持上下尊卑有序、又能每一级自给自足的金字塔式稳定结构，故而以“臣属”（vassal）为核心，按查理曼时代的狭义语境译为“封主”。但正如本书所言，随着短暂的查理曼时代的崩溃，这种政治-法律秩序的理想型终被广义的封建社会取代，后者的复杂性最初是由于封主已经事实上成了其封土的绝对主人——“领主”。自从“领主权”（lordship）突破了加洛林早期的臣属关系，传统“封主-封臣”的政治和法律关系就逐渐让位于领主对其“领地”上所有人事的复杂权力，英国的封建社会即是典型，故而以“统治”（dominium）为核心，按英国为代表的广义语境译为“领主”。

以及城堡统治者的权力。这些外部环境的变化造成了非常混乱的影响：许多曾经的奴隶获得了佃农的处境，但与此同时，佃农和曾经的自主地产所有者却渐渐失去了从罗马帝国晚期继承下来的准公民权。

正值司法管理落入当地的地主手里之际，乡村劳工却遭遇了一场前所未有的集权。理论上，作为罗马帝国继承者的法兰克君主们享有任意征税的权力。但是，征税的专断权力能否算作是地主们征收例行地租的权力呢？如此一来，地主的种种权力是否将没有任何限制呢？若是如此，乡村劳工的处境不就回到了古代奴隶那样，还不如佃农吗？幸好还有一种因素阻碍了上述状况的发生。

如我们所见，与“基督教民众的修辞”密切相关的那些 170
准则，已经浸透了加洛林王朝的公共生活。查理曼的敕令建立了效忠宣誓的制度，其中的用语试探性地推进了一种道德普世主义，构想了一种所有“灵魂”平等具有的地位。可是，在地方完全操控了司法的情况下，这种隐含在“所有人”宣誓中的普世道德地位，会不会与佃农们一度享有的准公民权遭遇同样的命运呢？若是如此，权力的分裂就会恢复某种封主或领主的统治，其严酷程度将不逊于古代世界，而劳工也会再度沦为纯粹的财产，也就是亚里士多德所谓“活的工具”。要是没有中央司法或任何具有普世地位的资源，就会有一种新的版本的奴隶制来取代旧的版本。

基督教会及其信仰，就是避免上述情况发生的因素。教会适应了新兴的封建主义，但无法予以支持。9 世纪末，总主教欣克马（Hincmar）对查理曼的一位继承人提出了警告：

“我们主教把自己献给了上帝。我们不像常人，例如平信徒那样，可以拥有一段诸如封臣（vassal）或宣誓效忠者那样的关系，福音、使徒和正典的权威禁止我们这样做……我们不会为一块土地的王而战，相反，我们是为了所有被托付给我们的人民……而代表天上的统治者。”[6]

过分标榜教会作用的做法也会惹人非议，因为过去确实有一些看法夸大了教会在古代奴隶制消亡中扮演的角色。作为回应，像马克思（Karl Marx）之类的人便接受了一种唯物主义立场，将信仰彻底排除在效力因之外。

教会及其信仰在古代晚期的社会变革和政治变革中显然发挥了重要作用，但它与这两种不同层次的变革之间的关系也是不同的。教会只是间接地、几乎是不经意地促进了古代奴隶制的削弱，以及农奴制的兴起，但教会对加洛林帝国解体的反应则是另一回事。起初，教会对加洛林帝国解体的反应是零星、分散且不一致的，后来却渐渐有了一种崭新的战斗姿态，结果导向了一项改革计划，而这项计划的基础就是一种关于教会自
171 身的正当行动领域的大胆看法。不过，在转向 11 世纪改革派的计划及其新的正当性学说之前，我们必须先仔细看看，教会在 9 到 10 世纪期间究竟是如何影响社会变革的。

教会在乡村劳工状况的改变中究竟起过什么作用？如上所述，奴隶制遭到削弱，乃是因为日耳曼人的入侵与其后的一桩“发现”，即小型家庭耕作的方式所具有的实际优势。技术变革，例如水力磨坊的应用与作物轮种法的改良，也是那一发现的不同方面。不过，新的道德信念也发挥了一部分作用。

查理曼与虔敬者路易耗费了巨大努力将基督教传播至乡

村，让教会的交流网覆盖了帝国的农村地区，而不像此前仅限于城市及其郊区。他们的目标是培养一个合格的有教养的教士阶层，为所有地方的基督教民众服务，满足所有社会状况的需要。毕竟，“异教”一词最初只是指“乡巴佬”，譬如墨洛温王朝的一位修道院长说乡下是“一个居住着农民的地区，他们既不敬畏上帝，也不尊重任何人”。[7]这就是教会面临的挑战。不出所料，它们在皇室和教会的产业上取得了进展，遭遇的阻力也最小。

教会非常重视保护婚姻与夫妻关系。9世纪，总主教欣克马首先宣告，婚姻是一件“圣事”，这是两位个体或“灵魂”之间自愿的永久结合，受到教会的祝福。教士对夫妻关系的重视，也有助于削弱奴隶与佃农之间的差异：虽然奴隶仍然是小型产业中的一大劳工来源，但如今许多人能在一小块土地上安置自己的家庭，从土地的出产中获得一些收益，这就与古代奴隶制拉开了一段距离。

领主权或所有权这一古代观念，可能会让人觉得奴隶只是一种动产，但这种古代观念也至少发生了部分转变，因为要考虑到婚姻的神圣与对家庭的尊重。这场转变可以追溯到6世纪的《查士丁尼法典》：“谁能忍受孩子与父母分离，姐妹与兄弟分离，妻子与丈夫分离？”这场道德革命有助于解释，为什 172
么查理曼并未只是用他的统治权来保护一份不可变更的封主权利，而是借此引入了一种尚未稳固的平等因素。他的许多敕令仍然带有“部族性”或曰“人身性”(personal)，而不是“领地性”或曰“实在性”(real)。它们不仅承认法兰克人、罗马人、勃艮第人、萨克森人和伦巴第人的习俗，也满足其需要。不过，也有一些关于政治和宗教事务的敕令具有普世性的眼界，而它们适用于帝国境内的所有居民。

随着敕令主题的不同，普世性的程度也有所不同："特别是在民法和刑法的事务上，这段时期的立法因种族的不同而具有多样性。统一性则完全体现在宗教事务的立法中，并且往往在受中央权力影响下的政治事务的立法（'宪制'）中占据主流。"这种普世性有着宗教上的根源，特别是"在宗教事务上，'基督教法律'已经是查理曼帝国真正普世的法律，也是所有受过洗礼的基督徒与所有帝国臣民共同拥有的法律"。[8]查理曼法律的这种双重性质体现了他的野心，一方面是实现多元化帝国的稳固统一，另一方面也要照看灵魂。

教士阶层为查理曼的意志增添了力量，我们能否在查理曼的普世立法中发现教士的影响呢？虽然不是全部，但普世立法中也有一些内容遵照了查理曼召集的"国家"大会。还有一些适用于全民的法律只是凭靠查理曼的统治权，在查理曼与近臣讨论之后提出来的，而这些人往往都是教士。他们为法律讨论带来了一种独特的视角，认为教会及其仪轨就是要捍卫道德平等以及穷人的诉求："穷人的血汗与苦工造就了你的富庶。富人得着财富，乃是因为穷人。但自然将你们置于同样的法律下，从生到死你们都是相似的：同样的圣水祝福了你们，同样的圣油也膏了你们，圣体灯的肉与血也一道哺育了你们所有人。"[9]主教奥尔良的特奥多夫（Theodulf of Orléans）在讲到上述这段加洛林王朝的仪式时，没有丝毫隐讳。要是以为这些命令对人们的思想毫无影响，那就未免太固执了。

还有一项措施尤其重要，因为是它开始将古罗马的公共领

域观念与灵魂平等的新信念融合到了一起。为了支持地方教 173
会，查理曼将什一税立为一项法定义务。什一税是指“地里出产物的十分之一，包括谷物、葡萄酒、干草和牲畜的幼崽”，而缴纳什一税成了一项普世的义务。征收什一税不考虑社会地位的因素，在这一点上多少类似于古罗马的人头税。但它有一个新的特征：针对未纳税者的惩罚包括开除教籍，不得参与圣事，以及失去在基督教民众中的所有身份。

如上所述，对灵魂平等的强调也塑造了查理曼敕令的其他一些特征，首先就是查理曼所要求的效忠誓言。誓言必须“人人都发，绝无例外”，目的是为他的统治在良心里树立一个基础。而且要让誓言可信，那就得在宣誓时越来越依赖于当地俗语。誓言必须让所有人都能完全理解，而且要“有意义”，也就是必须发自个体而非某一氏族或阶层；这种要求在古代是不可想象的，因为它会威胁到古代家庭的统治权，而家庭的不平等领域受到了宗教、继承法和家父长的重重保护。

一旦承认在“所有灵魂”中有某种鲜明的道德存在，那些从古代沿袭下来的态度就会难以为继。教会一直与之做斗争，虽然偶有偏差。在古代晚期的城市里，教士既在那些穷苦的公民中，也在不属于公民阶层的人当中寻找信众，甚至还欢迎奴隶加入基督徒共同体。教会赖以成立的信仰，使得它不可避免地具有了这么强大的吸纳性。在那些城市里，教会早已将释奴（manumission）视为一项私人德性，而在乡村地区，教会的传播不仅提供了人人共享的场所和圣事，也进一步动摇了“灵魂可以被占有”这一观念。

毕竟，洗礼属于所有的个体，只有上帝才能“占有”灵魂。随着“所有灵魂”都被赋予了良心和意志，崭新的普世性也就敲响了古代奴隶制的丧钟。正如一位当代经济史学者所言，它“有意废除将自由人与奴隶相互隔断的道德藩篱”。[10]到了10世纪末，奴隶与佃农之间曾经尖锐的概念性差异已经渐渐模糊，这两个词的用法俨然已经可以互换。

174 如果说道德普世性的信念是教士信仰的标志，那么它在814年查理曼驾崩之后的那个世纪迎来了一场可怕的挑战。中央集权的政府发生解体，使得权力越来越具有地方性，越来越难以预测，从而遮蔽了基督教民众的修辞所担负的普世图景。结果，查理曼及其教士所推行的道德统一性很可能毁于一旦。这就是为什么教会开始为自己打造一种截然不同的角色：在查理曼之子虔敬者路易的统治时期，教会会议占据了一种新的支配地位。查理曼曾经鼓励过教会的野心，但他也凭借自己意志的力量来予以控制。但到了他儿子的治下，教会会议的宣言变得非常重要，甚至不容分辩。会议宣称，世俗法律一旦忤逆上帝的法，就会失去合法性。更有甚者，他们告诉路易，“他执掌的权力不是来自祖先，而是来自上帝”。[11]

这种态度清晰体现在欣克马的著作中，而这位来自兰斯的总主教就是查理曼一位继承人的顾问。在政治上，欣克马向加洛林王室表现得相当机敏和忠诚，特别是因为他们都关心“照看灵魂”的事业。不过，如有需要，欣克马也会毫不犹豫地警示统治者回归正轨：

“有些自诩智慧的人说，既然是王，君主就不服从任何人的法律，唯独除了上帝的法律……同样，无论他做什么，君主都不应被他的主教们开除教籍，因为唯有上帝有权审判他……

这种话不会出于一位大公基督徒之口，这里面充满了渎神与魔鬼的灵。众使徒的权威说，王应当服从那些奉主的名来膏他们的人，以及那些照看他们灵魂的人……蒙福的教宗格拉西乌斯（Gelasius）向皇帝安纳斯塔西乌斯（Anastasius）写信道：‘有两种首要力量在统治着这个世界，教皇的权威与君主的尊荣。但教皇的权威是最大的，因为他们必须在上主面前，将诸王的灵魂交代清楚’……”

欣克马甚至准备乞灵于最后的审判和“另一个世界”来
反对君主干预教会事务。在 881 年写给路易三世的一封信里，175
他表达了一种在查理曼统治时闻所未闻的观点：

“当你在贡比涅，在你祖先的富丽排场中生活时，不妨问问自己，你的祖先们都死在哪里，如今在哪里安息？这样，你的心就不会在他面前自满起来，因为是他为你而死，为我们所有人而死，也正是他将死而复生，不再死去。要知道，你是会死的。如果你不知道自己的死是在何日何时，那你就像我们所有人一样，要准备好接受主的呼召……你快要逝去，但在作为主权者领袖的基督之下，凭靠他的应许，神圣的教会及其领袖将永远存续。”[12]

这封迷人的信包含着未来的种子，也就是一些直觉和信仰。几乎无意间，它们将引领教会为一个新世界立下基石。

要是把欣克马的论点看作教士典型的傲慢和野心，那就没抓住重点。重点在于，9 世纪末高等教士的主导激情究竟是什么？那是一种由于查理曼帝国分裂而生的追求统一的激情。政治权力的地方化有压垮教会的危险，使得教会丧失拱顶石的身份或者调解的手段。

政治统一的危机，同时也威胁到了教会使命的普世性。这就是为什么教会内部开始形成一种“政治的”意志。在过去，教会的工作就是与世俗统治者保持协调，起初是在入侵之际保障自身的生存，然后是在罗马法的帮助下“开化”蛮夷。这些经历已经使得西方教会与东方教会分道扬镳，因为后者不过是在拜占庭君主的手下扮演一个恭敬的角色。可是，到了 10 世纪，修道运动在法兰克教会内部的各种发展，指向了一种完全不同的角色。教会道德诉求的普世性，使得教会不仅“妒羡”加洛林帝国，而且在帝国解体之际感到惊恐，进而决心拯救出某种形式的统一性。

他们采取了怎样的形式来捍卫统一性呢？最优先的一点，始终是坚持所有灵魂对上帝及其教会的平等服从。最后，正是
176 这种信念将使中世纪农奴制变得动荡且相对短命。基督教信仰为一种反对不义的诉求作了奠基，而后者不适用于古代世界。社会抗争的基础开始发生了变化，尽管这基础一开始既不清晰也不连贯。原因在于，它不只是为了捍卫 10 世纪已成“惯例”的农民起义，在这些抗争中，我们还能听到一种更加平等主义的新的声音。

人们对 10 世纪末农民起义的解释，截然不同于对古代世界奴隶造反的解释。例如，下面这段话描述了 997 年诺曼底的一次起义：

“在诺曼底的所有地区中，农民集结成了无数团体，一致决心今后要按自己的意愿生活。他们声称，他们蔑视既定法律关于如何分享林木和水的规定，要靠自己的法律来治理自己。为了制定和批准自己的法律，他们当中每一群人都要选出两位

代表，在乡村中心处的某个地方集会，然后在那里通过这些法律。”[13]

这位作者丝毫没有隐瞒他对“这种乡村集会”的厌恶，所以用了一种轻松的语气来描绘它所遭到的暴力镇压。但如今，这群“乡下人”所展示的自尊倒是引起了我们的注意。

这并不是说教士鼓动起了社会不满，绝非如此。不过，在宣传一个奉行上帝的公义的彼岸世界时，他们难免也为不满提供了某种基础，而这不满的背后不只是绝望，也有自尊。无论是对日耳曼部族的成员而言，还是对高卢地区的罗马佃农而言，基督徒盼望的普世主义都有一种未知的潜在颠覆性。由于内化了基督教的种种信念，这些乡村教会的崭新网络逐渐开始揭示出这种潜力的存在。

一种新的社会正义感正在诞生。在教士当中，这种正义感的养料就是他们记忆中加洛林王朝教士精英的改革热忱。在民众层面，我们将看到，这种正义感起初不过是一些杂糅的道德直觉和希望而已。不过，这种尚不融贯的正义感到来，也标志
着人类不平等的前提走到了尽头，而后者正是古代世界的基 177
础。人类不平等的前提曾经塑造过古代各种形式的宗教信仰、家庭和统治，而且影响之深，以至于数世纪后才最终让位。到了 10 世纪，无论宗教信仰还是家庭的本性，都已发生变化。不仅如此，关于统治的传统思考方式也将遭到教会的挑战。

第十四章
推进“上帝的和平”

178 10世纪，加洛林帝国的中央集权已经烟消云散。帝国的分裂与权力的地方化，导致那些割据一方的领主与难以管束的家臣之间产生了无尽争斗。修筑城堡开始成为一种流行做法，一种新阶层也渐渐出现：这就是一群骑马武装的人，称为“骑士”(milites)，就连领主也不得不竞相谋求他们的支持。骑士的出身似乎一般是小地主，他们漫游乡间，四处劫掠，无论农民还是教会的财产，都不得幸免。这种不受惩罚的暴力几乎成了常态。查理曼的孙子秃头查理曾经命令伯爵们拆毁新建的城堡，但收效甚微。

在莱茵河以东的地区，一个新兴的日耳曼王朝开始限制这种失序的状况。它力图维护加洛林王朝打造“基督教”罗马帝国的理想，因此让主教们在统治中发挥了比查理曼时期更重要的作用。962年，奥托一世（Otto I）加冕称帝以后，日耳曼统治者们就开始在自己的领地推行教会改革，还对教宗逐渐产生了巨大的影响，进而在下一个世纪引发了意料之外的戏剧性结果。但那只是故事的一半。

在“法兰克”(Francia)西部，10世纪的教会内部也兴起了一场致力于恢复“秩序”的斗争。虽然教会对失去加洛林帝国曾经的秩序感到痛惜，但在不得不为秩序寻求新的基石之际，教会也必须回到自己的信念，否则还能怎么办？与此同时，一些修道院领袖开始着手改革。这些零星的改革遍布了整个10世纪，只有到了下一个世纪，它们才会在教宗那里连成一套融贯的教义。不过，这套教义的基础——关于统治的崭新态度——早在10世纪已经浮出水面，其形式就是对于捍卫教 179
会“自由”(liberty) 的各种诉求。

态度的转变常常发生在观念的转变之前，而且塑造了后者。多亏教会内部的斗争，关于道德平等的看法才渐渐发挥了一些新的影响。它所孕育的态度不再受制于一套根本上不平等的前提，后者与古代奴隶制、家父长以及蔑视劳作的态度息息相关。这种新兴的感受给修道运动留下了深刻印象，而后者也有潜在能力去重塑劳工状况、妇女的地位以及对待穷人的态度。

这场改革运动一开始是在回应日益逼近教会的威胁。唯有考虑这些威胁的本性和范围，我们才能理解教会人士如何开展改革，以及为什么他们觉得改革势在必行。

教会正在失去对自己事务的掌控。在罗马，教宗已经沦为当地贵族们的单纯消遣品。在法兰克西部，君主和伯爵不仅将许多教会财产当作封地，赠予自己的追随者，而且自行任命主教和修道院长，根本不顾教会法规定他们应当由大教堂的教士或者僧侣来选举产生。与此同时，各地的地主纷纷将坐落在自家土地上的教区教堂视为自己的“财产”，有时还任命自己的仆人去当神父。此外，修道院一度也险些沦为贵族的保留地。

教会和教士受到的优待及其威望都在走下坡路，这一点难道不让人觉得奇怪吗？一方面，主教和修道院长经常禁不住诱惑，自以为是世俗领主，沉溺于打猎宴饮的享受，甚至有时还领导军队远征。另一方面，世俗领主开始宣称自己有权审判教士，蔑视“只有教会法庭才有权审判教会”这一出自“主的安排”(lot of the lord) 的原则。

如今遭到削弱的，并非是曾经被排除在教会事务之外的平信徒，而是在原始教会时期由地方会众直接“选举”主教的做法。公元6世纪，奥尔良的一次教会会议仍然捍卫这种做法：“除非当地教区的教士和民众被召集到一起，表示一致同意，否则任何人都不得被祝圣成为主教。”[1]可是，这在实践中
180 又是什么样呢？无非是说，当新的主教来了以后，平信徒就对他的选任表示“称颂”。再者，贵族们经常在选举之前就要插手参与教士的商议。他们还拥有教会法的权利，在自己的领地内为教会提名候选人。在加洛林帝国分裂后，君主和权贵就不再满足于服从传统对自身角色施加的限制。

结果早期加洛林君主戮力改良的教士品质，如今也遭到了损害。乡村教会的蔓生，导致圣职授受的年龄越来越低。大大小小的教会职务，如今也时而沦为买卖的对象，这就是所谓的“圣职买卖”(simony)。很多新入职者几乎没受过什么教育，神父乃至于主教都可能结婚或“生活在罪中”。无论圣职买卖还是结婚都导致了更深的危险：教会财产将成为世袭的所有物，“主教之职也可能像伯爵那样变成世袭的”。

世袭的或“封建的”原则在10世纪的发展难以抵抗，这一点威胁到了法兰克教会的身份。如果主教之职也能像伯爵那样变成世袭的，那么教会及其使命还有什么普世性呢？毕竟，

它从发端之初就是对古代家庭的反叛，对一种家庭宗教的反叛：当教会为个体的意志和良心祝圣时，它创造了某种崭新的道德基础。过去，教会将附着在世袭原则之上的家庭神圣性尽数褫夺，难道如今的教会反倒迷失在一种“赤裸裸”的世袭原则当中了吗？

在教会的领袖看来，教会面临的威胁似乎比蛮族入侵时还大。因为这次的威胁来自内部，包藏在基督教团契之中。这种内部腐败的危险，同时也威胁到了人们对上帝主权的信仰。

因此，难怪教会人士为了自卫，要更加强调源于上帝主权的“道德法”，这种法“平等适用于所有灵魂”。上一个世纪的欣克马已经打了头阵，他诉诸上帝的主权，目的就是为加洛林晚期君主的统治设立道德限制，并且让主教来捍卫这些 181
限制：

“据说，国王不服从任何人的法律或审判，唯独除了上帝；只有按王这个词的本义来理解，这种说法才是对的。他之所以被称为王，是因为他进行统治和治理。如果他按上帝的意志治理自己，引导他人走上正确的道路，并且通过劝人改邪归正的办法，矫正恶徒，那么他就是王，除了上帝之外不服从任何人的审判。因为设置法律不是为了反对正义，而是反对不义。不过，万一国王是个奸夫、凶手、恶棍、强奸犯，那他就要接受主教们的审判……因为他们就坐在上帝的王座上。”[2]

在欣克马看来，不光正义是世俗法律的终极判准，教会也是正义的代言人。上帝的主权将最重要的道德权威授予了教会。反过来讲，上帝的主权也是由教会的“自由”所保护和证成的。因此关键在于，教会有权统治自己，选择和授任自己的领袖，并且自由地在道德问题上作表态。

从根本上诉诸道德法的做法，重塑了教会的自我理解。这样的说法在10世纪中叶的一份档案汇纂里比比皆是，即如今所谓的《伪伊西多尔教谕集》（Pseudo-Isidorian Forgeries）。它不仅援引了更早时期的可信文献，而且用一种新的观念“改善”了它们，这观念就是强化教会应该作为终审法庭的主张。有一段归于“本尼迪克特·列维塔”（Benedict Levita）名下的话如是说道：“帝国的法律并不高于上帝之法，而是低于后者。”[3]因此，精英教士的影响绝没有消失，他们是查理曼及其子虔敬者路易为了“纠正”信仰而一手栽培出来的。关于这些人的改革身份和道德权威的记忆，有助于重新点亮10世纪改革的星星之火，因为像亚戈巴德和欣克马那样的主教，已经用他们理解的基督徒基本原则来大胆制约统治者。这种新的大无畏精神也开始在整个社会里留下印迹，尤其是在教会的影响下，上帝的诉求渐渐潜入了人们对财产权利的理解之中。

随着佃农与奴隶的不断同化，有一种信念将成为封建制下劳工状况的特征：人对人的合法权力将受到一些限制。这就为私人领域、为自由敞开了一种空间，即便还是微小的空间。无
182 独有偶，10世纪还出现了一种市场经济的萌芽：新的贸易关系在乡村和城镇中发展壮大，这些地区也不再是行政中心，而是变成了市场。这种情况之所以可能，也是由于封建权力的分散化和地方化。反过来，“自治市”（boroughs）的发展也影响到了乡村。在此进程中，新的态度及其伴随的观念都发挥了一部分作用。

佃农与奴隶的融合可能预示着一场向奴隶制状况的倒退，

这一点正好印证了如下看法:"从10世纪开始,接连不断的反叛构成了乡村民众与其主人之间关系的特征。"虽然"槽夫"(villein)与"农奴"(serf)在理论上保留了早先的区分,但两者渐渐可以互换使用这一事实有利于农奴或早先的奴隶。结果怎样?槽夫害怕失去早先的地位,奴隶又觉得自己有一种更好的地位,因而,这些不稳定的预期引发了乡村的反抗。就这样,一条后来得到封建法认可的原则也形成了:"要知道根据上帝,你对自己手下的槽夫并没有完全的权力。因此,如果你所拿的超出了他们欠你的合法地租,那你就是在忤逆上帝,让你的灵魂陷入了危险,好比抢劫一般。"[4]有一种意识正在逐渐形成,那就存在着一种神授予人的地位,它能限制权力的使用。很大程度上,这也是在回应一个广泛存在的问题,即"公共司法"的含义已经变得漂浮不定。法兰克王室的权威,也就是"专断权"(bannus),已经落到了地方领主手上,而这一事实意味着司法已经陷入了危险:它将在领主的专断意志与"法律"难以区分的情况下,仅仅被视作一种财产权的行使。因此,诉诸上帝之法的做法填充了道德真空,为司法理念提供了庇护。但事实证明,这种庇护所具有的平等主义潜力很难控制。

乡村教士通常没有多少文化,在地方领主眼中也不比槽夫高到哪儿去,这就很容易让人将教士与穷苦乡民等而视之。我们不能错以为这些教士具有反叛意识,莫非他们还有能力改善道德教育?虽然如此,他们所服膺的信仰的基本特征却体现在人人共享的圣事、教堂里的圣像以及圣徒们的生平传说当中,而这就说明了有一种自尊乃至于抵抗的基础存在。古代世界可没有这些东西。

183 加洛林王朝教士的残余影响可以在他们的一些尝试中看到，而这些尝试是为了捍卫一种关于婚姻本性与妇女地位的观念进步。欣克马在坚持婚姻的圣洁性这一点上已经走得很远：他甚至在教宗尼古拉一世（Nicholas I）的支持下驳回了洛林公国的王侯洛泰尔（Lothar）的打算，后者想废黜不孕的现任夫人，改立一位生有子嗣的“前妻”。洛泰尔先前的婚姻乃是基于日耳曼习俗，但教会认为婚姻是两颗灵魂基于个人意愿和上帝的许可而成的不可分离的结合。这种婚姻观念压倒了日耳曼对待婚姻的古老看法，即婚姻就是两具身体出于实用的考虑而结合到一起。[5]最终，洛泰尔的第一任“妻子”就这样被宣告为妾了。

这段插曲不仅有趣，更是耐人寻味。它也关注了道德能动主体的重要性，表明在良心中承担的义务有一种值得尊重的神授地位。它还暗示道，妇女是更能受到情感影响的个体，而不是什么供人任意处置的工具，这就与古代认为妇女本性和地位卑下的前提形成鲜明对比。教会主张，婚姻中至少有着某种道德平等的内核存在。欣克马援引所有灵魂在上帝面前的平等，就是为了拒斥那些单纯出于习俗或实用考虑的主张。

我们无从得知，这种观念对众多没有文化的平信徒留下了什么印象。但是，至少一部分有教养的教士仍然从这一类事件中汲取灵感。为了保卫教会，他们更加大胆地坚持上帝的“主权”及其道德法。如果说加洛林帝国的崩溃与中央司法的缺席造成了一个道德真空，那么教士就要设法填充它。

统一性的消失不仅为法兰克教会敲响警报，也使得一些修道院领袖开始诉诸自己在修道运动中的经验。以领主和家父长为基础的罗马式统治权（imperium）理念也有一个对手，而这个对手的根源就可以追溯到这段时期。修道院改革始于查理曼时代，他强烈谴责法兰克地区许多修道院里盛行的松懈作风，这些修道院仅仅被视为创始人家族的财产，根本没有遵守本笃会规。在虔敬者路易治下，另一位本尼迪克特——阿尼亚纳的本尼迪克特（Benedict of Aniane）——被任命为所有修道院的领袖，由此才能让主张自由选举修道院长和竭力避免社会区分的本笃会规得到人们的遵守。这是一次让俗众对修道院生活保持尊敬 184
的努力。

由于加洛林帝国的解体与维京人劫掠的日益活跃，改革事业遭到了挫败。但是，从 10 世纪开始，那些在英格兰的阿宾登、法兰克的奥利亚克和德意志的戈尔泽地区各自为政的改革家们，仍然一丝不苟地坚守圣本笃会规。他们几乎无意间推进了一种深受修道院精神所激励的崭新的统治之道，而他们零散的努力也为 10 世纪一项更具野心的修道院改革运动作了准备。10 世纪的这项运动决心保护修道院的“自由”免受世俗的侵害，结果便是渐渐导致了各种统治关系的重塑：重塑的依据不再是领主和家父长的传统诉求，而是“灵魂”的种种需要。

事实证明，这种应当服务于“基督教民众”的新愿景，比查理曼的愿景更具颠覆性，因为它不再是将古代的道德动力与基督教的道德动力结合到一起。查理曼及其教士顾问是依靠贵族的服从和人身依附，以此推动帝国和教会内部的统一；10 世纪法兰克改革者们的做法则是积极“净化”修道院生活，而他们发展出来的一些态度，在下一个世纪里将有助于教宗格列高利七世（Gregory VII）提出一套名副其实的欧洲宪法。因此，修道院改革在教会内部滋生了一种更具侵略性的、毫不妥协的野心，一种政治野心。

我们不必为这种发展感到惊讶。受修道运动的激励，一种更具平等主义色彩的社会观念出现了，旋即产生了以新方式来思考统治的需要。在德意志地区，皇帝们维持着教会与国家之间的亲密关系，而这曾是查理曼计划的重要特征。但在法兰克西部地区就不是这样了。由于缺乏一个强大的中央政府，一些法兰克修道院开始自行其是，不仅发明了各种将“秩序”引进教会的途径，还将这样的秩序与教会相对于世俗统治的独立性联系了起来。

臣属关系的真正单位（即真正满足司法要求的臣民）是个体或灵魂，而非领主或父权制家庭；这一观念在有教养的教
185 士当中有着久远的基础，也包含在他们的基本信念中。然而，10世纪末法兰克教会的发展使它得到了解放，成为一种对“和平”以及“每个人”的保全的关切。受到修道院改革运动影响的教士发起了一系列集会示威，以“照看灵魂”的名义反对那个时代的暴虐和失序。他们之所以能这样做，是因为他们诉诸了“上帝之法”。

但在谈论道德法的时候，谁又具有终极权威呢？最初的加洛林王朝不只是创造了一群有教养的教士精英，同样也鼓动起了教宗的野心。查理曼领导的西方“罗马帝国”复兴，也有助于复兴教宗对一种普世司法权利的诉求。教宗对普世司法权利的诉求，不仅导致了他与拜占庭帝国的争斗，还可以被用来限制法兰克主教们的权威。9世纪中叶尼古拉一世就任教宗的事件就是预兆：尼古拉对教宗主权的诉求首开先例，而这种做

法在教宗史上最丑陋的时期一直存在。

无论是教宗的主权诉求，还是教会对基督教民众的道德权威，在11世纪都以戏剧性的方式得到了反复申张。我们知道，当日耳曼皇帝们往教廷输送了一批具有改革思想的教士之时，这些诉求就已经有了基础。不过，与其说是日耳曼改革者的影响，不如说是法兰克地区的突出发展，最终导致了教宗制在11世纪的转变。

910年，随着克吕尼修道院的建成，法兰克地区的修道运动开始了一场持续的改革，其基础就在于更加严格地遵守本笃会规。创立者亚奎田的威廉公爵（Duke William of Aquitaine）让克吕尼修道院的僧侣们自行选任院长，免受公爵子嗣和当地主教的干预。克吕尼修道院唯独服从教宗的权威。第二任院长俄多（Odo）扩大了这场改革，他创立了别的一些修道院房舍，让它们成为服从克吕尼规矩的“下属修道院”（priories）。由此，一张属于改革派修道院的网络蔓延至法兰克全境，摆脱了当时侵蚀着法兰克主教制的腐败问题。

我们难以夸大克吕尼改革的影响力，无论是直接还是间接的影响。可见的直接影响，不仅是许多旧修道院迅速服从了克吕尼的规矩，而且克吕尼修道院的许多僧侣也经常被提拔为主 186
教，他们在自己的主教辖区里坚持“教会自行选择领袖”的原则。这些主教试图在各自的教区里恢复秩序，抨击圣职买卖的行为，杜绝教士的悖德之举，尽力收回此前遭到转让的教会财产。结果，他们引起了世俗领主的激烈反抗。

间接的影响或许更加重要。克吕尼改革复兴了修道运动的遗产，即呈现一种真正的基督徒生活，一种有着个人尊严、劳作和自主的秩序生活。它同时突出了学问、祈祷和体力劳作的重要性。此外，受惠于权威缺席的小贵族和骑士不断挑起战乱，令当时的社会饱受折磨。这些骑士干着打家劫舍的勾当，或者用一位历史学家的话说，是“有组织地勒索保护费的团伙”。在这样的社会里，教会的运作方式也受到了克吕尼改革的潜在挑战。总之，克吕尼改革运动提升了教会的视野，激励它在一个任由纯粹暴力摆布的世界上坚守道德权威。

正值千禧年临近之际，在法兰克的西部地区，世俗权力的分裂与领主修筑堡垒的行为导致了一种无政府状态——“万物的朽坏”，而人们有时认为，这是敌基督临近的迹象。这样一来，法兰克教会就有机会将自己的形象铭刻进社会之中，而它也意识到了这种紧迫的需要。如今，只有它拥有一种正当统治的融贯观念，因为早先那种由独裁的罗马帝国来管理世俗领主的统治观念已经不符合社会现实，只有教会才能恢复秩序。不过，这将如何开始呢？

事实上，一直到10世纪末，许多地方的运动几乎都是自发兴起的。受克吕尼修道院的启发，教士们鼓励人们表达一种新的情感。公元975年，主教勒皮（Le Puy）召集自己教区的骑士和农民一块开会，确保他们发誓尊重教会的财产与穷人或“无力量之人”的财产。更有甚者，989年勃艮第举行的一次教会会议，将“那些无论在家乡还是在旅途中攻击主教、神父、执事和预备修士的人，抢劫教会的人，从穷人或耕种土地
187 者那里偷走任何东西的人”，统统开除教籍。[6]到了10世纪末，许多公共集会和教会会议都拓展了这种“上帝的和平”，将“朝圣者、妇女儿童、劳工及其劳作的用具、修道院与墓地”

统统涵盖了进来，保护它们“不受侵扰，享受永久的和平”。

这些会议最初出现在法国南部地区，但很快就蔓延到了北部。事实上，这场运动成了不可抵抗的大众运动。“每一个阶层的农民，无论是最富庶的、中间等级的还是最低贱的”，都纷纷涌入这些会议。这场运动力量强大，以至于 1017 年它还强制贵族与骑士接受了一份“上帝的和约”。他们都“发誓停止一切私人冲突，从礼拜六正午一直到礼拜一的凌晨六点”：

“这就确保主日将得到应有的敬畏。谁要是打破了上帝的和约，那将被逐出教会的圣事，在生活中也被逐出信者的会社。任何神父不得安葬他们，任何人也不得为他们的灵魂祈祷。而那些宣誓且遵守和约的人，将确实得到上帝的赦罪……”[7]

这场运动既是宗教的，也是世俗的。时人皆以惊异欣喜之情迎接它，好像是基督再临一般。他们觉得自己是在见证某种具有根本重要性的事件，基督教道德信念终将造就整个社会。教会也在保护无力自保的人：“这场运动……不仅依靠也激起了一股蓬勃迸发的宗教狂热，自 6 世纪以来的传世文献中还没出现过这般狂热。”[8]

几十年后，一位勃艮第僧侣格拉贝尔（Ralph Glaber）总结了这场和平运动留下的印象：“由于服从上帝的善与仁慈，诸天开始变得澄净，吹起了和煦的风，借由他们和平的社团宣告了造物主的慷慨。”由主教发起的地方集会，成了新的意见运动的表达途径。在这些意见里，宗教狂热不仅与治愈的“奇迹”如影随形，同时也将上帝的力量与新社会秩序的创造联系到一起：

“一种来自上天的声音对地上的众人说话，这声音的成就已达极致……这些奇迹激起了热狂，以至于主教们纷纷背起十
188 字架走向天国，所有人都将手伸向上帝，用同一个声音哭喊着：‘和平！和平！和平！’他们看见，在这些奇迹中有一种共识与义务的永久记号，将他们与上帝牢牢结合到一起。”[9]

笼罩在法兰克西部的“上帝的和平”，力图通过所有人的“和平与安全”来保护个体灵魂。这里究竟透露了某种较少考虑世袭地位差异的新的社会正义理念，抑或只是幻想呢？不过，有一点绝非偶然：正值此时，994 年担任克吕尼修道院长的奥迪洛（Odilo）为基督徒带来了一个新的节日，那就是万圣节（the Feast of All Souls）。

奥迪洛在营造“上帝的和平”这件事上居功至伟。到了 10 世纪末，克吕尼改革运动已经足够强劲，并且自信能重塑教会和整个社会。这种力量与自信为教会开辟了一种崭新的独立性或自由，它能形成与查理曼时代高等教士与世俗贵族的“亲密关系”不同的态度。在克吕尼的修道院联系网中，学问、祈祷和诵经一道融入了早先重视的僧侣的农事劳作当中。修道院共同体逐渐成了新世界的先声。在它们的领地内，有纪律的生活赋予劳作以尊严，进而驱散了古代奴隶制的阴霾。

早在日耳曼蛮族入侵的时候，修道生活就深刻影响了高卢人和罗马人的心灵。但在那个四分五裂的世界，修道院的影响主要在于充当庇护所。到了第一个千禧年的时候，修道院已经成了典范，而非仅仅是庇护所。修道院的劳工很快就开始重新收回和清理欧洲大量土地，进而创造了直到今日仍然存在的农业景象。

不过，修道运动的最成功之处在于它成了人类团体的典范。原因在于，它是由自治社团所构成的，这些社团不仅在原则上以同意为基础，而且是在承认兄弟们的道德平等这一准则下开展劳作。修道运动提供了一种甘愿侍奉和自律的生活，这就与领主权这一古代模式形成了尖锐对立，因为后者要求一些
人生而有权发号施令，另一些人生而负有服从的义务。经过改 189
革后的修道运动，让最大多数的人瞥见了平等的希望。

10 世纪晚期是决定“欧洲”成形的关键时刻。不仅加洛林帝国的分裂达到了极致，当时的事件也标志着各种关于“命运”的态度都遭到了削弱，而这些态度都与自然不平等的前提密切相关。此外，当时事件还标志着一种新的行动者开始登上政治舞台，也就是“民众”。在加洛林时代，民众一直“缺席”。如今，这群行动者突然现身“登场”，并且怀有同一个目标。很显然，过去两百年间人们付出巨大的努力，将各教区的教会影响力成功地渗入了整个乡村地区，收效显著。“随着基督信仰的不断内化”，进步已经成为现实。[10]

基督教道德信念影响到了多数人，其标志就是他们都有一种观念：未来会变得更加“开放”。和平运动导致了俗众虔敬（lay piety）的爆发，而外部证据至今可见。因为在和平运动之后的几十年间，也就是一直到 11 世纪，新的教堂不断涌现出来。难道我们不该将修建教堂的行为视为一种新希望的化身吗？公元 1040 年，格拉贝尔就是这样想的，他写道：“就在和平运动高歌猛进，而支撑着这一运动的俗众虔敬也不断高涨的同时，‘一件由众多教堂织成的纯白教袍’开始覆盖了法国的乡间。”[11]

忽然，未来似乎变得更加“开放”。在主教亚德伯（Adalbert）看来，当这位垂暮的主教回首查理曼的统治时，他认为那是一个令人惋惜的时代：“社会秩序全都改变了！人们的生活方式也全都改变了！”确切地说，这个更加“开放”的未来的核心尚不清晰，但这一点丝毫不会减损它对“民众”的吸引力。可以说，缺乏清晰其实是基督教信仰本性的结果。

无论是对命运的拒斥，还是希望的降临，都是因为人们不确定“灵魂”能否得救。这种不确定同时带来了希望与恐惧。我们知道，一种更加个体化的“彼岸世界”图景已经在基督教民众当中深入人心。对于得救的集体意识一度是早期教会殉难“圣徒”的精神支柱，而如今取代它的是对于个体得救的
190 希望和恐惧，以及一种对于所有灵魂终将按其功过受审的强烈感受。这是不可避免的，而在这种不可避免当中就隐含了某种选择的自由，隐含了某种对所有人平等适用的道德挑战。

即便不确定审判究竟是在死亡之际还是要等到基督再临之时，这一点也削弱不了最后审判的平等主义内涵。事实上，这一内涵在10世纪晚期渐渐重塑了大众对“彼岸世界”的理解。平等主义的直觉加剧了它的“彼岸性”，从而与现实的社会状况形成了鲜明对立；这就是“上帝的和平”运动所传达的信息。这场运动为此世带来了一种灵魂彼此间最起码的尊重，带来了天国对尘世的一次触动。

因此，对审判日的恐惧与希望形成了平衡。描绘在教堂墙上的《圣经》场景，尤其是基督受难及其复活的场景，证明了不朽的灵魂（而非不朽的家庭）才是构成实在的首要元素。要知道，关于炼狱的教义也是在这时出现的，而它的重点就是

一段涤除个体罪恶的时期，这难道只是巧合吗？炼狱教义反映了修道院悔罪规则与个体忏悔实践的传播，而家庭、氏族和阶级的诉求统统遭到了削弱。

不过，并不是只有审判日、炼狱的新观念与壁画阐明了这种希望的消息。大多数没有文化的会众都听过圣徒生平传说，而这些故事也说明了得救并不取决于社会地位，说明了个体的信仰可以克服哪怕是最恶劣不过的境况。圣徒的生平提供了一种可以想象的流动性，一种可以争取实现而非世袭得来的道德地位。人们的想象从世袭社会地位中得到了解放，这一点有助于新的道德直觉形成。圣徒生平成了一种引人注目的文学体裁，用今天的话说，它们将“狂野西部”的故事、犯罪小说、科幻小说与道德寓言糅合到了一起。这样一来，它们就将古代的英雄崇拜变得民主化了，因为它们歌颂的道德胜利乃是一种人人均能赢得的胜利，而不依赖于出身、性别、身体力量或纯粹的狡智。圣徒的坚韧甚至能战胜奥德修斯的狡智。

难怪，10 世纪的人们痴迷于搜寻和敬拜圣徒的遗物，几 191
乎成了一项产业，有时还会导致令人讨厌的“盗窃”甚至暴力争抢事件。毕竟，由于人们纷纷前往最重要的圣地朝圣，例如贡波斯特拉的圣雅各（St James）墓地，一些重要的经济动脉由此形成。人们向圣遗物柜捐赠的财物也可资佐证。回想起来，这些表示尊敬的做法或许令人反感，充满了迷信和腐败，但在 10 世纪，这些圣地就是传播一种更加民主的社会性的媒介。无论信徒的出身如何，圣徒的外部遗迹都能在这群满怀希望的信徒心中注入一种意志的品质，而正是“道成肉身”，使得这种意志的品质成为可能。

征募教士的做法，为这一希望的消息增添了更多的力量。教会奉行独身，反对教士结婚，由此防止了教士通过生育而固化成一个阶级。人们只要在教会里打拼出一番事业就有机会获得社会上的晋升，虽然这样的机会依旧受制于出身的特权，但社会地位完全取决于“命运”的感受也遭到了削弱。等到教会迫切需要从世俗权力和封建制中解放出来的时候，也就是下一个世纪，征募教士的做法就能帮助教会赢得舆论。

我们最多只能复原10世纪一些关于身份认同的片断，从中看到当时的心灵怎样从古代社会秩序的诸多前提中逐渐解放出来。这些片断不仅分散，而且无序。它们在一些人的心中出现，在另一些人的心里却杳然无踪。尽管如此，这些片断都得到了足够充分的传播，从而避免了封建主义获得古代社会的“持久耐力”，因为后者的基础乃是在领主、家父长与奴隶制之下持久存在的不平等。

这些身份认同的片断，标志着西方现代世界的开端。无论起初有多么不完整，它们都逐渐形成了一幅社会和政府的全新图景，而到了后来，这图景将赋予“权威”和“公共”等词语以全新的含义。人们认为，统治的首要含义不再是统治家庭、氏族或阶级，而是统治个体。

第十五章
教宗革命：一部欧洲宪法？

到了10世纪末，基督教的道德直觉渐渐催生出一种新的情感。它们孕育出了一种感受，体现为对所有人，至少是对所有“基督教民众”的安全和幸福的关心。但要说这种感受是一种“公共”意见，那就未免言之过早了，因为它的表现仍然具有地方色彩，而且是由教士所培养的。教士培养起这种感受，乃是利用了私斗、不受惩罚的暴力以及失序所造成的恐惧心理，而这些都是中央司法缺席导致的结果。 192

那么，这种感受究竟有多深呢？要知道，那些只在乎扩张领主权的人经常也可能装出来一种自己其实没有的情感。尽管如此，就全部社会处境而言，那些沿袭自古代、并且以自然不平等为基础的态度都发生了变化。关于道德态度的转变，只须提两个例子即可：一是越来越重视“保护穷人”。1049年的兰斯会议谕令，“任何人不得以盗窃或欺诈的手段伤害穷人”；二是坚持婚姻的神圣性。教会不仅规定婚姻双方在上帝面前一律平等，让离婚变得更难，而且操心同族通婚在什么范围内是可以允许的，同时还努力限制家父长的权威。

因此，教士至少在某些地区和某些时候，成功地抵制住了习俗的影响力。教会相信，所有人终将平等地迎来定罪审判之日。这种信念始终是教会最有效的武器，它揭示了自我省察的需要，让良心感到刺痛。教会壁画所描绘的审判日，哪怕对于当时最有怀疑精神的礼拜者，也能在他们心中留下印记。

193 基督教信仰的基本词汇都将灵魂摆到了首位，而很少考虑“封建主义”的社会分层。这一点相当重要：教会“照看灵魂”的立场，激励起一种古代世界尚不存在的自尊。尽管这种自尊大多时候都是最低限度的，也只是在事件的表面留下些微印记，但它也可能突然涌现，来势汹汹。我们已经知道，10世纪晚期诺曼底地区的农民起义昭示了一种几近于“民主”的崭新意愿，这意愿就是要挑战古老的臣属关系。

11世纪下半叶，这种新的感受有了一个越来越引人瞩目的迹象。事实上，欧洲在教会的刺激下已经形成了一种道德认同。早先的“基督教帝国”观念渐渐褪去，“基督教欧洲”的观念取而代之。有三项进程尤其值得注意，它们各自以不同的方式与先前的“和平运动”有所联系：首先是“宫廷爱情”(courtly love)，这是一种关于两性关系的理想化的新愿景；其次是创造一套行为准则的尝试，旨在弘扬骑士的“风度”和“荣誉”，而非粗鄙；最后是个人身份的一种新含义，其产生途径乃是教宗对身为“基督徒”的欧洲人民的呼吁。上述每一项进程都包含着新的愿望，包含着教士所强调的上帝与个体灵魂之间最重要的关系，进而揭示了教会如何塑造意见。现在让我们简要地一一察看。

第一项进程是“宫廷爱情”的文学体裁，起源于法国南部地区。这场运动与游吟诗人、歌谣和诗有关，旨在赞美一种对忠贞爱情的理想化追求，描写廷臣如何追慕“他的夫人”。

它将爱情刻画得浪漫，而不是什么纯粹肉欲或功利的东西。此外，在对爱情的描绘里，宫廷爱情同时恭维了追慕者和被追慕者，唤起高尚的追求，哪怕其中也有伤感和缺憾。教会的影响虽不明显，但也确实存在。

第二项进程是试图改善领主与其戎从的关系，后者就是指骑士。随着城堡的大规模修建，骑士们起初无异于劫掠邻人的一伙武装暴徒。他们大多来自小地主阶层，更像是“主人”而非贵族。不过，一套主张效忠领主和保护弱小的骑士准则逐 194
渐产生了，这等于是又一次尝试将这个起初肮脏的角色变得更加道德。“骑士”行为的观念进入世界，催生了一系列关于“基督教骑士”（Milites Christi）的特殊准则：“自从克莱蒙特会议和十字军东征以来，教会可以说已经实现了（虽然未必成功）封建骑士的皈信，令他们转向了宗教的事奉。”[1]

第三项进程关涉到战争，而非和平。期间，教宗对于一种新身份认同的形成发挥了关键作用，这种认同就是“基督教欧洲”。在拜占庭帝国遭到一场灾难性的溃败后，教宗乌尔班二世（Urban II）呼吁志愿者们一道阻止伊斯兰教的扩张，从而为欧洲创造了一种崭新的自我意识。1095 年，教宗的呼吁在克雷芒掀起了一阵名副其实的热潮，“千万呼喊汇成同一句话——此即神意！（Deus le volt）”。很快，这股热潮就引发了一系列解放圣地的努力：“在十字军东征以前，欧洲从未因同一种情感而如此激动，也从未因同一种原因而行动，欧洲压根儿不存在。十字军东征表明了基督教欧洲的存在。”[2]

十字军东征是一起真正具有普世性的事件，席卷了当时所有阶层的人。它们昭示了具有共同身份的“同一支民族”的存在，而这种认同足以冲破封建主义的社会分层的桎梏。实际上，正是民众对第一次十字军东征的竭力支持，最终迫使自惭形秽的欧洲统治者们领导了第二次和第三次的东征事业：“谁是自愿发起十字军东征的人？就是一大群民众。他们在修士彼得（Peter the Hermit）的率领下，没有准备，没有向导，没有长官，就这样跟着一帮没名气的骑士出发了。他先后们穿过德意志和拜占庭帝国，最终在小亚细亚逐渐流散或者覆灭。”[3]教宗的吁求解放了这种崭新的欧洲认同，它诉诸个体的良心和力量，而不考虑他们的社会地位。诚然，数世纪以来欧洲与伊斯兰的斗争强化了这种认同，并且它也受益于当时异域冒险和劫掠的大氛围。不过，这种新的认同也要归功于早在和平运动时就已出现的因素：一是民众对封建家族之间的仇怨早已失去耐心，二是民众对“基督徒式”团结的渴望。

195 1054 年纳博讷的一次教会会议所做的声明，捕捉到了当时封建欧洲盛行的一种新情绪：“任何基督徒都不得互相残杀，因为任何杀害基督徒的凶手无疑都是在流基督的血。”[4]这一声明只字不提封建主义的社会分层。一百年后，我们还能找到关于“基督教欧洲”诞生的一项更加显著的证据：公元 1170 年，英王亨利二世（Henry II）的廷臣们杀害了坎特伯雷大主教托马斯·贝克特（Thomas Becket），在欧洲引发了激烈的情绪反应。据说，当贝克特摔倒在教堂祭坛旁边的地板上时，他大声喊道：“我已准备好为主而死，借我的血，教会将获得和平与自由。”接下来的数十年间，许多国家的朝圣者纷纷前往这个“殉道者”的处所，表达“义愤”的声音也不断激增。渐渐地，一种关于“上帝之法”与限制暴力的观念渗入了民众的心中。

可是，对于这种自己也助力促成的事物，教会驾驭得了吗？正在形成的欧洲认同，能否获得一种更加持久的制度上的体现？诉诸“上帝之法”的做法，能否转化成一些更加持久的实践，而不是像“上帝的和平”与“上帝的和约”那样短暂？要想如此，修道院的改革运动就必须越出修道院。要想越出修道院，一种行动的支点就是必不可少的——当时只有一个支点可用，那就是教宗制。

只有罗马教会才能为普遍改革充当一种核心的能动主体。11 世纪中叶到 13 世纪的西欧历史，就是一部由改革运动所吸收和转化的教宗制的历史。短短几十年间，教宗制一跃而成为改革运动的中心，以至于有些史学家质疑克吕尼改革的重要性能否匹敌来自罗马的“格列高利”改革。事实上，克吕尼还不是改革压力的唯一来源，当时英格兰、佛兰兑斯和意大利都发生了教会改革运动。但我们知道，这场改革第一个最有效的推动力是来自新兴的日耳曼帝国。日耳曼皇帝重启了加洛林时代的“基督教帝国”计划，而且将一项道德改革的计划植入了他们的帝国体系中。因此，日耳曼皇帝在 11 世纪开始祛除罗马的贵族家庭对教宗的控制。

教宗制的“解放”产生了一个最重要的意外结果。它所 196
开启的道路，就是要将一种决绝得多的态度，亦即深受修道院影响的克吕尼改革的态度引进罗马。反过来，这些态度也将促使教宗的政策终结了加洛林时代教会与帝国的友好关系，最终肇生出两者之间的尖锐斗争。

我们难免怀疑，要是没有克吕尼及其麾下众修道院所孕育的态度，教会的整体改革能否成功。我们知道，克吕尼提出了一套净化修道院与提升高等教士水平的办法，而这些高等教士如今也开始积极投身普遍改革的事业。他们的努力已经推进了千禧年之际兴起的那种新的感受。

11 世纪见证了一系列杰出的教宗，尤其是充满激情和决心的希尔德布兰（Hildebrand），也就是后来 1073 年登基的教宗格列高利七世（Gregory VII）；他将曾经支撑着“上帝的和平”与“上帝的和约”的道德直觉阐发出了新意。早在 11 世纪中叶，教宗利奥九世（Leo IX）就在身边网罗了一批富有改革精神的教士。利奥与日耳曼皇帝亨利三世（Henry III）密切合作——后者也是克吕尼修道院院长休（Hugh）的朋友——大力推动改革，途径就是任命能力出众之人做教廷里的红衣主教和顾问。这个圈子里的人想法各异，既有像红衣主教亨伯特（Humbert）那样讲究法律的人，也有像彼得·达米安（Peter Damian）那样注重道德的人，但他们都出身于深受修道院影响的改革氛围，希尔德布兰只是其中之一。每位红衣主教都当过僧侣，也都对教会的现状感到不满。他们的影响力开辟了这样一个时代：教宗要有修道院的履历背景。因此，利奥九世的任职迈出了虽不正式、却是关键性的第一步，开启了后世所谓的“教宗革命”，并且打造一批有决心搞体制改革的教士精英。

利奥九世在罗马召开会议，谴责教会里的种种恶习。与此同时，越来越多来自克吕尼修道院圈子的改革派主教得到了任命。当时还推行一种做法，就是派遣有克吕尼背景的教宗使节去往法兰西、德意志和英格兰地区“加强”改革。利奥身先士卒，亲自到阿尔卑斯山以北弘扬一种新的教会准则。到了

11 世纪末，又有一位教宗从克吕尼的体制中脱颖而出，这就是 1088—1099 年在位的乌尔班二世（Urban II）。

改革运动的成功，在罗马不仅激发了一种新的信心，也激起了新的决心。反过来，这种决心又将影响教宗与日耳曼帝国之间的关系，而后者乃是当时西欧最强大的世俗权力。1050—1300 年间，教宗与日耳曼帝国爆发了一场以司法权为中心的激烈斗争，对未来的意义不可小觑。究竟是什么使得这场斗争对未来的影响如此深远呢？因为它同时迫使教宗和世俗统治者重新思考关于各自身份和诉求的根本问题。与此同时，这场斗争深刻影响了人们思考欧洲社会和统治的方式。长远来看，它推动了欧洲宪制主义（constitutionalism）的兴起。但从更直接的影响来看，它孕育了一种“主权”权威的国家观念。 197

教宗与帝国的斗争，迫使西欧列国跳出了受传统约束的生存和思考的模式。当时的“法律”概念是一些习俗做法、立法命令和道德原则的大杂烩，而这场斗争迫使它们超越了这种“法律”概念的模糊性，让这些观念得到了更加清晰的区分，进而产生了意料之外的后果。

乍一看，这些问题与前一个世纪的问题一样，而当时它们激起了人们去捍卫“教会的自由”：问题就在于世俗力量对教会从头到尾地施加的一种危险钳制。日耳曼皇帝不禁认为自己生而具有教宗一职。那些国王和封建权贵也对主教一职持有相同看法，他们将这些职务用来奖赏忠诚的随从，或者拿去出售。更低一等的封建领主们也觉得，自己领土内的教堂就应该任由自己处置。总之，教会职务遭到世俗的控制和买卖，教士中也盛行包括结婚和通奸在内的背德之举，这些行径强化了人们的一种感觉：教会对自己事务正在失去掌控。上述“恶习”表明，教士职分有可能变成世袭的，教士也可能沦为种姓。若是如此，教会就将彻底融入封建体制。

圣俗领域二分的观念陷入了危机。克吕尼修道院的遗产应
198 当归功于民众的一种感受，民众觉得他们一直义无反顾地拥护“真正基督徒的生活”。但是，经过改革后的修道院让当时教会普遍存在的“糟糕”处境变得更加突出。

受克吕尼的影响，一批严苛而焦虑的心灵聚集在罗马，开始拒绝泛滥成灾的“恶习”。在新任红衣主教的领导下，教会渐渐感受到一种保护和管理自己的必要性，它要将自己界定为一个独立的主体，拥有自己的法律和行为准则。教会再也不愿意受到基督教君主的统治，也不愿意将自己与基督教民众等而视之。原因在于，教会受到的严重威胁已经不是来自异教徒帝国或者到处劫掠的日耳曼蛮族，而是来自一个名义上属于基督教的世界内部。

那么，教会如何应对这些威胁呢？出路似乎只有一条：它必须发展出自己的法律体系，才能摆脱世俗的统治，管理自己的事务。教会需要有自己的立法，自己的司法体系，以及自己的行为准则。不幸的是，教会拥有的这些东西既不融贯，也不稳固，因为当时的“教会法”不过是一堆杂乱无章的《圣经》引述、早期教父的意见、少数几次大公会议的决议以及一些教宗书信。

因此，法律成了问题的关键。如果教会想发展出一套法律体系，那么它就不得不清晰界定教会与世俗统治者之间的关系，亦即圣与俗的关系。11 世纪末有一项打造融贯的“教会

法”的计划，在神职人员的世俗授职（lay investiture）问题上引起了激烈争议。世俗授职的意思是，世俗统治者自行任命主教，授予主教一套象征教牧权力的权杖和戒指。如果统治灵魂是属于教会的职责，也是教会的“存在理由”，那么世俗统治者还有资格赠予这种统治的象征物吗？

在教士的世俗授职问题上的交锋，引发了一场自罗马皇帝君士坦丁皈信以来关于圣俗关系的最严肃的反思。在罗马帝国将基督教定为国教后，基督教经典和传统就为公认的二元权威奠定了基础，有别于异教徒的政治宗教所支持的一元图景。毕竟，教会是在异教生活的体制之外发展起来的。早在君士坦丁以前，教会就不得不发展出自己的组织，发展出各种守则和自立方式。在教会这种做法的背后，有耶稣的诫令作它们的安 199
慰：“恺撒的归恺撒，上帝的归上帝。”

因此，教会从一开始就完成了圣与俗的区分。但在君士坦丁之后，基督徒对罗马帝国的感恩和尊敬已经掩盖了这种“二元性”，并且远远超过帝国对他们的实际支持。皇帝们事实上已经获得了对教会事务的巨大影响力。所以，难怪奥古斯丁一方面强调政府对于处理人之罪所导致的结果有着不可替代的作用，另一方面也要将“上帝之城”与教会仔细区分开来。

如果说教宗们过去经常臣服于帝国权威，那么在君士坦丁堡奠定的“新罗马”及其创造的一套新的父权制就表明，这样的臣服已经成了东方教会的准则。可是，帝国权威在西方的衰弱，以及教宗对君士坦丁堡东正教牧首（patriarchs）的忌妒，让西方教会逐渐发出了一种新的声音。4 世纪末，圣安布罗修就说：“至于信仰之事，习俗做法应该是让主教审判基督徒皇帝，而不是基督徒皇帝审判主教。”他还说：“宫廷属于皇帝，教会属于教士。”[5]

390 年，安布罗修对皇帝狄奥多西一世（Theodosius）施以开除教籍的绝罚，因为这位皇帝在希腊下令发动了一场大屠杀。结果，狄奥多西在米兰大教堂进行赎罪，而罗马也没有很快忘掉这场实力的较量。这次事件很可能促使 5 世纪末教宗格拉西乌斯在一封写给东罗马皇帝的信里，提出了如下的大胆主张：“这个世界主要是由两位皇帝（Augustus）所统治的，一是教士的神圣权威，一是君王的权力。教士的职责具有更大的分量，因为他们是按神的裁断来做人们的君王。”[6]可是，在西方遭到入侵和失序的数世纪里，这项主张几乎完全成了遥远的回忆。教宗们在跟东罗马皇帝打交道的时候都变得谦逊卑从，就连格列高利一世也是如此，特别是因为他们经常需要军事援助，以抵御伦巴第人对意大利的入侵。主要是在君士坦丁堡牧首反复要求得到平等地位的时候，教宗们才会恢复昔日毫不妥协的精神。

200 由于蛮族的入侵，西方教会越来越深地卷入世俗事务。我们已经知道主教如何支配了地方城市的政府，从而使其更难做出圣俗之分。然而，主教不光是利用自己的地位来保护城市的利益，也用自己的地位来向侵略者的想象注入如下观念：教会代表着一种高于所有人法的“法”，作为立法者，教会的权力高于任何属人的能动主体。由此，这些主教在当时的世界上保全了道德义务的观念，保护它不被原始的暴力取代，而这也有助于主教在侵略结束之后的列国中赢得巨大的影响力。

随着加洛林帝国的缔造，这套模式也得到了巩固。加洛林统治者们力图巩固教会的角色，目的是用它来“纠正”基督教民众的统治，而他们与教宗结成了亲密同盟。可是，这种圣俗关系的基础依旧是贵族式的，包含着私人之间的关系与友谊。圣俗双方都觉得自己控制事件的力量十分脆弱，因此在诉求或教义方面没有引发根本性的冲突。

尽管 8 世纪末有过一次在西方帝国确立教宗主权的尝试，也就是著名的伪造文书《君士坦丁的献土》(*Donation of Constantine*)，但一直到 11 世纪中叶，教宗始终更像是时代变革的旁观者，而非推动者。诚然，西方教会也存在着一种名义上的等级秩序：总主教凭借一番令人满意的信仰告白，从罗马教廷那里接过代表着“都主教”(metropolitan) 的绶带。与此同时，他们也要求手下的副主教作一番类似的信仰告白：

“无论这套体制的实际影响多小，在一个教宗使节稀少、西方大公会议不复存在、教宗书信极少能发布谕令以及教宗谕令根本得不到执行的时代，这条纤细的权威之链保全了一项原则，即信仰需要一位至高的仲裁者。”

教宗统治教会的观念往往是对美好岁月的“回忆”，但在 11 世纪以前，这不过就是一个徒然的梦罢了。

11 世纪下半叶发生了一场戏剧性的变革。教宗们开始提 201
出野心勃勃的主张，因为他们决心将教会明确界定为基督教世界里一个独立的主体，捍卫其独立性。他们开始主张教宗在教会里享有法律上的最高地位，这在数十年后就被称为教宗的“完满权力”(plenitudo potestatis)。不过，这种说法为什么没有变成一纸空谈？教宗又是怎样成为一位在统治上真正有影响的能动主体呢？“教会法”要成为严格意义上的法律，又需要满足哪些条件呢？

接下来的唯一办法，就是扫清所有笼罩着法律来源问题的疑云，捍卫法律的自主性，而这正是我们如今所谓的“制宪”。有两个必要的步骤：首先是程序性的步骤，明确谁是最高法律权威的合法持有者；其次是实质性的步骤，澄清这一最高权威的本性是什么。教会要想成为一个自主的法律主体，这两步就是不可或缺的。在采取这些制宪做法的同时，改革者们无疑想到了罗马法对于统治权的理解。自君士坦丁时代以来，皇帝在法律上的终极权威，就以一种非体系性的方式塑造了教宗的野心，体现为教宗主张自己有权对教会进行普世的统治。可是，改革者们也很可能意识到，罗马皇帝的选任缺乏可靠的程序，而同样的难题也会摆在教宗的面前。[7]

教宗制改革者们采取的第一步，就是捍卫教宗本身的独立性。克吕尼派始终坚持教宗的首要地位，部分因为教宗保障了他们免受地方上世俗影响的独立性。可是，10 世纪各种事件生动地表明，教宗自身也可能遭到世俗权力的败坏，而且这时期的教宗职位实际上被操控在了一些罗马的世家望族手里。因此在 1059 年，教宗选任的程序出现了改革，由一批红衣主教（cardinals）担任选举团，旨在摆脱外来的约束：

“我们在上帝眼前制定如下条例：罗马教宗的选任应当掌握在红衣主教手中，因此，凡即位者，若是未经红衣主教的一
202 致同意和教会选举，也未得到其他教阶的教士与民众的同意，就不应被认作一位教宗和使徒，而是叛教者。”[8]

日耳曼皇帝的习惯是自己提名候选人来担任教宗，这就否定了罗马教士和民众所负有的重要作用。因此，一位杰出的中

世纪学者说，1059 年法令是一篇“独立宣言”。

这部宣言标志着教会内部诞生了一种宪制秩序。它提供了一种准则，巩固教会的自治，使教会成为基督教世界里一个独立的主体。第二步，这条准则还将使教会能毫不含糊地主张教宗的最高立法权威，也就是教宗的完满权力，而格列高利七世做到了这一点。

通常认为，格列高利七世在位的时期，标志着教宗与日耳曼皇帝围绕授职问题的斗争达到了高潮。不过，早在格列高利七世即位之前，双方就已经打起了笔仗。红衣主教亨伯特在 11 世纪 50 年代是战斗先锋，他坚持主张教会的道德优越性，以此证成教会的独立性和权威：

“谁要是想以一种有益而无可指摘的方式，将教士的尊荣与君主的尊荣作一番比较，那他就会说：在现存的教会里，教士类似于灵魂，君主类似于身体，因为两者相互依附、相互需要，彼此都需要对方的事奉，彼此也都向对方给予事奉。因此，正如灵魂超越于身体，并且对身体发号施令，教士的尊荣也超越于君主的尊荣，或者可以说，天上的尊荣超越于地上的尊荣。”[9]

结果会不会变成，不仅皇帝无法任命教宗，教宗有时也有权废黜皇帝呢？当然，正是由于格列高利七世最终开除了亨利四世（Henry IV）的教籍，导致这位皇帝不得不赤脚站在冰天雪地的卡诺萨城堡外乞求饶恕。

鉴于日耳曼皇帝拒绝放弃对主教的世俗授职，更不用说坚持皇帝有权选任乃至于废黜教宗的立场，红衣主教亨伯特就将自己对圣职买卖的斥责推向了极致。他甚至拒绝认为授职权是 203

某种有别于圣职授予的财产授予，而这种看法其实就是下一个世纪教会与世俗统治者双方达成的“妥协”。亨伯特谴责说，“世俗授职无异于一位不合格的世俗统治者篡夺了圣礼的职能”。他还坚持认为，“教士若是未经正式的教会选举而担任主教，那就不能被视为真正的主教”。

希尔德布兰在成为教宗格列高利七世后，大胆开辟教宗的司法领域，从而完善了这场宪制革命。亨利四世不像其父那样同情改革运动，早在与这位年轻的皇帝发生冲突以前，格列高利七世就在《教宗敕令》（*Dictatus Papae*）里树立了自己对教会的看法。这是一部迷人的文献，它带领我们进入了一个新世界，将教宗权威视为基督教文明的支点。教会成了一套自足的法律秩序，以教宗作为判定何谓合法的最高来源和终极仲裁。

在《教宗敕令》里，格列高利提出了一种引人注目的愿景：教会里的权威应当统一。这种权威始于教宗，终于教宗，原因是上帝赋予教宗（也就是圣彼得及其后继者）照看灵魂的责任。只要粗略浏览一下格列高利的提议，我们就能看出这部文献的激进性：

> “唯独罗马教宗当被称为普世的；
>
> 唯独他拥有废黜和恢复主教职位的权力；
>
> 唯独他的使节，无论品秩多低，始终在会议上位居首席；
>
> 我们教众……不得与遭教宗开除教籍者同居一室；
>
> 唯独他可以合法地根据时代需要，制定新的法律；

唯独他可以废黜皇帝；

没有他的命令，任何宗教会议均不得被称为普世的；

各教堂之重大事件须上报圣座处理；

任何人若不能与罗马教会保持一致，则不能被视 204
为天主教徒；

教宗有权解除臣民对不义主人所作的效忠宣誓。”[10]

比起格列高利做到的事情，他本人或许更有原创性，因为在《教宗敕令》里，他融合了罗马法关于统治权或最高法律权威的观念与教会“照看灵魂”的立场。由此一来，个体变成了法律服从的基本单位。

格列高利的诉求，将作为法律体系的教会与一种个体化的社会模式结合到了一起。这并非偶然，因为格列高利的愿景，即教宗具有统治个体的权威，直接源自基督教的理念，即上帝拥有统治灵魂的权威。因此，格列高利之所以要提出教会作为一套法律秩序的愿景，并非仅仅是为了捍卫教会的自由。相反，他也是在坚持教会的道德优先性，并且认为这种优先性有着重要的世俗影响力。

格列高利的反对者们，尤其是亨利四世，紧紧咬住他的“创新”不放，目的是将格列高利指斥为一个野心勃勃的“篡权者”和叛教徒：“在没有上帝的知识的情况下，他为自己篡取了君王和教士的职分。格列高利的所作所为是在轻视上帝的虔敬诫命，它特别要求君王与教士应当始终两立，而非融为一体。”[11]这些批判也不完全是无的放矢，格列高利在一些宣谕中确实将世俗政府缩减成了一个纯粹受教宗摆布的工具。除了开除教籍这种削弱君主权力的间接手段，格列高利甚至还鼓动臣民拒绝服从君主。1080 年，在第二次开除亨利四世的教籍之后，格列高利撂下一句狠话："我禁止所有基督徒把这人当作君主一样来服从。"这番话在欧洲揭开了一幅教宗主导的神权政制（papal theocracy）的图景，抑或是梦魇。

不过，如果我们更仔细地阅读他的著述，就会发现这其实不是他的目标。格列高利的主张根本缺乏一套完整的神权政制筹划："虽然他坚持自己有权废黜亨利，但他从未暗示，原则上应该由教宗来将君主的权威授予亨利。他也从未自诩有权选
205 择任何人作王，而是承认选择的权利首要属于各位亲王。"[12]再者，格列高利本人也并没有试图夺取统治大权。格列高利其实是想通过自己的权威，利用其臣民的良心，从而实现对世俗统治者的某种道德审查。

这种道德审查有时打着"正义"的旗号，但格列高利本人又是怎样理解这个词的呢？他的理解从根本上颠覆了以往的前提：正义不再被理解为自然的不平等，而是自然的平等。格列高利宣谕的最大特点，就是他强调了人与人之间的道德平等。而在他看来，这是承认上帝主权的直接结果。

格列高利坚持的教宗主权，成功转变了从古罗马的统治权观念沿袭下来的统治观念。在一封写给梅斯主教赫尔曼努斯（Hermanus）的信里，格列高利提到了异教的统治权观念与基督教的"主权"之间的差异，并且针对日耳曼皇帝捍卫自己的举措。他暗示道，古罗马统治权观念的诉求必须经受基督教信仰的重新审察："在由全能上帝的神意为自己的荣耀所建立，

并且仁慈地赠予此世的主权面前，那种由不知上帝的此世之人所发明的主权难道不该表示臣服吗?”[13]在格列高利看来，前者具有更加优越的道德根基，也就是照看灵魂。

在格列高利的信里，“敬畏上帝”是通向一种真正意义上的正义的门槛：

“地上所有那些既没有过着虔敬的生活，所作所为也丝毫不敬畏上帝的君主和亲王，都是被魔鬼统治的，陷入了悲惨的奴役。这些人的统治欲，不是像教士那样有对上帝的爱来引导，为着上帝的荣耀和人类灵魂的好处，而是为了展示他们令人无法忍受的骄傲，满足自己心灵的淫欲。”[14]

格列高利的平等主义，甚至使他令人吃惊地颠转了当时的社会角色：“所有良善的基督徒，无论是谁，都比那些邪恶的亲王更有资格被称作君主：一方追求上帝的荣耀，并且严格地管理自己。另一方却是追求属于自己而非上帝的东西，他们与 206
自己为敌，并且以暴君的方式压迫别人。”[15]这位教宗并不觉得自己是在搞创新，相反，他一直都在诉诸教会最深的道德直觉。

为了巩固自己的主张，格列高利援引了保罗、奥古斯丁以及自己的前任格列高利一世。格列高利从奥古斯丁论基督教教义的书里引了一处论断，内容是说统治者不受约束的野心：“人们出于自然就是平等的，而那些试图统治人们的人，则是出于令人无法忍受的骄傲行事。”从格列高利一世那里，他也引了一段同样有力的话：“如果一个人不愿平等对待同胞，那他就像叛教的天使一样。”[16]在格列高利七世看来，教会的信仰揭示了一种截然不同的统治的根基，最有力的支持莫过于福音

书所言："谁想在你们中间为首的，就要作大家的奴仆。"（《马可福音》10：44）

这里的论据非常清晰。上帝会按照统治者为"所有灵魂"所做的事情来审判他们，不考虑任何社会地位的因素：

"他们应该向上帝解释，为什么所有人要服从他们的统治。不过，如果让一位虔敬的个体来守护自己的灵魂不是件小事，那么，君主所肩负的照看成千上万灵魂的任务又得有多么沉重！再者，如果神圣的教会对于杀一人者都报以严惩，那些为了此世的荣耀而派成千上万生命赴死的人又将遭到什么惩罚！"[17]

这是对古代异教价值的大胆颠转，后者将道德等同于城邦的力量与荣耀，等同于一个有特权的公民阶层的福祉。相反，格列高利的修道式愿景则要让世俗领域和统治的本性服从道德要求，这要求就是照看个体灵魂。格列高利的愿景就是让统治服从一些根本性的道德立场。

在迈出这一步的同时，格列高利扫除了罗马帝国遗留下来的一种关于社会和统治的图景，扫除了一种以领主权和家父长为基础的统治观念，而人类的不平等一直是这种观念的根本前
207 提。如今，受到基督教所孕育的道德直觉的推动，格列高利渐渐引入了一种关于社会与统治的全新模式，无论他最终实现与否。

将教会变成一套统一的法律体系，这可不是一夜之间就能完成的，而是要等到 13 世纪。但事实证明，这场进程的影响将是革命性的。原因在于，虽然教宗首次提出一种在自己领域内享有"主权"权威的诉求，但世俗统治者很快也以同样的方式来理解自己的权威。因此，教会成了以个体的平等服从为基础的统一法律体系，而这个榜样也将催生现代国家的理念。

第十六章
自然法与诸自然权利

格列高利七世的愿景有着修道运动的来源。西方修道运动 208
将一种孤独沉思的生活理想与一种肩负社会责任感的生活理想相融合，而它的集体性质在11世纪扩展到了一种更加宽广的层面。奥古斯丁已经指明了道路，他拒绝早期东方修道运动在“旷野生活”与“城市生活”之间所作的截然划分。克吕尼改革也开启了一种可能性，将更强的自我约束推广到整个社会，从而埋下了一场社会革命的种子。

在格列高利的愿景里，社会秩序的基础是个体的道德和自我约束，而非原始的暴力和单纯服从；这是一个经过若干世纪才准备好的愿景。可是，这就要求那些经过改革的修道院肩负起一项使命，赋予这愿景一种新的信心和广度，由此才能开始打造一个新的世界。从11世纪到13世纪，教会一直试图凭借这种新的观念框架来约束世俗统治者，其方式有些强制甚至于蛮横。帝国与教宗在授职问题上的斗争持续了几十年之久，个中细节不必过分追究。对于世俗统治者而言，能得到大量捐赠并且富有影响力的主教，就是政府的重要工具。他们绝不愿意彻底放弃自己在主教授职事务上的作用，而教宗也没办法将他们彻底排除在外。因此，在12世纪期间出现了一种妥协，它诉诸传统的二元论思想。

这种妥协最早出现于英格兰，部分原因可能是盎格鲁-诺曼时期的君主只拥有相对的权力。很快，这种妥协也以稍许不同的方式扎根在德意志和法兰西，标志就是1122年的沃尔姆
209 斯协议。这种妥协要求在属灵职分与世俗财产之间作出截然区别：主教有双重的身份，一是作为从君主那里获得土地的封建领主，二是作为教会的圣事秩序的成员。教会的主教选举是受到保护的，但君主在选举之后授予主教的世俗财产，无论授予物是财产还是司法权，都不同于教会授予主教的属灵职分。属灵职分有另一种形式：一位代表罗马教廷的大主教获得教牧的权杖和戒指，而它们就是"照看灵魂"的标志。

君主仍然有相当大的影响力。但是，既然君主放弃了授予属灵职分之标志的权利，他们实际上也就承认了教会的自主性和道德领域的自主性。那么，他们是否同样默许了当时欧洲兴起的一种宪制秩序，一种赋予教宗以独特角色的秩序呢？眼下，问题就在这里。

教宗坚决反对世俗统治者自诩为法律的独一来源，相反，他们将自己视为整个西欧的终审法庭。在此意义上，教宗试图为欧洲创造一部宪法，虽然只是一部既未成文，也未得到完全认可的宪法。中世纪欧洲的封建贵族、各民族的君主政制与独立的自治市彼此满怀异议和争斗，但他们都出于对教宗野心的不信任，纷纷联合起来。在他们看来，有些教宗的野心就是通过打造一套规范体系的做法，从形式上保证教宗在一个欧洲"法治国家"（Rechtsstaat）里充当终审法庭的角色，而这确实也是大多数清醒的、野心勃勃的中世纪教宗对自身使命的理解。

人们通常以为1198—1216年在位的教宗英诺森三世（Innocent III）持有一种神权政制的立场，但这种所谓的立场也可被理解为创造一套具有合法性的泛欧洲秩序的尝试；这套秩序将承认和保护教会的诉求与道德的诉求，免受任何世俗权力的侵犯。整个欧洲对于托马斯·贝克特“殉道”——其人在大教堂里被英王的“特务”谋杀——的公共回应，表明教宗已经在影响民意方面取得了进展。另一方面，英诺森三世与1243—1254年在位的英诺森四世（Innocent IV）对普世司法权的诉求，也被视为一种迫使世俗领域沦为臣属的空前威胁，因为帝国这把世俗权力的“剑”仅仅来自于教宗的授权。

因此，在12世纪，圣俗力量关系的争议焦点已经偏离了 210
授职的问题。教宗相对于帝国所具有的权利，反倒成了“宪制”问题的中心。自从公元800年教宗加冕查理曼为帝以来，教宗就能任意利用这一历史先例，宣称自己对西方帝国具有最高的君权。到了12世纪末，教宗为坚持这一立场付出了极大的努力。

在坚持教宗“主权”的同时，英诺森三世和英诺森四世所做的并不只是保护教宗免受霍亨斯陶芬王朝的皇帝干涉，尤其是红胡子腓特烈（Frederick Barbarossa）和腓特烈二世（Frederick II），当时他们打算控制意大利与德意志地区。两位教宗不只是为了避免教会事务遭到新的世俗支配，同样也是主张一种相对于世俗事务的至高道德权威。为此，他们超出了传统的立场，后者认为属灵权威天生优越于世俗权力，因为“灵魂理应统治身体”。

由于一场智识革命的爆发，上述类比渐渐显得过于简化。

罗马试图创造教会的正常统治，而正是它所援引的观念使得英诺森三世和四世成了革新者。两位教宗为一种良治的基督教社会树立了榜样，而这对后世一种新的世俗政府（也就是国家）的诞生有着关键作用。这场发展进程的来源是什么呢？其来源在于两种因素的融合，一是基督教久已孕育的平等主义道德直觉，二是当时对罗马法拥有的更多知识。罗马法曾经影响了蛮族入侵之后的日耳曼列国法典，但从11世纪末开始，它从根本上获得了一种新的重要性。

我们必须小心，因为有时会出现一种说法，认为罗马法的复兴就是教宗改革或“革命”的真正来源，但这其实是因果倒置。我们已经知道，修道院改革所孕育的苦行式道德态度对于教宗而言有多么重要。当时真正促使人们恢复罗马法兴趣的催化剂，其实是因为他们觉得有必要创造一套完全自主的教会法体系，以此来保护和改革教会。

211 无独有偶，这场复兴一直可以追溯到11世纪的最后几十年。格列高利七世鼓励托斯卡纳的女伯爵玛蒂尔达（Matilda of Tuscany）在博洛尼亚开设法学课程，以此推进罗马法的研究。短短几十年间，这座法学学园就赢得了卓越的声誉，开始吸引全欧洲的学生前来就读。11世纪末，法学家伊纳留斯（Irnerius）在博洛尼亚讲授一部罗马法典，查士丁尼的《民法大全》（*Corpus Juris Civilis*）。伊纳留斯与其他法学家不只是在罗马法里发掘出一大批宏富精细的法条汇纂，涵盖生活和社会的各种不同情况。相反，他们与罗马法的相遇，激励人们对法律体系的本性和条件作出反思，而这也是一种法学。在他们看来，罗马法唤起了一种关于自主、融贯的法律体系的愿景。

难免，这样的愿景促使人们去比较那些据称统治着教会生活的准则或教规，而一旦与查士丁尼《民法大全》详尽精深的结构相比，它们就显得太过欠缺了。诚然，当时也有早期汇纂的各种教规，包罗了教会“普世”大公会议的决议、教宗谕令以及诸如奥古斯丁和格列高利一世之类教父们的意见。可是，这些汇纂已经流传了数世纪之久，既不完整，还经常出现前后矛盾或模棱两可的情况。因此，新的罗马法学家或曰“民法学家”多少有些轻视它们。

要想为教会法带来秩序与统一，还有什么是必需的呢？法律体系的逻辑前提和实践前提又是什么呢？查士丁尼的《民法大全》给出了一个清晰答案：“皇帝不受成文法的约束。”把持最高权威的能动主体只能有一个，而它自身也必须高于法律。正如皇帝的统治权是罗马法的终极来源，教会法也需要一种不受其约束的来源，这样才能避免体系内部的矛盾或异常。法律的这种来源，同时也提供了将不得人心的习俗予以废除的手段。

11 世纪末罗马法研究的复兴，为教会内部的法学推理提供了一种复杂精密的新榜样，使其不再只是关于新旧约《圣经》引文的争论。这场复兴的第一个影响，体现在它重新塑造了教宗的诉求。罗马法研究的复兴，加强了教宗实行改革的野心，212
并且促使教宗坚持如下立场：教会要想发展出一套融洽的法律体系，那就需要有一种不可置疑的合法性来源与终审法庭。

12 世纪，一批新生代的教会法学家开始为教会创造一套法律体系。短短几十年间，这些人取得的智识成就已经令他们与民法学家平起平坐。事实上，教会法学家拥有民法学家所不具备的一些优势：他们不只是为一套“完整”或理想的罗马法体系作评注，而是旨在创造一套新的法律体系，使其在迅速发展的教会法庭中得到日常应用。西欧大多数地区只在当地习惯法不够用的情况下才会援引罗马法，相反，教会法从一开始就要应用于所有教会司法事务之中。

教会法的创造受到了一种深刻的刺激。它来源于一种需要：教会对罗马法进行筛选，以此确立符合基督教信仰的准则。正如11世纪末沙特尔教区的主教伊沃（Ivo of Chartres）所言，教会只能采纳罗马法中它能接受的部分。不过，教会法学家早就涉足了包括私法和刑法在内的重要领域，因为教会一直关注着婚姻、遗嘱、通奸、离婚、伪证、高利贷和自杀之类的问题。难怪民法学家有时会觉得，自己的领域遭到了威胁。

在教会法学家创造的体系中，教宗充当了支点。这些法学家从事着一项大无畏的事业，因为他们要将终极法律权威授予一个能动主体，由它垄断。这么做公然否定了封建社会的习俗和态度，否定了它的去中心化、多头司法以及对习俗的强调。很快，这种将教宗的合法诉求等同于我们所谓“主权”诉求的尝试，就体现为语言上的变化，亦即法律术语的渗透。如上所述，到了11世纪晚期，人们越来越经常使用“完满权力”一语来形容教宗的权威，而这种说法实质上就是立法主权的同义语。

还有一种紧密相关的做法，就是强调教宗作为终审法庭的角色。11世纪80年代，罗滕巴赫的曼尼戈德（Manegold of Lautenbach）认为：“根据列位教宗的一致见证，任何人都不得评判
213 罗马教会的裁断，也不得颠覆其判决。任何人都不得怀有忤逆

教会命令的意愿或能力……无论对教会的门徒作下何等悖逆之事，都是绝对的违法。”[1]凭借着罗马法的作用，这套诉诸教宗的新程序也得以引进教会，从而使得教宗的官僚体制迅速壮大起来。

11 世纪 40 年代，罗马法影响了教宗的思想和行事。这种影响的程度之大，甚至使得以苦行著称的熙笃会僧侣明谷的伯尔纳（Bernard of Clairvaux）觉得，必须对一位曾经是自己门徒的教宗提出警告：

“有什么奴隶制，能比日复一日甚至每时每刻都忙于贪婪和野心的卑鄙计划，更让至尊的教宗蒙羞，更配不上他呢？您还有什么闲暇来作祷告呢？您还有多少时间能用来教育人民，开导教会，反思法律？真的，您的宫殿搞得每天都是讨论法律的嗡嗡杂音，但这不是上帝的法律，而是查士丁尼的法律。”[2]

伯尔纳所言不尽公允，因为他没有想到，基督教对罗马法的修订同时也是对教会法的创造。不过，他的严厉谴责确实唤醒了一场即将发生的智识革命。

教宗和教会法学家不仅发展出一套独特的基督教法律体系，而且将上帝眼前所有灵魂的平等，以及其中蕴含的道德立场用作自己主张的基础。他们试图确立一种高于一切人法的道德法，亦即“自然法”，因而属灵领域绝不能臣属于世俗领域。公权力的诉求绝不能抹杀良心的诉求，而教宗和教会法学家认为，只有教会才能代表良心的诉求。在他们看来，保罗的“基督徒的自由”观念与教会的自由必然相融。不过，他们所奠定的原则终将把矛头转向教会自己，就像教会把矛头对准世俗统治者那样。

214 大约1140年格拉提安（*Gratian*）的《教令集》（*Decretum*）是对教会法的系统研究，大大加剧了一场即将到来的革命。这部著作能与查士丁尼的《民法大全》相提并论，而且很快也成了公认的权威。格拉提安是博洛尼亚的一位僧侣，他的研究主要是考察教会法中争议问题正反双方的文本和论据。格拉提安通常会尝试调和双方的差异，但如果不可能，他就会做出自己的判断。教会法的这种合题，对整个欧洲的思想和实践产生了重大影响。12世纪后半叶，欧洲出现了数百部关于《教令集》的评注，它们见证了一场异乎寻常的智识活动的爆发。正如蒂尔尼所言，“这些教会法学家的著作迄今大多没有出版，但它们包含着那个时代对教会与国家问题的最精深的思考”。

围绕着教宗与帝国之间关系的讨论，在精细度和准确度方面都有迅速发展：

“教宗和君主的支持者关心的问题，不再仅仅是《圣经》和教父们究竟给了教士还是国王更高的权威。他们还想界定清楚，到底哪一类法律案件应当由教宗来审判；如果有教宗的立法权威存在，那它又有哪些限制；教宗在对付世俗统治者时，可以利用哪些法律制裁手段；教宗能否听取来自宗教法庭的上诉。”[3]

反过来，受到教会法学家的论点影响，教宗的立法或谕令也不断增多，以至于1234年就有了一部新的教会法汇纂，《教会法大全》（*Decretales*）。因此，对于那些身为法学家，其视野也受过教会法塑造的教宗而言，他们也能通过自己的谕令来影响教会法的未来发展。就这样，理论与实践合流了。

12世纪末到13世纪，几乎所有教宗都不仅是神学家，也是教会法学家。他们吸收罗马法来打造一套更加系统的教会法律体系。其中一些人在受召担任教宗之前还在大学教书，因为法学研究在博洛尼亚、巴黎和牛津这些新兴大学里非常繁盛。
例如，英诺森四世即位前不仅在博洛尼亚大学讲授教会法，还 215
在即位后设法写了一部关于《教会法大全》的重要评注。

在英诺森三世和四世的任内，教宗对“主权”权威的诉求达到了顶峰。特别是英诺森三世，他在描述教宗的地位和角色时毫不讳言：“你会知道，谁才是这位管理家业的仆人、耶稣基督的代表以及受膏于主的人……置身神与人之间，低于神却高于人，审判所有人而不受任何人审判……”[4]英诺森三世虽然没有争夺世俗法庭的日常司法权，但他声称教宗有权充当一切案件的终审法庭，无论是教会案件还是世俗案件，只要满足“问题疑难且含混”、“法官本人是嫌疑犯”或者“没有高级法官在场”三项条件之一即可。他认为，这种司法上诉管辖权的基础就是由基督授予彼得及其袭任者的权威，也就是“借由于罪”(ratione peccati）而捍卫道德法的权利。在这位既是神学家也是法学家的教宗心里，这一点据有核心地位：

“在给哥林多教会写信解释权力的完满时，保罗说，你们不知道我们还要审判众天使吗？更何况此世的事情？（《哥林多前书》6：3）因此，教宗的惯常做法是，有时在一些事上亲自执掌世俗权力的职分，有时又在另一些事上通过别人来执掌。”[5]

因此，主权——完满的权力——注定要成为教宗司法权的本质。

不过，“完满的权力”不只是教宗推动的一项语言革新，还能体现即将到来的智识革命。数世纪以来，教宗一直将自己形容为“圣彼得的代表”。这种说法本身关系到使徒在罗马留下的坟墓和肉身，而这些东西每年都能吸引成百上千的朝圣者，即便是在那些旅途充满危险的“黑暗”年代。这样一来，教宗的地位就得到了巩固。教宗与罗马教会“奠基者”之间的客观联系，不仅促进了他们的私人献身之举，同时也有助于他们“在使徒面前”发誓缔结政治协议。总之，作为圣彼得
216 陵墓的守护者，教宗的角色有助于在西方基督徒的想象中为罗马保留一个首要位置。但在 12 世纪，教宗的这种自我逐渐让位于另一种：他们不再自称“圣彼得的代表”，而是渐渐自诩为“基督的代表”。[6]

这场变革的幕后原因是什么？教宗在统治方面成了实际有影响的能动主体，而罗马法也对抽象思考产生了激发作用。结果，教宗与使徒之间外在联系的地位降低了，而一种由神圣天主所授予的司法权得到了强调。罗马教廷对普世司法权的诉求，使得人们关注它的终极来源——基督。

这种唯法主义思想想打造一种有实际影响的教宗统治，因而完成了加洛林时代以来的发展进程。“照看灵魂”的修辞曾经重塑了统治和行政的语言，法律服从的基本单位也再无异议。现在，教宗的主权不仅关系到“平等服从”，也通过照看灵魂的做法而关系到对个体的治理。个体的道德地位在于它是上帝的孩子，这就使他们能平等地要求得到关心和尊重。

就这样，教会法在新的正义理论基础上发展起来，而这套正义理论的前提就是道德平等。要想找到证据，我们只须看看格拉提安《教令集》开篇的几句话：“自然法就是律法和福音

之中包含的内容。根据自然法，每个人都必须做到己之所欲施之于人，己所不欲勿施于人。”这里，《圣经》的“黄金律”被应用于古代的自然法理论，从而使平等和互惠成了正义的源泉。格拉提安可能还没有完全意识到自己的做法有多么新奇，就将基督教的道德直觉与一种源自古希腊哲学和罗马法的概念融为一体。现在，平等与互惠的关系被理解为在实定法和习俗法之先，并且为评判实定法和习俗法的内容提供了终极标准。格拉提安将自然法等同于《圣经》启示与基督教道德，从而成功地赋予自然法一种平等主义的基础，同时也是潜在具有颠覆性的基础，而这一点就与古代世界的自然法观念——“万物各在其位”——大相径庭了。

这种新的正义理论在教会法内部发展起来，产生了影响深 217
远的后果，因为它抛弃了古代罗马法对于社会地位的看法。例如，2 世纪的法学家盖尤斯（Gaius）曾经依据三个问题来确定一个人的人身地位：

这人是自由的还是不自由的？

这人是公民还是外邦人？

这人是一位家父长，还是受制于某位祖辈的权力之下？

显然，盖尤斯并不认为有一种道德地位的根本平等存在。他使用的“人身”（person）一词只有描述性和身体性的含义，而不具有任何道德含义。自从君士坦丁皈信以后，教会大量吸收了罗马私法，模仿它来塑造自己的庭审程序。可是，一旦罗马法的知识和实践随着西罗马帝国的覆灭而衰落下去，教士的首要关切就变成了尽可能抢救罗马法，途径则是帮助日耳曼统治者打造一部适用于各自国家的法典，以此保护曾经属于罗马的臣民。相反，人们对罗马法律术语的理解变得脆弱不堪，因为好几个世纪他们都没有闲暇和能力来反思罗马法中关于社会地位的基本前提。

格拉提安对自然法之要求的解释，无异于提供了这样一场反思。这种支持人类平等的前提终于实现了逆转，因为它事实上规定，所有“人身”都应该被视为“个体”，由此它们像上帝的孩子那样享有一种根本性的地位平等。传统的社会不平等被视为自然的，因而也是不证自明的，但如今，一种根本性的道德平等才被视为自然的。这场逆转意味着，家父长和领主权不再是限制了正义诉求的“原生”事实，如今它们也得服从正义的监督。

教宗坚持所有人都要“平等服从”他的准则，这种立场就带有上述前提及其颠覆传统的家父长和领主权的潜力。1059年，教宗尼古拉二世（Nicholas II）对世俗授职的第一次禁令就凸显了教宗普世权威的本性：“我们必须勤勉地关心所有人，同时怀着属于我们普世准则的警觉，留心你们个人的得救。”格列高利七世还加强了这种口气：“凭着主您的喜爱，而非我
218 的什么事功，我相信这是您的意愿，而且一直都是您的意愿：尤其是奉献于您的基督教民众，都应该向身为他们专属代表的我表示服从。凭着主您的恩典，您赠予我对天上地下所有灵魂施以绑缚或解放的权力。”英诺森三世特别强调，任何人不得例外：“据说，国王们应该受到有别于其他人的对待。可是，我们知道神法上写着，‘你当审判最大的，也当审判最小的，人与人不应该有任何差别’。”[7]正义的古代定义是“一种令每个人各司其职的恒久意愿”。教会法学家从查士丁尼的《法学

总论》（*Institutes*）那里采用了这个定义，但割弃了诸如亚里士多德所持有的一种遗留信念：人们与生俱来的权利是不平等的，这是差别待人的一个道德理由。

当然，教会法学家也没有预见到道德前提逆转的所有后果。他们不是社会革命者，但事实上，他们为贵族社会向“民主”社会的转变奠定了基础。这种前提的逆转，不仅预示着社会结构将要发生根本变革，而且解放了人们的心灵，使人们对社会角色的分析获得了一种更加宽广的视野和更有批判性的锋芒。因而，西方思想的“起飞”得以可能。

12 世纪，人们重新发现了大量古希腊哲学经典，通常是在西班牙翻译的阿拉伯文献中，这就为中世纪西欧树立了一个抽象思考的伟大典范。但尽管如此，教会法的道德平等也创造了一种进行普遍化的新习惯。教会法学家习惯于思考，一条法律或实践的准则如何影响到“所有灵魂”。与古人不同，他们的关切带有“所有人平等”的经验。由此，人类能动性的信念优先于既定的社会角色，个体与其占据的社会角色之间有了区别，这就打破了一种区隔化的世界观。虽然古老的集体式社会观念抑制了任何进行普遍化的诱惑，但普遍化正是人作为能动主体的经验，并且主导着教会法学家们的著述。通过拉开人的能动性与特定的社会角色之间的距离，一种“是”与“应当”的截然区别得以可能，而这也是关于可观察事实的陈述与关于道德规则的陈述之间的区别。

这场变革极大刺激了逻辑思辨的发展，因为它直接质疑了 219
那些曾经支撑起集体式社会观念的习语。这些习语不再意指一些阶层现象，背后有着各自的实体或实在，相反，它们渐渐被视为一种思想建构，也就是我们所谓的“概念”(concepts)。就这样，从12世纪的阿伯拉尔（Abelard）到14世纪的奥卡姆(Ockham)，“实在论”与“唯名论”的战斗打响了：前者捍卫普遍语词或概念具有一种与思想不同的客观实在，后者则坚持“普遍事物并不存在，除非是在个体事物之中和通过个体事物才能存在”。唯名论的观点有了迅速发展。[8]

我们能看到，这场智识革命如何影响了人们对于政治权威的思考。教会法学家极大受惠于罗马法的统治权观念，但他们将统治权转变为教宗的主权诉求，从而改变了该词的既有含义。教会司法的核心变成了个体，而非既定的社会范畴或社会阶层。在教会眼中，只有个体或“灵魂”，才是服从的基本单位。事实上，教会法学家净化了罗马法的等级制观念，而这乃是古代世界社会结构的陈迹。

古代世界的前提遭到抛弃，由此推动了主权观念的诞生。通过“平等服从”的激励，教宗的主权诉求让个体成了法律服从的单位，从而为一种独特的统治形式——国家（state）的出现铺好了道路。但我们仔细考察就会发现，教宗的诉求使得平等既成了基础，也成了结果。虽然“平等服从”是国家和主权的一个必要条件，但道德平等也为限制国家及其主权权威的权力奠定了基础。所以说，教宗高举的智识之剑其实是一把双刃剑。

教宗的主权诉求，促使一种道德地位变成了一种有机的社会角色。如上所述，这就要求一种关于首要角色或元角色的定义（“个体”）对所有人都平等适用，其他社会角色则降到次要地位；两者的关系好比主体与属性一般，无论多少属性都无

法穷尽主体的身份。做一名“领主”“农奴”或“市民” 220
(burgher) 或许会对个体的身份有所增减，但个体或“灵魂”始终如一。这是古代社会所未有的情况。

因此，主权的观念为新的社会观念提供了拱顶石。唯有所有人对唯一的主权者表示平等服从，社会才能出现一种首要角色或曰元角色，“所有个体”才能平等享有一种基础性的道德地位。这就是教宗的主权诉求或“完满权力”改变古代统治权含义的方式，不久以后，这种含义变化也在世俗领域里产生了影响。

授职权之争重创了神授王权的观念，而在争议发生以前，无论教会还是世俗统治者，都拿这种观念来主张各自的优越性：君主用来宣称自己有权统治教会，教会则是坚持自己负有治理世俗事务的神授义务。可是，解决授职权之争的反复努力以及缓慢达成的妥协，最终导向了一种引人注目的“道德交易”。

一方面，君主不再像 10 世纪那样被视为“基督的代表”(vicar of Christ)，亦即最高祭司。虽然众多宗教符号装饰着他们的王座，但他们已不再是属灵统治的直接代理人。二元论传统战胜了君权神授。君主至少默认了，一种独立的属灵秩序也有其自身的道德诉求存在，而教会也有一种不受君主司法权管辖的自由，还能约束君主。与此同时，教宗也承认世俗权力拥有自主的司法权。这样，双方形成了僵局：两种权威体制都得到了承认，而就在双方之间的鸿沟里，欧洲自由的一部分未来落地生根。

不过，最初也不只有妥协。尽管陷入明显的僵局，双方还是达成了一种新的共识。世俗统治者从教宗革命当中获益良多，他们不只是落败者。无论统治者对教宗的诉求有多么不信任，教宗的主权诉求毕竟使他们熟悉了一种社会观念：它在当时虽然塑造了教宗的野心，但也截然不同于封建主义那一套复杂的等级秩序。

教会自称拥有一种以照看灵魂为基础的司法权。统治者认
221 可了教会的这种诉求，同时也被鼓励用一种更少等级制、更多个体化的方式来看待社会。基督教信仰所孕育的道德直觉成了一种正义理论的基础，尽管统治者有时会操弄基督教信仰，但他们对这种正义理论也不能无动于衷。因此，教宗对于主权权威的诉求，逐渐改变了世俗领域对于社会关系的思考。作为统一法律体系的榜样，以个体服从为基础的教会直接催生了缔造国家的筹划，而这一进程标志着封建主义的末日。

一种有着“主权权威”诉求的统治模式，向世俗统治者展现了一种扩展其司法权的手段。只要将个体或“灵魂”的诉求摆在首位，他们就能直接对个体建立起统治者的权威，而非只是对身为某一团体成员（家庭、城堡或社团）的人施加间接影响。“主权者”能突破封建王权的限制，奠立我们如今所谓的“民族国家”(nation-state)。因此，教宗对于主权权威的诉求削弱了世俗统治者的野心，进而引发了一场导致欧洲民族国家诞生的进程。实际上，这场进程是间断、艰难而缓慢的，但它最终对古代沿袭下来的集体式社会观念造成了致命一击。

因此，虽然封建主义在欧洲造成了公共权威极度分割的局面，并且推广了农奴制这一种新的臣服形式，但封建主义的表面胜利与致死进程同时并存。封建主义无法复兴自然不平等的

前提，因为上述的“道德交易”意味着封建主义无法像古代奴隶制那样，以一种二元论的方式来确立自身。封建主义不仅遭到道德直觉的挑战，也遭到了一种社会观念的挑战：在这种观念看来，教会与世俗君主双方的自身利益逐渐变得相通。

这些身为法学家的教宗没有成功建立起一种适合欧洲的教宗宪制，但在失败的同时，他们也为近代欧洲奠定了基础。

第五编　统治的新模式

第十七章
中央集权与新的司法意识

我们当前的任务，就是认清 11 到 12 世纪各种相互对抗而 225
又同时起作用的趋势。公共权威的极度分割是早期封建主义的一大特点，结果导致一种私有财产权几乎湮没了公共司法的理念，进而为重新界定公共权威的本性和基础开辟了道路。这也使得在教宗领导下的教会能够主张，家庭、部族或社会阶层不再是责任和服从的首要单位，个体才是。

在法兰克人统治的西方，随着加洛林帝国的瓦解与政治权力的地方化，中央集权的经验及其催生的信心从世俗领域转移到了教会。这就是克吕尼的修道院改革运动所产生的一个更大的意义：克吕尼使修道院摆脱了地方上的世俗影响，驯化了它们的附属组织，由此复兴了中央集权的统治理念。虽然克吕尼的成就仅发生在教会内部，但中央集权的理念使得修道院领袖产生了一种新的野心和信心。

我们知道，为了满怀信心地实现这种野心，事实证明需要有三个条件：首先是利奥九世在位期间，他征募了一批改革派精英进入罗马教会的核心圈子；其次是格列高利七世，他以教宗谕令（也就是教令）的形式，明确地宣称了教宗的最高立法权威；最后是通过对罗马民法的吸收和转化，创造了一套更

加体系化的教会法。这些变革开始重塑欧洲社会与统治的结
226 构，并且潜藏在从古代的统治权到教宗的“主权”这一段语义转变的进程背后。值得注意的是，变革的动力来自修道院，以希尔德布兰德为首的一批僧侣先后当上了教宗，这种情况从1073年一直持续到了1119年。只是到了后来，“僧侣教宗”才让位于“法学家教宗”。

1050年到1300年间，教宗在统治和行政方面的发展，使得教宗从一种被动的权威变成了主动的力量，很快就影响到了西欧社会的每一层面。这场发展进程的核心就是教会法的制订，由此，教会法成了现代性的最初媒介。哈罗德·伯尔曼（Harold Berman）正确地称之为“西方第一个现代法律体系”，并且认为只有“教宗革命”适合用来描述其原因。[1]

这些教宗为什么能如此迅速地推广法律改革？他们有几种手段：一是召开并负责主持教会的大公会议；二是发布教宗谕令，解决争议，同时扮演立法者和最高上诉法庭的角色；三是用教宗使节来增补主教法庭的空缺，而这些使节能监督地方上对教会决议与教宗谕令的执行。

对于1050年后教宗在这些领域里的活动的增长情况，牛津大学的中世纪史家理查·萨瑟恩（Richard Southern）提供了一份出色的数据统计。在1123年以前的五个世纪，只有3次教会会议被公认作普世会议或曰大公会议，而且都是在拜占庭帝国举行，只有一位教宗代表列席；从1123年到1312年一共有7次大公会议，全都是由教宗召集并且负责主持，而且它们都提出了涉及教义和统治的野心勃勃的计划。教宗利用使节的情况也有类似的增长：教宗使节通常要召集地方上的教会会议来

履行他们带来的使命，11 世纪末之前的英格兰只召开了一次这样的会议，但在 1070 年到 1312 年期间就有超过 12 次会议了。

不过，教宗通信的增长情况才是最耐人寻味的。1032—1046 年在位的本笃九世（Benedict IX）只留下了一封书信，1049—1054 年在位的改革派教宗利奥九世有所增多。但根据萨瑟恩的描述，1130 年以后才是真正的加速度：1130—1143 年在位的英诺森二世（Innocent II）年均 72 封，1154—1159 年在位的阿德里安四世（Adrian IV）年均 130 封，1159—1181 年
在位的亚历山大三世（Alexander III）年均 179 封，1198—1215 227
年在位的英诺森三世年均 280 封，1243—1254 年在位的英诺森四世年均 730 封，而 1316—1334 年在位的若望二十二世（John XXII）年均竟然高达 3646 封！[2]

改革派教宗无法预料，积极的教宗统治和教会法庭将为罗马带来多大的事业。但这一切的发生速度之快，甚至连教宗制本身也发生了转变。法律改革与官僚制出现了同时发展，我们有必要再次援引 1150 年圣伯尔纳致其庇护者尤金三世（Eugenius III）的一封劝诫书信："我要告诫你，就像叶忒罗告诫摩西那样，'你向人民作的是什么呢？你为什么独自坐着审判，所有的人民却从早到晚都站在你的身旁呢？'〔1〕这些事情将迎来什么结果？最后不过是蒙上蛛网，无人问津罢了。"无独有偶，12 世纪末几乎所有的教宗都是身兼法学家和神学家，难怪他们做不到事必躬亲。

---

〔1〕［译注］《出埃及记》18：14。

为什么教宗的统治必须承担起这些繁重的诉讼事务呢？教会法与教宗为首的司法等级制度的发展创造了一套体系，它能确保当事人获得一种融贯性、相对的可预测性以及其他一些好处。这套体系与世俗司法相反，后者主要应用习惯法和封建法，只允许以间接方式诉诸罗马法。不止如此，自由的愿景面临着当时地方利益和权贵的压力，它产生了一种动机，要求利用一套适用范围更广的成文法体系。总之，诉诸一套更加融贯、可预测而且中央集权的法律体系的做法，推动了当时司法诉讼的迅速增长。

我们能看到，1050 年后上诉至教宗的案件数量达到了第一次高潮。男女修道院纷纷采取行动，力图确保它们的许可证和各项特权有效，至少也要确保自己拥有免受地方主教干预的自由。当然，它们在请愿的同时通常也会向教宗送上一些慷慨的礼物，例如金钱或者别的什么，所以修道院的采邑经常落入教宗任命的人手里。类似地，教廷中央也产生了一种动机，要求充分考虑当事人的请愿。不过，并不是只有金钱才能吸引罗马教廷。只要默许教廷对完满权力的诉求，教廷的权威就能增强。

228 人们越来越养成了一种习惯，遇到麻烦就拜托教会，末了给予相应的回报。等到 12 世纪中叶，这么做的后果就显露了出来。教宗不再仅仅代表着最高上诉法庭，而是在某些类型的案件上甚至成了初审法庭。对于这种司法能动主义的表现，萨瑟恩举了一个有趣的例子，一反我们先前以为封建时代就是极端地方主义的印象。这是 12 世纪中叶的一起纠纷，争议焦点在于利奇菲尔德教区（Lichfield）内一座英格兰教堂的权利：行献堂礼（presentation）的权利是否仍然属于诺曼底的埃芙勒地区（Evreux）的教士？这些教士辩称，“他们自己”的神父遭到了伍彻斯特伯爵的驱逐，而后这位伯爵又将行献堂礼的权利“倒卖”给了切斯特的执事长！1144 年，教宗卢修斯二世（Lucius II）致信伍彻斯特主教，命他与赫尔福德主教担任同侪法官，共同裁决这起事件：

“截至我们听说这起案件为止，它已经从诺曼底转给了罗马，又从罗马转给了英格兰，而眼下两位英格兰主教必须传讯英吉利海峡两岸的代表出庭，包括一位伯爵、一位执事长、一个座堂议会以及两三位牧师或副牧师，同时依照教宗的权威作出定夺。如果我们仔细想想，就会发现这是非常令人瞩目的：一旦英格兰陷入剧烈的内战，与诺曼底的关系交恶，而英格兰各地的权力也得以坐大，那么，在这场围绕年收益 10 磅的财产纠纷中，教宗就可以指望距罗马两千公里外的地方能执行自己的指令。”[3]

起初，教宗们没怎么打算遏制这股向罗马上诉的潮流，哪怕这种做法以牺牲主教法庭和总主教法庭为代价。如上所述，这股潮流加强了教宗对于一种至高无上的立法和司法权威的诉求。截至 13 世纪，这些诉求重塑了整个欧洲的态度和习惯。自此以后，法庭才能够在教宗的监督下，建立起一些层级更加分明的司法程序。

教宗至上与教会法的合流，不仅为教会事务带来了秩序，也为世俗生活带来了秩序。教会法学家不断蚕食着民法学家的领地，情况只能如此，因为教会几乎对出生到死亡期间一切重要的生活时刻都抱有兴趣。教会涉足这些关键的生活时刻，因 229

此为欧洲渐渐兴起的社会秩序上打下了永久印记。

教会法有助于为欧洲人的心灵指明一个新方向。教会法的体系性以及管理这套体系所必需的各种程序，激发了一种分析性的思维框架，从而不可避免地导致了哲学与神学相分离，成为一门独立学科。不仅关于正确论证的崭新标准受到了激发，教会法的平等主义基础也开始挑战那些从古代集体式社会沿袭下来的看法。

12 世纪，逻辑学研究出现了令人震惊的迅猛发展。教会法的平等主义基础直接引起一个问题：如何将普遍范畴与个体经验联系到一起？这问题导致了一场持续两三个世纪的争论，也就是“实在论”与“唯名论”之争。究竟是普遍范畴与某种独立实存的事物相对应，还是说普遍范畴不过是某种汇聚个体经验，赋予其语义上的统一性的便利手段？渐渐地，人们不再按照柏拉图的理念模式来理解普遍范畴，不再认为它们具有某种超越于世俗经验的实在。一种集体式社会的基础渐渐遭到废除。因此，我们可以毫不夸张地说，教会在其形成期间已经是欧洲的主导者。对此，世俗统治者唯有嫉妒、怨愤和从中学习。

世俗统治者学到了什么？他们懂得了，一种中央司法的体系有利于改变对法律的理解：法律不再首先被理解为习俗，亦即“发现”或澄清某种已经存在的事物，而是表达一种主权意志。他们懂得了，主权概念能提供一种在他们王国内推行中央集权（无论权威还是权力）的手段，提供一种削弱“封建”司法权的基础。这种提议可是难以抗拒的。

但这还不是全部。在教会法的非凡影响之下还有一种东西，虽然对世俗统治者没有十分直接的吸引力，却也对他们的统治产生了深远的结果。教会法为法律比较引入了一套新的标准，一种“理性的”基础，而它们将使习惯法和封建法的规范陷入困境。

如果要赞美教会法带来的更深刻影响，我们就必须抛弃一 230
些偏见，因为它们是18世纪反教权主义的残余。很大程度上，教会法引入社会生活的标准要比过去更加人道、更加公平。在教会看来，照看灵魂意味着案件审理的主要方式，不再是依照社会地位给人贴上不同的价值标签。无论是赢得诉讼所需的证据标准，还是输家应当遭受的惩罚，在这些问题上，教会法都已经废除了习惯法和封建法中保留的那些规矩。

毫无疑问，当时判断有罪与否的方式取决于“神判”的结果，例如决斗或水浸的幸存者即为无罪，或者取决于为控辩双方作证的家族亲朋的人数多寡。相反，“合乎理性”的证据要求对各种证据进行筛选，对证人和书面记录进行调查，这样才能杜绝自从日耳曼入侵罗马帝国以来一直遗留的各部落的做法。1215年，第四次拉特兰大公会议禁止教士参与神判法，从而有效地禁止了这种做法。

教会借用罗马法的遗产，努力对抗西罗马帝国陷落后的“蛮族”做法。西哥特法典最早取得了进展，因为它区分了犯罪的真正道德因素（意图）与其他外在因素。可是，随后若干世纪发生的政治失序和教育衰败重创了教会。唯有通过12世纪教会法的发展进程，我们才能看清教会在改革社会态度和习惯上的全部潜力。教会法学家发明了包括民法和刑法在内的司法程序的基本形式，应用于教会法庭，而一直到13世纪晚期世俗法庭才予以采用。这套罗马法和教会法混合的程序规定了法官如何调查争议性事实，还要求对证据进行书面记录。这套程序催生了一种新的法律，而它几乎就是14世纪西欧的普通法，也就是一种融合了民法、教会法和习惯法在内的“欧洲共通法”(jus commune)。[4]

231 不仅形式方面的司法程序发生了变化，非形式方面的各种态度也发生了变化。这些态度表明，基督教信仰所激发的道德直觉为法律改革指明了方向。早期教会法学家甚至还讨论，《圣经》有关平等、互惠和谦卑的诫命是否容许“任何人”都能审判别人！这一点最能证明这场道德革命的范围有多么广。

11世纪晚期有一本小册子《论真假补赎》(*Concerning True and False Penance*)，对一位法官应有的态度作出了规定。法官必须严肃对待道德黄金律，将自己与受审者换位思考，因为尽量理解一个人的动机就是考虑其行为背景的最佳方式之一。这么做既能唤起谦卑，也能产生理解：

“一个审判别人的人……也要谴责自己。所以，他要认识他自己，除去自己看人时眼中的梁木……谁要是没有罪，就可以第一个拿石头打他（《约翰福音》8：7）……无人能免于罪，因为所有人都已犯了罪。属灵的（也就是教会的）法官要当心，免得自己没有拿知识来坚固自己，从而犯下不义的罪。正确的做法是，他应该知道如何识别自己将要审判的对象。”[5]

显然，平等与互惠的关系逐渐为野心树立了一种新的标准。这种道德优势在教会法中营造了一股和善氛围，从而使得教会法与习惯法、封建法以及罗马民法相区别。

关于惩罚的新观念出现了。最突出的特点在于，它们清晰地区分了惩罚的必要性与报复的欲望。与此相对，它们也不断地强调补赎和威吓的重要性，而这种强调乃是早先修道院赎罪实践的结果。教会的目标就是触及和唤起罪人的良心，同时也影响其他有犯罪倾向的人："如果你研究过教会里种种惩罚的本性，研究过它最主要的惩罚方式，也就是公开的补赎，那你就会明白，教会的首要目标是在罪人的灵魂中生发悔改之心，同时让旁观者感到道德上的惊骇。"[6]这种做法类似于通常认为的本质上属于现代的世俗观念，也就是由"犯罪矫正制度"（penitentiary system）一词所表达的刑罚改革观念，两者的相似程度令人震惊。

教会法及其法庭的体系发展产生了另一个结果，就是更加细致地考虑罪（sin）与犯罪（crime）之间的不同： 232

"11 到 12 世纪末，一种罪与犯罪之间的程序性区分首次出现。之所以如此，部分因为教会秩序成功地收回了世俗权威对于罪的司法权利，而这样就偶然赋予'世俗'一词以某种新的含义。自此以后，任何能让王权或其他"世俗"官职来惩罚的行为，都是由于触犯世俗法律而遭到惩罚，而不是作为触犯上帝之法的某项罪。例如，当世俗权威惩罚抢劫罪时，惩罚的理由就在于它破坏和平，悖逆社会，惩罚它也是为了保护财产权。在这个世界上，人们开始认为，唯有教会拥有惩罚罪的司法权利，而这样也偶然赋予'教会'一词以某种新的含义……"[7]

在"蛮族"法律里，不仅意图与行为几乎没有区别，犯罪和罪也是如此，结果就会导致社会诉求与宗教职责难以区分。

教会法学家提出的这些区分，开始重新塑造当时的社会态度。教宗对教会拥有的主权，已经使他们有可能创造出一套与“世俗”司法相独立的“属灵”司法。可是，教会法学家们很快发现，他们必须区分统治着罪的两种不同权威。在“内在的罪”（也就是违逆上帝意志的思想和欲望）的问题上，教会只须要通过各种圣事、忏悔、补赎和赦免来提供慰藉。相反，“外在的罪”既违逆了上帝，也违逆教会作为一个共同体的戒律，而它们就要交给教会法庭用教会法来审理。

12 世纪，哲学家彼得·阿伯拉尔（Peter Abelard）强化了教会法关于良心领域的思想。阿伯拉尔的论述表明，教会法的发展与神学的发展很难分开。他区分了“天上法庭”与“地上法庭”，前者是因为只有上帝才能看透人的心灵和思想，后者则是由教会法庭充当，只能审判外在行为。伯尔曼提醒我们，其实阿伯拉尔的结论很快就成了教会法的一条原则：“教会绝
233 不裁决隐匿之事。”阿伯拉尔甚至怀疑是否应当惩罚那些从未实行的预谋犯罪。教会法学家禁止一切在既有法律之中尚无根基的法律行为，由此守住了一块专属于意图的领域。大约1150 年，阿伯拉尔的一位学生彼得·隆巴德（Peter Lombard）写了《语录》（*The Book of Sentences*），后来成为好几个世纪的标准神学教材，其中阐述了一条基础原则：“法无禁止即无罪。”[8]

教会法学家力图界定和捍卫意图的各种作用，而这种突出的关切也是 12 世纪许多法律发展进程的关键所在：

“到了 12 世纪末，在婚姻法中，单凭双方的同意就能缔结一项符合圣礼的有效婚姻，无须别的程序。在合同法中，单凭

承诺就能缔造一项有约束力的义务，重要的是承诺者的意图。在刑法中，定罪和量刑的程度也要视被告人的意图而定，所以就像现代法律体系那样，衍生出关于过失和减轻罪责的复杂考虑。”[9]

教会法学家重新界定了个人责任的范围，同时也创造了一种个人自主的领域。选择与责任逐渐紧密结合到了一起。

我们不妨以婚姻问题为例，看看妇女和亲生子女的地位究竟怎样。第四次拉特兰大公会议采取一系列措施，确保婚姻的基础是同意而非强制。面对来自家庭的种种压力，教会法越来越缩小亲属之间允许通婚的范围，离婚也变得更加困难。由于受到教会的保护，妇女作为妻子和母亲的地位得到了提高。父亲要想让私生子女成为法定继承人，也变得更加困难。1202年，蒙彼利埃的末代伯爵申请教宗的特许，想让一位私生子成为自己的法定继承人，但教宗英诺森三世否决了这一请求。

教会法学家在探索意图和个人责任的领域的时候，开辟了一条崭新的道路。同样，他们在思考社团的本性和基础的时候，也变成了革新者。

我们知道，西罗马帝国衰亡后的主教们成了各自所在城市 234
的领袖，致使城市公职的世袭基础遭到了削弱。市议元老院的成员开始被视为城市居民的代表，而不是其主人。然而，尽管这种变化对晚期罗马法造成了一定影响，其影响却由于种种原因而遭到了限制，原因包括帝国的崩溃、城市生活的萎缩以及习惯法在新兴日耳曼列国中的重要地位。只有在教宗革命之后，社团的贵族制基础才在法律上遭到了颠覆，让位于一种民主式的基础。教会法学家力主教会相对于世俗权威的独立性，并且在道德平等的信仰基础上创造一套法律体系，由此成功改变了“社团式法人”(corporate body) 的含义。

教会法学家在社团法领域发起了四场基础性的变革，而那些遭到改革的原则曾经一直支配着查士丁尼《民法大全》关于社团的规定。不过，仅仅注意到这些变革还是不够的，变革的来源何在？其实就是道德平等的信念取代了自然不平等的古代信念的结果，四场变革均发端于此。第一，教会法学家拒绝如下看法，即只有得到公共权威认可的结社才能享有“社团的各项特权和自由权”。相反，在教会法中，由一群人为了共同目标而自行组织的任何团体，无论是行会、医院还是大学，都能成为合法的社团。这种基于个体意志的自愿结社的模式，直能上溯到修道院共同体所开创的做法。其中隐含的前提就在于，权威的来源是自下而上，而非自上而下。

第二，罗马法认为，只有公共权威“能为其成员创立新法，并且对他们行使司法权威”。另一种观点取而代之，主张任何社团“都享有对其成员的立法权利和司法权利”。换言之，只要成为社团的一员，个体就必须接受社团的规则。这也是受了修道院模式的影响，因为它将自愿结社的模式与自主统治的观念相结合，树立了选任上位者作为共同体代表的原则，
235 就像僧侣们选举修道院长那样。因此，上位者的权威变成了一种委任式的权威，权威再度被视为自下而上的。

第三场变革甚至以一种更加戏剧性的方式，揭示了权威序列的颠倒。教会法学家“拒绝了罗马人的看法，即一个社团只能通过其代表，不能通过其成员全体来行事”。相反，教会法学家坚持认为，社团在作出某些决定时必须取得其成员的一致

同意。可是，虽然教会法学家引用了罗马法的相关法谚，但其中提到的“代表”容易引起混淆。* 原因在于，那条引文所指的公职人员，其权威不是来自社团成员的授予，而是来自出身或帝国权威的赠予。因此，罗马法那里的公职人员算不上代表。

关于社团本性的贵族式看法遭到了反抗，这一点也可以解释教会法学家所作的第四场变革。他们反对罗马法的一条法谚，“凡属社团之物，不属于社团的成员”。相反，教会法学家认为，社团的财产就是其成员的“公有财产”，无论是收益还是负债，都归于每一个成员。它们既不属于社团的公职人员，也不能由他们任意处置。[10]

上述罗马法谚遭到的颠覆，最为清晰地表明了教会法学家如何拒斥那些构成罗马法基础的贵族式看法，同时表明这些人是多么富有创造力。有时，一种多数决议的原则似乎也正在出现。教会法不只是罗马法的附庸，而是弘扬了一种社团的观念：社团是一种始终以个体作为其权威来源的个体自愿结社，而不是由高高在上的权威所构成的团体，由这种权威来决定社团的认同。

结社模式宣告了一个新世界的诞生。总而言之，教会法为欧洲思想指明了一个新方向。教会法的体系性及其运转所需的各种程序，激发了哲学思考，促进了哲学与神学的分离。不但教会法学家的论证推动了关于论证严密性的新标准的发展，教会法的平等主义基础也提出了一系列问题，最终动摇了古代世

---

* ［译注］作者此处未明言，但似指查士丁尼的法谚“关涉全体之事，须得全体同意”（Quod omnes tangit ab omnibus approbari debet）。

界的集体式社会所遗留下来的语词和看法。

236 对于延续了三个世纪之久的实在论与唯名论的哲学论战，我们不应低估其重要性。关键在于，普遍词项的地位对于社会有着深刻的潜在影响。这些普遍范畴究竟对应于某种像柏拉图的理念那样的更高实在，抑或不过是人类的建构与工具？人类是要接受柏拉图的“护卫者”的统治，还是自己统治自己？在“唯名论”的旗帜下，道德平等的看法正在迈步前进。

第十八章
理性的民主化

1000 年到 1300 年，教宗发起的变革为一种新的社会奠定 237
了基础。这些变革都富有革命性，但过了很长时间才得到承认。为什么它们长久以来都遭到低估了呢？

人们通常将这些变革称作“格列高利改革”，但这种说法具有误导性，因为它将过多的功劳统统归于一位教宗，却没有澄清这场改革运动早在格列高利就任教宗之前就已兴起，之后也持续了很长时间。同样，这种说法也没有澄清这些改革在教会之外造成的深远影响，尤其是对世俗统治的影响。近来还有一种“12 世纪文艺复兴”的说法，也错失了这些改革所具有的全部本性，因为它通常关注文化上的发展，却忽略了制度上的改变。不仅如此，将这些发展称为“复兴”也会错失其原创性，因为这样就将过多的功劳统统归于古典资源，反而低估了教会的作用。

还有一种说法也值得讨论，这就是哈罗德·伯尔曼提出的“教宗革命”，但它也没有完全切中问题的核心。毕竟，教宗革命又是因为什么而变得如此富有动力，以至于逐渐改变了世俗统治呢？至于那套由教会创造并且奠基于神学的法律体系，究竟是什么赋予了它如此强大的颠覆力量？这种更深的来源就是个体的发明：个体成为最重要的社会角色，从而开始削弱传统社会角色所“负载”的地位和待遇方面的根本差异。地位平等深深铭刻进了这种新的社会角色之中，同时为欧洲开辟了一条任何人类社会都不曾走过的道路。

238 一场自我的重建事业即将到来，并且更加贴合基督教的道德直觉，因为新的司法意识偏爱平等和互惠，先是被引进教会法，接着又被引进民法。这样一来，“黄金律”渐渐改变了社会化的进程，并且从一开始动摇了社会分层，也就是我们熟知的封建主义。最终，一种所有人平等共享的新的社会角色取代了封建主义，这就是个体。

受教宗改革的推动，灵魂作为一种道德地位被转变成了一种社会角色，进而改变了欧洲思想和行动的基础。随着这场转变从教会扩展到世俗领域，同时采取一系列催生了民族国家的最初行动，欧洲人相互之间的关系发生了改变，思想和行动也获得了一种在过去传统社会中尚未具有的品质。随着一种道德地位向社会角色的转变，一种新的社会图景得以创造出来：社会是由个体而非家庭、部族或种姓的联合形成的。教宗“主权”的诉求令这场转变成为可能，因为所有人平等服从同一主权权威有着重要的含义，主权者的任何臣民对其他任何人都不具有天生的义务。因此，无论是命令的权利还是服从的义务，都不再植根于独立的世袭或习传角色。主权权威的出现，拉开了能动主体与其偶然具有的角色之间的距离。能动主体变成了担任角色的人，而这种身份不会被其他种种角色耗尽。它们发展出了自己的意志，进而成为个体。

因此，教宗主权推动了一种身份认同的发展，迥异于其他与封建主义相关的角色。进而，教宗主权为一场围绕身份认同问题展开的最终冲突埋下了种子。教宗主权和教会法提出了一种所有人平等共享的属性，从而认可了一种偏爱平等的普遍前提。结果，它们注定要削弱古代的看法，即毫无道理地认为地位和待遇的不平等“出于自然”和不可避免。

这种前提上的颠转，使得社会关系有望出现一种新的透明性。道德平等替代了自然不平等，从而为新的比较方式铺平了道路，而这些比较一直被基督教思想限定在彼岸世界，亦即所有灵魂的终极命运。我们在前一章给法官的建议中看到，这种 239
替代的结果就是鼓励人们透过他人来理解自己，同时透过自己来理解他人。这种比较方式的发展一旦获得合法性，就会成为一股无法抗拒的社会变革的原动力，同时也会引起希望与怨恨、野心和不安。它还提供了通向一个躁动不安且富有进步精神的未来新社会的道路，而这个社会终有一日也将挑战教会自身的“特权”。那些促成了教宗革命的教宗和教会法学家，似乎没有预料到自己改革所造成的全部影响。

在那些依赖于自然不平等前提的社会里，这种比较方式的发展遭到了抑制，因为自然不平等的前提在各种既定的不平等身份四周筑起了高墙，既没有提出一种普遍人性的主张，因而也不会追求道德上的透明性。相反，教会法通过对婚姻、财产和继承权的规定，推动了这种透明性的发展。同意原则和自由意志为所有领域的准则提供了基础，例如，婚姻的每一步都需要同意，无论是订婚、婚礼还是圆房。教会还为婚姻无效制订了细致的条款，以免一场婚姻不幸建基于错认身份、欺骗或强制之上。此外，教会还大力保护已婚妇女：“在上帝面前，婚姻双方是平等的，而基督教最早教导了这种平等的学说。在实践中，这就意味着一切义务都是相互的，尤其是忠贞。”[1]不止如此，封建权贵将自己的属地视为任意处置的财产，教会却始终坚持同意原则的重要性。至于继承权方面的规定，日耳曼习俗和罗马法的首要关切都是将家庭作为一个单位永远延续下去，而经过修正之后，立下遗嘱的个人意愿也应当受到尊重，因为这样做才能“保护他的灵魂”。结果，“遗嘱”变成了一种“意愿”，而后者唤起了个体性。[2]

这些规定筹划了一种社会图景，并且对其偏爱有加：这是一个由个体组成的社会，所有个体都具有良心和自由意志。教会法创造了“普世”的诉求，进而培养起这种比较的习惯。由此，教会法为世俗权威的发展树立了榜样，而这些权威既有能力也有意愿推动上述诉求的发展。

240 教宗们相当清楚自己推动的道德变革具有怎样的深度，尽管他们未能看清许多后果。13 世纪末，英诺森三世对这场变革的神速进展大感惊异：“要不是上帝指派了某人或某些人来处罚罪犯，或者，要不是一家之父起初凭借自然法而对其家庭拥有完全的司法权，如今却只在少数次要事务上有此权利，否则我真不知道司法权是如何起源的。”多亏教宗主权的学说，“自然”一词的内涵才发生了改变。诉诸“自然”的做法越来越与平等相关，也就是与个体的基本诉求相关：“据说，国王们应当受到不同于别人的对待。但我们知道，神法里写着，‘你们审判大人物也要像审判小人物一般，人与人之间没有什么差别’。”[3]

通过基督教信仰对教会法的影响，地位差别再也无法反映一种客观的自然秩序。在教会法庭上，地位差别的重要性更是低于每天人们做出的选择和罪，它们才是各地教会在关于末日审判的布道中反复提醒人们记住的事情。诉诸审判日的做法，证明了人类自由具有现实性。类似地，教会不断反对各种世俗形式的宿命论也是如此，例如占星术信仰认为星辰支配着凡人的命运。12 到 13 世纪，强调个体灵魂受审的做法孕育了一种新的信仰：个体在死亡之后、末世之前会经历一段过渡时期，也就是“炼狱”，期间“涤净”自己的罪。因此，自由甚至延伸到了死后生活。[4]

传统的身份和实践遭到了削弱。教会法依赖于一个更好世界的愿景，在那里灵魂的平等将成为主流，富有德性的选择将获得回报。这样一来，教会法促进了思想本身的转变。这种转变的证据在 12 到 13 世纪俯拾皆是，令人震惊。如上所述，普遍化的做法变得既可爱也可信，而这在以自然不平等信念为基础的社会几无可能。由个体组成的社会，使得一些人人共有的特征（无论潜在的还是现实的）成了更加重要的思考主题。反过来，普遍化的习惯也增强了抽象化的能力，亦即探寻、糅 241
合以及标示那些共通属性的能力。

只要盯住 12 世纪教会法学家在罗马法中引发的变革，我们就能看到这一点。伯尔曼强调过，罗马法不信任抽象化的做法，而且刻意避免。罗马法在根本上是案例本位的，只是为了给特殊的法律问题找到正确答案。它从具体案例中引出具体的规则，而非普遍原理。教会法的思维习惯则是南辕北辙，它力图界定具体法律裁决的共同特征，然后将它们提升至概念的层次，要求认清各种规则背后的原理。教宗主权的信条推动了新的社会图景的产生，从中也孕育了抽象化的动力。这意味着，教会法学家不仅拥有从罗马法研究中习得的法学技艺，更是有着一种对于普遍化和抽象化的“民主式”兴趣，而这种兴趣将亚里士多德的逻辑学知识与基督教的道德直觉联系到了一起。[5]

古罗马的法学家渐渐接受了希腊的分类方法，但将其严格限制在一个特殊的语境中。用法学家保卢斯（Paul）的话来说，“一条规定是用来简要解释一项事务的……如果有什么地方不准确，那它就失去了效力”。所以，这些规定都不是普遍的。罗马法学家抵制任何为司法体系的基础赋予逻辑一致性的做法，我们也很容易理解为什么个中缘由。他们认为根本性的地位差别是正当的，因而这种社会观念阻碍了普遍化的进程，让它变成了无用功。

可是，自从11世纪晚期以来，罗马法复兴之后的学者们开始养成了一种新的思考态度：

“11到12世纪的西欧法学家，将古希腊的辩证法运用于一种更高水平的抽象化。他们试图将各项规定予以体系化，使其成为一个融贯的整体。他们不只是界定一些特定种类的案例所共有的要素，还要将那些规定综合成原理，将原理综合成一整套法律体系……”[6]

这种新的关切营造出了一个不同点，即法律应该对所有人
242 “平等适用”。因此，法律需要体系性。形式上的地位平等，使得普遍化和抽象化似乎成了“自然的”。

神学是开路先锋。神学通过对教会法直接或间接的影响，塑造了12世纪的辩证推理。早在12世纪，阿伯拉尔的《是与

否》（*Sic et Non*）就提出一种分析框架，不久在隆巴德的《语录》一书中也得以加强，而后者成了系统神学的标准教材。它们都促进了一种“辩证式”推理的发展，也就是围绕特定命题对比正反双方的论证。

神学论证和法学论证相互作用，创造了一门共同的学科。所谓的普遍化，先是自下而上地进入一套融贯的命题体系或原理体系，然后又将这些原理自上而下地应用于具体的例子或案例；这种普遍化的习惯渐渐创造了一种独特的思维定势。它要求对逻辑和文本的不连贯之处进行分析，努力实现综合。格拉提安《教令集》的完整标题——“歧义教典的谐致”（A Concordance of Discordant Canons）——完美地阐明了这种解决问题的新思路。

不妨想想基督教的基要教义如何参与了这种论证模式。如果信仰来源于启示，因而是“被赠予的”，那么理性的任务就是考察和理解信仰，而非自行规定信仰的内容。思想家们不再像古代世界的人那样认为，理性单凭自身的来源就能确定关于万物本性的结论。相反，这些结论必须与信仰的内容相比较，以便排除掉反常和不融贯的地方，就像《是与否》所做的那样。反过来讲，神学中的辩证推理也有助于塑造法学论证。

如果信仰的约束有利于对理性的角色提出一种更具试验性的理解，那么这种新的理解很快就会扩展到其他事物上。12世纪的教会法学家必须在基督教道德直觉与一堆复杂且经常相悖的遗产之间进行调和，后者包括日耳曼的习俗、罗马法和希腊哲学。面对如此多元的信仰及其支撑着的种种实践，只有很少一部分能站得住脚。不过，要想创造一套教会的法律体系，

找到这样一种共同的基础就是势在必行。亚里士多德的传统、神学的传统以及帝国的传统必须经过“驯化”，与基督教信仰
243 所孕育的道德直觉相融。为了找到它们相互沟通的共同基础，无论民法学家还是教会法学家都细致考察了各种前提和定义，因为唯有作出详尽的说明，才能在欧洲发起一场更加广泛的讨论。整个12世纪期间，随着博洛尼亚、巴黎、蒙彼埃尔和牛津等地的大学兴起，这场讨论打造了一套制度上的关系网。因此，神学论证和法学论证相互塑造，孕育了后来所谓的“经院方法”。这种方法使推理变得更加精细，也更具有试验性。它收集各种证据，以便检验各种论证的有效性，将结论予以普遍化。

摆在我们面前的是一场决定性转变。大字的“理性”(Reason)逐渐让位于小字的“理性”(reason)：前者是一种掌控现实的能力，并且在社会中分配不均。后者则被视为个体的一种属性，而所有个体都是平等的道德能动主体。12世纪，理性逐渐丧失了曾在贵族制社会中获得的本体论领域的特权。至少从原则上讲，人们可以平等地检验理性的各种命题，这种检验的基础则是人人共有的信仰。圣伯尔纳不就抱怨过，由于阿伯拉尔的影响，信仰之事现在也成了街头巷尾讨论的话题了吗？理性的角色逐渐变得民主化了。理性不再是某种利用民众的东西，而是成了为民众所用的东西。

理性的民主化是一项惊人的成就，其基础就是将社会视为由个体组成的团体。这一点可以通过12世纪广泛争论的三个问题来澄清：一是自然法的含义，二是政治义务的基础，三是抽象观念的地位。这些问题引发了许多争论，从而表明欧洲开

始发展起一种分析性更强、社会地位因素影响更小的智识。

诉诸“自然”或自然法作为正义的基础，很快就成了教会法学家的标准做法。例如，他们坚决捍卫新的司法程序，后者是通过一些由“自然”而非习俗或实定法所要求的术语来主持一场公正审判，但这里的“自然”已不再是古典廊下派理解的自然。教会法学家对于个体良心和自由意志的平等主义关切，使得他们逐渐将自然法改造成了一套诸自然权利的体 244
系，也就是个体生而固有的前社会的权利或者道德权利。这样一来，教会法学家将原始基督教对“内在性”的关切融入了法律语言，而这就为现代自由主义奠定了基础。

当教会法学家援引廊下派的自然法学说时，他们采用的这种语言曾经是思考社会习俗的一种方法，而非进行道德革新的手段。相反，教会法学家在这种语言中注入了一种迫切的道德内涵。他们几乎是出于直觉地引进了一种强的分配原则，也就是黄金律。正如我们在格拉提安的《教令集》中所见，道德黄金律的特点就是作为个体诉求的平等和互惠。

反过来讲，道德平等的前提也产生了一种对于平等的自由的诉求。原因在于，如果人人都有平等的道德立场，那就说明一定存在某个领域，能使他们的选择在其中都得到尊重。否则，拥有道德能力还有何意义呢？[7]教会法学家对《教令集》的评注，捕捉到了格拉提安所关切的良心的角色与保罗所强调的“基督徒的自由”之间的某种联系。格拉提安不是坚持认为，自由的权利绝不能被抛弃，哪怕是当一个人遭受奴役的时候吗？

格拉提安与《教令集》学者（Decretist）开始认为，所有人都有某种固有的道德本性，它将准允每个人都有一些前社会的正当诉求，先于习俗和实定法。因此，教会法学家逐渐放弃了一种关于万物秩序皆有外在命定的观念，同时抛弃了其中隐含强调的“命运”观念，转向了一种关于主体权利（也就是个体权利）的立场。他们不再将“自然”与一种客观、和谐的等级秩序相联系，不再认为“万物各在其位”，而是将自然解释成人的人格所固有的一种力量。就这样，一种偏爱人类自由的自然权利观念诞生了。

自然权利的观念在法律术语中塑造了一种平等主义的道德愿景，而这种愿景曾经塑造了保罗对于基督的看法，进而在奥古斯丁笔下得到了详尽阐述。不仅如此，这种愿景还促使奥古斯丁拒绝了支撑古代思想的等级制观念，并且将骄傲所带来的各种诱惑一道斥为“上帝之城”的敌人。保罗和奥古斯丁都
245 借用了犹太传统，尤其是上帝的诫命“托拉”，以此颠覆合理性与不平等这两者在古代的结合。为此，上帝的意志要从每个自我的“内心”中寻得，这样才能实现一种良心的响应和道德化的意志。保罗和奥古斯丁将“正确理性”与个体意志相结合，从而为理性提出了一种“民主式”的愿景。理性与等级秩序之间的联系断掉了，取而代之的是理性与个体的良心和意志建立了联系，从而赋予人类个体一种新的尊严。这就是既为礼物、亦为重担的自由。

犹太教信仰的神意只关注一支“受拣选”的民族，而保罗和奥古斯丁改造了它，使神意的诉求变得内在化和普世化，所有人皆可通达。期间，他们为“基督徒的自由”创造了潜力，创造了一种所有个体所具有的正当力量。由于人类平等的

前提与发现神意的需要相结合，一种新的人神关系成为了可能，而这种关系更具有人身性而非部族性。不过，虽然保罗和奥古斯丁构想了道德自由的愿景，但要到 12 世纪的教会法学家，这种愿景才转变成了一种以诸自然权利为基础的形式化法律体系。

只是最近一段时间，人们才将自然权利观念的起源追溯到 12 世纪的教会法，此前则一般认为起源于中世纪晚期或早期现代。不过，蒂尔尼已经证明 12 世纪的教会法学家就是创始者，他讲了一个十分有趣的故事。[8]

在格拉提安《教令集》的评注者当中，围绕“自然法”(jus naturale) 一词的争论迅速产生，因为他们已经注意到这个词的不同用法所导致的混乱。他们很快放弃了廊下派将自然法视为客观、外在的秩序的做法，但也对格拉提安的自然法定义感到不满，因为格拉提安将自然法定义为一套道德诫命，以《圣经》为基础，也能被理性辨识。这些评注者急着要将自然法清晰分明地固定在个体的能动性之中，所以用这个词来表示一种人所固有的主体力量，进而表示一种“自然”既不命令也不禁止人行动的自由领域。

大约在 1160 年，教会法学家鲁菲努斯 (Rufinus) 详尽地解释了这种重要的新定义，将自然法解释作正当力量：“自然法是一种特殊的力量，它出于自然植根于所有生物当中，目的是做得好。”[9]反过来讲，这种正当力量隐示了一种个体自由的领域，因而，鲁菲努斯将自然的命令和禁止与一种可变的领域 246
——“指示”(demonstration)——区别开来，诉诸自然并不排除可能有不同的结论产生，例如财产所有权既可以是公有，也可以是私有。这种新的范畴划出了一块自由的领域，并且予以保护："自然法包括三个要点：命令、禁止和指示。它在命令和禁止方面的含义一丝也不能减损……但它也可以与指示相关，这是自然既无命令也不禁止的情况……"[10]由此而论，自然法不再是一些相对简单的"做与不做"的规定。这是一项重大革新，因为它创造了一片领域，能让选择也具有权威地位。这种做法创造了"一片许可性的领域，其中能合法行使各项权利"。正是一种权利的观念，孕育了这样一种选择的领域。

渐渐地，教会法学家开始强调选择的作用。大约在1170年，多佛的奥多（Odo of Dover）评注道："自然法是一种上帝在人之内感生的特殊力量，借此引导人去选择正当、公义的事物。"而在《以主之名》（*In nomine*）中，我们看到："自然法是一种特殊禀赋，有了它，人们能辨别善恶。在这种意义上，自然法就是一种能力……也是自由意志。"[11]

12世纪80年代，人们认为，个体的正当诉求在自由的领域里可以实现也可以不实现：

"合法且经过认可的自然法，并非来自上主或任何成文法的命令或禁止……例如收回或不收回个人的东西，吃或不吃，休或不休一个不忠的妻子……在评注使徒的话'凡事我都可行'时〔1〕，安布罗修注了一句'出于自然法'（lege naturae）。"[12]

趋势已经明朗，个体能动性渐渐成了自然法的基础。到了12世纪末，一些评注者已经与格拉提安距离甚远了：

"许多《教令集》学者将一种人的人格所固有的主体力量

〔1〕［译注］《哥林多前书》6：12。

或能力，以及其他许多定义，统统列入了自然法的定义。但是，这群人中最伟大的胡古奇奥（Huguccio）有一个不寻常的主张，认为这种主体力量或能力就是自然法一词的首要含义和确切含义。根据他的定义，‘自然法被称为理性，也就是灵魂的 247
一种自然力量’。胡古奇奥还说，在第二种意义上，自然法一词也能用来表示那些凭借理性可知的道德法则，而它们汇为一条《圣经》大法——已所不欲，勿施于人。”[13]

真正值得注意的是，胡古奇奥如何用他的论证来反驳格拉提安，因为它表明了，道德平等的前提渐渐使得教会法学家将理性固定于个体的能动性，而非外部世界当中。胡古奇奥认为，作为道德法则或诫命的第二种意义其实不是自然法的恰切定义：“我们应该说，道德诫命是自然法的结果，或者说它们来源于自然法，但它们本身并不是自然法。”[14]

这种戏剧性做法的背后是什么？古代的自然法学说受到了修正，将道成肉身的信仰纳入了进来，也就是“上帝与我们同在”的观念。这种信仰废除了过去在神的能动性与人的能动性之间的区分，无论是多神教的“众神”，还是旧约的耶和华。道成肉身的观念是基督教平等主义的根基，同时也是古代自然法学说转变为一种自然权利理论的真正原因。原因在于，道成肉身的观念意味着神性并非某种与人的能动性相距遥远的东西，而是内在于它的正确使用之中。14 世纪的神学家让-热尔松（Jean Gerson）对这一进程作了如下总结：“自然王国是上帝的一份礼物。借着它，受造物直接从上帝那里获得了一种权利（jus），即为了自己的用途和保存而利用更下等的事物。”[15]这种神的逻各斯或曰“圣言”，不再是一种外在的限制，而是成了人类获得解放的手段。

如果说教会法学家的第一步是坚持一种关于许可性领域的看法，认为能动主体在其中可以负责任地进行自由选择，那么，第二步就是界定各种具体的自然权利。这不是一夜完成的，他们的主张也并不总是前后融贯。尤其在于，人法与自然权利之间的斗争还没有清晰的结果。尽管格拉提安说过，人法背离了自然法就会失效，但他也没有真正穷尽其中隐含的深意。不过，蒂尔尼也可以说，截至 1300 年，有许多特殊的权利都是以自然权利的名义来予以捍卫的："它们包括拥有财产
248 的权利、同意政府统治的权利、自卫的权利、异教徒的权利、婚姻的权利以及各种程序性的权利。"不止如此，教会法学家最初采取的一系列做法武装了这些权利，使其在实定法面前也能执行。

这样一种"司法审查"的形式究竟是如何诞生的呢？教会法学家将自我保存的权利界定为基本权利，哪怕是牺牲一般的财产权也要捍卫这项权利。另外，他们还通过强调意图的作用，发展了这种观念。胡古奇奥首开先河，重新定义了"偷盗"：如果一个穷人偷了东西，而物主认可偷盗者对这东西有着真正的"需要"，那么这位穷人就没有犯偷盗罪。但胡古奇奥并未止步于此。有一种习传观念认为，"共同所有权"根据自然法的某种"指示"而被视为善，适用于一种原始的处境，之后则是允许私有财产存在的人法和神圣诫命，例如"不可偷盗"。就连这种观念也遭到了胡古奇奥的拒绝：

"根据自然法，所有东西都是公有的……如果这么说，那意思就对了。根据自然法，也就是符合理性的判断，所有东西

皆公有，是指在穷人需要的时候，这些东西都要拿来和穷人分享。原因在于，理性自然地引导我们认为，我们只应该保留下需要的东西，而将剩余的分发给需要的人。”[16]

因而，胡古奇奥重新定义了“公有”一词，用它来表示“分享”。蒂尔尼作出了一个正确的结论：教会法学家逐渐将财产权理解为一种社会制度，既是私人的也是公共的，既创造了个体的权利，也带有一种“在需要的时候”与他人分享的义务。研究《教令集》的一位教会法专家甚至认为，一个人只要是有需要，就能“为自己宣告他的权利”！

不过，嘴上说说是一回事，强制实行又是一回事。这种享有权利的主张能得到实行吗？即便胡古奇奥也深感怀疑。在他看来，“许多事情不能通过司法程序来求得，例如尊严、宽恕和救济……但它们是某种为了上帝和虔敬的缘故而应有的东西”。[17]但是，胡古奇奥的后继者们有更大的决心。公元 13 世纪，教会法学家打造了一套司法程序，使上述主张变得可行。主教法庭被授予权利，可以凭借一套名为“福音谴告”(evangelical denunciation) 的程序进行干预：它使一个人在极端贫
困的情况下，能以“自然权利”的名义向主教法庭寻求帮助。249
然后，主教会以开除教籍为威胁，要求富人施予救济。这套程序写入了一本讲《教令集》的标准教科书，由此出现了“一种旨在保护穷人权利的法律制裁”。[18]

这些自然权利观念的发展，既反映了也巩固了新的理性观。新的理性观与人的能动性相关，与选择和正当意图相关，并且为社会干预奠定了基础，而这正是现代福利国家的先驱。在 12 世纪的另外两个争论领域里，我们还能看见类似的“现

代”组织。

11 世纪晚期，一种统治者与被统治者之间的契约关系模式有了最早的例子，也就是后世所谓的社会契约理论，很难说这是偶然。一旦义务的核心在于灵魂或个体良心，那结果就是，某种选择或选举的要素将成为履行政治义务的先决条件。劳滕巴赫的曼尼戈德（Manegold of Lautenbach）曾写信拥护教宗格列高利七世对皇帝亨利四世的废黜，其中他认为国王的权威是有条件的：

“人民拥立他高踞众人之上，目的不是授予他一种毫无限制的权力来对他们实行僭政，而是保护自己免受他人的僭政和邪恶的侵袭。那位被选出来的人应该除恶扬善，但万一他的内心开始滋生邪恶，开始欺压好人，用残暴的僭政统治臣民，而非替他们抵挡僭政的危险，那么，这人就活该丧失曾授予他的尊荣，人民也要从他的统治中获得自由，不再臣服于他。因为很明显，他第一个破坏了契约，而正是契约授予他这项任命。这难道不是很清楚的吗？”[19]

这里的“契约”不是封建契约，破坏契约也不是指违背了封臣身份所创造的互惠性义务。相反，曼尼戈德关心的是一个统治者对其所有臣民的总体——“人民”——所负有的义务，尽管他认为权贵在实际执行的过程中起着重要作用。如果说曼尼戈德的灵感来自于当时的实践，那就很可能是来自于修
250 道院的院长选举；对于僧侣而言，修道院长既是父亲也是仆人。无论如何，我们已经弄清了当时关于政治义务的一种契约模式。这就表明，作为由个体组成的团体，这样的社会图景对于人心的影响力如何不断发展壮大。

我们还能在 12 世纪早期的一个领域里，看到新的社会图景及其对理性的影响，这就是哲学论证的领域。原因在于，这段时期的哲学已经逐渐摆脱神学的监管，独立生长起来。代表人物就是智慧且善辩的逻辑学家阿伯拉尔。阿伯拉尔主张一切知识都应接受重新省察，由此拓展了那种塑造民法和教会法的新分析方法："通过搜集各种相互对立、有所分歧的意见，我希望激励年轻的读者们，要将自己推到追寻真理的极限，这样你们的探索方能磨砺你们的才智。正因为怀疑，我们才去探索；正因为探索，我们才能发现真理。"[20]阿伯拉尔乐于挑战习传思维，因为他坚持"主耶稣说的是'我是真理'，而非'我是习俗'"！

尤其在于，阿伯拉尔开始考察词与物的关系。为了打造一套法律体系，教会法学家试图从不同类型的法律判例中演绎出一般的原理或准则，而这激发了阿伯拉尔的思想。他开始操心这些准则的地位，并且通过波爱修斯的著作学到了亚里士多德的学说：所谓准则，就是指一些最大或最"普遍"的命题，由此出发可以推出三段论的结论。这些都是关于逻辑蕴涵的陈述，与关于事实的陈述不同。就前者而言，阿伯拉尔指出："逻辑前项为真的条件是逻辑后项为真。"

可是，普遍命题究竟是仅仅汇总了其隐含的各种命题的含义，还是说普遍命题本身就是"实在的"？一个"普遍词项"（nomen）同时也是"个体事物"（res）吗？阿伯拉尔助长了对于"实在论"解释的攻击，拒绝认为由共通特征所定义的种属也具有某种外部实在。相反，阿伯拉尔主张："普遍者就是由思想所发明的各种词项（nomina），目的是表达同一种属之下所有个体事物之间的相似性或关系。”[21]阿伯拉尔毫不怀疑事物的实在性，但他强调，抽象化的发展使复杂的事物世界变得简单化，而事物与事物之间的关系其实都是概念：“当我听到人这
251 个词的时候，一个特殊的形象就浮现在我的心中。这形象与个别的人之间有着如此紧密的关系，以至于它为所有人所共有，而不专属于任何人。”因此，普遍词项或概念搭建起了事物世界的桥梁，它们并不像一事物厕身于其他事物之中那样存在。

这种对于词与物之间差异的兴趣绝非偶然。基督教对于“内在性”和人的能动性的兴趣，就是强烈地意识到了内在经验与外在经验、意志与感觉之间的差异，而这种兴趣促使 12 到 13 世纪的逻辑学研究产生了一场名副其实的大爆发。它表明，人们越来越不信任普遍词项或概念潜在具有的强制力，特别是当它们被赋予某种外在于精神的实在之时。辨明人类心灵的建构性作用与感觉提供的信息之间的差异，这一点使得新生的欧洲哲学具有了某种与古代哲学不同的品味。教宗革命解放了一种更多分析性、更少受到地位支配的智识，而最终兴起的“唯名论”运动就是例证。

种属或范畴注定被用来组织个体心灵的经验，以便理解这个世界。这种立场与像柏拉图“理式”学说那样的终极实在论立场大相径庭，在后者看来，理式比单纯的感觉经验更加真实，而且中世纪早期的思想家经常认为，亚里士多德也持有同样的见解。但是，阿伯拉尔自觉与亚里士多德保持距离，因为通过他对词与物之关系的分析，阿伯拉尔发动了一场进程，最终将从我们对于非人的物理世界的理解中彻底清除以意图（“目的因”）为根据的各种解释。理性的诉求逐渐被重新

划定。

通过对种属作出限制，而非赋予其强制性，阿伯拉尔否认种属或范畴具有某种更高的地位，高于我们对事物的具体的个体性经验。由此，阿伯拉尔塑造了当时人的视野。在他的著作里，我们可以看到一种社会作为由个体组成的团体的图景，而它又加速了一场新的哲学反叛：理性设立的定义创造了概念及其逻辑蕴涵，而关于外部世界的知识却是偶然的，建基于对个体事物的经验。阿伯拉尔对知识的解释有着一片重要的前景，它将加速理性的民主化进程。

第十九章
迈向民族国家的缔造

252 教宗革命将教会变成了一个自主统治的团体，近似于国家，进而引发了一系列重要的后果。现在，我们要更加仔细地考察教会法体系对于其它统治形式的影响。

我们知道，由于公爵、伯爵和其他封建权贵对教会的侵吞，教会非常害怕丧失独立性，甚至于丧失身份。那些统治者认为，教会的财产和职位都属于他们的管辖范围。教会将自己变成一种受自身法律所支配的独立的社团法人，以此来界定和保护自己的“正当”领地，也就是对灵魂的统治。反过来，这也使教宗与日耳曼君主产生了冲突，因为后者试图维持加洛林王朝在世俗诉求与神圣诉求之间所做的调和。不过，在坚守自己专属领地的同时，教宗也有助于另一方领地的界定。

教会要求垄断属灵事务的权威，由此废除了其他统治形式的核心宗教义务。教会重新界定了它们的角色，否定了它们统治神圣事务的权利。相反，其他统治形式的核心作用变成了保护和平与财产权。这样一来，起初隐含在基督教思想之中的世俗领域与属灵领域的区分，如今变得清晰且实际。教会打造了一套法律体系，武装了自己。基督教的二元论再也不仅仅是指此世与彼世在道德诉求上的区别，而是固定在了此世的各种制度当中。教会法的发展，催生了一种教宗集权的管理体系，以及一套教会法庭的等级秩序。

一边是教会的集权化，另一边是世俗统治支离破碎的地方 253
化模式。两相对比之下，世俗统治者就产生了一种新的野心，毕竟他们的顾问通常是那些深谙教会法，还能直接援引教宗集权经验的教士。教会统治的凝聚力日益增强，这也威胁到了世俗统治者。他们难道不应该在自己的政府里集中权威，努力实现类似的凝聚力吗？12 到 13 世纪期间，许多世俗统治者都怀着一股激情，想要摹仿教宗的集权，而这股激情的后果就是我们将要考察的对象。但我们首先要注意，与教会相比，世俗领域自身有着怎样的症结。

在教会内部，克吕尼改革与教宗革命已经营造了一种虽然潜在却不乏深刻的统一意识。相反，在世俗领域里却没有什么统一可言，因为多元主义依旧是一个桀骜不驯的突出事实，尤其体现在“法律”一词含义的争论上。在教宗革命之前，西欧的“法律”理念覆盖了许许多多相互混杂且不稳定的道德诫命、习俗和法律革新。但是如今，教宗对于主权权威的诉求不仅支撑起一套新的教会法，还在思想与行动之间渐渐形成了更加清晰的区别。一些传统的习语，无论是从教宗格拉西乌斯那里借来对比“教宗权威”与“王权”，还是从路加福音那里借来暗示对“两柄剑”的需要*，很快都不再是陈词滥调了。

原因在于，虽然有这些传统习语及其背后的道德直觉存在，但在教宗革命以前，属灵权威与世俗权威始终相互混融，

---

* ［译注］《路加福音》22：38。

难以区分。国王从神圣的角度来理解自己的角色，而神圣罗马帝国的皇帝经常任免教宗。教宗革命改变了这种做法，它旨在解除王权和所有世俗统治的神圣性。正是在这个意义上，教会创造了世俗领域。

可是，世俗领域能否摹仿教宗革命所构想的法律改革和行
254 政改革呢？这一点很难说，因为世俗领域包括了各种形式迥异的统治和法律：王权，它经常眷念过去罗马人的帝国诉求；大大小小的封建权贵，它们的诉求以习俗和武力为基础；封建庄园，其实践的基础与封建权贵相似；新兴自治市，它们拥有一套更像是寡头制而非民主制的自治形式；各种贸易规则，它们是习俗与城市立法的混合物。

这种多样性与其说是夺人眼目，毋宁说是令人晕眩。任何想摹仿教宗革命的统治者，必定都会遭遇这种多样性所招致的挑战。离散、失序、诉诸暴力之类的现象表明，12 世纪以前西欧封建主义无力自行整合成统一的法律体系。尽管如此，要想以教会的教宗统治为榜样营造统一性，也只有国王才是唯一可靠的竞争者，因为他们的传统身份最具包罗性，不仅接受了罗马帝国和加洛林帝国的记忆，至少名义上也接受了封建领主的权利，而且经常充当新兴自治市的资助者。

教会在法律和行政方面的榜样，很快成了国王们“摹仿和竞争”的对象。长远来看，这种摹仿与竞争的结果就是欧洲民族国家的缔造，国王们开始仿效教宗的榜样，提出了一种对于“主权”权威的诉求。但是，罗马非一日建成，这些未来的主权者们也必须克服一些实践上和智识上的主要障碍。

由于封建主义的缘故，法兰西的王权几乎已经缩减为一个

符号，日耳曼皇帝也渐渐丧失了权力。与此同时，实际的统治大权都是以封臣和效忠为中介，牢牢掌握在相应的封建权贵手里。这套特权和义务的网络太过错综复杂，以至于几乎不成其为一个“体系”。尽管英格兰在诺曼征服之后兴起了一种更加集权的封建主义，但国王的权力很快就受限于封臣们的相互结盟。当然，敌对关系也不只存在于国王与封建权贵之间。中心城市与贸易的发展，导致西欧爆发了一种由“城堡”(burgs) 或自治市发起的叛乱，其目的是从当地的领主手中索求自治权利，无论这领主是主教还是封建领主。反过来，城市自治有助于吸引农奴离开乡村，谋求参政的权利。城市自治不仅在远距 255
离贸易方面推动了一系列贸易规则的发展，而且经常对当地庄园主的统治带来了颠覆作用。

这些相互竞争的体制，全都以“法律”的名义伸张自己的合法性。可是，他们的法律观念仍然更多地根植于习俗，而非立法。所以，他们向统一法律体系的榜样中混入了自己的习俗和矫饰，结果引发了许多问题。我们知道，教宗的榜样代表着一场智识革命，这是一种以个体而非团体为对象的司法观念。行政的等级秩序得到了发展，同时也牺牲了社会的等级秩序。不止如此，教宗的榜样表明，主权者本质上是一位立法者。换言之，法律表达了主权者的意志，哪怕主权者的意志要从属于自然法和神法。法律的制定或“创造”(fiat) 取代了“习俗”和传统的社会实践，成为名副其实的法律标准。因此，法律革新不再假称自己是在“重新发现”被遗忘的习俗，而是成为统治的枢纽与主权权威的心脏。

将教宗的榜样应用于世俗统治还有一个重要后果，那就是让王权获得一种更具领土性的基础。简略说来，“法兰克人的王”变成了“法兰西的王”。在过去，国王与臣民之间只有间接的联系，国王通过一系列的领主和地位的区别来实现统治，也就是通过封建、教会、部族或父权之类的中介者。事实上，王国就是由这一串中介者的链条来界定的。但是，效仿教宗榜样的做法打破了链条：“国王的首要身份不再是氏族或氏族联盟的头号战士，也不是封建等级制的头等爵位。”[1]国王成了一位主权者，统治一片疆界分明的领土，而他的臣民也就是居住其中的个体。

典型的例子，就是12到13世纪法兰西君主制的发展。千禧年之际，王权在第一代卡佩王朝的国王治下几近于崩溃。自此以后，王权越出了法兰西岛这个狭小的地方，传布的区域越来越大，形成了后来的法兰西。到了路易七世的治下，王室司法发展的基础明显是一种新的权利和诉求，既不再是由日耳曼部族选任出来的军事型王权，也无法回溯到罗马帝国或神权政
256 治。卡佩王朝的国王们之所以能扩大其统治，靠的就是扮演“公共福祉”的调解者和保护者。他们有时挑拨封建权贵相互争斗，有时资助新兴城市反叛封建“压迫者”，大多数时候则是试图创造和扩展一片普遍立法的领域。因此，卡佩王朝的国王们自视为法律的来源，而这种来源就有一种新的个体化特点。

受教宗革命激发的权威榜样，削弱了一种集体式的社会观念。它使统治者想要克服那些难以对付，而且经常无法控制的中介者。不过，在实现野心之前，他们必须面对欧洲社会的多元主义所造成的阻碍。对于未来的主权者而言，为这种多元主

义设立共同的尺度绝非一件易事。他们只能通过一步步的工作，为传统的态度和司法设下种种限制，而他们在这场进程中要被视为裁决者，也就是基佐所谓“和平的法官”。一种平等主义的司法意识潜藏在以教宗统治为榜样的统一法律体系之中，未来的主权者们利用了它，并且为它提供融贯一致的终极基础。因而，在摹仿教宗榜样的同时，未来的主权者们也宣扬了这种新的司法意识。这不仅解释了国王如何重新界定自己的角色，还能解释那些与欧洲社会的多元主义相关的不同心智如何得到了整合。

我们很难重新进入一个有极少共通之处的社会世界。基督教信仰至少在表面上提供了一个共通的公约数，但除此之外还有什么呢？12 世纪，无论是封建权贵、农奴还是市民，每一个团体都画地为牢，当时人们并不认为自己身在一个具有共通性的世界之中。为此之故，教会法和教宗革命所引发的道德革命遭到了最深刻的挑战。

因而，未来主权者必须在智识上迈出第一步，他们必须正视教宗们立场的本性。尽管教宗通过主张自己对属灵事务的垄断权威，推动了世俗领域的重新界定，但他们同样宣称，自己拥有一种“普世”的司法权，其中虽然也有他们身在罗马帝国发源中心的因素作祟。这意味着什么？世俗国王要求成为拥有自己权利的“主权者”。既然国王的这种诉求得到越来越多人的认可和捍卫，其中尤以 13 世纪神学家阿奎那的影响最盛，那么，教宗的立场与世俗国王的立场还能相符吗？现在，罗马 257
的主教们必须更仔细地考虑，自己对普世司法权的诉求究竟是什么含义。

为了理解这一点，我们要考察英诺森四世的思想，他在就任教宗之前是一位令人敬畏的教会法学家。这位教宗解决了一个从格列高利一世到加洛林帝国时代再到11世纪以来潜伏已久的问题，而那些依赖于“照看灵魂”这一修辞的人从未予以正视。问题就是：唯有基督徒才拥有灵魂吗？由上帝眼中所有灵魂的平等所孕育的道德诉求，是否仅仅属于那些在基督教信仰下受了洗的教徒？身为基督徒的统治者经常不顾这种前提，例如查理曼对萨克森“异教徒”的大屠杀显然不会困扰他的良心。作为法学家和教宗，英诺森四世通过一个特殊的问题来切入了上述疑难：不信上帝的人与教宗所诉求的普世司法权之间，究竟有着怎样的关系？

英诺森四世通过自然法的语言来得出了自己的结论，但又将自然法的语言修改成了一种自然权利的理论。他的结论是希腊哲学与基督教道德直觉的精妙融合，并且渗进了教会法学家的思维中。英诺森四世认为，所有人出于其本性就拥有某些自然权利或自由权：

“我坚持认为……不信上帝者也能以合法而无罪的方式，拥有领主权、财产和司法，因为这些东西不仅属于信上帝者，也属于一切理性的受造物，如经上所言，‘因为他叫太阳照好人，也照恶人；降雨给义人，也给不义的人’（《马太福音》5：45）。因此，我们认为，教宗或信上帝者夺取属于不信上帝者的东西或他们的司法权，乃是不合法的……”

乍一看，英诺森的立场似乎削弱了教宗对于普世司法权的诉求。但他很快打消了这层印象，因为他重新界定了上述立场的本质：

“尽管如此，我们却始终确信，教宗是耶稣基督的代理人，不仅对基督徒、也对所有不信上帝者拥有权力，因为基督对所有人拥有权力……要是基督没有将全部权力托付于祂留在地上 258
的代理人，祂似乎也就称不上是一位细心的天父……但是，所有人从受造开始就是基督的羊群，信者与不信者都一样，哪怕他们不是教会的信徒。因而，像前述那样，教宗在法理上对所有人拥有司法权，尽管在事实上并非如此。”[2]

通过这种区分，英诺森四世将教宗对主权的诉求等同于教宗对司法的普世诉求，其标准乃是平等和互惠。这种诉求是指一种不受限制的权威，凭着道德和良心来处理问题，而在这种诉求里，启示也决不允许有任何让步或退缩。

这段话表明，新的思维习惯如何在司法诉求与当时主流的社会事实之间形成一种更加清晰的区分。在传统的社会、规范和事实中，法律和习俗从来都不是判然有别的观念。唯有出现一种主权的能动性，要求它对个体拥有权威，并且依赖于这种权威，这样的区分才会变得可以理解。原因在于，主权权威的诉求将人类能动性的观念与既成的社会实践区别开来，而前者的全部潜力已经在基督之中得到了启示。正是这样的诉求，使得自然权利观念的兴起成为了可能。

但是，如果自然权利观念可以被用来保护基督教会之外的不信者的财产和司法权，难道它不就能用来保护基督徒社团内部的不信者和异见者了吗？这不是英诺森四世的用意，但他的论证或许已经埋藏了一种对于良心之权利的尊重。原因在于，良心的权利依赖于某种道德诉求的观念，而后者的基础又是对于人类能动性的一种“恰当”理解。教会法学家支持这样的理解，以此才能把矛头转向教会的法律特权。

当时的国王及其继承者是否看到了一种世俗主义观念的发展苗头？这是个诱人的问题，但很难回答。诚然，中世纪欧洲的君主制、封建权贵和独立的自治市都对教宗的主张怀有一种深深的不信任感，以至于他们从未配合像英诺森四世那样的教宗们的尝试，而教宗们一直试图打造出各种明晰而有体系性的
259 规范，使得教宗成为欧洲的终审法庭。不过，尽管世俗统治者们一直反抗教宗的主张，他们在两件事情上却没有冲突：其一，教宗承认世俗的司法权有其自身的来源和有效性；其二，他们都渐渐摆脱了一种集体式的社会观念。这样一来，世俗统治者与教宗革命之间的关系既有摹仿，也有竞争。

对于国王们实现自己的野心而言，接受教宗革命所宣扬的权威模式是一种很有用的办法。国王们将个体确立为法律服从的基本单位，而这一点也是他们在确立自己“主权”权利时可资利用的武器。这件武器的一个重要方面，仍然保留着教会法所设想的法律体系的影子。道德平等的前提，潜藏在教会法强调的统一性和融贯性之下。教会法与民法的相互影响越来越深，几乎形成了一场对话：当教会法对某些问题保持沉默时，教会法学家就会援引罗马民法。另外，教会法是教会将自己道德信念应用于一个与古罗马迥异的社会的产物，因而理解教会法内部的革新也有助于引导民法的学生们摆脱好古癖。尽管民法与教会法在个别问题上有所争议，但正是对争议问题的解决，使得双方法学家对相关的价值有了更加自觉的意识。例如，如果有人发誓绝不改变一项意愿的内容，那这种誓言能否推翻立遗嘱的自由？对此，教会法学家强调道德义务乃是由誓

言所创造的，而民法学家通常捍卫立遗嘱的自由。[3]

教会法与民法的互动，有助于发展和增强新的司法意识。渐渐地，法学家同时接受两套体系的训练，而许多教会法学家其实都是平信徒。有一个例子最能佐证这两套法律体系之间的互动与新的正义感，那就是教会法学家将一条私法的法谚变成了一项公法的原则："关涉所有人之事，须得所有人之同意。"这项原则后来产生了深远的政治影响。

当然，在法律的这些发展中，世俗统治者最初赞赏的与其说是它们在人道方面的潜力，毋宁说是在更有效地组织政府这 260
一方面的潜力。教宗领导下的官僚制度没有勾起他们的兴趣。

作为格列高利改革的结果，教宗法庭已经被分割成了几块独立领域，分别负责立法、司法判决和行政。管理者通过书写严谨的文书，将统治权伸向了边远地区；法学家和法庭以教宗的完满权力的名义，将所有大主教和主教们统统纳入了同一个等级制的组织当中；教宗向地方派驻使节，执行教廷的意志；财政收入日益增多……凡此种种，无疑给那些力促封臣服从自己权威的世俗统治者留下了深刻的印象。

教宗统治的高效率和融贯性，让法学家们觉得应该在"权威"与"行政"之间作出区分：如果说权威是"管理事务的固有权利"，那么"行政就是对权力的实际运用"。[4]因此，世俗统治者想摹仿的首选对象，就是教宗对于边远地区的教会的统治能力，而且毫不奇怪的是，他们将这种能力与法学家的地位提升相联系起来。皇帝和国王纷纷开始咨询法学家，委以重任，甚至创办法学院。毕竟，无论民法还是教会法，都能为这些统治者展现一副诱人的前景，将他们推向首位，而这是封建体制一贯反对的。这就是为什么，关于一种法律体系的新观念将在欧洲统治中掀起革命性的剧变。

12 到 13 世纪出现了一种独特的模式。封建王权让位于一种新的王权形式，后者要求权威的集中与官僚制的壮大。王室内阁（royal councils）传统上是由那些部族首领或封建权贵所组成的，现在则按罗马教廷的模式接受了改革，同时那些相互独立的新机构也发生了名称上的变化。不过，这套模式要求立法、行政和司法三项职能相互分立，每一项都掌握在受过相应训练的人手中，而这些人往往是“新人”，不是有领导权在手的封臣。这样一来，不仅能人干吏的后备来源更加充足，出身卑微者也更能服从纪律。由此可见，国王又一次受益于教会的
261 教导，因为教会反对教士结婚，至少部分理由在于：这么做会导致教会的公职变成世袭职位，从而将教士变成一个种姓阶层。

我们能在意大利的南部地区和西西里王国看到上述变革，那是一个诺曼入侵者从 11 世纪末开始整合形成的君主国。或许，有两个事实可以帮助解释，为什么那地方的统治者创造了“第一套现代的王室法律体系”：第一是它们毗邻罗马，与教宗统治一直保持密切联系；第二点更加重要，即它们需要教宗授予其合法性。这些诺曼“侵略者”希望成为名副其实的国王，诺曼底公爵威廉也有同样想法，所以他在 1066 年入侵英格兰以前一直保持与教宗的良好关系。

诺曼统治者们创造了什么样的制度？他们创造了“一套公务员考试体系”，为新的核心机构提供人员配置；中书省（chancery），负责起草和签署王室法令；财政署（dogana），负责

组织和领导一套高效的税收体系；高等法院，负责直接审判重大案件，并且派出巡回法官来处理西西里首府巴勒莫以外的小型案件。总而言之，这套模式与改革之后的罗马教廷非常相似。

但是，诺曼人的革新还不止如此。诺曼统治者们继承了一套复杂而独特的“法律”传统，而这传统之所以形成，乃是因为西西里和意大利南部地区曾经受过拜占庭帝国、教宗和阿拉伯人的统治。因此，正是由于当地没有什么融贯的习惯法，诺曼统治者才更容易自行其是。早在12世纪，一位精明果敢的统治者罗杰二世（Roger II）就是这样做的：“他从法律世界中雕琢出了一种独立的司法权，也就是西西里国王在最高司法事务上的司法权，并且用一系列环环相扣的原理和准则来界定它……从而创造了统一的法律体系。”罗杰毫不迟疑地声称，自己拥有一种主权权利：

“罗杰二世宣称，国王是‘法律的缔造者’（conditor legum）。事实上，罗杰在《阿里亚诺法令集》（*Assizes of Ariano*）中颁布了近代第一部王室法典。之所以称其为西方第一部近代法典，是
因为它的立意并非仅仅是成为一套法律规则和原理的汇编，而 262
是旨在系统展现那些被认为属于一套法律体系的基本特征……它呈现为一部实定法，由身为立法者的国王所制订。尽管它吸收了习惯法、自然法和神法，并且融合了来自拜占庭人、穆斯林、伦巴第人、诺曼人与罗马—大公教的法律传统的许多不同特征，但它以一种无所不包的崭新的立法行动，重新整合了这些来源。”[5]

《阿里亚诺法令集》的独特性质，使得它配享这般殊荣。

它们实现了罗杰二世在法律上的至高地位，不仅高于封建权贵、自治市和广大民众，在某些方面也高于教会。

到了下一个世纪，罗杰二世有了一位最富智慧的继承人，这就是野心勃勃的腓特烈二世（Frederick II）。他推进了这些改革，或许是想把西西里王国的各项体制应用于意大利全境。腓特烈打算怎么做呢？他加强了中央的官僚主义，坚持推行法学训练，而且更加重视公文记录，重视行政事务内部的融贯性。只要有可能，他就不会让封建权贵担任地方政府的机构要职，因为这些人往往都很顽劣和缺乏教育。相反，他积极招募“新人”，既让他们充当自己统治各地行省的“代理人”，也让他们充当自己统治各城市的“权力”（potestates）。

腓特烈二世为西西里颁布了一部经过修订且更有野心的法典。在推行这部新法典的时候，他援引了罗马法的文献，以此确立自己在立法事务上的最高权威，并且为其法庭里的程序确立了正式规则。腓特烈二世特别强调，只要法官面前摆着一堆从王室立法、封建法或习惯法中援引的相互冲突的规则，应用王室立法就是法官的首要义务。只有在不涉及王室立法的案件中，法官才能诉诸封建法或习惯法的规则。[6]

12 到 13 世纪的法兰西出现了类似的制度变革，虽然也有一处显著的差异。在法兰西，王室司法权和中央集权的扩张尤其获益于如下事实：国王与新兴的重要自治市达成了非公开的结盟，将矛头一致对准了主教和世俗领主的地方势力。路易九世和腓力二世（Philip Augustus）的政策中有一项重要手段，那
263 就是支持城市造反，支持“向自治市起誓”的做法。他们也改变了王室内阁的组成人员，重用“新人”，同时创造一些独

立的团体来扩展他们的税收范围，监督司法判决（例如巴黎高等法院）。法国国王的权力得到了扩张，这是因为他们“倾听民怨”，并且以仲裁者的身份介入其中。

新的王权模式与迅速壮大的法学家阶层联系甚密，很快就成了一桩趣闻。有一则故事说，腓特烈二世的先人出过一位皇帝，就是红胡子腓特烈（Frederick Barbarossa），他想让博洛尼亚最优秀的法学家们承认自己的“主权”权力。红胡子询问布加鲁斯（Bulgarus）和马提努斯（Martinus）这两位著名法学家，自己是不是“世界之主”，布加鲁斯说他的权力受到私有财产权的限制，而马提努斯则说他的权力没有任何限制。作为回报，皇帝赠予马提努斯一匹骏马，而布加鲁斯落得个两手空空……这则故事表明，主权权利何尝不是一个活生生的问题。

无独有偶，王室对法学院的赞助在新兴大学里迅速增长。这些法学院只教授民法和教会法，课程表里没有封建法或习惯法的一席之地。由此，统治者要是想借助主权权利的新概念来克服自己王国内多种多样的习惯法，法学院就能为他们源源不断地提供顾问。

英格兰和卡斯蒂利亚王国有着同样的模式，个别细节略有差异。1272—1307 年在位的英王爱德华一世（Edward I）对法律改革很感兴趣，因而获得了“英国查士丁尼”的美誉，他还召请伟大的博洛尼亚法学家阿库修斯（Accursius）之子来担任顾问。在 13 世纪的卡斯蒂利亚王国，智者阿方索（lfonso the Wise）受其导师的影响接受了罗马法，而这位导师也在博洛尼亚学习过。[7]与此同时，在巴黎，法律研究的兴趣迅速高涨，以至于一位教宗试图予以禁止，理由竟是它导致人们对神学的兴趣大减！

难怪14世纪一位前往西欧的拜占庭旅行者，会对官司、法庭和法学家几乎无处不在的状况感到惊异。[8]他之所以如此，是因为当时的远东地区还没有相似情况。其实他遇见了一项尝试，那就是以一种新的个体主义基础来创造法律之治，而这是
264 一种从教会传入世俗领域的个体主义。当然，教宗主权一度为教会内部野心勃勃的立法计划与司法集权开辟了道路，而且在确立同样特权的过程中，教宗受到的阻碍比世俗统治者更少。世俗统治者对罗马法和教会法的应用受到了来自各方面的限制，包括根深蒂固的地方习俗、权贵对封建法的捍卫以及自治市的“自由权”。[9]

可是，一旦世俗领域开启了迈向法律之治的进程，一种倾向于法治的大众文化也会随之发展，同时催生一种新的写作类型。在14世纪流行的小册子里，我们能看到宗教与法律之间形成了一种颇有乡土气的奇怪融合，这些小册子讲了一个“审判撒旦”的故事：基督高踞法庭之上，撒旦现身起诉人类。经过一系列法律步骤之后，撒旦声称人性是属于它的所有物，因为人性有罪，这样就从程序性的策略（例如在法庭上展示人类的失败及其遭到的指控）过渡到了实质性的诉求（撒旦自从堕落之后所拥有的财产权利）。最终，童贞女玛丽亚现身担任辩方律师，力证撒旦才是人类堕落的原因，因此它不应从自己犯下的罪行中获益。不出意料，撒旦最终输了官司。

这些小册子并不只是娱乐或荒诞之作。它们的流行恰恰表明，宗教与法律的融合在西欧创造了一种多么新颖的事物。它们也不只是有助于教育人民了解一些司法程序的基本特点，而

是传达了一种意识：基督教信仰所提供的道德保障能且应该成为一件既与社会正义相关，也与恩典相关的事物。这种意识将成为现代世俗主义的一个基础。

第二十章
城市造反

265 国王们最先意识到了新的主权观念的好处，也看到了它能提供一种以所有个体为对象的司法权的前景。社会从封建王权遭受的种种限制中解放出来；这是一种权力变得更大的社会图景，并且直接触及了国王们的利益。但是，它也依赖于那些饱受教会法训练的教士们的道德直觉，而他们往往担任着王室的顾问。

诚然，这些道德直觉从一开始就存在于基督教会之中。但是，由于教会发展成了一个自治的团体，拥有一套以道德平等为前提的法律体系，这些直觉也就获得了一种新的影响力和影响范围。它们向那些特权较少的社会阶层开放，由此，后者就能成为未来进一步变革的能动主体。

要想理解这一点，我们可以看看与教宗革命同时发生的另一种革命，也就是市镇或曰“自治市”(boroughs) 的造反和解放。与教宗革命和新的王权野心一样，城市生活的复苏也是11 到 12 世纪欧洲的一个显著特征。

古代的城市发生了什么？无论多少城市毁于日耳曼人的入侵，它们都并没有消失。当时复苏的城市生活与古罗马相似，尤其是在意大利、法兰西南部和加泰罗尼亚地区。我们知道，在蛮族侵掠过后，主教成了各城市的实际领袖，而他们很多人都是来自昔日的元老院阶层。可是，古代社会分层的消失，意味着城市的行政长官不再拥有世袭性的权利，而是被视为民众的代表。不过，在蛮族侵掠后刚开始一段时间，古代城市生活的其他方面仍然完整保留了下来。

“我们在这个时代可以看到……频繁召开的市议元老院； 266
现有文献还提到过公共集会和市政长官。涉及公共秩序的事务，例如遗嘱、转让以及城市生活中的许多活动，就像罗马的自治市那样，由行政长官在市议元老院里审批后才成为合法。确实，残存下来的城市活动和自由渐渐消失了。野蛮、失序和不断蔓延的灾祸，加速了城市人口的减少。地主们纷纷定居乡村，以及农业生活重要性的上升，都是市镇衰败的新原因。主教们一旦进入封建主义的框架，也不如以往那样重视他们在自治市中的存在了。最后，当封建主义大获全胜之时，市镇居民虽然还没有沦为农奴那样的奴役境况，却已被完全掌控在某位领主的手里，圈进了某个封地，就连在蛮族入侵初期还葆有的最后一点儿独立性也丧失殆尽。”[1]

9 到 10 世纪，市镇居民既谈不上自由，也说不上奴役，而是一种边缘化、不稳定和毫无管理的状况。除了当地主教或伯爵的奴仆以外，大多数市镇居民都是以农耕为生。

不过，虽然封建主义一开始对城市的独立性造成了这般损害，很快它却又给了这些城市新生。自 10 世纪以降，城市人口出现了迅速增长，为什么？当城市生活开始复苏之际，这些市镇不再墨守古希腊罗马的模式，不再是完全独立的城邦。它们也不是行政中心，有一批世袭的精英从奴隶们劳作经营的乡村地产中榨取剩余农产品，用来满足帝国统治的利益。随着加洛林帝国的解体，领主们也坐靠自己的城堡来统治各自的小块封地，其结果就是农奴制和极端的地方主义，而这又导致市镇与其周围乡村之间形成了一种不同于以往的关系。市镇与乡村开始发展起一种新的相互依赖关系：在某位领主的领地内的小块土地上，农奴通过劳动创造了剩余的农产品。这些剩余农产品又创造了农奴对于其他货物的需求，进而使得附近市镇的工匠和商人可以从中牟利。

267 这就是为什么，渐渐复兴的城市和市镇不再是一种行政中心或者闲暇地点，而是成为了市场。它们满足了封建阶层新兴的各种需要，因为封建阶层有着更强的安土重迁色彩。因此，城市人口的增长点主要不是教士或权贵，而是工匠和商人。这样，一个新的社会阶层就在封建主义的环境下渐渐孕育成形，它致力于商业贸易，而非战争和掠夺。构成这个新阶层的人们想要迁徙和做买卖的自由，而唯有创造一种司法权与“和平”，才能提供贸易所必需的安全环境。

回想起来，这不只是一个新的社会阶层的诞生，因为它最终还将为一种全新的社会树立榜样。所以，我们必须追问：逃离了乡村和封建体系的那些难民，究竟为他们所处的新环境带去了什么样的态度和习惯？他们心灵的样貌，也就是他们的“礼俗”(mores)，又是如何开始塑造城市里的各种制度呢？

要是将这些逃难者与古代城邦的建邦者做一番比较，我们就能注意到一个最重要的差异。在这些逃难者看来，宗教问题已经解决了：神职人员有了，一种受自身法律统治的所谓“教会”的团体也有了，创造新的信仰与制度既无必要，也丧失了吸引力。毕竟，教会自称已经垄断了宗教权威。因此，城市里逐渐成形的各种组织都无意宣称自己拥有宗教权威。它们愿意承认在自己的事务之外有一种宗教权威存在，由它来为自己确立一套基本的道德框架，典型例子就是人们为了互助和团结而作的宣誓——“向自治市起誓”，这在后来就成了新兴城市政府的最早形式。这种诉诸个体良心的做法，依赖于教会培养形成的那些道德直觉。但是，教会并不想直接统治新的中心城市。

如今，“神圣”领域已经获得了自己的统治形式。因此，只要是在基督教信仰的限制内，那些迅速发展的城市居住区里的事务就能留给市民自行处置。确实，他们开始进行自主统治。这些市镇或自治市成立了最早的世俗政府，它们摆脱了领主权和家父长的准宗教观念，承认自己的居民拥有一种基础性的平等，也就意味着承认了他们的自由。国王们或许渐渐理解 268
了这种支持自由的看法能带来什么好处，但王权仍然被它过去的神权政治诉求所败坏。封建主义或许依赖于一种比古代奴隶制更加模糊的奴役形式，但它的根本特征仍然是不平等。相比之下，市民们在创造新社会的时候，怀着一种更加纯洁的态度。

只有到了后来，市民才将自己的新自由与基督教信仰宣告的道德平等联系起来。不过，早在市民们“向自治市起誓”，保卫自治市的利益时，这种联系几乎直接体现在了他们的用语里，而且这是一种兄弟情义的用语。因此，12 世纪弗拉芒自治市的一份宪章规定：“人人都要像对待兄弟那样相互帮助。”这种平等和互惠的话语——道德透明性的话语——不属于古代城邦，而是属于圣保罗。当信念与利益相合一的时候，11 到 12 世纪的市民使用这种话语，有利于他们争取赢得封建领主的让步。

当这一切发生之时，城市平等主义的力量就得到了增强。当然，市民们尚未依靠教会法学家发展出来的那种自然权利观念，他们毋宁说只有一种直觉，而非一套理论。如果基督教宣称所有人在上帝面前一律平等，那么所有人在法律面前不也应该一律平等吗？尽管起初只是直觉，这一点却已经成了迅速壮大的市民们所具有的新奇观念。与古代城邦不同，自由权不只是市民的诉求，而且也是生活于斯、劳作于斯的所有个体的诉求。就这样，平等的自由这一理念诞生了，因为人身自由很快就成了“市民”一词的核心含义。为自治市的自由或“解放”而斗争，就是为一种新的人身地位而斗争。1219 年马赛的市民们宣告：“我们将本市的法律和所有优点的发展，统统归功于耶稣基督。”[2]

因此，在这种新社会的诞生之时，教会既在场也不在场，而这一点令后世围绕世俗主义本性的争论变得十分混乱。基督教信仰承认了个体是一种基本的社会角色，承认了一种关于正义的平等主义理解。但在其他大多数方面，教会并没有直接塑
269 造城市里的各种体制，而是只有间接的影响。中世纪自治市发展成了一种由个体而非家庭组成的团体，家庭也不再是宗教敬拜的对象了。再者，与古代城邦不同，市镇或自治市的政府也不会宣称自己拥有宗教权威。它们既不主持宗教仪式，也没有制订宗教准则。

自治市与古代城邦几乎有着天壤之别。我们知道，古代城

邦的形成本身就是一项公开的宗教行动，要求城邦执政者——同时也是祭司——创造一套新的宗教崇拜，创造一种由家庭与部族宗教组成的团体。古代城邦将宗教职能与政治职能融为一体，其特点乃是贵族制。从一开始，古代城邦就将管理和统治的世袭权利授予了某些家庭的一家之主。无论古代的领主还是家父长都无法决定新兴城市中心的发展，相反，唯有自治市的逐渐解放才能创造出一种真正平等且拥有迁徙和买卖的自由的民众阶层，而不再是依附于土地的奴隶或农奴。在市民看来，土地本身就是商品，而不是什么永久性的特权或臣属关系的来源。市民们早已建立了自治的贸易组织，例如公会（hanses）。没过多久，市民也获准拥有了管理本市事务的权利，包括立法、征税乃至于开战的权利。有一则日耳曼谚语表达了这种新的社会现实："城市的空气使人自由。"

解放的事业并非一夜完成，而是涌现了一系列反抗封建领主的反复斗争和血淋淋的惨败。起初，城市里的主教比世俗领主更不愿意交出自己对城市事务的传统主导权。不过，他们以封建领主而非教会代言人的身份，凭借教会法的帮助，将这种主导权从世俗司法权那里解放了出来。事实上，一些教会人士——修道院的权威与低阶教士——并非不知道：要想捍卫教皇的权威，就必须支持城市民众，反对个别主教的封建要求。

城市民众对封建领主的造反，就像野火一般席卷了 11 到 12 世纪的西欧。虽然旅行者到处传讲造反成功的例子，偶尔为别的自治市打上了一针兴奋剂，但这些造反并非协同作战。
这里面有一些更深的原因，相似的环境导致相似的结果，但究 270
竟是怎样的环境和结果？教会在这些前所未有的社会发展的每

一阶段，又扮演了怎样的角色？

我们有必要考察这些自治市发展过程中的几个环节：首先，我们必须更仔细地察看它们形成的过程；接着是“宪章”，它标志了自治市的解放，并且予以巩固；最后，我们还要看到自治市解放之后的社会发展。教会对于上述每一步的影响都是间接的，但无疑也是重要的。

长久以来，教堂一直被视为避难的场所。这种不甚清晰的传统催生了一项习俗：在市镇里居住期满一年以上的任何农奴，都不能被他过去的主人强行赶走。因此，在一个教堂里获得庇护的传统“权利”，推动了城市人群的数量增长：

“在自治市成立之前，在它们的力量和防御工事能够为国内的遭难者提供庇护所之前，也就是在除了教会再无什么能提供安全的时候，教堂的庇护权就足以吸引许多不幸的逃亡者来到市镇。这些人栖身于教堂内部或附近，其中不仅有下等阶层，如农奴和乡下人，也不乏尊贵的人和富有的逃犯。”[3]

这些“逃犯”带来了一种奴役色彩较少的态度，同时推动市镇兴起了一种新的反抗精神。更重要的是商人们的成功，因为他们学会了拉帮结伙组成“公会”，以便保障远途贸易的安全。凡此种种，皆为新兴城市政府的形成提供了核心。

如果说市镇的发展是由于乡村逃难者的涌入，那么市镇的繁荣就是由于贸易的复苏。市镇变成了劳作的中心，在这里，不会有上等阶级鄙弃劳作的现象发生。不过，随着商人和工匠逐渐发展壮大，他们的不安全感也会增长。一旦贸易发展起来，中心城市的财富就会遭到当地领主的觊觎，后者很快就会用通行费、税收和直接没收的手段来大肆侵吞财富。虽然这些领主定居在自己的封地内，但他们身为强盗的贪婪本性丝毫未减：“他们不是长途跋涉到远方去抢劫，而是就在自己家里抢劫。”到了11世纪晚期，这种做法激起了市镇居民的极大愤 271
怒，逼得他们开始造反当地的封建压迫者。

市民的反抗直接针对了古代政治修辞遗留的一种看法，即商业会“败坏”风俗，让柔弱和女人气取代战士的“德性”。在自治市中，关于社会平等的经验则导向了一个截然不同的结论：市民变成了斗士。基佐写道：“最能激怒一个人的做法，莫过于对他的劳作横加干涉，剥夺他期望获得的成果……有一条原理：一个人或一群民众在争取幸福的过程中，他们对待不义和暴力的反抗，要比在其他情况下强烈得多。”[4]为了应对自己生计所面临的威胁，市民们开始拉帮结伙，组建军队。早在他们的权利正式得到承认之前，市民就创造了一个实际已经存在的虚设团体，其形式就是所有居民宣誓保证互助和团结。通过教堂的钟声或传令员的喊叫，人们聚到一起召开民众大会，自行作出决定。他们开始行使许多主权权利，而封建主义也促成了这一结果。原因在于，在封臣与其宗主之间的关系当中，反抗权就是封建主义不断援引的权利。可以说，市民也是从他们的“上位者”那里学到了这一点。

中世纪的自治市通过一场造反，获得了自己的身份。这些造反虽然彼此完全无关，但很快就成了普遍现象：

“11世纪平民的解放……是一场名副其实的战争的成果，是市民向他们领主的宣战。在这类历史故事中，最初的行动总是市民们随手操起一件家伙开始暴动，驱逐领主派来横征暴敛的手下，抑或是一次攻打城堡的行动……如果造反失败，征服者又会做什么呢？他会下令拆毁市镇和每一座住宅周围建立的工事。在市民们结盟之初，他们先要发誓一致行动，患难相助，接着就各自在家里建了工事。”[5]

272 现在，我们要仔细考察他们造反成功后缔造的“宪章”。我们要构建一种宪章的理想类型，因为它们实在是名目繁多。这些用语既能体现英格兰与法兰西的差异，例如前者有更加集权的封建主义，后者则是更加衰弱的王权；也能体现欧洲内部的地域差异，例如有些地方牢牢掌控在世俗领主或教会的手里，有些地方（例如佛兰德斯）则因自治市的财富和规模而有更强的讨价还价的能力。不过，它们还是有一些共同的特征。

这些宪章将事实上的市民变成了法律上的市民，典型例子就是 12 世纪早期的博韦市宪章：在划定市民的权利和特权之前，它要求“所有住在城墙之内和郊区的人必须向自治市起誓”。宪章不仅是一场战争结束后的“和约”，更是创造了新的法律实体，将自治市打造成了一种拥有司法权的自治团体。宪章使得一个城市团体有了自己的管辖范围，并且界定了城市与当地领主或国王之间的关系。宪章为一套新的法律体系奠定了基础。[6]

要说自治市取得了完全的主权，未免有夸大之虞，因为它们的权利仍然受到各种限制。国王总是保留着对于死罪的“最高司法”权利，当地领主或主教也有权为自治市任命法官或征收特殊的税种。尽管如此，宪章已经限制了这些针对自治市的要求，使自治市避免彻底遭受王权和封建权力的压迫。它们坚决拒绝了别人对自治市提出新的蛮横要求，这条原则至关重要，因为除了既有的诉求之外，自治市还获得了一种管理自身事务的主权权利。虽然这并不意味着国王和地方领主不会有时反悔自己的让步，跑来威胁某个自治市的“自由权”，但这样 273
一种权利的诉求在这些情况下也能得以幸存。

因此，这种法律体系和自治团体的模式带来了自治市的解放，而它的根子就在教会和教会法中。通过加强个体是法律服从的基本单位这一观念，这种模式推动了平等主义的发展。我们切不可以为，城市中心的发展是“自然的”或不可避免的，欧洲城市与伊斯兰城市在这一点上有很大不同。伊斯兰城市纵然发达，却从未得到法律上的成立。伊斯兰城市纵然壮大，却从未在建城之初就是自主的法律实体。

相反，11 到 12 世纪的一些宪章已经成了各自治市在建城之初广泛传抄的对象，例如伦敦之于英格兰的城市，马格德堡之于东部的德语城市。这些宪章在城市法与封建法和教会法之间做了清楚的划分：城市法是当地习俗、临时章程以及贸易规则的大杂烩，尤其是商人公会发展出来的贸易规则。这些公会从事远途贸易，深知互惠性权利对于保护贸易利润的重要性。无独有偶，自治市宪章也花了很长篇幅强调保护“外来”商人的权利。来源于教会法的平等和互惠塑造了这些宪章的态度，尽管这些原则如今被用来维持暂时的和平，服务于司法，而非传播信仰。

至此，我们又一次遇到了教宗革命的悖论：教宗革命要求教会与世俗政府相独立，但这么做反倒推动了世俗政府的创立。王权的神圣性逐渐丧失，但还要过很久才会完结。因此，被解放的自治市成了世俗主义的最初例子，虽然教会仍然在地方经济中发挥着重要作用："这些自治市与教会完全分离，而在此意义上，它们成了欧洲第一批世俗国家。"[7]

现在，让我们看看这些自治市获得解放之后的发展情况，我们从中还可以学到关于世俗主义的其他一些东西。首先是世俗主义与宪制主义之间的关系，这一点在宪章中体现得尤为清
274 晰，因为宪章将自治市组织起来，规定了自治市的豁免权及其市民的各项权利。那么，它们是不是"现代最早的成文宪法"呢？这么说未免凿之过深，因为它们并不想提供一套完整的政府框架，而是留下了很多有待解决的问题。更贴切的说法是，这些宪章是现代社会契约理论赖以发展的来源之一，因为它们更像是一份原初的社会契约，而非成熟的宪制。不过，这些宪章当然也有宪制的特征。

主权权威的行使直接以道德平等的个体为对象；这种新的观念预设了有一种能确定主权者的原则存在。因此，"教宗拥有凌驾于教会的权威"这一诉求乃是基于一种信念：基督让使徒彼得及其后继者成了上帝对于尘世间所有灵魂的道德权威的代理人。不过，格列高利七世对教宗权威的明确肯定还有一项前提，就是让教宗选举免受世俗统治者干预，确保教会自治的"宪制"。

自治市宪章有一个特征：它将终极权威确立于所有市民参与的大会，以此捍卫自主统治。世俗主义为市民带来了一种形式上的地位平等，他们都有权参与各种集会，而市民集会有权立法、征税和开战。如上所述，国王或地方领主保留的某些权利，或许会限制刚获得解放的自治市的主权，但它们在另一些方面是自由的。自治市通常免除了封建劳役和税费，以及王室

的征税，除了以前同意上缴的部分之外。自治市的独立性尤其体现在这一点上：只要没有事先一致同意，它们就不必承担义务。

就像在教会一样，主权权威的行使很快就引发了关于如何分配权威和代表的难题。这些问题直接肇始于道德平等的前提，因为统治的权利和服从的义务不再依据世袭性的地位差异，亦即自然不平等的前提来进行分配。这样一来，对于主权权威的法律服从还有什么道德限制吗？主权权威究竟是归所有人共同享有，还是授权给一些人？另外，在主权之下，由一些臣民组成的个别团体又有怎样的地位？

在教会里，这些问题体现为关于教宗权威与大公会议之间 275
的关系，以及关于能否废黜一位持异端立场的教宗的争论。教宗的“权力完满”不是也必须尊重神法和自然法，如此方能指引信徒的良心吗？权力的完满究竟给大主教、主教和修道院留下了怎样的自治权？

在自治市里，市民大会对权力的垄断也会引起类似问题。民众大会究竟能否达成前后一贯的政策，或者公正处理个别异议？民众大会应该授予行政长官多大的权威？行政长官如何负责？自治政府是否需要创造一种更加持久的实体，代表全体市民？在城市造反余波初定的时候，也就是自治市发展的最初阶段，它们是一副毫无限制、几近于无政府状态的民主制景象。诚然，自治市有行政长官，但他们每年进行一次选举，并且面临挥之不去的民众暴动的潜在危险，这可是一种压倒性的约束。内部处境的不稳定，极大限制了自治市对付当地领主和国王的能力，而且经常成为后者干预的借口。

人们需要更加稳定的政府，由此发生了变革。贸易的发展与公会（“产业集团”）的重要性，在自治市里造就了一批富有的商人。他们对劳动组织的影响力越来越多地体现在对城市政府的安排上，而这一点更有寡头制色彩。最终，一种市议会或元老院的形式应运而生，成为整个共同体的代表。它被授予了选任行政长官的权利，而行政长官通常就来自其内部成员。刚开始，这些市议会的选举结果都有固定任期，但后来他们攫取了更替成员的权利。市民大会变得越来越少，虽然这种权利从未绝迹。而在一些手抄档案里，提到“首席市民”的情况越来越多。

不过，这不是唯一的宪制发展，某种形式的权力分立也开始出现。自治市创造了一套更加恒定的司法制度与职业法官，
276 取代了刚开始由民众大会选举出来的临时法官，后者几乎没有什么独立性。此外，法律公示取代了诉诸习俗的做法，成为司法审判的惯常基础。

对个体权利的保护，也变得更加明显且具有体系性。在这一点上，教会法的影响再次凸显出来：

“得到城市法认可的市民权利……包括一套理性的审判程序，审判依据的是地位相等的人们的判断，而非神判法或决斗的结果。未经法律程序，就不得随意逮捕和监禁市民。卖身还债的做法遭到禁止。刑罚的种类也有所限制。理论上，富人和穷人应该受到相似的审判。市民有权配备武器，也有权投票选举。外来移民只要居住期满一年又一天，就能获得与市民一样的权利。外来商人的权利则与本市商人的权利相当。”[8]

这种描述难免有些理想化，但城市政府确实蕴含着一种现代宪制秩序的种子。

通过法律革新，中世纪自治市孕育了一种新的社会阶层，介于封建社会的两大原初等级贵族与农奴之间。这就是后来所谓的“中产阶层”或曰布尔乔亚。我们称之为阶层而非等级，这么做不是偶然。这一阶层承认形式上有一种根本的地位平等，也就是市民的地位平等，从而有别于封建等级保留的那种古代的自然不平等前提。虽然自治市政府中还有寡头制的倾向，但市民平等始终制约着财富、地位和权力的事实不平等。事实证明，这种根本的平等具有深刻的颠覆性。历经几个世纪之后，它最终导致了封建等级的崩溃，使其转变为一种“中等的”社会条件，民族国家也随之诞生。

但是，我们不能说 12 世纪就有了这种中产阶层，毕竟它们到了早期现代才能真正掌握社会。最初，中产阶层大多是由工匠和商人所构成的。即便在自治市获得解放以后，它也保留着一种社会底层的意识，因而没有追求在欧洲的公共生活中发挥更大的作用。在与王室和封建权贵打交道的过程中，市民们 277
始终低声下气，甚至俯首称臣，除非到了要捍卫自治市豁免权的紧要关头。只有到法学家、富裕的银行家、医生和学者统统加入这个阵营的时候，市民才能完全意识到自己是一个阶层。[9]只有到了那时，他们才会渐渐产生一种意志，要按他们自己的模式来塑造整个社会。

正如基佐所言，这是一种名副其实的政治意志，而它曾经依赖于一种社会优越感，也就是贵族制。新兴中产阶级面临的挑战，就是要基于平等的权利，基于市民的和政治的自由权，创造出一种“民主”的意志。

第六编　现代自由的阵痛

第二十一章

民众的愿望与托钵修士

在我们的故事里，基督教孕育的平等主义道德直觉一直扮 281
演着重要的角色。它们可以上溯到保罗所见的神秘异象：信徒在基督中“成为一体”，他们的思想和意志变得完全透明。另一种更简单的形式则是《圣经》的“黄金律”，后者使这些道德直觉更容易为人所知。

我们已经知道，这些直觉如何塑造了新的城市体制。来自乡村的逃难者们大多是从前的农奴，而他们是城市人口不断增长的主要来源。贫穷和没文化是这些人的典型特征，但这也不能阻止他们多少意识到了“灵魂的平等”。那些布道不是已经告诉他们，他们也有自己的意志和良心，所以到了审判日也会因自己的思想和行为而受审吗？古代奴隶从没有听过这样的话。再者，那些农奴能注意到，自己的封建领主也已经接受了教会的说法。

当然，这都是猜测。我们哪里能找到可靠的证据，证明平等主义的道德直觉已经在穷人和文盲中传播开了呢？要想找到答案，我认为就应该看看人与人之间的比较有着怎样的作用。原因在于，平等的前提解放了一种人与人相互比较的发展进程，而那些依赖于自然不平等前提的文化却压制了这种进程。

在中世纪的乡村，民众运动——乡村激进主义——展现了上述两种前提之间的接替。它们表明，公元前1世纪斯巴达克斯（Spartacus）领导下反抗罗马权力的奴隶并不是只剩有绝望。
282 民众运动还展现了一种信念，一种按照基督教轨道来变革的社会秩序的愿景，而人们将它想象为一种朝向“原初”基督教的回归，回到一种单纯的、兄弟般的、人人公有的状态。[1]要想理顺这种愿景，既不高估也不低估其重要性，我们就得小心考察，因为其中混杂着各式各样令人迷惑的信念和态度：千禧年信仰，夸大善恶截然分立的二元论，相信预兆和异象的各种“迷信”，对圣徒及其遗迹的崇拜，投身民众运动和流浪生活的热情，尤其还有对教士权威的不信任。因此，我们必须提出一些有关乡下穷人的道德状况的问题：教会在多大程度上真正触及了他们？如果乡下穷人有了平等主义的直觉，那他们又会如何表达出来？

布尔乔亚通过反抗封建压迫者的斗争而形成了自己的阶层意识，相反，乡下穷人却没有这样的意识。为什么呢？由于流散和无知，加上想象力被狭隘的生活所限制，11世纪的农奴无法理解诸如“国家”或“民族”之类的观念。某种意义上，他们必定依旧认为自己的处境是命运的结果，是某种“自然”或“宿命”。不过，在他们当中还是有教会的存在。教会不谈命运，而是讲救赎或永罚，讲每一个人的灵魂所面临的危险，以及每个人都能做出的关键抉择。在加洛林时代，基督教下乡和乡村教区的创建或许推动了农奴身份的出现，但它是一种与古代奴隶制相当不同的地位。不过，教会的影响也不止如此。

我们知道，修道院改革运动如何激发了教宗革命，并且推动了新的城市制度的形成。那么，它在乡村又有什么影响呢？

自从西欧修道运动的一开始，僧侣就在穷人当中享有一种
特殊的地位。他们赢得了尊重和好感，因为人们认为僧侣比任
何别的团体更能代表基督徒的生活，包括（或许尤其是）世
俗教士。很显然，奉行本笃会规的修道院的集体隐修生活，引
起了穷人的共鸣。这种生活不仅要求贞洁、祈祷和服从，而且 283
从不鄙视劳作。到了10世纪，修道院与主教和神父之间的鲜
明对照，使得教会在穷人中一度声名狼藉，因为主教们都在买
卖圣职，行事有如封建领主一般，神父们则是公然与情妇姘
居，为私生子谋取私利。

除了修道院生活之外，教会还有什么权利说自己代表一个属灵的彼岸世界？这个问题催生了克吕尼的改革，它要在乡村创造一种全体教会都应该追求的新图景。在克吕尼改革者们的眼里，教会应该受到一种根本上的净化，根除买卖圣职和教士背德的现象。他们攻击世俗教士的淫乱、酗酒、贪婪、偷盗、斗殴乃至于渎神行径，在他们眼中，教会已经腐败到快要彻底沦为世俗世界了。

不止如此，克吕尼改革者们还提出了一些让平信徒备感不安的问题，尤其是大多数对教会缺乏批判态度的乡下穷人：买卖圣职或背德妄为的神父在乡村教会中作的圣事真的有效吗？什一税究竟是一种剥削，还是一种对真教会的必要支持？在教会等级秩序里，那些卖官鬻爵的成员（包括地方主教）是否拥有合法权威？为什么基督徒应该听命于那些违背基督生活之道的人？

一种激进而纯洁的教会榜样，势必在乡村地区产生影响深

远乃至于不可预料的后果。或许可以说，它将导致一种对于教会的合法性、对于教会更加纯洁的渴望，而这种渴望又起源于平等主义的道德直觉。要想知道这种渴望如何才能得到满足，我们就得看看 12 到 13 世纪一些激进运动的领袖。

亨利（Henry）的传教是一个富有教益的早期事例，他以前做过僧侣，后来成了一名巡游传教士。1116 年，在一批“门徒”作先导之后，亨利抵达勒芒市，得到了当地主教的容许。但就在主教前往罗马之后，亨利真正要传达的消息才展露出锋芒。他身上只披着一件粗毛寸衣，以铿锵有力的声音控诉当地教士的腐败：“在亨利一段简短的布道之后，民众就上街暴打
284 当地的神父，将他们推进污泥中。”后来，亨利搬到了法兰西南部和意大利的乡村地区，而他要传达的消息也越发极端：

“他教导说，施洗礼只应作为一种信仰的外在标记。教会的建筑和所有官方宗教的把戏都毫无用处，一个人可以在任何地方祈祷，都像在教会里祈祷一样。真教会只有那些遵循使徒生活的人，只有贫困和纯洁。爱邻人就是真宗教的本质。”[2]

不难看出，这里有着对平等和互惠的信仰，而它们塑造了道德直觉。

乡村地区开始频繁出现一种宗教激进主义的模式：某个无名之辈突然离开森林，通常还有各种流言说他的出身是“僧侣”甚至于“贵族”。他一般声称自己通过一段孤独隐居和深入冥想的生活，已经成了一位圣洁的人。接着，他就开始传教，其雄辩的口才远胜过村里的神父。他的追随者迅速增长，而他的自信和虚饰也随之增长。

坦谢姆（Tanchelm）的一生就是上述模式的典型例子。他

在 12 世纪的佛兰德斯和尼德兰南部赢得了大批追随者，搞得乌得勒支市的座堂圣职团（cathedral chapter）焦头烂额。根据圣职团的一份报告称：

“坦谢姆装扮得像一位僧侣，在开旷的土地上开始了他的布道。据说，他有着相当雄辩的口才，民众听他讲话就像天使倾听上主一般。他俨然是一位圣洁的人，而乌得勒支的圣职团抱怨称，这人就像他的主子撒旦那样，有着光明天使的所有外观。正如许多其他的巡游传教士那样，他讲话一开始也是谴责那些堕落的教士，例如安特卫普的一名神父公开与情妇姘居。接着，他会扩大批判的尺度，直接针对整个教会。坦谢姆教导说，圣事只要是由堕落的人来主持，那就是无效的……他还教导说，圣职已经完全没有意义，圣事无异于腐败，教会也无异于淫窟。这种宣传产生了很大的影响，搞得民众很快就不再领圣餐，也不再去教堂了。总之，正如圣职团一句沮丧的评论所 285
言，情况已经糟到了这个地步：越是诋毁教会的人，越能被当作圣人。”[3]

渐渐地，坦谢姆开始自称拥有一种堪比基督的地位，甚至还说自己跟童贞女玛丽亚订了婚！他的追随者们非但没有对事情的如此走向感到丧气，反倒越发拥护。有一个团体甚至联合起来，要做他的十二“使徒”。

这都不是新事。过去几个世纪偶尔也会冒出来先知或弥赛亚，但从 11 世纪末开始，弥赛亚运动的频率和规模都发生了戏剧性的增长，而且追随者主要都是来自乡村和城市的穷人。这些运动的根源是一种道德信念，因而很难拔除。乌得勒支圣职团认为，如果再不约束坦谢姆的做法，教会恐怕会永远失去对整个教区的控制。

从一个人宣讲使徒的生活方式，到他不再自诩为使徒，而是自称为活着的圣徒和圣灵的器皿；这种转变也是有规律可循的。12 世纪中叶，一位名叫厄翁（Eon）的布列塔尼人，又名星之厄德（Eudes de l'etoile），领导了一场反抗布列塔尼教会的运动。尽管是平信徒，厄翁却自行为其追随者行弥撒礼，而且公然自称为神子："最后，他组织自己的追随者成立了一个新的教会，将其中那些大主教和主教冠以智慧、知识、审判之类的名号，还用最初的十二使徒之名来称呼他们。"[4]

这些运动表明，人们对合法性有了一种新的渴望，而它们也服务于这个目标，难怪它们对教会领袖敲响了警钟。教会领袖又是如何理解这场挑战的性质呢？公允地说，他们并没有掉以轻心。到了 12 世纪，许多教会领袖都经受了这场改革运动的洗礼。当厄翁的一些追随者变得无异于强盗，开始在教会里烧杀抢掠的时候，鲁昂的大主教觉得有必要对他采取武力抓捕。不过，对于厄翁所代表的挑战的本性，大主教也是根据他作为"试探"的地位来予以评价。受教宗尤金的召见，这位大主教还出席了兰斯大教堂的一次特殊宗教会议。

起初，教会的权威们都是以一种零散的方式来应对这些威
286 胁。他们靠一些最有天分的"正统"传教士来驳斥自称弥赛亚的人。但大约半个世纪以后，有一种更加持久的解决办法出现了，虽然刚开始也富有争议：这就是托钵僧团的建立，包括方济各派和多明我派。两大修会的突然兴起，几乎就是一场革命性的发展进程。它们放弃了建制教会的奢华排场，通过传教和慈善活动来接触穷人，并且依靠城市的施舍过活。它们以一

种戏剧性的方式，既回应了穷人的感受，同时也增强了穷人的感受。证据就是，方济各派和多明我派在 13 世纪有了迅猛的发展。

两大修会都回应了穷人的新感受，但仔细观之，它们对人的激励并不相同。原因在于，多明我（Dominic）和方济各（Francis）这两位创建者的特点，给各自的修会留下了独一无二的印记。在看待教会的秩序与信仰的问题上，两者的差异在于“自上而下”还是“自下而上”，一个强调以正确信仰来拒斥异端，另一个则是热情拥抱一种效仿基督的贫困而谦卑的生活。那我们现在就来看看他们的差异。

多明我是一位训练有素的西班牙司铎。有一次访问罗马回来的路上，多明我路过了朗格多，对当地猖獗的一种名叫清洁派（Catharism）的异端深感震惊。据说，清洁派是从东欧传入意大利和法兰西南部的，但它在当地也有一种同样重要的根基，那就是反抗教会仪式和教士特权，拥护一种更加苦行的精神生活，甚至于追求个人的完满。“完满”（perfecti）引导着清洁派，将他们从物质世界中“解脱”出来，所以他们对建制教会深感厌恶。清洁派自称是“好基督徒”。

多明我的结论认为，清洁派是对教会的严重威胁。宣讲“真”教义的人只有一种行之有效的办法，那就是接受一种“使徒”的生活方式，抛下所有特权和排场，积极投身于苦行之中。多明我也看到，教育是进行真正有效的布道以反驳异端的关键因素，他的追随者们很快就和巴黎与博洛尼亚的新兴大学建立了联系。但最重要的是，多明我的使命得到了教宗的称赞和支持。到了 1221 年多明我逝世之际，多明我派已经正式

287 成为教会里一个新的修会。由于他们与教宗保持了密切联系，并且服从教宗，多明我的修道院传遍了西欧。

罗马一心要铲除异端。在它眼里，这是界定“正统”的关键手段，但数世纪以来，这种做法的手段着实有限。通常，罗马不得不依赖各教区里的教会会议来搜捕异议者，容忍经久不息的争论。但到了13世纪，受克吕尼启发的教宗改革运动改变了一切。教宗比以往更加强大，也更加自信。行政变革和法律变革将教宗制变成了一个强大的中央集权政府，教宗制几乎成了“帝国”。

多明我的传教，成了教宗对清洁派异端发起的战争的一部分。清洁派遭指控的罪名是恢复摩尼教异端，接受一种极端二元论立场，以至于威胁到了道成肉身的理念。此外，它的罪名还包括拥护一种受“完满”引导的属灵的精英主义。除了清洁派对圣事的拒斥，我们对清洁派信仰的认识几乎完全来自其反对者，所以我们并没有什么信心能重构出他们的信仰。不过，清洁派也分享了当时的一种新感受，即鄙弃许多教士的排场和世故，斥之为“对真宗教的侮辱”。

教宗的信心，曾经令他们大力支持旨在反击伊斯兰扩张，夺回巴勒斯坦圣地的十字军运动。如今，教宗还要支持一场北方封建权贵发起的十字军运动，由西蒙·德·蒙德福特（Simon de Montfort）担任领袖，剿除朗格多的清洁派。这次十字军运动引发了一场臭名昭著的大屠杀，屠尽了贝齐尔城接近两万居民。理论上，教宗只是“借用”世俗武装来搜捕异端。但这起事件表明，作为教宗主权理念的要义，平等服从的原则也有可能导致信仰的强制，虽然教会法学家当时已经发展出了一套自然权利的理论。

信仰真的可以被强制吗？还是说，强制信仰本身就是一种自相矛盾的说法？暂时来看，教宗和多明我派对“正确”信仰的关注丝毫没有这些疑虑。但是，在基督教一开始对良心之作用的思考里，这些疑虑就已经是一个重要的部分。经过改革之后的教宗制是否也遇到了一种危险，即否认这些曾推动过改 288
革运动的道德直觉？有的教宗已经受到引诱，在与日耳曼皇帝的斗争中僭越了世俗权力与属灵权力之间的界限，虽然这种界限曾经为改革运动提供了重要武器，而且为良心的诉求提供了基础。如今，教宗为了铲除异端，反倒忽视了良心的诉求。

格列高利九世创建了一个负责调查的教宗法庭，这就是宗教裁判所（Inquisition）。它将调查权的范围扩展到了各种对“信仰纯洁”的威胁，并且有意取代这种长久以来是由主教们来行使的调查权。即便是偏袒教宗的作者们也不得不承认，“这套程序所包含的司法原则，与教宗制本身普遍接受和一贯支持的原则，几乎没有什么相似之处”。[5]

当时的教会法学家有意阐释一系列自然权利，而非强调一种普遍的自由权，这难道仅仅是偶然吗？他们或许只是太过谨慎。但在整个13世纪，除了对付清洁派异端之外，教宗主权的行使确实提出了一个新的问题，那就是教宗自身的主权权威究竟有何限度。如果日耳曼皇帝与其他世俗统治者的主权都受到其臣民的自然权利的限制——那些有助于界定教会所捍卫的属灵领域的权利——那么，教宗的权威就没有限制吗？在将一种所谓“完满权力”授予彼得继承人的时候，难道上帝没有授予个体一些权利，以此来限制教宗的权力？难道一些个体权利不能是神意的表达，形之于自然法？

自然权利的语言逐渐渗入了公共辩论。出人意料的是，另一个伟大的修会也推动了这一进程的发展，这就是13世纪兴起的方济各修会。

方济各也是一位非同寻常的人，一心要摹仿基督的生活。他是一位成功的阿西西商人的儿子，年轻时偶入一座小教堂，感到心中充满了一种无条件的强烈需要，那就是依照福音书的榜样来生活。此后，方济各抛弃了享乐的生活，“变卖一切，
289 施舍穷人，放弃了尘世的荣耀、财富、帮助、慰藉、组织和所有东西”。[6]方济各追求的生活迥异于意大利城市日益贪婪的商业生活，但这种生活很快就为他赢得了大批追随者，数量多得有时令他震惊。方济各的高尚生活与品行给当时的人留下了强烈的印象，俨然基督再临一般。

禁欲和贫困的理想化，引起了民众的深刻共鸣。短短几年，方济各与十一位追随者就到罗马解释他们的运动，称其目标更近于“灵意”而非“字意”。结果，相比于多明我派与教宗的关系，方济各派与教宗的关系更加复杂和不稳定。一个原因在于，方济各派凭借着对“草根”的吸引力，很快在欧洲赢得了成千上万的追随者。由于有这么多缺乏管理的追随者，他们看起来就像曾经的一些异端运动那样，而不像纪律严明的多明我派。这就意味着，他们更难受到教宗的引导和控制。

如果说多明我派的潜台词是强调“平等的服从”，那么自生自发的方济各派就更着意于“平等的自由”。多明我派与方济各派相互学习，而方济各派最终也采纳了多明我派的一些组织方式。但是，他们对民众的吸引力从一开始就形成了戏剧性

的对照："1218 年，当双方领袖在罗马会面时，多明我仍然只是一小撮传教士的领袖，而方济各已经勉强担任了一个大组织的首领，几乎西欧每个国家都有它的分支。"[7]方济各运动的民众根基——或许容易称之为民主——以及它对等级制的反对，有助于解释它所引起的一个最出人意料的后果：关于自然权利的论争的发展。为什么这样一场践行贫困、谦卑和慈善的运动，最终却凸显了自然权利呢？这是一段有趣的故事。

在方济各派的早期思想里，有过一场重要的"论争"。方济各打算效仿基督的生活，但很快在当时人看来，"方济各派践行贫困的做法……这种做法表明，基督及其使徒必定就是如此生活的"。方济各本人对法律没什么兴趣，但在 13 世纪，他的追随者们援引民法和教会法的区分来界定方济各派的生活方 290
式，然后又将这些区分回溯到福音书的世界："方济各派开始全心全意地坚信，基督及其使徒就像好的方济各派修士那样，抛弃了一切'财产、所有物、用益权和使用权'，自己只保留一种单纯的'事实使用'。"[8]因此，正是方济各对于抛弃财产的重要性的强调，使得这个修会推动权利的话语有了重要的发展。

在贝加莫的博纳格拉修（Bonagratio of Bergamo）的启发下，14 世纪初的教会提出了一种强大的主张。他认为，由于效仿基督的榜样，方济各已经恢复了在亚当犯罪堕失恩典之前的"无罪状态"。博纳格拉修认为，无罪状态有一个关键事实，就是那里从来没有财产权，没有"你的""我的"之分，而是所有人共同使用所有东西："如果蒙福的方济各发誓和许诺要遵循福音，过一种毫无个人财产的生活，或者说公有的生活，那么这也是福音书的教诲和准则，因而基督也是没有私有物品，也是物品公有的。”[9]基督只拥有方济各派所谓的“单纯的事实使用”。

批评者提出了一个显而易见的反驳：耗用（consumption）与使用不可分离，它本身就是一种所有权。博纳格拉修回击道，自然法规定一切活物都应追求生命的自我保存，而这种“自然”本能构成了人们使用可消耗品（食物、衣服和住所）这一事实的基础。这种自然本能，不同于人法所确立的私有财产的所有权和使用权。博纳格拉修坚称，这些权利可以自愿放弃。但就在认为可以放弃合法权利和权益的同时，博纳格拉修至少事实上已经设定了一种更加基础的自然权利，也就是自由的权利。这种权利的诉求及其隐含的平等主义，引起了教宗的热烈响应。

方济各派的立场被认为具有潜在的颠覆性，无论对教会秩序还是国家秩序而言。这种认为“自然状态”下万物公有的自然法理论，几乎成了陈词滥调：“不过，在评注过亚当吃禁果这段文本的众多教会法学家里，谁也不会解释说，亚当吃的果子没有成为他的私有物，或者说他在实际使用过的这件物品
291 上没有使用或用益的权利。”[10]到了13世纪20年代末，教宗若望二十二世（John XXII）判定，方济各派的立场应受谴责和不可信。

若望二十二世的敌对立场不仅耐人寻味，也充满悖论。为了驳倒“自然状态或无罪状态下没有私有财产存在”这一观点，他退回到了与个体主义者一样的立场，主张有一种普遍的自由权利。他希望在无罪状态里重新恢复财产权。若望的论证

分为两步：首先，他主张财产的划分出现于亚当夏娃犯罪以后，这就意味着先前确实有一种公有财产存在，因此方济各派“只有单纯的事实使用而无个体或公有的所有权”的主张是错的。第二步在若望的批判中更加激进，他认为在创造夏娃以前，财产权不可能“公有”。因此，当上帝赋予亚当对尘世及其所有生物的统治权时，上帝其实就让亚当这一个体成了尘世的拥有者。因此，“上帝在一种理想的自然状态中，从万物的开端之初，就定下了个体的财产权而非公有财产”。个体所有权被追溯到了万物的开端，以及上帝作为造物主的意志。财产权不只是人法的创造，也不像方济各派认为那样可以抛弃，因为哪怕是耗用物品的行为都能创造出财产权。财产权与人的能动性是紧密相连的。

这场论争最引人注目之处，与其说是能否抛弃财产权这一争议领域，毋宁说是两者达成共识的更大领域，因为双方本质上都处在个体主义的框架之下。双方都依赖于个体的诉求，无论它们是不可动摇的神授的所有权，还是将人法创造的财产权予以抛弃的自然权利。这样一来，道德平等的前提就为论争双方搭好了舞台。

很显然，双方的立场都是意愿主义，并且都强调个体意志的作用。在这场论争之初，一位多明我修士巴黎的约翰（John of Paris）驳斥了一种神权政治的观点，即认为所有统治权统统属于教宗，无论是财产的所有权还是统治者的权威。哪怕在那些受惠于教宗的修会成员看来，这种观点也忽视了个体能动性的诉求。巴黎的约翰主张，“个体之为个体拥有权利、力量和 292
真正的统治权”：“他们获得这种权利，不是从教宗或国王之类的任何统治者那里，而是凭着自己的‘才能、劳作和勤勉’。教宗仅仅是负责管理教会财产的人，国王也不过是解决世俗财产纠纷的法官。他们都不是个体财产权的来源。”[11]上述对约翰立场的总结，抓住了托钵僧团的思想中发生的个体主义转向，而托钵僧团原本的使命就是接触穷人，将穷人保留在正统的界限内。神授的自然权利渐渐登上了前台。

难道我们不能得出结论说，这些人想采纳“使徒生活”的愿望对托钵僧团的思考方式产生了重要影响吗？推行改革的教宗之所以认可托钵僧团，乃是为了接触穷人和保守正统，因而只取得了部分的成功。修会的发展，尤其是方济各派，产生了一个意料之外的结果：它为一种激进的批判奠定了基础，其矛头针对的是教会在社会中的作用，而这种诉诸自然权利话语的批判在 14 到 15 世纪开始出现。

通过自然权利的理念，保罗所强调的“基督徒的自由”焕发了生机和潜力。这是一个最重要的时刻，因为起源于教会的平等主义的道德直觉开始将矛头对准教会自身，招致人们对教会的疑虑，最终导致人们原则上拒绝教会扮演任何强制或“有特权”的角色。由此一来，这些道德直觉为世俗主义的核心计划提供了基础，而这计划就是要确立一个以个体良心和选择的“正当”诉求为基础的领域，一个受法律保护的个体自由的领域。一种对于“平等的自由”的担当，渐渐从基督教的道德直觉中脱颖而出。

第二十二章
捍卫平等主义的道德直觉

我们已经知道，方济各派在财产权起源问题上挑起的争 293
论，乃是将重心放在了个体及其权利上。这不是一项孤立的发展进程。14 世纪关于政教关系的著作有一个特点，就是一种新的社会图景渐渐获得了基础，将社会视为由个体组成的团体；这逐渐成了所有论证的共同出发点。这种社会图景从“照看灵魂”的修辞传入了教会法和民法当中，先是影响了教宗的主权诉求，然后是世俗统治者的主权诉求。到了 14 世纪，它还影响了关于权威本身的起源与本性的各种论证。个体成了服从权威的首要单位，而集体式的社会观念正在迅速消亡。

这场变革的标志之一，就是重新解释古代沿袭下来的各种用语。我们已经知道，教会法学家赋予“自然法”一词以新义，其含义从强加义务的准则（例如“不可说谎”）变成了主体权利。这种变化表明，思想所依赖的基础必须承认所有人都是道德上的能动主体，也就是能进行自由选择的人。这一类重新解释的例子，包括方济各派用“自然状态”来确立了一种自然权利，以此拒斥一切私有财产。同样，人们在讨论“自由权”与统治权的时候也作出了新的区分，而它们附加到了公私领域区分的概念框架上，后者渐渐就成了后世所谓“市民社会”与“国家”的区分。

在13世纪末一位方济各派神学家和哲学家的思想里，我们可以看到这场已经开启的进程，他就是约翰·邓·司各特
294 (John Duns Scotus)。司各特对道德义务之本性的分析非常精彩，他认为“一行为若非出于自由意志，则无所谓称赞或谴责”。[1]在他看来，自由是道德行动的一项先决条件。

这为什么重要？实际上，对于圣保罗“基督徒的自由”这一愿景，司各特区分了其中的两种要素。保罗一方面拒绝了对犹太律法的依赖，另一方面也坚持意志（爱基督）具有一种品质，那就是摆脱纯粹受制于法则的行为，同时提供一种道德化的自由观念。在他看来，意志与基督的结合，意味着对爱邻人的训谕——人类平等和互惠的诉求——进行自由选择。在这个意义上，真自由就是爱上帝。

司各特厘清了保罗愿景中的两种东西。他既认为自由是道德行动的一项必要条件，同时也相信它不是充分条件。司各特没有将自由与道德完全等同，自由既可以导致“应遭谴责”的选择，也可以导致“值得称赞”的选择。要想做到后者，人的选择就必须遵行正义，也就是司各特所说的“正确理性”：“说某人具有道德上的善，就是说他遵行正确理性。”有论者指出：

“一切道德上是善的行动，必定在目的上也是善，因为它拥有一个遵行正确理性的目的。但单凭这一点，任何行动也称不上是善……‘意志的善并非仅仅依赖于目的，而是依赖于其他所有条件’。尽管目的在行动的所有条件中位居首位，一项行动也不能单凭目的是善而在道德上是善。目的不能证成

手段。"[2]

由此一来，自由成了道德的一项必要而非充分条件：

"任何道德行动必须同时集齐所有的必要条件，才是道德上的善。任何一项条件的缺陷，都足以使该行动成为道德上的恶。善绝不会导致恶。因此，一项行动要想是善的，那它就必须是自由的，必须在目的上是善的，并且以正确的意图来完成。"[3]

司各特区分了自由与正义这两种理念，同时又将两者一道视为道德行动的必要条件。这一步相当重要，但也不是只有他迈出了这一步。14 世纪的方济各派形成了一种独特的哲学传 295
统，焦点在于意志及其使用时的种种条件。这一点无疑体现在方济各派最伟大的神学家和哲学家的著作中，他就是奥卡姆的威廉（William of Ockham）。

司各特区分了"基督徒的自由"这一理念的两种要素。同样，奥卡姆也区分了统治权一词的两种含义，而它们先前往往混为一谈。

奥卡姆从教会法学家的著作中获益良多。教会法学家们开始提到"统治的权利"(jus dominii)，古代之所以没有这种用法，是因为当时的统治权或领主权被视为一项特权性的社会事实，而非个体权利。因而，统治权令人想起了一种优越的社会地位，它从定义上就不是所有人共享的。不过，一旦教会法学家引入了"权利"这个词，一种新的普世性就登场了，而奥卡姆认为这表明统治权一词的古代用法存在着含混。用"现代"的术语来看，这个词杂糅着两种不同的含义：一是统治的权利，二是占有的权利。奥卡姆暗示道，唯有区分这两种含义，思考才能变得清晰。[4]

其实，奥卡姆是在改造统治权的传统用法，使其适应道德平等的新前提。只要思想仍旧依赖于自然不平等的前提，两种含义的区分就既无必要，也不可能。因为在当时，统治权的含义就是一些人对另一些人天生具有的主宰或支配地位，其中融合了占有与统治。因此，家父长对奴隶的占有，同时也就是统治的权力，而家父长的角色本身就意味着，父亲不仅统治着家庭，也在某种意义上占有着家庭。这种根本的不平等一直是古代社会的基础。统治权一词体现了根本的地位差异，这些差异是如此根深蒂固，以至于限制了其他所有的社会安排。

如果这种根本的地位差异不再有效，那么，区分两种含义的必要性就变得紧迫了。对奥卡姆而言尤其如此，因为他想弄清服从世俗权威和宗教权威，特别是皇帝和教宗的义务究竟有何根据。我们只要考察他的论证就会知道，自从加洛林时代以来，道德直觉已经发生了多么巨大的变化。奥卡姆拒绝接受加
296 洛林时代的一种精神分裂：一边是“照看灵魂”的平等主义核心与效忠统治者的普遍宣誓，另一边则是将依赖统治权或领主权的做法视为维护社会秩序的手段。

奥卡姆区分了单纯的权力与“合法”或正当的权力，后者要理解为一种“权利”(jus)。一项权力是“正当的”，意味着有一种更高的规范存在，也就是“正确理性”或正义。这种规范引入了上帝赐予的道德平等信念，亦即承认意志自由和个体的道德能动性。[5]因此，如果统治权被理解为一种“权利”，而非单纯的主宰权力或事实性权力，那么统治权就必须遵守平等与互惠的规范。同样，统治的权利与占有的权利也必须区分

开来。

权利话语进入了关于统治和财产权的讨论中，这就为后来“国家”与“市民社会”之间的清晰区分铺平了道路。方济各派的司各特和奥卡姆为现代世俗主义提供了建筑地基，尽管这个词他们未曾使用。他们重新界定了基督徒的自由，一方面区分了道德的两大条件，自由的理念与正义的理念；另一方面也区分了占有的权利与统治的权利。由此，他们准备好了一场革命，革新我们关于一切权威的“正当”基础的看法。他们从贵族式的权威理念发展到了民主式的权威理念。

教会法学家通过与神学家的对话，为这场进程做了巨大贡献。13 世纪还增加了一个新的因素：哲学与神学相分离，加剧了关于信仰与理性之间“正确”关系的争论。不仅如此，无论神学还是哲学，双方主张的发展还证实了一种新制度的存在，它能培养人们智识上的野心和成就，使得“学派”或“传统”之类的说法更多成了现实。

这些学派或传统不只是需要好奇心、道德严肃以及个人的辩证法技艺。它们之所以变得可能，是因为出现了一种新的组织形式，为思考赋予了更强的纪律性和连续性。在这段时期，297
城市中心和贸易的发展播下了中产阶层的种子，使其跻身于封建贵族与农奴之间；除此以外，欧洲的大学也正式登场了。

这种大学几乎史无先例，因为它为个体的理性和异见提供了一个过去从未有过的公共空间。由此，一种新的社会角色成为可能，这就是在教会与世俗政府的立场之间“摇摆”的智识人（intellectual）。在欧洲大学的早期历史上，有一个值得注意的事实：这些大学成功挑起了教会与国家双方拥趸之间的争论。教宗和君主不厌其烦地鼓励和保护各自庇护的大学，企图从这种新的制度中渔利，但它们从未真正掌控它。[6]

随着城市中心与贸易的发展，社会劳动分工变得更加复杂，进而为学术创造了新的条件，也产生了对学术的更大需求。结果，传统的学术中心，也就是教会学校和修道院学校，渐渐变得不合时宜。这些变革成了12世纪的主流。至于究竟是什么样的人当上了教会法所谓“大学”(universitas)这种新式组织的“大师”和“权威”，历史只留下了极少数诱人的细节，但在那些最古老的大学里，有两件事情是很清楚的：其一，在博洛尼亚，被划分成不同“国民”的学生自行雇佣老师，而在巴黎则是老师们联合起来推动大学的成立；其二，不同地区有不同的主导学科，例如博洛尼亚的法学、巴黎的神学、牛津的自然哲学以及蒙彼利埃的医学。

13世纪期间，新兴大学要从教宗或某位世俗统治者那里得到特许状，它们的结构也通过各自的条例而得以定形。这些特许状授予学生和教授一些特权，让他们拥有独立的司法权，并且在一段周密安排的学习之后就能获得学位。由此一来，特许状就能保护他们免受当地的治安督查、封建徭役和税赋。[7]通常情况下，学生要先取得一门技艺的学位，然后才能转向神学、法学或医学的学习，最终取得博士学位以证明他完成了大学教育。不久，受过大学教育的人渐渐占据了欧洲教会和世俗政府里的许多重要职位。

新兴大学促进了众多思想的聚集和交流，从而极大推动了
298 论证的发展。大量汇编起来的“是与非”的论证塑造了大学教育的形式，而它们可以追溯到阿伯拉尔提倡的辩证法和格拉

提安《教令集》里应用的方法。“论辩”与讲授必修文本的课程一样重要。在一场论辩里，一个命题既有“正方”也有“反方”，最终由主持论辩的教授对双方的论证进行整理和评价。

12 世纪，对亚里士多德主要著作的重新发现也引起了智识人的注意，尤其是《物理学》、《形而上学》和《伦理学》。除了大学里思想的交流融合外带来的好处之外，最高水准的严密论证也平添了几分优势。亚里士多德的著作从阿拉伯译本而非原始希腊语翻译过来，这既是一个榜样，也是一项挑战：基督教思想家能否以同等的机敏和精确性来阐释自己的教义呢？大学教育与亚里士多德哲学著作带来的挑战相结合，在 13 世纪下半叶催生了更多力图融合神学与哲学的野心勃勃的著作。为了实现信仰与理性的结合，他们试图证明，哲学也能产生一种与基督教启示相符的“自然神学”。

在致力于这个目标的人当中，最突出的几位思想家如今都被尊为圣徒，他们就是波纳文图拉（Bonaventure）、大阿尔伯特（Albert the Great）与阿奎那。但除了地位相当之外，他们对亚里士多德的态度有一些重要的差异。虽然他们全都拒斥异教哲学中与基督教启示相悖的部分，但波纳文图拉一直持守奥古斯丁传统，关注焦点是将个体意志与上帝意志联系起来，同时借用了亚里士多德的某些论证。大阿尔伯特与阿奎那则不然，他们试图让亚里士多德与基督教之间有更多的融合，所以他们用“哲人”（The Philosopher）一词来专指亚里士多德。[8]

令人惊讶的是，包括司各特和奥卡姆在内的这些思想家，要么是方济各派，要么是多明我派。托钵僧团一开始遭到了猛烈的反对，因为比“世俗”教士更加“正规”的他们要在新兴大学里安置各种“学院”，使它们在神学教育中占据重要地位。不过，到了13世纪中叶，他们终于在巴黎成功开设“教席”，在牛津和博洛尼亚的学院也得到了认可。

299 (the number stands in the left margin beside the line beginning “位。不过”)

托钵僧团有权宣称自己在13到14世纪取得了巨大的智识成就。不过，在神学与哲学方面，方济各派和多明我派的传统渐渐产生了更加根本的分歧，进而对欧洲思想和制度的发展产生了非同寻常的影响。14世纪见证了这种分歧的一个体现，那就是哲学与神学之间不可调和的张力，而它威胁了人们试图综合亚里士多德与基督教信仰的努力。

两大传统的差异极其重要。要想考察这种差异及其根源，我们不得不做一定的简化，因为无论是方济各派还是多明我派，都无法提供一种标准的视角。不过，14世纪多明我派的不少人开始奉阿奎那为“博士”，认为他对亚里士多德与基督教信仰的综合就是教会的不刊之论。方济各派虽然从未像这样宣称有什么“博士”存在，但也默认司各特和奥卡姆就是他们杰出的思想家和代言人。

两大传统的差异可称为“奥古斯丁主义”与“亚里士多德主义”的差异、“激进主义”与“保守主义”的差异，或者说是关于意志与理性之间关系的对立解释。最后一种说法最贴近两者差异的根源，但说得还不够透彻。

多明我派强调“理性”，方济各派强调“意志”，两者的对立究竟出于什么原因？原因是，对于“异教”哲学在多大程度上可以被用来理解和阐释基督教教义这一问题，他们有着截然不同的评价。但这背后还有一种更加基本的差异：对于受到基督教启发的道德平等的信念而言，借用异教哲学的做法究竟会带来什么后果？

对于全盘借鉴亚里士多德的知识论及其关于“自然”的形而上学的做法，方济各传统一直抱以怀疑态度。阿奎那的下述观点似乎复活了某种古代的理性主义，他认为“自由的根基在于意志作它的主人，但理性也要作它的原因”。[9]从这一类借 300
鉴中，方济各派察觉有一种古代前提的残余：理性可以“掌控”实在，理性单凭自身的资源就能证得最深刻的形而上学真理和道德真理。在方济各派看来，这种前提太过傲慢，因为它将人的命令提升到高于道德经验的事实，高于人类动因的复杂性，高于意志对“恩典”的依赖性的地步。方济各派认为，这种傲慢就潜藏在亚里士多德的自然目的论模式中，因为它的等级制框架预设了各种“本质”与“目的因”，从而威胁了基督启示的真理所要求的谦卑。换言之，这种傲慢威胁了道德平等的前提。

方济各传统认为，道德平等的信念必然要求在人们使用理性时保持谦卑，因为如果人人平等，那他们也同样容易犯错。这种道德经验的双重性，使得方济各派追随奥古斯丁的做法，更加关注人的能动性的本性。他们一方面强调理性的重要性，另一方面也承认理性具有不稳定的本性。所有人都是自由的，生而具有理性，但正直的意志仍然需要启示的支持，方能获得源源不断的动因性力量。

与多明我派强调理性和“正确”教义的做法不同，方济各派对人类能动性的强调修正了对于理性之角色的看法：理性变成了意志的伙伴，而不是傲慢地主宰着意志，因为单纯使用理性的做法并不能确保最重要之事——正直意志。理性若是单凭自身的来源，就无法引领我们切入正直意志的核心。要想做到这一点，人们必须依靠谦卑、祈祷和恩典，让诸个体的意志与一种更高的意志相联合。人们必须进行某种属灵的修炼或者“朝圣”。理性只有在服从由启示而来的道德法的时候，才能获得“正确理性”的地位。理性也只有在探索一个并非由其创造的世界的时候，才能往自己的诉求中融入兄弟之爱与谦卑。

在方济各派眼里，过度借用异教哲学的做法会危及基督教的原创性，例如阿奎那的《神学大全》（*Summa Theologica*）。早期教父甚至拒斥了斯多亚的伦理学，而阿奎那的做法已经遮蔽了早期教父这样做的动因。斯多亚主义只有一种犹犹豫豫的普世主义，但它无法像基督教启示那样触及自我的最深处。犹太
301 教也做不到这一点，因为它太过强调上帝的意志。虽然犹太教孕育了未来的道德发展，但它始终具有部族性。相反，基督教开启了一幅本质上属于个体的前景，而非某种受上帝庇佑的部族关系。它唤醒了个体的意志，让他们看到了超越者。它提出了一种能教化社会生活，而非受社会生活决定的社会关系。方济各派的立场表明，无论异教哲学还是犹太教，都不能将个体从习传的社会角色中解放出来。它们达不到的深度，唯有谦卑才能达到，其榜样就是方济各本人效仿基督的一生。在方济各派看来，这才是道成肉身的要义：“上帝与我们同在”的理念，将人的能动性与一种更高的能动性联系到了一起。

无独有偶，奥古斯丁也成了方济各传统的主要灵感源泉之一，因为毫不夸张地说，正是奥古斯丁吸收了保罗的思想，发

明了意志。按理说，这种观念之所以变得不可或缺，并且将个体从其拥有的偶然社会角色中解放了出来，乃是因为基督教的道德平等前提。如上所述，个体成了“首要”的角色。其他社会角色退居第二，变成了一个生而赋有意志的主体所拥有的属性，但它们绝对无法穷尽主体的身份认同。因此，个体的身份认同注定要外在于各种社会关系，并且成为衡量它们的尺度。意志获得了一种特权地位，它是进入奥古斯丁所谓“上帝之城”的先决条件。

要想理解方济各派，我们就要重新看看奥古斯丁。

在人类能动性的问题上，奥古斯丁提出了一种比古代哲学复杂得多的理解，其中包含了意志的自由与软弱。受奥古斯丁的影响，以奥卡姆为代表的方济各派接纳了一种关于人类能动性的看法，将古代哲学经常赋予理性的动因性力量尽数祛除。理性能够也应该塑造行动，但它无法单凭自身来决定行动。相反，谦卑的做法和恩典的灌注必须为行动补充一种正直的意志，或曰“正确理性”，因为所有人都是平等的，尤其他们的软弱也是平等的。

在创造基督教神学及其道德普世主义时，早期教父吸收了 302
异教哲学潜在的抽象化能力，而方济各派思想家也受益于此。但方济各派同样接受了奥古斯丁的评价，认为古代哲学有着诸多局限，尤其体现在人类能动性方面。让方济各派备感困扰之处在于，阿奎那大量吸收亚里士多德的做法，或将复兴古代理性主义所标榜的那种人类能动性，哪怕是潜在的复兴。为什么阿奎那没有那么担心这种可能性？理由很明确，阿奎那与奥古斯丁的智识结构不同，因而他们与古代哲学的关系也十分不同。他们可谓是南辕北辙。

奥古斯丁曾经在异教徒的学园里求学，由于对他们日益感到不满，最终成了基督徒。相反，阿奎那一直是基督徒，后来在亚里士多德那里发现了一套比先前的基督教神学更优越的思辨方式。因此，阿奎那想要在“那位哲人”的帮助下，拓展和巩固基督教的思想。[10]阿奎那对亚里士多德的钦佩是不是有点过头？毕竟，13 世纪亚里士多德作品被大量译为拉丁文，这一点表明了他的思想是多么浩瀚和富有活力。不过，方济各派渐渐开始吸收奥古斯丁对古代哲学的批判，而这恰恰反映了他们对亚里士多德影响的怀疑。

在皈信前，奥古斯丁学习过包括廊下派、漫步学派和柏拉图主义在内的古代哲学术语，而且没有依据基督教信仰的立场来予以评判。但是，奥古斯丁始终不甚满意，直到他移居米兰和受到了米兰主教安布罗修的影响之后。这些古代学派似乎从未触及自我的真实本性与需要。奥古斯丁开始怀疑，他们都没有看到只有一种关系能解放和满足自我。在研习保罗书信以后，奥古斯丁超越了他所看到的古代哲学的限度，因为保罗将自我的理念深入到了一种前社会的层次。保罗的基督理念——个体通过爱基督而形成彼此的神秘结合——令一种降到自我深处的做法和对人类能动性的更充分理解成为可能。因此，意志
303 及其应用的条件，成了奥古斯丁更感兴趣的课题。在他看来，由基督启示而来的上帝恩典，使我们有办法进入一种所有人平等享有的更本真的自我。

这个发现使奥古斯丁认识到了一种影响所有基督教之前的哲学学派的前提，那就是被保罗的基督观念颠覆掉的自然不平

等。哪怕是斯多亚哲学中踌躇不决的普世主义，如今也攻击奥古斯丁更富有异教徒式的骄傲，而非基督徒的谦卑。问题在于思辨，而非道德命令的来源。自然不平等前提采取的各种形式统统排除了道德普世主义，无论是柏拉图的社会三分法（护卫者、军人和工匠），还是亚里士多德对公民和奴隶的区分（后者是“活的工具”），抑或是廊下派认为只有少数人能获得“真正”知识和德性的贵族式看法。而在奥古斯丁看来，这就是保罗传达的关键信息。

早在将这种对比纳入巨著《上帝之城》以前，奥古斯丁就一直在抵制异教哲学遗留下的精英主义诱惑。这一点既体现于他对佩拉纠主义的攻击，也可见于他对早期修道运动的批判。乍一看，佩拉纠主义对自由意志的辩护似乎比奥古斯丁强调的恩典更加富有平等主义色彩，因为佩拉纠认为，自由意志是上帝赐予人的礼物，使人能选择和追求善：“恶行的累积通过与‘尘世’的联系而得到了遏制，一旦洗礼的转变效用彻底遏止了这种累积的势头，每一个基督信徒就能实现完满，也有义务实现完满。在佩拉纠看来，每一个基督徒都是操控自己灵魂的工匠主人。”[11]相反，在奥古斯丁看来，佩拉纠对人类能动性的解释太过简单。他误解了自由意志的隐含意义，想当然以为基督徒能简单地决定自己变好，并且做到这一点。在奥古斯丁看来，这种观念深受古代理性主义及其前提的毒害，这前提在于理性单凭自身就能成为动因。它误解了意志的复杂本性，也误解了恩典在多大程度上必须巩固善良意志。关键在于谦卑，而非古代理性的骄傲。

佩拉纠的争论呈现了奥古斯丁平等主义的本性，也表明他敏感地意识到了人们在改造自身意志过程中遭遇的巨大困难。
304 在奥古斯丁看来，基督教的天才之处就是对人类脆弱性的理解和同情。意志自由并非不承认其他原因的重要性，尤其是源于生活经验的习惯的影响。这些习惯严重阻碍了改造意志的任何持久努力。佩拉纠主义极端重视自我控制，而这会导致某种精英主义，将基督徒划分为完满和不完满的两个群体：

“在属灵方面，奥古斯丁对任何形式的精英主义都抱有本能的怀疑，而他在与佩拉纠争辩时形成的关于人类行动和神圣恩典的神学也强化了这一感受……因此，奥古斯丁渐渐意识到必须抛弃一个陈旧的观念：通过自我否定来追求完满的做法，是修道生活与其他基督徒生活方式的区别所在。这种完满的问题绝不允许被一小撮基督徒垄断，基督教共同体也绝不允许被一种区分普通基督徒和禁欲精英的双重标准分裂……”[12]

试图打造一群属灵精英的做法，其实潜在地依赖于自然不平等的前提，重新引入了一种人对人的天生优越性，也就是统治权。但正如布朗所言，奥古斯丁认为，恩典对正直意志的扶助乃是所有基督徒平等享有的一种需要，也是“对卑贱者的慰藉和对骄傲者的警诫”。

古代哲学家生活在信仰人类不平等的社会里，将这种等级秩序投射到了万物的“自然”秩序上。等级秩序影响了他们对自然秩序和社会秩序的看法，他们“自然地”将理性的指令混同于一种优越社会地位的命令。基督教信仰驱散了这层迷雾。如果说基督教信仰能为个体提供基础，使其成为一种道德地位和社会角色，那它也解释了方济各派为什么会对吸收古代理性主义及其信念所造成的结果倍感焦虑，因为有许多与古代理性主义相关的理念都倒退回了自然不平等的信念，例如人与人之间理性的分配不均、世界的永恒性，以及一套关于诸本质的理论。

人们对亚里士多德的热情，会不会导致基督教的上帝沦为古代理性的附庸呢？若是如此，在方济各派看来，综合亚里士 305
多德与基督教的努力就付出太多代价。它将剥离基督教的犹太根源：创世，上帝在历史中的作工，对一种更高意志的强调，以及对人性骄傲的不信任。相反，亚里士多德将人视为社会性存在的看法，拒绝了任何超出特定社会之规范的诉求，无论社会是多么不平等。阿奎那综合亚里士多德理性主义与基督教义的尝试，或许会颠覆保罗与奥古斯丁捍卫的人类能动性理念，颠覆一种个体身份的前社会基础。

基督教信仰创造的良心的角色陷入了危险，而这是一种要求高于社会规范的原则存在的领域。古希腊人不是曾把这种试图超出自身社会规范的人称为“愚人”吗？这么说，基督及其追随者圣方济各不也是愚人吗？方济各传统的核心就在于捍卫平等主义的道德直觉，但这也会引发另一个问题：什么样的社会和教会能够满足这种道德直觉，使得每个人心中都有超出社会的东西，进而为个体良心和选择创造一种正当的领域？

这是 14 世纪的欧洲出现的一个里程碑式的问题。随着教宗和王权对一种“主权权威”的诉求，以及亚里士多德的公民权和“美好生活”观念所遭到的挑战，封建地位差异也遭到了削弱，从而推进了这个问题。这个问题带有前所未有的颠覆性潜力，打开了潘多拉魔盒，因为它将使基督教道德直觉转过来反对教会与国家的权威主义形式本身。这个问题将创造出强大的改革压力，并且开辟一个崭新的世界。

第二十三章

上帝的自由与人的自由相融合:奥卡姆

306 事情并非总像它们看起来那样，这句话尤其适用于14世纪。这个世纪见证了一系列智识的发展，它们打开了通往现代欧洲的大门，并且提出了后来若干世纪的一些核心主题：良心与政治自由的正当诉求，基于同意的统治的重要性，以及“自然”与“文化”的区别。但是乍一看，14世纪似乎陷入了一系列关于上帝属性的枯燥争论。反过来讲，这些争论也涉及人们对于哲学之角色的异议，毕竟哲学与神学截然不同。

为什么这些争论产生了如此出乎意料且影响深远的后果？我们已经知道了一种更深层的论证，在它的表面下潜藏着方济各派思想家的尝试，即从基督教思想中清除掉古代理性主义的残余。在他们看来，这些因素污染了基督教思想，将它引向了一种由自然不平等所塑造的观念框架。在方济各派看来，只要神学家试图用“理性的必然性”而非神的自由和人的自由来解释世界，这种情况就会发生。

那么，“理性的必然性”究竟是什么意思？为什么这种观念与一种关于上帝与世界的关系的理解无法兼容？

13世纪晚期，方济各派批判阿奎那《神学大全》太过依赖亚里士多德的哲学。他们的批判起初还很零碎，但状况很快就发生了改变。整个 14 世纪期间，方济各派的“唯名论”变得更加野心勃勃和立场坚定，而这场哲学运动越来越被人称为 307
“现代道路”。我们已经知道运动的领袖人物奥卡姆的威廉，他曾在牛津学习和任教。1324 年，奥卡姆受召前往阿维尼翁为自己的观点做辩护。当时他受到教宗的谴责，因为他捍卫方济各派关于抛弃私有财产权的立场。奥卡姆不得不寻求日耳曼皇帝的庇护。虽然教宗的谴责导致自己被开除教籍，奥卡姆的影响力却迅速增强。在教会里，他的唯名论逐渐与“属灵的方济各派”联系到了一起，而后者拥护的道德激进主义招致教宗的疑心。

理解唯名论运动及其诉求的最可靠方式，就是仔细分析奥卡姆与阿奎那的差异。这样做不仅能使我们理解这些将欧洲引入不同方向的思想体系，还能使我们更好地理解，什么是“理性的必然性”，以及为什么这种观念成了奥卡姆从基督教思想中清除古代理性主义残余的重点对象。

让我们先看看关于上帝本性的问题，因为阿奎那和奥卡姆既是神学家也是哲学家。他们的争论点在哪？双方的立场分别是上帝的理性与上帝的自由。奥卡姆力图肯定上帝的自由，他相信，我们经验的世界与我们承认的道德义务就是上帝选择成为造物主的结果，而非源于某些先天的、甚至能限制上帝行动的理念或“本质”。在奥卡姆看来，上帝的创世无从预料。我们并未创造自己，但我们受造时就有了自由意志。这不就是我们理解万物本性的一条线索吗？奥卡姆的唯名论拥护偶然性，而非理性的必然性。

因此，唯名论者拒绝了一种源远流长的哲学论证形式。这种假定“永恒理念”或诸本质的做法，可以追溯到柏拉图的理式学说；在他看来，这种原型比我们对事物的日常经验更真实。“根据假定”（ex hypothesi），这些理式提供了形而上学真理的钥匙，而只有具备充分哲学素养的心灵才能得到它。这一类心灵有能力穿透表象，直抵事物的本性。亚里士多德虽然与柏
308 拉图偶有差异，但也在假定事物有“目的因”的同时，保留了这种理式或本质的观念。目的因就是事物“出于自然”而趋向的目标。

深受希腊哲学熏陶的早期基督教教父，将这些理式或本质当成了上帝思想中的“永恒理念”。他们用这种方式修改了希腊哲学的论证，而以波纳文图拉为代表的中世纪神学家们也是这样看待理式的。在他们看来，上帝凭借这些永恒理念，创造了这个世界。[1]因此，一种关于“人类本性”的理式或永恒理念甚至能约束上帝，只要这是一个事关人类责任或义务的问题。道德法接受人类本性的指示，甚至上帝也不能予以改变。

奥古斯丁也提到过上帝思想中的永恒理念，但他坚持个体意志与上帝意志之间有一种直接、亲熟的关系。这就揭示了另一种方向，它潜在地颠覆了那套关于本质或永恒理念的理论基础。奥卡姆就是沿着这一方向行进的：尽管阿奎那说的上帝思想中的永恒理念也有细微差别，但他的说法足以令奥卡姆确信，希腊理性主义及其对世界永恒和诸本质的信仰已经威胁到上帝作为造物主的自由。[2]这种自由就是奥卡姆意志论哲学的核心，也是他捍卫自由和反对必然性的源泉。

阿奎那无法否认亚里士多德相信世界永恒，相信有一种只向高等心灵开放的永恒结构存在。[3]基督教信仰一位在时间中自

由行动，而不受任何先定的理性形式限制的上帝，但亚里士多德的信念不就已经损害了基督教的上帝信仰吗？这种理式难道没有暗示出一种过于简单的理性结构，与生而赋有自由的个体灵魂观念背道相驰吗？在亚里士多德的体系里，不朽属于诸本质或理式，而非个体灵魂。在奥卡姆看来，这样的结论颠覆了一种自由的愿景，而后者指向一位在历史中行动，并且与所有灵魂有着直接关系的上帝。[4]

为什么奥卡姆要将上帝的自由摆到首位？答案可能藏在《圣经》的下述看法中：自由揭示人类受造的方式，乃是“按上帝的形象”。唯名论者重新申张基督教思想的犹太来源，以此抵抗希腊的影响。但还有另一种可能性存在：教会法学家将自然法转变成了一套基于道德平等的自然权利理论，从而反哺了人们关于神性本身的观念。奥卡姆强调在人类能动性之中有 309
一种意志的诉求存在，因而也突出了在神的能动性之中的同样特征；人的自由与上帝的自由逐渐成了相互巩固的特征。这也是为什么奥卡姆思想最重视的是偶然性与选择，而不是永恒理念或某种先天的知识。奥卡姆否认有可能存在一种关于宇宙的先天知识，而这种知识是永恒理念或“诸本质”的学说所要求的。过分夸大人类理性能力的做法，就会损害上帝的自由与力量，损害祂的“主权”。

为了捍卫上帝的主权，奥卡姆发展了肇始于阿伯拉尔的一种传统，坚决区分两种不同类型的推理：演绎与归纳。演绎推理考察词与词之间的关系，涉及一致性与逻辑蕴涵的问题。相反，归纳推理关心的是词与“物”之间的关系，也就是感觉经验的世界。归纳命题最多只是或然的，需要得到感觉的证实，也就是奥卡姆所谓对外部世界的各种“直觉”。因此，“必然真理”只属于演绎推理，而不属于物的世界。

在奥卡姆看来，必然知识或先天知识的学说误导了人的心灵，因为它偏重于心灵的定义能力，而非偶然的经验事实。诸如“人”的普遍范畴比关于“人们”的经验更真实，这样就会损害上帝与个体之间的直接关系。这种哲学的“实在论”形成了一种集体式的人类心灵的幻象，因而，对于普遍者或概念的信仰——例如永恒的“物自体”——不只威胁到上帝的自由，同样也威胁到个体的自由，以及对于人与人有着平等的道德能动性的信仰。

奥卡姆凸显了意志的作用，以此将理性与个体的经验和选择联系起来，而不是将理性视为对事物的非时间本性的“立法”。但是，他也并不认为意志不受限制。相反，既然自我是上帝的一份赠礼，那它就有义务遵守平等和互惠的原则，遵守“正确理性”。[5]事实上，这就是我们自视为上帝造物的基础所在。因此，尽管奥卡姆同意人的理性可以出于某些意图而与意
310 志相区别，但他也像奥古斯丁那样，否认意志和理智是两种完全不同的能力。毋宁说，意志和理智乃是伙伴，人的能动性也是统一体。行动起源于整体的自我或灵魂。

就这样，奥卡姆重塑了理性的角色。人们禁不住以为，他对永恒理念学说的攻击不过是多神论与一神论之争的又一种阶段，因为对诸本质和“目的因”的攻击与早期教会对“精灵崇拜”的攻击有些相似之处。两者的来源都在于，基督教憎恶让世界充满各种在神人之间居中存在，并且天生就有目的的能动主体。在奥卡姆看来，对这些能动主体的信仰遮蔽了造物主

与受造者之间的直接关系。

这就是那条被冠以奥卡姆之名的解释原则的语境——“奥卡姆剃刀”。它要求一种解释精简的原则，避免引入不必要的实体或范畴。奥卡姆与其他唯名论者一样相信，“若有可能使用较少的实体，那么使用更多实体就是徒劳”。因此，奥卡姆论证道：“若无必要，勿增实体。”接着，他多少带有一点揶揄的口吻，用这把剃刀清除掉了亚里士多德的“目的因”：“目的因的独有特征就在于，当它不存在的时候，它也能成为原因。据此可知，这种朝向一目的的运动不是真实的，而是隐喻性的。”[6]奥卡姆的结论认为，即便是阿奎那对亚里士多德哲学的富有智识的应用，也违背了这条解释精简的原则。它是我们所谓情感误置或拟人论的一个例子，因为它将源于人类行动的范畴（例如意图或目的）投射到了物理世界，歪曲了道德能动性的所在。

14 世纪见证了阿奎那与奥卡姆两者的教义之间的尖锐论争。这也是两种观念的斗争：一者深受自然不平等的“古代”前提影响，一者则是将神的自由和人的自由相融合的“现代”观念。多明我派与方济各派一直都是主角。多明我派承认阿奎那的地位，将其视为教会唯一权威的“博士”，但方济各派走了另一条路，让理性的使用方法远离了阿奎那对理性与信仰的综合所设下的限制。尤其是奥卡姆，他坚持认为，任何试图援 311
引古代理性主义及其“必然真理”理念来打造一种“自然神学”的尝试都将失败，因为这是要求理性去证明它无力证明的东西。

我们知道，自然不平等的信念在古代世界推动了一种目的论的发展，它赋予等级秩序以合理性。等级秩序塑造了自然与社会的图景，它倡导的模式就是“万物各在其位”。但在奥卡姆看来，基督教对于灵魂与上帝之间关系的理解，为“平等的自由”这一诉求做了奠基。理性的能动性变成了一种所有人平等享有的天赋权利。

古代理性主义从未像这样将自由和责任赋予个体，这也是为什么它从未充分孕育出一种基于个体“权利”观念的伦理。相反，古代哲学家们强调命运、骄傲和羞耻，这是一套截然不同的社会伦理基质。[7]他们认为，公民在城邦中理应享受一种有特权的生活，古代公民在比他们低等的人面前扮演着一种角色。哪怕亚里士多德将德性解释为“节制”，以及廊下派的禁欲伦理，也都传达了一种与基督教截然不同的信息：一边是将“德性”视为骄傲的自制，另一边则是通过人类平等的信仰而从谦卑中重新生发的意志，两者截然不同。

奥卡姆诉诸奥古斯丁的传统，认为下降回到自我的做法最终将发现一种更高的意志。奥古斯丁的传统认为，个体意志一旦得到正确引导，就能成为神的能动性的媒介。神的能动性与人的能动性乃是连为一统的，而这既不见于古代世界的多神教中，也不见于由一种以自然不平等为前提的社会所培育的理性模式中。这就是为什么奥卡姆要打着上帝的主权和人的自由的旗号，拒斥关于理性必然性的学说。

当奥卡姆发展出一种针对古代理性主义的“现代”批判时，他是否也受益于当时的社会变革呢？很可能如此。公元14世纪，社会地位的持久差异在欧洲已经受到威胁。地位差异似乎不再无法避免，因为基督教信仰带来的道德直觉扎根更

深。我们知道，一种集体式的社会观念如何逐渐让位于一种由
个体组成的社会图景。在教会和国家里，新的“主权”法律
体系促进了这种社会图景的传播。城市和商贸的迅速发展，以 312
及随之而来的“中产”阶级的兴起，也让这种社会图景更加
富有活力；中产阶级凸显了这类社会关系的优点，它们的基础
在于自由选择而非世袭地位。

14 世纪中叶，黑死病瘟疫造成了劳动力的急剧减少，结果是推动了上述潮流的发展。不过，在黑死病到来的几十年以前，法兰西国王路易十世（Louis le Hutin）于 1315 年就决心废除农奴制，确保法兰西人民全体“自由”。他的敕令反映了当时思想革命的广度：

“路易，凭着法兰西和纳瓦拉的神王的恩典……依据自然法，所有人必定生而自由，但由于一些大多从古代遗留下来的惯例和习俗……我们当中的许多平民仍然饱受奴役，陷入令朕甚感不悦的各种处境。朕以为我们的王国是被称为法兰克人（自由人）的王国，而且希望能真正做到名实相符……因此，在我们大议会的审议下，朕下令让王国全境的农奴统统恢复自由，让所有从一出生就陷入奴役的人，或者后来从婚姻或居民身份沦为农奴的人……统统获得自由。”[8]

诚然，当时的统治者喜欢让这种诉求成为他们对抗封建领主的有用工具。但无论如何，个人身份与自由的理念越来越融为一体。世界开始变得更加开放，即便是农奴的世界。

既然如此，上帝是否变得比祂的造物更少自由了呢？能否认为，主权者上帝的行动也要服从必然性呢？如上所述，奥卡姆及其方济各派信徒并不这样想。在他们看来，基督教启示的

核心就是基督平等施予所有人的“恩典”。这种恩典开启了一种个体与神之间关系的前景，它超越了一切社会关系，并且要求对理性的作用有一种全新的理解。正是这种信念，使得奥卡姆及其信徒成了“现代性”的先驱。

一千年以来，教会的教义及其神职人员的角色动摇了理性
313 与等级秩序的结盟，尽管它们并没有颠覆社会的意图。奥卡姆及其唯名论信徒将这一进程推到了高潮，他们做了两件最突出的事情：一是重新建构了正义的理念，二是修正了检验科学真理的标准。唯名论者为今日所谓“自由主义的世俗主义”与“经验科学”（或曰实验科学）奠定了基础，而这是真正具有革命性的事业。

唯名论者以个体的道德自主作为武器，打破了一系列将社会结构和知识研究限制在某种等级制或集体式框架之内的前提。奥卡姆用个体权利与实证原理的主张取代了这些前提，前者证明了一种自由选择的私人领域存在，后者则使关于外部世界的知识必须经得起后续实验的佐证。唯名论者在我们用来理解自身行动的语词与我们对外部物理事件的知识之间作出了尖锐的区分，这样一来，他们实际上也就区分了“文化”与“自然”：理性与意图在文化里的核心作用得到了强调，而目的论式的解释则被驱逐出了自然。

这是一个苦乐参半的时刻。自然知识与文化知识之间的区分，并不只是挑战了关于知识统一性的传统前提，同样也质疑了以建构“自然神学”来证明上帝存在的做法是否可能，而这正是阿奎那在亚里士多德影响下开展的事业。因此，奥卡姆对信仰与自由的强调，直接遭遇了阿奎那对自然法的理性主义

解释。

要想理解这一点，我们可以更加细致地考察奥卡姆与阿奎那产生根本分歧的两个方面。首先，奥卡姆强调自然权利与自由，而非传统的自然法。其次，他坚持证明性推理与因果解释的区别，坚持“理性科学”与“经验科学”的区别。由此可见，人类心灵开启了一场全新的发现之旅。

奥卡姆对正义的理解，就是主张“平等的自由”。自由成为一项天赋权利，奠基于人类能动性的本性。两百年来，教会法学家一直在将古代自然法学说转变成一套自然权利的理论，314
他们差点就要断言有一种普遍的自由权利存在了，但这一步要等到奥卡姆及其追随者才能完成。这就是为什么“财产权论争”如此重要，方济各派与教宗对此展开了反反复复的斗争。方济各派强调自由的自然权利，证明他们谴责一切形式的财产权都是正当的，最终导致了奥卡姆被开除教籍。

在奥卡姆对理性能动性的理解中，自由占据着核心地位。他将自由定义为一种力量，“据此我能一般地、偶然地产生某种效果，以至于无论我是否产生那种效果，我的那种力量都不会有什么不同”。[9]关于自由的知识并非源于某种先天的推理，而是来自我们自己作为能动主体的经验。反过来，这种知识也能加强了我们的道德责任感：“除非出于自己的力量，否则任何行为都不应受到谴责，因为谁也不会谴责一个人生而盲眼，因为他的盲眼是由于感觉。但是，如果他是由于自己的行为而盲眼，那他就值得谴责。”[10]人类意志不会“必然地”欲求任何东西，更不用说让那些有信仰的人去追求快乐，甚至于追求上帝的安享。在奥卡姆看来，这种自由的激进性使得它能区别出于信念的行动与纯粹服从性的行动，并且对这种区分也是重要的。

奥卡姆认为，保罗谈论“基督徒的自由”并非偶然。“基督徒的自由”理念将自由与一种意志相联系起来，削弱了自由作为一种特权、社会地位或等级的古代意涵。然而，基督徒的自由不只是一种平等主义的理念，它在定义上也是完全道德化的。对保罗而言，要想得到真正的自由，就得成为道德的人。可是，唯名论者对于意志的强调，使得他们修正了这种“基督徒的自由”的解释，抛弃了一种完全道德化的自由定义。

我们知道，司各特已经区分了自由与“正确理性”或正义，认为自由与正当意图不仅是不同的理念，而且也是道德行动的必要条件。但是，如果自由与“正确理性”或正义的理念不同，如果自由与某种正义的诉求相冲突，我们又该怎么做呢？奥卡姆比司各特走得更远，因为他完全拥护自主。他的论
315 点所造成的两种重要转折可以说明这一点：首先是他对道德判断出错的辩护，其次是他坚持个体可以选择放弃某些自然权利。

为了捍卫良心的领域，奥卡姆认为，只要是意图良好的行为就理应得到认可，哪怕它与“正确理性”或正义的指示相冲突。哪怕一位能动主体错误地认为自己的意图合乎正义，他也必须服从自己的良心。这就是为什么推广正义的诉求并不一定会妨害自由，因为自由始终是道德行动的一个必要条件。所以说，奥卡姆捍卫了所谓在判断时犯下的“良心过错”。

“正确理性”，也就是教会法学家的黄金律，仍然为奥卡姆提供了正义的标准。但是，他认为良心的领域及其赖以维系

的自由应该得到捍卫，以反对那种损害自由的“正确理性”的解释：“如果受造的意志服从了一个难免犯错的良心（invincibly erroneous conscience），那它也是一个正确的意志，因为神的意志希望，意志在理性不该受谴责时应该服从自己的理性。如果它违背了这种理性，也就是违背了一个难免犯错的良心，那它就犯了罪……”[11]如果良心的作用要受到社会的保护，那就必须有容许犯这种错误判断的空间。奥卡姆坚持认为，以一种“良心”的方式形成的意图也值得尊重，从而暗示了道德行动的观念一旦没有自由就会变得不融贯。“被迫”的道德就是一种自相矛盾的说法。

这并不是说，自由选择完全没有什么强迫性的道德限制存在。奥卡姆清楚地表明，一些行动总是“该受谴责”，从而为社会的干预和惩罚提供了基础。因此，出于良好信仰的行动要受到平等和互惠所施加的约束。可是，如果社会鼓励人们的行动出于良好信仰，同时不重蹈“道德可以出于被迫”这一覆辙，那么一套个体权利的体系就是必不可少的，它能容纳下许许多多判断和行动方面的自由。唯有一套权利体系，才能保障良心的角色，以及培养起自尊。

在这套权利体系里，有些是“自然”权利。奥卡姆区分了三种类型：第一类是自由平等的个体带进任何团体的权利，但团体能以明示或默许的同意来予以修改。因此，选择教会和国家的统治者的权利就牢牢掌握在一些中间团体手中，例如枢 316
机主教团和日耳曼选帝侯，但“民众”始终能在这些团体行事不正的时候宣布收回权利。第二类自然权利是未生效权利，因为这是一种人们必须成为完全道德的能动主体之后才能主张的权利，例如按需索取的权利，就像原罪降临和此世败坏之前的伊甸园时代。

第三类自然权利将我们带进了一个道德上不完美的世界，同时也带进了方济各派与教宗的主要争论之中。这类自然权利涉及自我保存之类的道德原则：保存个人生命的义务创造了保存个人生命的权利，而这种权利是不可放弃的。不过，奥卡姆主张有些自然权利可以放弃，例如财产权。方济各派认为，他们可以放弃一切财产权，哪怕是为了对世俗事物进行“不确定”使用——依赖他人许可并且随时可以撤回——而拥有的“使用权”。这一点被视为方济各修会的“使徒贫困”的核心，也是它的慈善本性和依靠施舍的作风：“事实上，有一条正确理性的诫命要求世俗的善应当适合人，并且为人所拥有。但是，履行这条诫命并不要求所有个体都应当行使私有财产权利，他可以出于正当、合理的理由，放弃一切占有财产的权利。”[12]奥卡姆认为，关键条件在于，这种放弃行为必须是自愿的，这样才能合法。

奥卡姆不仅捍卫良心过错，而且激进地强调个人自主的重要性，甚至要让自然权利成为维持个人自主的工具。这就为奥卡姆的唯名论赋予了历史的重要性，因为在这个时刻，我们能看到基督教所孕育的平等主义道德直觉逐渐开始反对一些甚至属于教会的教义和体制，后者矢口否认出于信念的行动与纯粹服从性的行动之间有区别。事实上，自由主义的世俗主义就此诞生。

我并不是说奥卡姆的主张完全融贯，也没有说他预见了世
317 俗主义的全部潜在影响。例如，他并没有发挥自己主张暗含的

一种可能性，即我们的正义感可能不够清晰，或者我们与他人的正义感可能彼此冲突。但有一点确定无疑：奥卡姆对道德自主的重要性大加强调，以至于他甚至想有条件地捍卫关于正义之必要条件的错误判断。这种对自主性的极端强调，在一段时间里积蓄起了力量。但要说谁有资格充当它的代言人，那还是非奥卡姆莫属。

由于高举上帝的自由甚于上帝的合理性，奥卡姆经常被人指责有某种威权主义立场。在阿奎那的追随者看来，奥卡姆批判了理性揭示形而上学真理的能力，这就与他诉诸“正确理性”的做法难以相容。奥卡姆将合理性与“本质”和“永恒理念”一道予以拒斥，但他难道就没有再度引入某种合理性吗？可是，有一点是托马斯主义者没有理解，而奥卡姆理解了的：自然权利理论让古代的自然法理念臣属于一条新的分配原则——《圣经》的黄金律，它的规定倾向于平等和互惠。“神和自然”授予人的自主以权威。黄金律引入了一条推翻自然不平等前提的正义原则，而在奥卡姆眼里，这一步就是基督教启示的核心。它是上帝的意志。

由于被开除了教籍，奥卡姆将自己对自然权利的捍卫用来反对滥用权威，尤其是针对教皇诉求超出常规而带来的危险。在他看来，统治者的权力要受制于臣民权利，此乃公理：“奥卡姆最喜欢用来证明这一点的方式就是，他认为《圣经》宣告的福音的自由限制了教宗权力，因为它保护了教宗治下臣民的自然权利和政治权利。”[13]不过，这些限制同样适用于世俗统治者，甚至适用于那位庇护了奥卡姆的皇帝。个体与自身的道德自主不再分离，因为道德自主乃是上帝赐予的。

通过“正确理性”和自然权利的诉求，人的能动性与神的能动性在奥卡姆的思想中结合起来了。这些诉求捍卫了个体良心的角色。作为奥古斯丁而非亚里士多德的学生，奥卡姆找到了自己的方式，在尘世之城面前捍卫了上帝之城。公允而论，阿奎那在试图调和亚里士多德与基督教信仰的时候，已经
318 意识到亚里士多德受城邦启发的公民观念，或许会损害基督教承诺的一种“超越此世”的秩序。阿奎那赋予世俗秩序更加积极的价值，并不意味着他就贬低了“灵魂”的诉求。不过，虽然阿奎那预防在先，但他终究也不知不觉地吸收了正义之为自然不平等的古代意涵，这一点不止体现于他对自然法观念的使用上。与奥卡姆不同，阿奎那没有将道德能动性转变成一种成熟的自然权利理论。

在奥卡姆看来，理性自身的角色必须被修改得符合道德平等的前提。他的著作如何体现这一点呢？奥卡姆不厌其烦地论证，上帝本可以创造一套截然不同的道德秩序，要求道德不平等。逻辑也无法排除上帝本可以强加一套截然不同的道德命令的可能性，“但上帝没有这么做”。这是奥卡姆强调的要害，也是他捍卫上帝的自由、反对理性的必然性的原因。

奥卡姆批判了一种将描述人类行动的说法（尤其是“目的”或“意图”）用来理解非人类世界的习惯做法，这是他迈向现代性的第二步。如上所见，奥卡姆区分了人类行动的“理性”与外部事件的“原因”，这两种观念不可混同，因为人类思想在激发行动和探索非人类世界的时候，是以不同的方式运作的。经过他的追随者的阐发之后，奥卡姆的主张使得人们对物理世界产生了一种新的好奇心，将物理研究从那些预定

的结论中解放了出来。理性主义的思维定势再也无法将物理进程绑缚在一条既定的“存在巨链”上，以此来预先规定好它们的角色。

奥卡姆及其追随者将因果分析从“理性科学”的模式转移到了“实验科学”或“经验科学”的模式当中。就此而论，奥卡姆自视为亚里士多德的传人，但他也不是毫无批判精神。奥卡姆采用了亚里士多德定义的一类原因——“效力因”，并且将它用于经验解释的范式当中。但是，奥卡姆坚持认为，用来总结外部事物之属性的概念必须受到可观察事实的约束。这就是为什么他用“奥卡姆剃刀”来对付这些概念，除非概念能通过对事物进行反复实验而得到验证，否则就绝不引入实 319
体。事实上，这就是他的因果解释的试金石。

如果认为奥卡姆预先提出了18世纪哲学家休谟将因果性解释为“持续联想”（即一物接一物的不断相继）的观点，这样想会不会有些牵强？奥卡姆说得足够清楚：“我认为，如下说法足以说明某物是直接原因：这物一旦出现，则有结果相随。这物一旦不在，假定其他所有条件和位置不变，则没有结果相随。”尽管奥卡姆没有用“假设性”这样的说法，但他实际上认为我们对事物之间关系的知识都是“假设性”的，总是受到未来经验的进一步修正。这就是“证明性知识”与“或然性知识”或如今所谓“经验知识”的不同之处，因为前者的确定性必然来源于它所使用的语词的含义。因此，在奥卡姆看来，如果假定有关于感觉经验世界的必然真理存在，那就是犯了范畴谬误，将演绎推理与归纳推理混为一谈。

奥卡姆的唯名论与他对自然权利的解释之间，并不存在什么简单的联系。但是，他区分演绎推理与归纳推理的做法与他捍卫人类自主的立场有着一样的意图，都是为了确定上帝在此世的行动是一种自由的作工，而人类既能够也应该参与其中。奥卡姆强调，自由具有现实性，这一点既使得他限制了“正确理性”或正义的诉求，同时也有助于他去解释演绎推理的限度。在他对上帝自由的现实性与人类脆弱性的事实的信念当中，根植着两个立场：一是承认人们有权利犯下良心过错；二是坚持经验知识只有或然性。

奥卡姆和其他唯名论者并没有抛弃理性，而是重新定义了理性的使用。他们的工作就是抵抗现实遭受的“驯化”，抵抗一种将上帝的行动摆在人类的前提和定义框架之内的理性主义，也就是所谓“希腊的必然性”。对奥卡姆及其追随者而言，这种以一套本质或目的因体系来把握感觉世界的做法，就是典型的傲慢。因此，要想理解唯名论的原创性，我们就得对它进行一番前瞻和回顾。

320 回顾过往，奥卡姆对本质和永恒理念的批判，可谓将基督教会与多神教的持久战争推入了最后阶段。多神教的残留形式，就是诱惑人们将世界上起作用的非物质性能动主体不断增多，让它们插进上帝与人之间的直接关系。奥卡姆的“剃刀”保留着这场反对异教迷信的战争的精神。前瞻将来，奥卡姆对经验推理的分析，亦即用事件的规律相继或持续联想来理解因果性的做法，无疑推动了后世的许多发展，而它们将在亚里士多德的物理学与现代物理学之间搭起桥梁。奥卡姆坚持“理性”和“原因”的区别，从而为某种基督教的实证主义和物理世界的祛魅化铺平了道路。

不过，奥卡姆的计划并不是还原主义，他本人也不是唯物论者。奥卡姆坚信，上帝的自由行动潜藏在文化和自然当中，这构成了他分析文化与自然之区别的基础。要是知道几个世纪以后自己的因果分析会成为唯物论者用来反对一神论的前提，奥卡姆肯定会非常失望，因为他会将这种结合视为理性主义者的新型傲慢。

奥卡姆信仰上帝的自由是全能的，因而既为自然权利，也为人类理性的限度做了辩护。如果把他的辩护换成当代科学术语的表达，那我们可以说，奥卡姆站在了“不确定性”一边。他或许也会欢迎万物起源的“大爆炸”证据，但在我们这个时代，自由已经使得宇宙论远离了一种宇宙的机械论模式。

第二十四章

为实现教会的代议式统治而战

321 我们的故事已经临近尾声。我们知道，基督教的平等主义（“照看灵魂”）最先造成了属灵权威与世俗权威的区别，创造了个体良心的领域。接着，我们追溯了这种平等主义逐渐渗入各种传统信念的未竟事业，它体现为加洛林王朝的某种精神分裂症。最终，我们在 12 世纪教宗革命期间发现了这种平等主义所具有的体制改革的潜力，当时有一种以所有个体为对象的“主权”权威观念寓于一套融贯的法律体系当中。这种观念不仅改变了教会，也逐渐激励世俗统治者摆脱各种封建法权的纠葛，着手创建“国家”。

源于“照看灵魂”的平等主义道德直觉曾经加速了古代奴隶制的毁灭，而一旦被铭刻进主权观念，它就成了一件更加强大的武器。持久存在的社会地位不平等，遭到了越来越大的威胁。但是，如果将民众从世袭地位和习俗中解放出来的办法就是创造一种主权权威，那么，这样的办法同样会带来新的威胁。难道“主权”的诉求不会像垄断终极法律权威那样垄断权力吗？难道主权观念不会成为暴政的工具，而非解放吗？难道“平等的服从”就不会摧毁“平等的自由”这一诉求吗？

这些问题最初在教会出现，因为 14 世纪的教会内部有一种对于教宗“绝对主义”日益扩张的忧虑感。教宗革命的症结究竟何在？将教宗视为终诉法官和最高立法者，曾经是创造一套自足的教会法体系的必要条件，也是确保所有基督徒对教 322
会权威表示“平等服从”的必要条件。由此一来，作为“主权者”的教宗才能直接面对身为“基督的教会”（ecclesia christiana）一员的个体臣民，而非借助中间力量。

可是，承认教宗主权的结果又是什么呢？12 到 13 世纪期间，教宗的权力和野心不断膨胀，随着教宗革命而来的各种发展也只是揭示了主权观念潜在的集权力量。教宗不断加强对教区、修道院和修会的控制，尤其是对圣俸授予的控制，结果导致教宗的诉求越来越大。1198 年，英诺森三世在就任教宗时宣布自己“低于上帝，但高于人”；

“据英诺森三世所言，教宗的权力完满不仅使他高于其他高阶教士，而且高于法律，成为‘至高的法’……英诺森四世变本加厉，宣称教宗的权力完满使得他既能行使属灵权力，也能行使世俗权力……因此，一种不受限制的主权，为权力完满的概念奠定了基础……”[1]

教宗诉求的扩张，导致教宗与世俗统治者发生了冲突，例如英诺森四世与皇帝腓特烈二世、卜尼法斯八世与法王腓力四世之间富有戏剧性的冲突。世俗统治者抱怨，教宗威胁了圣俗权威的区分。但早在这些冲突发生以前，教会内部就已经出现了一股反对极端的教宗诉求的力量。教会已经生存了上千年之久，发展出一系列复杂的司法权，例如主教、座堂圣职团和修道院的司法权。这种复杂性还体现在教会法庭受理的越来越多的诉讼当中。承认教宗是终极仲裁法官是一回事，但抛弃那些长久以来得到习俗或早期教会法许可的诉求又是另一回事。

教宗的野心不仅碰上了教区主教们的自治传统，也碰上了红衣主教团新近崛起的重要地位。没过多久，两者都开始反对极端的教宗诉求。不过，教会法学家为这场反抗奠定了基础，他们除了发展出一套教会法体系，还一直讨论着教宗权威的限度。
323 那么，教会将如何回应教宗的诉求呢？评注过《教令集》的教会法学家，也就是《教令集》专家，毫不怀疑地坚持教宗是教会的“首脑”。他们援引了福音书的解释：基督将彼得称为“磐石”，以他为基础建立教会，并且给了彼得通往上帝之国的“钥匙”。

不过，虽然教会法学家尊重教宗的至高地位，但身为法学家的他们，也希望确定教宗权威的限度。这样的关切体现为他们讨论能否废黜有异端倾向的教宗，以及能否因犯罪或丑闻而替换教宗之类的问题。但是，教会法学家始终无法确定这类做法的相关程序，因为他们承认教宗不能由法律地位“在他之下”的人来审判。[2]

关于教宗权威的问题变得越来越具体而紧迫。教宗能否依据自己的权威，重新规定信仰条款？教宗若是有异端倾向，是否在“事实上”（ipso facto）已经不成其为教宗？如果一位教宗死亡、退位，或者出现了多位教宗对峙的情况，那决定教宗权威的要素又是什么？教宗的终极权威是否寓于教会整体，也就是“基督的教会”当中？

人们对教宗集权的忧虑，或许推动了教会法学家将古代自然法理论转译为一套自然权利理论。在他们看来，之所以应当考察教宗的主权权威，是因为要保护道德能动性以及上帝对人的要求。教会法学家们的著作从头到尾都在关心各种意图的品质：他们开始区分依赖同意的合法权威与由于强制或害怕权力的纯粹服从性行为。这类教会法学家思想有一个很强的暗示，即自然权利提供了一套在教会内部约束权威的框架。

为了回答教宗权威的限度这一问题，教会法学家回到了曾经催生出主权观念的平等主义道德直觉。他们援引道德平等的信念，目的是反思教宗不服从任何属人权威这一类的主张。教会法学家逐渐认为，只有教会整体或者说“有信仰者的集会”才可以说在信仰方面无谬误。典型的例子就是后来的奥卡姆的 324
威廉，他以讽刺的口吻说，哪怕整个教会秩序都陷入腐败，信仰也会保留在“妇女、儿童和疯子”那里。

蒂尔尼已经证明，教会法学家对于教宗权威之限度的思考经历过哪几个阶段。12 世纪，有一种看法得到了许多《教令集》专家的默认，即教宗权威没有大到能重新规定信仰条款的程度，这些信仰条款乃是由最早的四次大公会议制订的：“人们认为，教宗是负责信仰条款相关案件的最高法官，但教宗本人必须依据大公会议的正典来进行审判。”[3]

不止如此，上帝对良心的要求——保罗所谓“基督徒的自由”——必须得到保护，这一点同样限制了教宗的主权权威诉求。因此，尽管 12 世纪的教会法学家们频频主张教宗的至高地位，但教会整体的福祉才是他们一贯的最终准绳：“人们普遍认为，教宗不能在任何影响教会公共福祉的事情上，推翻大公会议的法令。”[4]而且，现在教会法学家们部分是按自然权利来理解公共福祉的。不过，如何才能在实践中避免教宗过度集权？对于这个难题，教会法学家们没能找到答案。

到了13世纪，教宗的立法或教令不断增多，开启了教会法评注的一个新阶段。乍一看，这个阶段属于教令学家（Decretalist）而非《教令集》专家（Decretist），代表了教宗诉求的胜利。[*] 英诺森三世和四世发起了关于教宗主权的讨论，而他们自己就是教会法学家，并且极端强调“权力完满”。

但这还不是全部。正值此时，教会法学家发展了一套关于社团之本性的新理论，它的潜力就是能削弱关于教宗主权的极端解释。这套理论限制了各种社团的统治者的权威诉求，以此捍卫个体的道德能动性：“13世纪上半叶，教会法学家们制定
325 了一条教义，只遭到了英诺森三世的反对，而在霍斯蒂恩西斯（Hostiensis）之后就赢得了不可撼动的地位。它要求，一个社团的权威不是集中在首脑，而是寓于所有成员当中……”[5]

这套理论源于对主教权威的反思，涉及主教与他们教区的关系，以及主教与其座堂的教士们的关系。主教权威被解释成一种“委任”的权威，受到委任者意愿的限制，并且始终服从被代表者的最佳利益。这套理论不再认为社团拥有一种独立于其成员的实在：“中世纪法学家认为，社团是一种法律拟制，主要因为他们认为只有缔造社团的个别人物才具有事实上的实在性。”[6]这是一场根本性的变革，因为它要求代表的含义要从人格化变成公开委任，前者依赖于“头脑总管身体”的隐喻，后者则要求共同体所有成员将权威公开委任给首脑。代表不再只是一种隐喻。

这套社团法理论的发展，等于是一套代议式统治理论的兴

---

* ［译注］Decretalist指研究所有教宗的教令的学者，Decretist专指研究格拉提安《教令集》的学者

起。激发这套理论的动力就是教会的需要，因为教会当时苦于应付内部各种司法权之间的复杂关系。教会的需要不仅来自像教区和修道院之类的古代组织，同样也包括托钵僧团和大学之类的新兴组织。关于社团本性的崭新理解被应用于这些组织上，要求其成员具有一种基础性的地位平等。因此，权威的诉求不再得到保障：

“问题始终出在实际的诉讼层面。教会里的权威究竟在于首脑还是所有成员？再者，谁又算是教会的‘成员’？一位主教可以不和身边的教士们商议，就自行处理本教区的事务吗？如果可以，那他能处理什么类型的事务？如果不可以，他是需要得到教士们的同意，还是只须要向他们咨询意见？修道院长的宣誓是否代表他身边所有僧侣们的集体同意？他是否要求得到僧侣们的同意，才能作为他们的代表而行事？高级教士的司法权又有何来源？如何制止主教做出危害教会利益的行动？在主教出缺时期，一位主教的权利是否要移交给他手下的教士们？如果主教作风懒散，是否也要交出权力？”[1]

社团法理论对这些问题作了回答。社团法理论最初只是应 326
用于教会的一部分，而非教会整体。不过，它重新塑造了法律的语言和思考方式，进而引起一系列后果。教会法学家坚持认为，主教的权威再也不能按照所有权的方式来理解，它不是古代意义上隐含着臣属关系的统治权。只有信仰者的共同体，才称得上拥有对教会及其各种利益的统治权。

相反，主教的权威只是一种有条件的权威，不仅基于而且必须尊重服从者的道德能动性。主教逐渐被说成是一位代理人，这个词来自罗马法，但经过了教会法学家霍斯蒂恩西斯的重新解释。这样一来，主教最重要的事务都必须得到教士们的公开同意。至于其他决策，代理人应该获得被代表者的委任，但即便如此，这种委任也将他的权威限定在了捍卫被代表者的利益，以及他们明示或默许作出委任时的意愿。

霍斯蒂恩西斯曾经教授过教会法，后来还当上了红衣主教。他采纳代理人观念的做法，产生了什么样的影响呢？

“在这种代理人概念的改良过程中，我们可以看到有一条重要纽带，存在于早期中世纪的代表概念与 14 世纪逐渐浮现的晚近理念之间：中世纪的代表概念仅仅具有人格化的含义，而 14 世纪的理念认为，真正的代表必须是共同体将权威实际委任给他。教会法学家普遍认为，主教在司法和行政方面的权威来源于选举，而非主教级枢机的祝圣。”[8]

霍斯蒂恩西斯的重新解释表明，一种集体式的社会理解如何迅速衰落下去：代表是一回事，人格化却是另一回事。

不只是主教的诉求，其他法人团体的首脑的诉求也逐渐依照代理人来理解，而非古代的统治权。因此，“首脑”的观念
327 不再表示一种固有的、不可质疑的优越性。此外，如果说只有教会的一部分对罗马法的代理人观念进行了这样的重新解释，那么 14 世纪勇敢的思想家们就开始将它应用于教会整体，并且对人们关于教宗的看法产生了戏剧性影响。

实际上，教会法学家面临一个难题，而后来几个世纪的现代自由主义都会面临它。新观念认为，社会是一种由个体组成的团体，这是一幅“个体化”的图景。但是，这种新观念很容易威胁到中间团体的角色，而中间团体恰恰居于“所有人”的组织与个体之间。这种主权权威的定义拥有一种极端的集权

潜能，因为它要求“平等地为所有人”代言。由于主权权威等同于普世性，就像英诺森三世和四世的做法那样，各种团体的自主性也就不那么具有普世性，从而变得很麻烦。

因此，教会法学家面临的智识挑战，就是要在他们的平等主义道德直觉与对中间组织的捍卫之间进行调和。既然主权权威“按假设来看”(ex hypothesi)代表着所有人的诉求，那些中间团体的权威又如何才能成为合法呢？教会法学家提出了一个强有力的答案：这是一套关于社团之本性的原创理论，为教会内部实行代议式统治铺平了道路。教会法学家利用了最初孕育出主权观念的道德直觉，用来反对主权观念孕育出来的关于统治形式的“绝对主义”解释。

不经意间，教会法学家为现代自由主义思想奠定了另一部分基础。他们拓展和修正了一些早期的主张，涉及所有权与政治权威、古代统治权与统治的权利之间的区别。他们的做法就是证明：道德权威的分散化，乃是因为一种由主权权威隐含的平等主义的社会观念。因此，这不符合将教宗权威解释为某种所有权或统治权的做法。教会法学家诉诸一种理想的教会，“信仰者的共同体”，理性和自由在其中变得分散，反对任何代理人拥有不受限制的权威。反过来讲，这种愿景也为教会里的宪制主义，为一种分散化的权威和权力形式提供了深刻的道德根基。

到了14世纪，越来越多的人开始呼吁在教会内部实行代 328
议式的统治。改革的呼声集中在大公会议的角色上：在关系教会的信仰和福祉的问题上，大公教会难道不是最高的权威吗？大公会议的权威难道不能约束教宗的日常司法，约束教宗对终极法官和教会立法者的诉求吗？

1297 年，卜尼法斯八世与腓力四世爆发了争斗，导致上述问题变得更加紧迫。法王受到许多红衣主教和方济各派的鼓动，向一次大公会议提起上诉，指控卜尼法斯是一名篡位者和异端，因为他的前任西莱斯廷五世逊位乃是“被迫”，所以无效。反讽的是，争论双方都援引新的社团理论来为自己辩护。教宗与其他教会权威的关系，以及教宗与世俗统治者的关系，受到了前所未有的批判性考察。

教宗权力和权威的过度集中，是否曾创造过什么怪物？腓力四世抵制卜尼法斯强行颁布的《一圣教谕》（Unam Sanctam），从而将整个欧洲的注意力都引到了相关的宪制问题上来。结果，教宗想让所有民族臣服自己主权权威的企图，遭到了一场激烈、持久的反抗，而教会内部批判教宗的人信心大增。许多团体，尤其是众多主教和红衣主教团，受到新的社团理论和自身利益的驱使，觉得教会有必要实行一种更加集体式的统治。他们准备以“有信仰者的共同体”之名义，放弃“过分夸张”的教宗诉求。因此，早在天主教会大分裂（schism）引发大公会议至上运动以前，教宗权威的绝对主义就已经陷入了危机。

14 世纪晚期，一系列异常事件的发生，使得教会内部的这一派人不仅有机会表达自己的意见，而且是不得不这样做。1378 年 4 月，红衣主教团选举了巴里的大主教出任教宗，号称乌尔班六世（Urban VI）。但他的行为很快就让许多红衣主教后悔这一任命，因而几个月后他们就宣称，这次选举无效。乌尔班
329 拒绝接受他们的决议，但红衣主教团又选出了一位新的教宗，

克莱门七世（Clement VII）。两位教宗互不相让，不久，克莱门就在阿维尼翁建立了自己的教廷。教宗在阿维尼翁管理教会的头几十年，使得法国对教廷的影响大增。克莱门赢得了法国的支持，而意大利的红衣主教团支持乌尔班。欧洲的世俗统治者以不同方式回应敌对双方的合法性诉求，驱使他们的动因也不仅仅是列国彼此间的对立。教会的分裂将欧洲撕成两半。

在早期教会法学家思考中埋藏已久的宪制问题，突然变成了不可避免的焦点。它迫使人们关注大公会议应该扮演怎样的角色，才能提供最可行的终结教会分裂的方法。

1409年，比萨大公会议决定同时废黜两位教宗，另选亚历山大五世（Alexander V）。可是，决议结果仅仅是让教会分裂的状况变得更加复杂，教宗宝座出现了三个竞争者。五年后，皇帝西吉斯蒙（Sigismund）又一次召开了康斯坦茨大公会议。它的宗旨不再是单纯终止教会分裂，而是对教会进行一场全面改革，为教会打造一套类似宪制的东西，将权威和权力清楚地分散开来。这次大公会议达成的和解，不仅包括世俗教士和修会的代表，还包括新兴大学的博士，后者大力拥护“公会议至上主义”，也就是将定期召开的大公会议视为教会的终极权威。

公会议至上运动援引教会法思想和奥卡姆的著作，赢得了欧洲一些智识领袖的支持。随着信心的增长，康斯坦茨大公会议“宣告大公会议永续存在，并且高于教宗权力。它在教会内部着手推行这些原则，对那些破坏原则的滥习予以改革，首当其冲的就是罗马教廷为了获取收入而进行的各种勒索”。[9]为了实现这些目标，康斯坦茨大公会议任命了一个改革委员会，其成员来自教会的各个修会和国家地区。

但就在这时，教宗势力聚到一起，坚决主张这一全面改革计划唯有教宗参与才能实行。因此，三位敌对的教宗被迫逊
330 位，马丁五世（Martin V）当选新教宗。不过，大公会议对他的改革提案并不满意，因为它会消除而非实现改革计划。1431年召开的巴塞尔大公会议也没有取得更大成功，因此，教宗势力营造了大公会议的分裂，将它搬到了意大利，而另一派不肯妥协的改革势力则留在了巴塞尔。

15世纪中叶，教宗终于重新控制了教会，而他此前一直依赖自12世纪以来创立的集权化行政体制。不过，教会未能实现的改革计划也没有彻底失败。世俗统治者们从一系列大公会议和教宗野心的复辟中得出了自己的结论，几乎是直接接手了教会改革的事业。1438年法王颁布的《布尔日国事诏书》，1439年日耳曼皇帝召开的美因茨会议，都为国家教会引入了一套更具自主性和集体性的统治方式。不过，即便是世俗统治者实现的这些国家改革，也很快由于教宗的压力和外交问题而遭废弃，最终回到至少表面上是教宗绝对主义的状态。

但是，这也只是表面上的。这场改革计划未能得到教会领袖和世俗统治者的理解，现在却深深扎根于民众心中。

14到15世纪教会内部大规模地兴起了民众骚乱，尼德兰和德意志地区的敬虔运动造成了人们对教士权威的不信任，而英格兰的罗拉德派和布拉格的胡斯运动公开批判教会的教阶建制（尤其是教宗制），这些难道都是偶然的吗？在威克里夫（John Wycliffe）这位罗拉德派的领袖看来，教会已经误入歧途，一心沉迷于法律至上和聚敛财富，而非履行照看灵魂的本分。威克里夫为全欧洲许多人代言，他呼吁将《圣经》翻译成通

俗语言，这样才能让《圣经》得到更多人的阅读和正确理解，为民众提供一个评判教士体制诉求的基础。人们对“权威”的理解发生了一场戏剧性的转向，从贵族制变成了民主制。

基督教平等主义已经不止一次地激发了某种民众主义，但14 到 15 世纪运动的特点在于，它们将酝酿已久的反教士主义 331
与另一种因素结合了起来，那就是大力弘扬个体信仰要凭借对《圣经》的真知识。人们越来越相信，权威的诉求必须让个体良心可以理解和接受。这就是为什么在教会内部分散权威和权力的计划，其实暴露了一种民众的需要，甚至早在印刷术的发明增强了它的“民主”影响之前。这也是为什么罗拉德派和胡斯运动遭到的暴力镇压并未给这段故事画上句号。

康斯坦茨大公会议将胡斯及其盟友斥为异端，但这一事实无法隐藏双方计划之间有着某种深刻的相似性。公会议主义者制定了教会改革的方向，从而不经意间释放了一种再也无法抑制的冲动：

“胡斯的民众改革立刻遭到镇压……但当大公会议的改革失败，未能达成目的时，民众改革不再只是停留在酝酿的阶段。它察觉了第一个机会，就在 16 世纪来临之际。如果大公会议的改革进展良好，宗教改革或许也不会发生。但它们必有一个成功，因为它们的良心展示了一种必然性。”[10]

我们应该思考一下基佐的这段评论。在思考公会议至上运动的失败所导致的结果时，我们的优势就在于对欧洲历史具有更悠久的经验。

如果公会议至上运动成功，欧洲的未来会发生多么巨大的改变？欧洲基督教的统一性是否能得到保留？此外，自由主义的世俗主义经常被视为新教的产物，如果公会议至上运动成功，那将为它的兴起产生什么影响？如果一个统一的教会接受公会议至上主义，成为一个让各国家教会扮演更加自由的角色、发挥更大影响的分权化教会，它能否发展出一种比宗教改革后的欧洲更少对立和侵略性的世俗主义呢？这些问题虽然吸
332 引人，但无法回答。不管怎样，它们都不应该遮蔽本书的核心论点：这本书的基本前提就是，自由主义思想是基督教的后裔。它最初体现为基督教孕育的道德直觉，但后来又将矛头对准了教会的权威主义模式。

自由主义的根源，正式奠立于14到15世纪哲学家和教会法学家的论述中。这些根源包括相信一种根本性的地位平等才是法律体系的真正基础，相信被迫的道德行动乃是自相矛盾的说法，坚持根本性的自然权利以便捍卫个体自由，最终还主张，唯有一种代议式的统治形式适用于一个以道德平等为前提的社会。

不过，自由主义的这些根源在15世纪分散开来，没有凝聚成我们今日所谓“世俗主义”，为主权国家的改革提出一套融贯的理论或计划。世俗主义的发展要等到16世纪和17世纪，也就是文艺复兴与宗教改革以后，届时基督教的分裂将掀起宗教战争，包括内战和国际战争。为了复原这个残破的统一体，天主教和新教的教会都诉诸武力。诉诸武力的做法导致一些敏感的心灵逐渐整合出了世俗主义的信条，而他们其实是借助了所谓“中世纪”思想家们的洞见。

“蛮夷”一词曾经被教会人士用来形容西罗马帝国大大小小部落的信仰和实践，如今却被用来形容教会自己的态度和行为。

第二十五章
告别文艺复兴

如果说自由主义是基督教的后裔，那么它是否应该被称为 333
“私生子”而非“合法子嗣”？这种想法有一个很好的理由，因为作为一套融贯学说的自由主义并不愿意这样出生，这肯定也不是教会的本意。事实上，自由主义发展成一套政治理论，就是为了抵抗天主教会，甚至在很长一段时间里还包括抵抗新教。自由主义的兴起是早期现代欧洲一场“内战”的产物，在这场战争中，基督教孕育的“自由主义”道德直觉渐渐将矛头对准了“强迫”的信仰。

内战干扰了我们对于自由主义与基督教之间关系的理解。这是因为，15 世纪教会内部兴起的各种自由主义信念原型（道德平等、自然权利、代议式统治以及自由研究的重要性），只有在世俗统治者的帮助下被用来反对教会声称有权“强迫”人们信仰的时候，才能聚合到一起。

17 到 18 世纪，自从宗教改革终结了欧洲的信仰统一性之后，越来越多的人开始反对教会强迫信仰的做法。这些反对声音在现代自由主义诞生的过程中扮演了一部分关键角色，将自由主义打造成一套反对权威主义教会模式的融贯学说，天主教和新教都是其敌人。自由主义成了一套学说，进而为一种更加系统的政教分离（亦即世俗主义）铺平了道路。事实上，政教分离与世俗主义是一对难舍难分的概念。自由主义的世俗主义试图通过一套基础性的权利架构，限制政府统治的作用，而
334 这些权利创造和保卫了一片个人自由的领域，亦即私人领域。因此，宗教成了一件私人之事和良心之事。不止如此，自由主义的世俗主义在国家中实施分权和制衡的宪制安排，试图以此保护这片私人领域。

这场深刻的道德发展和智识发展不是一夜间完成的，而是断断续续经历了几百年的时光。这是一段老生常谈的故事，从16世纪自然权利理论，经过格劳修斯、霍布斯、洛克和孟德斯鸠，一直到19世纪早期的思想家，例如贡斯当、托克维尔和密尔，可谓是欧洲历史的“自由主义时刻”。

可以理解，这段故事按照自由主义的世俗主义反对教会“非法”诉求的视角来展现了它的发展历程。但这并不完整，因为故事一开始就是“重生”而非“新生”，也就是意大利的文艺复兴，是对古代“人文主义”的重新发现。此外，它认为文艺复兴标志着一场与欧洲过往的关键性决裂。

文艺复兴被视为中世纪的终结，以及通向个体解放的关键一步。我们从布克哈特（Burckhardt）之类的史家那里因袭了一种看法，即意大利文艺复兴使个体获得了重生和繁荣。人们认为，文艺复兴标志着一种宗教暴政（亦即思想暴政）的终结，让欧洲人开眼看到了古典时代更多更丰富的价值和兴趣。而且，一种对于古代世界的激情无疑也吸引了许多思想的关注。

在布克哈特的雄辩论述里，14到15世纪的意大利城市国家见证了人们对名声、财富和美的毫不掩饰的追求，见证了价

值的颠覆以及自我肯定的复兴。在古代城邦遗迹的环绕下，生活在城市国家里的意大利人文主义者们开始将古代雕塑、绘画、建筑和文学的成就引为典范。人文主义的复兴向人揭示了他自己，解放了人，使人去探索新的需要，创造新的野心，品尝新的快乐。[1]人文主义的复兴鼓励人以不加掩饰的享受态度对待此世，摆脱宗教罪感的约束。

尽管早期意大利人文主义者或许还想调和基督教与古代的 335
价值，但 15 世纪末的人文主义者通常对教会抱有一种敌意。马基雅维利走得最远，他最喜欢对比古代公民的爱国主义与基督徒的德性。其他人文主义者也不耐烦大学里枯燥的“经院”研究，以及教会法学家和哲学家们探究的逻辑学和自然法里的“晦涩”论证。在他们看来，这些论证远离人事，远离人真实的欲望、需要，尤其是快乐。他们更喜爱的哲学家是柏拉图，因为他的对话录构想了一个文明的城市世界，而非经院学者围绕亚里士多德的辩论所暗示的修道院背景。

如果文艺复兴被视为迈向自由主义的世俗主义的第一步，是因为它开始摆脱宗教权威的枷锁，第二步便是怀疑主义的发展，它就在试图强制统一信仰的宗教战争之后。这种新的怀疑主义充满了反教士主义，呼吁宗教宽容，典型例子就是蒙田（Montaigne）的著作。不久，这些呼吁又以自然权利的名义重新提了出来，所以权利话语就成了自由主义的世俗主义发展的内在要素。以这种方式来捍卫的自由领域逐渐扩展，甚至连无神论也吸纳了进来。到了 18 世纪，反教士主义在欧洲一部分地区流毒甚烈，以至于导致了一场对宗教信仰本身的大屠杀。结果，人们逐渐以为，自由主义的世俗主义在欧洲本质上就是反宗教的。人们也是用这样的方式，以文艺复兴的理念来解释它的根源。任何试图将其根源追溯到基督教的做法，都会被视为奇谈怪论。

但是，世俗主义作为一场公私领域相互分离的进程，其正当性基础在于外在服从与内在本真信仰之间的区分。反过来讲，这种区分的前提又在于如下信念：自由是道德行动的先决条件，道德义务预设了有一种选择的领域存在。毕竟，正是这样的信念，导致古代自然法理论被改造成了一套自然权利学说。

这就是麻烦所在。不受强迫的信仰是基督教的产物，而这
336 一信念本身为合法权威提供了真实的基础。“内在认信”的试金石，渐渐使得“强迫的信仰”变得自相矛盾，而这能概括14到15世纪教会法学家、神学家和哲学家对于个体良心之作用的反思。如上所述，他们的反思依赖于对古代思想的自然不平等前提的拒斥。这就是为什么将世俗主义进程视为古代人文主义的“重生”，乃是一种误导人的看法。它忽视了一种道德信念，而正是它导致自然法理论本身遭到了改造，并且使得“权利”成为自由主义的世俗主义的基础论题。

但是，在早期现代反对教会的战争中，人们对这种联系的理解迷失了方向。这就是为什么我们必须反思如下观点，即文艺复兴标志着欧洲历史的决定性转折，将一个无知和迷信的“中世纪”时代与一个自由和进步的时代截然区分开来。

古代思想、情感和表达的方式曾经令意大利人文主义者激动不已，但它们来源于并反映了一种全然不同的社会类型：一个公民和奴隶并存的社会，一个家庭胜过灵魂的社会。人文主

义者往往忽视了这种差异，许多人几乎只是对我们所谓的“精致艺术”感兴趣。但是，由于忽视这种差异，他们无法探索古代世界与基督教欧洲之间更深层次的差异。他们不喜欢关于“奠基性”道德前提的哲学论证。意大利人文主义者将古代世界当成了采石场，却不怎么过问它的原始构造。

公允而论，人文主义者的精英主义，使得他们能在自己感兴趣的许多方面综合古代和现代的特征。但是，他们感兴趣的原因部分在于，他们将不同社会类型的要素并置一处，而它们的思想背景依赖于自然不平等与道德平等的不同前提。但是，人文主义者无法抵抗自己所在社会的道德直觉。或许无意间，文艺复兴的画家们将残留的古代雕塑中发现的理想类型，变成了一系列美丽的个体。不妨以男子的裸体为例：意大利画家将表现社会优越地位——男性公民对下位者的支配——的标志，变成了我们现在看到的优美而感人的人物形象，波提切利 337
(Botticelli) 就是一个典型例子。

因此，我并不是说文艺复兴不重要，也不是说它没有对人的思想、情感和表达进行革新。同样，我也无意认为，文艺复兴在我们理解雕塑、绘画和建筑的发展史中没有一席之地。但我坚持认为，文艺复兴作为一种历史学的概念，未免言过其实，认为它在早期现代欧洲与前几个世纪之间造成断裂，也是一种误导人的看法。

如果现代性的基本特征是一种个体化的社会模式，一种个体而非家庭、氏族或种姓成为基本社会单位的模式，那就有必要将这种标准与其他标准区分开来。人们对文艺复兴的推崇，混淆了两种不同事物的兴起：一者是“追求个性”的审美观念，另一者则是“发明个体”的道德观念。个体的发明是哲学家们所谓“本体论”论证的结果，关系到如何理解现实。这可不是人文主义者的工作，尽管他们也吸收了它的成绩。人文主义者确实强调对自我的培养，强调更加精致的品味和自我表达。这种做法塑造了一种可谓是个性崇拜的宗教，将个体描述成社会压迫的“受害者”和反抗压迫的英雄主义，而社会体制呈现出一副对自我造成了威胁的样子。

这种新的感性精神推动了 17 到 18 世纪的道德哲学和政治理论发展。它们往往对自由主义抱以批判态度，鼓励一种“原子化”的社会图景，将个体与社会背景截然分开，而且掩盖了自由主义赖以兴起的规范性发展进程。诚然，一种“自然主义”在那时侵入了自由主义思想内部，并且得到了自然科学发展的助力：自然科学将个体的心灵置于自然而非文化，使得可观察的规律而非社会规范成了检验知识有效性的标准。[2]我们所谓功利主义的哲学传统，将这股浪潮变成了一种“原子化”
338 的社会模式。在这样的社会里，个体的需要或偏好被视为既定事实，与规范的作用或社会化进程毫无关系。

有一个很好的理由可以让我们把这些后来的智识发展视为自由主义异端，因为它剥夺了自由主义的世俗主义最深刻的道德根源，切断了与自身赖以形成的话语传统之间的联系。不过，自由主义依赖于基督教提供的道德前提。在救赎的形而上学缺席时，自由主义保留了基督教的本体论。

如上所述，12 到 15 世纪的法学家、神学家和哲学家为个体奠定了一种最深的基础，那就是打破家庭和种姓的束缚，将个体视为一种有机的社会角色。这些人的现实图景赋予个体以良心和意愿，赋予它们一种道德生活和基础角色。我们不妨回想先前的一个例子：通过 13 世纪教会法的革新，社团渐渐被视为一种由个体组成的团体，而不再具有一种独立于其成员之外且比他们优越的身份。社团渐渐失去了那种具体化的古代含义，而这在相当程度上推动了一种更加自由的精神以及体制改革意识的发展。这可不是原子化的个人主义，而是融入了自立和联合的习惯。

那种认为文艺复兴及其后继者标志了“中世纪”终结和现代世界诞生的思想，其实是错了。到了 15 世纪，教会法学家和哲学家已经提出如下主张：“经验”本质上是个体的经验，有一系列用来保护个体能动性的基本权利存在，任何组织的终极权威都在于其所有成员，理性在理解物理世界进程时的用途迥异于规范性的推理，或曰先天推理。但这些都成了现代性的内容。

上述这些 15 世纪的要素尚未被归入任何“主义”，甚至也没有整合进一套融贯的、战斗性的计划里。尽管如此，这些要素依然逐渐从教士精英传入了大学教育，进而影响了一般民众的态度。与此同时，它们也让平等主义的道德直觉变得更加锋
锐，最终将矛头对准了一个权威主义的教会。保罗的“基督徒 339
的自由”观念，以一种复仇的姿态回归了。

现代欧洲的基石存在于一个漫长而艰难的进程中，它将一种道德诉求逐渐转变成了一种社会地位。对于灵魂平等信念的追求，使得这场转变成为了可能，同时催生了个体自由的某种责任。平等与自由这两种价值的结合，孕育了现代自由主义思想的本质性原则，这就是“平等的自由”。但是，很难说意大

利文艺复兴对于这条原则的探索或发展起了多大作用。

文艺复兴的人文主义者几乎没有推进逻辑学和本体论的研究，而正是这些研究，使得中世纪思想家能够改变当时的社会观念。不过，14到15世纪期间，教会法学家和哲学家为一种更加激进的圣俗领域区分奠定了基础，其激进程度超乎当时人的想象。他们为一种权利本位的私人领域奠定了基础，自由和良心在那里占据主导地位。这种领域对国家和教会都产生了重大影响，因为它第一次确立了教会内部的权威最终依赖于大公会议所代表的信仰者集体，而且为世俗社会提供了一种由“主权者”代表个体而非家庭或氏族的新统治模式。

对于“国家”本性的理解，激励人们重新思考教会与国家传统以来的“共同所有权”。14世纪，身为哲学家和政治人物的帕多瓦的马西留（Marsiglio of Padua）开始主张，教会作为一套体制必须服从国家的法律。他认为，本义的“法律”在此世之中要依傍于可见的裁定。在他看来，无论多么高尚的道德诫命都不应该称作法律。尽管国家的统治者应该受到道德的引导，但他们不应该容忍教士干预自己的事务。在马西留看来，教宗的野心扩展和滥用教会司法权的做法，造成了不必要的战争和内乱。因此，他认为如果国家的目的是保护由个体组成的团体享有和平和秩序，国家的根本就在于法律的自主性。[3]

340 到了15世纪，这种新的社会图景渗入了欧洲人的生活。这幅图景比较模糊，在一些地区尤其模糊：一些商业发达的城市化地区比较清晰，而欧洲南部的乡村地区又不如欧洲北部那么清晰。但即便在“落后”的乡村地区，农奴制的衰退和市场经济的发展也在某种程度上展现了这幅图景。受黑死病之后劳动力短缺的影响，社会流动性越来越大，从而为这种新的社会图景所传达的智识变革开辟了道路。同样，法国、英格兰和西班牙的君主制也越来越加强集权。意大利许多人文主义者之所以感到嫉妒，就在于他们将这些情况与意大利统一失败的现状相比较。这也间接证明了新的社会图景所造成的影响。

不过，这种影响还有一个更直接的证据。在 14 到 15 世纪的欧洲，有几个领域都出现了根本性的变革：对待自我的态度，对待自然世界的态度，以及对待统治的态度。让我们简要地逐一审视。

首先，对“内在性”的极端强调，突然成了全欧洲民众宗教运动的标志。受“内在之光”的指引，几乎成了衡量是否受到神启的标准。这就好比，作为个体的人们瞥见了一个再也没有与生俱来的社会地位差异的世界，并且感到自己需要一种更加坚实的道德基础。如果个体身份无法被个体所占据的角色耗尽，那么个体又能从什么地方求得支撑？

众所周知，艾克哈特大师（Meister Eckhart）强调上帝与个体灵魂之间的神秘联结，认为“造物仅仅由于上帝和凭借上帝而存在”。这种神秘的联结关系不仅是德意志和荷兰地区敬虔派的宗旨，同样也风靡了英格兰的威克里夫与布拉格的胡斯的追随者们。宗教越来越不再仅仅被视为一种仪式化的实践。相反，肯比士（homas a Kempis）表达了一个令人印象深刻的信念：一旦宗教无法转变个体的情感和动因，那它就没有意义。肯比士隶属于荷兰一场名为“共生兄弟会”（Brethren of the Common Life）的运动，还写了《效法基督》（*Imitation of Christ*）一书：“我想感受到悔改，而非知晓悔改的定义……”

341 对内在性的强调，有助于培养一种新的谦卑态度，以及对理智的作用进行重估："一个侍奉上帝的谦卑农民，要好过一个忽视自我，只想着天体运行的骄傲哲学家。"其中，最耐人寻味的一句话是"忽视自我"。

自我操练逐渐成了首要的道德律令。理性不可能简单地控制住情感，这是一种源于保罗和奥古斯丁的信念。这种信念与另一些神学家的野心形成了鲜明对比，后者试图将基督教信仰纳入古代理性主义的框架之中。在敬虔派看来，人与上帝的关系就是所有个体都能获得的一种根本经验，也是道德的真正来源，而这样的关系应向所有其他的人宣告："上帝在所有受造物之中……但也在所有受造物之上。"情感的转变不是思想自身就能完成的。不过，我们也不能把敬虔派的回应视为反智主义，因为这些民众运动非常强调通过教育和读《圣经》来进行自我操练。他们指出了思想在塑造道德行动方面的限度，强调一种奉献的生活和恩典的作用，以此警醒智识人的傲慢。劳作和日常的奉献应当成为学习的伴侣。[4]这样一来，德性就变成了实践之事。

让·热尔松是1395年巴黎大学的校长。像他这样的思想家认为，将人引向上帝的是个体的道德能动性，而非神学家在古代哲学成就的过度感染下搞出来的各种体系。热尔松认为，阿奎那之类的神学家想模仿亚里士多德来解释上帝观念，这么做已经背离了保罗宣告的上帝，背离了借亚伯拉罕和众先知之口言说的《圣经》中的上帝，也背离了披上人之形象的基督。原因在于，《圣经》中的上帝是一个改变了人的动因和行动的上帝。信仰上帝的人总是能获得对这样一位上帝的经验，而他们对业已改变的动因的经验与对物理世界的经验一样真实。

人们对“内在性”的兴趣高涨，使得他们也对意志产生了迷恋。在此，民众意见的走向与当时的哲学家论证的走向相似。我们知道，司各特和奥卡姆对阿奎那的批判，意味着他们以“上帝的自由”这一名义拒斥了托马斯主义。阿奎那的自 342
然法观念似乎导致了一个结果：上帝除了现在的行事之道以外，无法选择或践行别的道路。在阿奎那看来，自然法包含着一系列的理性原则，它们支配着上帝的意志和人的意志。但在司各特和奥卡姆看来，这种立场既威胁到上帝的全能，也误解了理性的作用。他们认为，上帝的意志仅仅受限于祂的自由本性，而基督教信仰启示了上帝的意志，要求所有人应当是平等、自由的能动主体。因此，自由成了联结上帝与人的纽带。创造我们这个世界的是上帝，而不是什么“必然的”理性命令。理性不过是受造物的一部分，但不是造物主。

在此，我们看到了第二个根本性的变革，因为关于理性之作用的观念一经修正，就产生了其他重要结果。它有助于重塑我们对物理世界的理解，在一个内在的道德生活（跟意志“缠斗”）与物理世界的进程之间做出更加尖锐的划分。这一点显然出现在 14 到 15 世纪思想的发展方向上，因为奥卡姆的唯名论哲学当时席卷欧洲，在各大学都扎了根，与“官方”的托马斯主义竞争。在巴黎、牛津、海德堡、布拉格和克拉科夫，唯名论迅速崛起。那些坚持“实在论”哲学立场，也就是“古代道路”而非“现代道路”的人，甚至有时绝望得试图禁止人们教授唯名论思想。

奥卡姆强调，个体的经验和观察才是经验知识（“或然性”知识）唯一合法的基础。这一点区别于那种源于演绎真理（“证明性”真理）的知识，后者并不提供关于这个世界的实际知识。两种知识形式的区分，发挥了拒斥形而上学思辨尤其是“自然神学”的作用。在奥卡姆看来，自然世界只是一个可供考察的对象，用来探究事物的原因。他认为，外部事件的原因不能通过先天推理来发现，后者所能提供的确定性仅限于从固有前提和定义中推出结论。偶然真理与形式真理的区分，为人们从事更加自由的思考创造了条件，激发了人们对于经验的自然世界的好奇心。

343 奥卡姆的追随者延续了两种推理类型的划分，反对一种相信有某种唯独理性可知的宇宙存在的“实在论”立场。我们已经知道奥卡姆如何批判滥用定义的做法，包括预设“目的因”之类并未指向可证实之物的前提。因此，奥卡姆坚持理性与原因的区分，而后者诉诸事件的可观察进程，在区分“自然”和“社会”的概念前提下，对自然世界展开自由研究。这就敲响了传统神学思维的丧钟，因为它将人类行动的规范和处境与解释外部自然事件的条件做出了划分。

因此，14 世纪的大学开始纷纷重新反思先前对自然世界的理解，这种状况并非偶然。一种批判亚里士多德物理学的新方法得到了发展，它要通过直接观察来注意到那些不符合一般理论的反常现象。亚里士多德主义者最初的回应是引入额外的前提来解释反常现象，以此“拯救”亚里士多德的理论。但是，通过增加前设来“拯救表象”的做法，渐渐导致人们怀疑亚里士多德理论依赖的基本前设，那就是宇宙中的万物都能找到一个固定的位置，找到它的归宿或“目的因”。

“若无必要，勿增前设”是对奥卡姆剃刀的最好解释，它大大减损了亚里士多德物理学理论的自信心。亚里士多德坚持万物各在其位，这一前提来自以自然不平等为基础的古代自然法传统。因此，亚里士多德区分了“自然运动”与“非自然运动”，例如向上扔出一块石头，石头会“自然”下落。奥卡姆拒绝这种区分，代之以某种类似于惯性的观念。受奥卡姆的影响，尼科尔·奥里斯姆（Nicole Oresme）、皮埃尔·戴利（Pierre d'Ailly）和让·布里丹（Jean Buridan）发展出了一种关于运动的冲力解释：物体的动能来自于驱动者。

有一种观念逐渐兴起，即认为运动与静止在“自然”中有着同样根本的地位。14 世纪，这种观念逐渐颠覆了古代的宇宙模型，例如，布里丹认为冲力理论可以像解释地上物体的 344
运动那样，用来解释天体的运动：“我们无须假设，天体是由像以太或第五元素之类的特殊元素构成，而且只能做圆周运动。我们也无须假设天体拥有智能，用天体的智能来解释天体的运动。”[5]因此，布里丹抛弃了天体拥有高等本性，以及天体的角色来源于某种高等智性（“天体的音乐”）的观念。既然“地上的运动和天体的运动可以用同样方式来解释”，那么地上的社会平等背后的道德直觉也可以应用于天上领域。我们根本没必要假定自然中有“贵族制”存在！

奥里斯姆比布里丹更加大胆。他质疑了古代另一个基本前提，即天体运动而地球静止不动：“我的结论是，我们无法凭借任何经验表明，天体有一种周期运动，而地球就不是以同样方式运动的。”[6]总之，14 世纪的物理学理论表明，人们对物理世界的理解如何得益于他们抛弃了自然不平等的前提。

现在，我们来看看第三组变革，它们也反映了新的社会图景所带来的影响。这组变革属于政治而非道德或科学。15 世纪的欧洲一直面临着一个问题：既然封建制度遭到破坏，那么欧洲应该如何组织？封建主义并非在所有地方都扎下了同样的根，例如它的强大程度在意大利和法国南部不一样，在法国北部和日耳曼地区也不一样。意大利的城市国家或共和国，以及弗兰德斯河加泰罗尼亚的城市，都展现了一种不同于北方封建制的政治组织的基础。英格兰还有一种模式，它的王权力量自传统以来始终比封建权贵更强。

15 世纪欧洲最突出的政治事实，就是君主为了摆脱封建约束，通过集中权威和权力而成为名副其实的“主权者”。法国的路易十一、英格兰的亨利七世、西班牙的斐迪南和伊莎贝
345 拉都在这个方向上迈出了标志性的步伐。他们为什么取得成功？他们怎么克服其他制度的抵抗？事实上，当时有四种制度本可能成为欧洲政治组织的榜样：封建主义、教会、自治市和君主制。

然而，英诺森四世和卜尼法斯八世的神权政治野心遭到挫败，封建权贵和自治市也无法形成欧洲的政治组织。到了 14 世纪，封建法再也无法为一套稳定的政治体系充当基础，原因在于它的不融贯性和依赖暴力的习惯。但与此同时，封建权贵也有足够力量阻止任何“共和主义”的公民制度推广开来。这种发展无论如何也不可能，因为城市的市民们缺乏更大的政治野心。在封建权贵面前，市民们表现出下位者的姿态。如果到了保卫自己城市的关头，他们会变得勇猛，但他们没有为更大意义上的社会构想出某种共和主义的组织方式，虽然尼德兰

可能是例外。

因此，各方僵持不下。但在君主制胜利以前，还有一次类似于封建主义的整合欧洲的尝试。它的方式是将不同体制的代表聚到一起，共同合作，同时保留各自原本的性质。[7]因此，人们意识到了集权化的压力，创造了一系列体现和组织起欧洲多元化体制的代表大会，例如法国的三级会议、英格兰国会、西班牙议会以及德意志的帝国议会。这些代表大会的组织方式依据的是等级，贵族、教士和市民各有其位。

但是，这些国家的组织化尝试都失败了，唯一例外是得益于强大王权的英格兰国会。这些代表大会的异质性太强：封建权贵已经习惯了行使政治意志，而教士和市民代表都不习惯指导政治权力，也对政治权力没有兴趣，因为他们都害怕增添新的税负。结果，这些代表大会无法成为统治的有效工具。

不过，这些代表大会的失败并非只是由于其多元化程度， 346
以及对传统特权的保留。还有一层更深的原因：新的观念将主权权威授予君主，从而设计了一种截然不同的平等主义的社会图景，唤起了以往没有的民众共鸣。王权的诉求解放和强化了民众们的新愿望。民众的态度已经有了足够大的转变，足以剥夺传统集体式社会的合法性。这就是为什么以“平等的服从”对待主权者的态度，不能被视作得不偿失。因此，我们在谈论15世纪王权的“胜利”时必须谨慎，因为它间接地也是教会所孕育的道德直觉的胜利。

君主制担当了组织欧洲的重任，因为教会已经为它铺平了道路。不仅教宗革命塑造了君主要求获得主权权威的野心，而且在道德和智识的更深层次上，教会已经在事关欧洲未来的战争中赢得了胜利。教会筹划了一种社会作为由个体组成之团体的图景，而这一图景在欧洲开启了集权化的进程。

诚然，君主们不关心一种平等主义的社会形式。他们很快理解到，自己能从法律权威的集权化进程中赢取多么巨大的权力。在他们看来，在自己领地内征服封建权贵和控制教会的前景与基督教信仰孕育的道德考虑一样重要，而且往往更重要。尽管如此，君主们的做法还是产生了意料之外的结果。在对法律、风俗和思想进行集权化，将曾经分裂而狭小的各社团营造成统一社会的过程中，君主不仅创造了国家，还奠定了一种“公共”或“国家”的意见。15 世纪局部地区出现的国家意见，进一步证明了社会作为由个体组成的团体所带来的新影响。

这种影响有多么明显？王权的骄傲日渐滋长，因为君主的权力成了社会进步的标志，意味着通过“平等的服从”废除了特权。法国的第三等级和英格兰的“下院”，有时甚至以牺
347 牲地方自治为代价摧毁封建特权。创造一个“主权的”能动主体，似乎是最重要的目标。这种模式是王权扩张的标志，尤其在法国。但从整个欧洲来看，它也对王权寄托了某种理想主义。人们认为，要想发展出对主权者的平等服从，就要牺牲掉单纯基于习俗的服从。

因此，只看到主权权威扩张潜在具有的暴政性质，也就是 16 到 17 世纪登上舞台的“王权绝对主义”，那是不对的。因为这里面也蕴涵着个体自由的种子。主权者宣称自己垄断了法律权威，由此废除了传统法律地位的许多态度和做法。王权并没有提出积极的命令或禁止，这至少就潜在地界定了一个选择和个人自由的领域。

当然，人们也不是一夜间就完全意识到主权诉求产生了这样一种社会模式。即便 16 世纪法国的主权理论家博丹，也不清楚主权诉求究竟产生了什么样的最小服从单位。但到了下个世纪，也就是霍布斯的时代，主权权威诉求的独特本性得到了澄清，更不用说霍布斯将主权者称作世俗的神。

最后还有一个强力证据，可以证明“发明个体”这一说法的适用性。这项证据一直是衡量社会变革的最可靠来源，那就是语言本身。如果我们看看英语或法语历史词典中“个体”一词的用法，我们就会发现它最初是从 15 世纪开始流行的。“国家”一词，以及它涉及主权权威的相关规定，也是同一时期开始流行的。无独有偶，这两个词的含义彼此依赖：正是通过国家的缔造，个体才被发明了出来，成为社会最重要的有机角色。

因此，我们不必对如下事实感到惊讶：我们经常觉得，自己比较容易理解 15 世纪欧洲人的动因和行为，它们更加亲切也更加“现代”。我们将工具理性和目标理性与市场关系联系到一起，而这种理性或者说思想，已经清晰地体现在路易十一和亨利七世的盘算当中，甚至到了某种夸张的程度。这就是影响人们行为的信念和体制发生了如此戏剧性的变化的原因。

不久以后，塞万提斯就能戏仿一个不复存在的贵族制社会 348
的行为动因和模式，莎士比亚也能通过探索社会角色的深度来创造出人物性格。基督教的平等主义为社会结构的革命铺平了道路，社会地位不再被视为不可逃避的“命定”。

这就是基督教“灵魂”理念的世俗版本，即便是我们今日的生活，也伴随着它孕育的结果。

后记

基督教与世俗主义

与其他文化一样，西方文化的基础是一些共通的信念。但与其他大多数文化不同，西方信念将平等的理念摆在了优先位置。对平等的偏爱是一种前提，排除了持久的地位不平等及任何个人或团体的权威主义。对平等的偏爱构成了世俗国家和自然权利理念的基础。因此，自由主义传统唯一承认的天赋权利，就是个体的自由。

其中，基督教发挥了决定性的作用，但人们大多不认为自由主义与世俗主义的理念有着宗教根源。显然，作为自由主义传统的第一项伟大目标，政教分离转移了人们对于世俗主义之根源的注意。但是，欧洲有着一场长期盛行的“内战”，如今还可能烧到了美国。这是什么内战？宗教信仰与无神论世俗主义之间势不两立的内战，而长久以来滋生这种看法的土壤就是人们对如下历史事件的记忆：16世纪英格兰清教徒“殉道”时的火刑，西班牙宗教法庭的传说，以罗马天主教会为首的众教会的“神圣同盟”，以及社会保守主义势力对法国大革命的反扑。

这些记忆或许已经黯淡，但人们对世俗主义与宗教信仰之间深刻冲突的感受，最近却在西欧社会复苏，并且采取了一种新的形式。在欧洲，大量移民和穆斯林少数族裔的大量增长，已经戏剧化地扩展了非基督教信仰的范围。这些信仰产生了一系列后果。

因此，关于宗教信仰与世俗主义之间关系的问题，重新进入了公共讨论领域。2001年到2002年，欧洲的基督教根基成了一套欧盟宪法提案的议题，当时表示支持的声音很强，例如波兰；反对的声浪也很强，例如法国。但是，最大多数人的回应是某种尴尬，某种希望这个问题赶紧消失的不适感。鉴于这套宪法条约草案在全民投票阶段遭遇了失败，这个问题也就消失了，但尴尬还在。这是一个很重要的现象，值得我们更仔细地考察。一旦考察清楚，它就能揭示为什么欧洲没有为今日世界设计出一套更加融贯的身份认同。它揭示了我所谓的欧洲“内战”。

因此，我们要尽力触及这种尴尬的来源。在我看来，欧洲人在反思自身历史时，至少会默认有一种普遍的断裂感存在，甚至更加直白地说，他们不愿意进行这种反思。这种普遍存在的断裂感，削弱了欧洲在人类对话当中的声音。不止如此，它还有助于解释欧洲人与美国人最重要的态度差异。我们究竟是从什么出发一路走到今天？世俗国家、自由民主与市场经济与欧洲的过去究竟是什么关系？在回答这些问题时，我们已经成了自己历史编纂的对象，而且不只是在一个职业性的、学术化的层次。

最近几个世纪的历史写作有什么典型特点呢？那就是它们故意尽可能缩小古代世界与现代世界在道德和智识上的距离，同时尽可能拉大现代欧洲与中世纪在道德和智识上的距离。我们知道，这种倾向最早出现于意大利文艺复兴，因为它钦慕古人，对大学和教会里的“经院主义”抱有敌意。但在18世纪尤其是法国哲学家那里，这种倾向发展成了一种激烈的反教士主义，结果重塑了人们对欧洲历史的理解。

18世纪的史学家面临的一种主要诱惑，就是将古代世界描写成“世俗的”，由此提供古代与欧洲国家的接触点。而在欧洲国家中，教会与教士的角色遭到了抵抗和重新界定。在新教国家里，这一切早就发生了，但到了18世纪，即便天主教国家也未能幸免，例如好几个天主教国家都驱逐了耶稣会。

认为古代世界是世俗的，公民免受教士和一个有特权的教条主义的教会压迫，这样的看法成了政治论战的一件重要武器。还有，另一种观念也成了武器：人们认为中世纪教会想实现一种神权政治，让思想遭受“迷信”和教士私利的钳制。这两种看法不是没有根据，但我认为它们瑜不掩瑕，因为它们都遗漏了某种基础性的事实，这一事实与它们理解的古代根本不相符。因此，让我们回顾一下前面发现的事实。

先以人们认为古代就是“世俗”的看法为例。这种解释的麻烦在于，它在错误的地方去寻找宗教，运用不恰当的标准来检验宗教的组织和表达方式。正如库朗热在《古代城邦》里所言，古希腊罗马的宗教并非对个体良心说话。相反，它不仅说给家庭，还通过家庭来发声。要想找到宗教和神职人员，我们就必须到家庭中去找。古代家庭自身就是一种宗教敬拜，家父长是它的最高祭司，负责照看家庭的祭坛及其“圣火”，而圣火使祖宗变得可见，因此，古代宗教是通过家父长而对神圣祖宗的敬拜，也是家庭内部一种身份角色的彻底不平等，以及一系列复杂的仪式要求。至少从起源来看，家庭是一个自足的道德世界。它既不想要，也不欢迎与外边的人发生任何深层次的联系，或者说“道德”的联系。

最终，城邦或城市国家的出现改变了这种神秘的家庭宗教，但城邦自身的纽带仍然是一种宗教纽带。城邦是家庭和氏族联合形成的组织，其本质定义就是对祖宗的共同敬拜。因此，难怪城邦的缔造要求出现一种新的宗教或敬拜，其途径就是发现一位缔造城邦的“英雄”。家庭和氏族都有自己的神灵，相应地，城邦也成了诸神的属地，诸神是他们的“守护神”。

因此，古人并不像现代欧洲的“世俗”想象的那样没有宗教、神职人员和迷信，相反，我们发现古代的家庭、部族和城邦各成其为一种教会。每一方都有自己的仪式和崇拜，以及非常复杂的要求：“信仰和意图的纯洁占了很小比重，而宗教完全就是一份记载着无数规则的实践清单……”为此之故，每一团体都经常担心遗漏了仪式要求的某些细节，从而触怒神灵。所以，它们经常要举行涤罪和赎罪的仪式，而这就成了古希腊罗马公共行政长官的职责。

总之，古希腊罗马的最大特点就是所谓的“道德藩篱”，在其中，物理性团体和世袭的不平等社会地位确立了个人身份的限制。有一个希腊用语就是道德藩篱的例子：它将任何想在这些团体和角色之外生活的人，称作“愚人”。

我认为，最重要的是基督教改变了人类身份的基础。它之所以能做到这一点，是因为它融合了犹太教的一神论与某种抽象的普世主义，后者在晚期希腊哲学里就有根源。基督教强调人与人的道德平等，这一点迥异于他们偶然据有的任何社会角色，从而改变了最重要的主题。社会准则退居次位，在某种关键的意义上，它们也必须从属于一种上帝赋予人的身份，而这是所有人平等享有的。因此，人们同时生活在“两座城”当中。

我们可以看到，新约中的每句话都是对这种道德藩篱的突破。尤其是，我们可以在圣保罗的基督观念中看到犹太教与希腊哲学的融合，而这种基督观念的特点就是普世主义。在保罗看来，上帝借着基督而启示于人，对这位上帝的爱也向个体本身亦即良心提供了机遇和义务。因此，基督成了一种业已改变的新人性的媒介。在某种意义上，保罗的基督观念创造了个体，因为它为良心赋予了一种普世的维度。保罗难道不是人类历史上最具革命性的人吗？

由于强调人类平等，新约挺身而出反对古代世界的主流，后者的主导前提就是自然不平等。事实上，新约弥漫着一股氛围，令人欣喜地远离了世袭社会地位所施加的未经反思的限制。因此，保罗频繁提到“基督徒的自由”。这么说不只是对犹太教律法的反对，也是一种完满：完满之所以可能，乃是由于他发现了一种先于世袭社会地位和角色的存在根据。这种道德氛围也体现为，只要是出于侍奉上帝的要求，耶稣连家庭的诉求也会加以限制，尽管教会后来在这个问题上的态度往往更加温和。

与晚期希腊化哲学不同，新约断言有一种基本的人类平等存在。这种做法不再是脱离社会习俗的思辨，也不再像有时那样，主要用来论证哲学家比地域性偏见更加优越。相反，新约与社会习俗的脱离，反映了个体自由对于某种道德回应的需要，而个体自由就意味着在上帝眼中的人人平等。耶稣坚称，“上帝之国在你之中”。正如早期教会经常宣称的那样，这句话意在激起人们的道德回应，创造一种个体意志。因此，除了更早以前关于平等的思辨，新约还加上了一项互惠的义务，这义务就是“爱邻如己”。

这就是为什么我在先前的著作《民主在欧洲》（*Democracy in Europe*）中认为，基督教的上帝观念为个体提供了一种本体论的基础。个体起初是道德地位，经过若干世纪之后又成了最重要的社会角色：“基督教信仰的内在性反映了这一点，它坚持个人意图的品质比任何固定的社会准则更加重要。遵循规则（例如希伯来律法）的做法退居其次，让位于受良心支配的行动。由此，基督教的上帝观念为一种前所未有的人类社会形式奠定了基础。”基督教的道德信念成了社会革命的终极来源，而正是社会革命造就了今日的西方。

在《民主在欧洲》里，我提出了一种类比，以此理解基督教信仰究竟将什么引入了这个世界。类比的对象是一种马克思主义说法，也就是马克思对于“自在阶级”与“自为阶级”的区分。马克思认为，一个阶级能以对象化的方式存在，界定标准可以是收入或财产，但未必能意识到自己是一个阶级。他以对比中世纪的农民与市民为例：市民就是“布尔乔亚”，他们在与封建特权斗争的过程中产生了自己的阶级意识。因此，我也将这种区分应用于基督教：

“基督教将人性视为一种自在的类，并且试图将其转变成一种自为的类。因此，基督教的本质特征就是普世主义。它旨在创造单一的人类社会，一个由个体而非部族、民族或种姓组成的社会。在基督教里，个体与上帝的根本联系充当了衡量重要之事的关键标准。从定义来看，这种标准平等适用于所有人。因此，基督教深刻的个人主义仅仅是普世主义的另一面。通过引导其成员看到自己与最深层的实在（上帝）之间有一种联系，而且这种联系既要求也证明了所有人平等享有道德地位的正当性，基督教的上帝观念也就成了缔造人与人之间兄弟关系，营造人作为类的自我意识的途径。”

这就是基督教信仰带来的革命性的应许。

毫不夸张地说，这套观念框架就是欧洲最初的宪制，早在奥古斯丁的《上帝之城》里就能看到。奥古斯丁与保罗一样认为，道德平等的信念为良心创造了一种角色，进而为任何社会团体的诉求设下限制。这种观念也衍生出了某种二元论，区分了基督教对于社会和政府统治的思考，以及圣俗领域的不同诉求。它依赖于一种信念，即我们应该承认和尊重内在信念与外在服从之间的区别，而这样的区别在古代世界既没起过作用，甚至也不为人所知。

不过，如果说基督教信仰为个体作为道德地位和首要的社会角色提供了本体论奠基，那为什么经过一千年以后才发展起来这样的个体？我们不必感到惊异，因为也有许多别的原因在起作用。基督教孕育的道德直觉，必须在打倒那些与社会分工一样古老的偏见和实践之后才能发挥影响。反过来讲，这就要求学习如何创造和保护一种良心的公共角色，最重要的是要打造一套观念框架，用来批判现有的社会实践。这项工程花了数世纪之久，而且经常陷入争议、倒退和挫败。我们已经考察过这段进程。

我们无须以为，这场进程总是拥有自我意识。虽然如此，教士当中那些杰出的心灵却也坚持了一种观念框架，哪怕是我所谓“精神分裂”的加洛林时代，古代与基督教在当时的思想和实践方面产生了不稳定的混合。这套框架体现在加洛林时代一位教会领袖，里昂主教亚戈巴德的一段话中：

“没有什么异教徒或者犹太人，也没有什么叙利亚人或阿基坦人，没有隆巴第人，没有勃艮第人，没有阿拉曼人，没有奴隶，也没有自由人。我们所有人都在基督中成为一体……我们能否接受这样一种障碍，它与作为上帝之作品的统一体相反，存在于同样的国家、同样的城市和同样的家庭当中？经常有这种情况出现，五个人一起走路或肩并肩坐着，其中甚至找不出两个有着同样的领地法律的人，但即便如此，他们在根子上和在一种永恒的层面上，都属于基督。”

在这段来自9世纪早期的迫切呼吁当中，我们还能听到基督教的道德心脏在社会习俗的表层之下跳动着。

这就将我们带到了另一个历史“时刻”。正如现代历史著作经常低估宗教在古代世界的作用，它们也没有注意到所谓“中世纪”出现的一场重要发展进程。在这个时刻，自然权利观念诞生了，并且逐渐成为一种批判既有的社会信念和实践——其中甚至还包括教会的建制的新概念工具。考察社会和政治思想的史学家经常将上述发展定位在了16到17世纪，而习惯性的说法认为，自由主义和世俗主义最初是在这段“早期现代”的时期抬头，尤其因为民族国家需要与宗教改革之后的信仰冲突做斗争。

这种习惯性的解释还将自由主义和世俗主义的兴起与一种新的怀疑主义联系起来，而后者对古代抱有强烈的兴趣和同情心。15世纪末，人文主义运动越来越转向了怀疑主义，例如马基雅维利在解释自己时代的事件时只引用罗马的资料，而且当时的解释较少关注基督教信仰本身，更多关注教会建制的失败。一种不可逃避的历史循环论，打消了人们对个体得救的焦虑。公民的败坏，也就是公共精神的丧失，逐渐比基督教的德性观更加重要。人们经常指控教士“弱化”公民的勇敢精神，而且怀疑他们操弄信仰以满足一己私利。

因此，人文主义者与反教士主义的联系越来越紧密。与此同时，宗教改革也导致了宗教战争，从而为世俗权威提供了进行干预的动机，他们的目的是建立起一套框架，以便缓解信仰差异所导致的暴力。这些汇聚到一起的潮流表明，当时渐兴的世俗主义或原始自由主义与基督教孕育的道德直觉毫无瓜葛，相反，它们的动力应该在古代和异教那里。忽然间，人们认为“迷信”与教会的联系更紧密，而非异教。

这种看法的麻烦在于忽视了如下事实：截至 15 世纪，欧洲确实有一套司法理论在发挥作用，而它的根源确实也在古代的异教哲学。但是，这套学说经过了几个世纪的基督教道德直觉的改造，例如那条“己之所欲施之于人”的黄金律及其显著的平等主义基础。这套学说就是自然法：早在 15 世纪以前，它就在博洛尼亚、帕多瓦、巴黎和牛津大学的教会法学家那里得到了复兴和修正。

自然法学说得到了怎样的修正？如上所述，修正的做法就是将它变成一套自然权利的理论，而这些属于个体的、前社会的权利应该成为衡量社会组织是否合法的标准。11 世纪末的教会法学家援引罗马法，在教宗的扶持下逐渐打造了一套法律体系，其基础是道德平等的前提。这套体系将我们所谓的“主体权利观念”摆在首位，也就是始于自由的个体固有权利。这样的诉求意味着对古代自然不平等前提的拒斥。

蒂尔尼敏锐地指出，“主体权利的理念已经成了我们政治话语的核心，但我们仍不知道这一理念的起源和早期发展进程”。蒂尔尼认为，格拉提安的《教令集》及其对12到13世纪教会法学家的影响就是转折点。他引用了《教令集》开篇的几句话：“人类种族受到两种方式的统治，一是自然法，二是习惯。自然法就是法律和福音书里的内容，它命令每个人应当做到己之所欲施之于人，以及己所不欲勿施于人。”蒂尔尼证明了教会法学家如何追随格拉提安的看法，在“法”（jus）的两种含义之间不断摇摆，一边是包括神法和最初的人法在内的客观的法，另一边则是个体性的主体权利：

“法的含义和重心，在12世纪发生了一场决定性的转变。在廊下派和西塞罗看来，人类有一种力量能辨识出自然法，也就是整个宇宙普遍存在的客观的自然法。但在教会法学家看来，自然法本身可以被定义为一种个人固有的主体性力量、能力、权力或禀赋。”

廊下派认为自然法就是一套包罗万物的宇宙秩序，12世纪的教会法学家则认为，自然法是指自由意志或力量，也就是由人类能动性的本性所证成的个体的“合法选择领域”。

因此，12世纪出现了“法”的一种含义，与现代意义上的“权利”相去不远。我们无须重述那段复杂的故事，即自然权利学说如何从格拉提安发展到奥卡姆及其后学。就我们的意图而言，正如伏尔泰对那位圣徒丹尼的奇迹的说法那样，这人受难后提着自己脑袋走开，不过“只有第一步迈得比较困难”。

为什么自然权利理论的这些起源没有博得后世人们的好感？

我认为，这是因为15到16世纪人文主义者对当时大学的敌意。他们对“经院主义”（亦即对亚里士多德和逻辑学的迷恋）一概抱以谴责态度，从而导致各种不同的研究方法汇到一起，混淆不清。神学、民法和教会法、逻辑学及物理学统统被贴上了耻辱的标签，而这就是18世纪历史著作的惯用手段。

但是，如今我们知道，不仅亚里士多德物理学所遭遇的例外状况为16到17世纪物理学革命铺平了道理，而且自然权利语言的起源也能追溯到12、13和14世纪教会法的革新，后来才成为现代自由主义的核心。

个体是一种为个人行使正当的判断和意志创造空间的地位，个体身份突破了15世纪社会生活的表面。平等不再被视为“彼岸世界”的安排，不再被视为一种在上帝面前消灭地位不平等现象的死后来生。教宗对主权的诉求，蕴含在一套以道德平等为前提的法律体系当中，进而取得了教宗既想象不到也从未意欲过的成就。它孕育了一种新的社会观念，而这一观念反过来又创造了更大多数人的前所未有的道德需要。这就是15世纪最突出的现象：这些道德需要抓住了民众的心灵，并且在宗教领域和世俗领域塑造了新的诉求，从而预示了宗教改革的到来。

至少有一些主张公会议至上的人理解了基督教孕育的道德直觉，而这种道德直觉逐渐改变了传统的“权威”观念。一种根本性的地位平等体现在教会法学家创造的法律体系里，并且激励世俗统治者创造了一套以主权诉求为基础的类似体系。这种地位平等，也就是个体的发明，逐渐颠转了权威。权威越来越“向下”体现在人的能动性和良心当中，而非“向上”体现为强制性的永恒理念。

这一切何以重要？它表明，基督教的道德直觉在塑造自由主义和世俗主义之起源的话语时，扮演了多么关键的角色。事实上，16到19世纪自由主义的发展模式类似于教会法从12到15世纪的发展过程，两者的论证次序也惊人地相似。所以说，教会法学家拔得了头筹。

他们的论证次序首先是坚持地位平等，接着主张有一系列基本的人权存在，最终是捍卫自主统治。因此，首先是霍布斯坚持最基本的人类平等，从而准备好了用“平等服从”来定义主权者；接着是洛克界定了一系列自然权利，以此捍卫人的自由；最后是卢梭为人民主权和自主统治作辩护。现代政治思想的每一步都能在中世纪教会法革命当中找到各自的翻版。

当然，这两种思想传统也有非常重要的差异。教会法反复强调保罗的道德来源，但自由主义思想的发展经常将神与自然的前提混为一谈。历史学家贝克尔（Carl Becker）在1932年《18世纪哲学家的天城》里指出，18世纪出现了“自然化神与神化自然”。自由的根基变成了“人类本性”与个人良心，但人类能动性观念的靠山仍然具有显著的基督教痕迹，这一点在18世纪末伟大哲学家康德那里，得到了详细阐述。

既然宗教与世俗主义双方共享同样的道德根源，那么它们之间的“战争”其实应该被称为“内战”。那么，究竟是什么导致了这场内战呢？为什么欧洲人更乐意提起古希腊罗马，而非教会在塑造自己文化过程中扮演的角色呢？答案在于欧洲对世俗主义的理解，或者说误解。

反教士主义塑造了18到19世纪对待世俗主义的态度，尤其是法国大革命产生了决定性的影响。法国大革命创造了两个敌对阵营：一边是誓言“清除邪恶”的伏尔泰的追随者，他们将坐拥特权的权威主义教会称作“旧政制”；另一边则是迈斯特等人，他们认为政教分离无异于“亵渎”上帝，是在公开拒绝曾经塑造了欧洲的信仰。

当然，过去的两百年掩盖了这两个阵营相互的敌意。宗教阵营大体接受了政治自由与宗教多元主义，而反教士派也大多放弃了灭绝宗教信仰的想法。但是，古老的敌对状态始终潜藏其中。法国左翼发自内心地拒绝承认欧洲的基督教根源，类似地，教会的修辞也谴责“无神论”的世俗主义不断滋长，就连本笃十六世（Benedict XVI）这位最富学识的教宗也未能免俗；他呼吁各大宗教要达成共识，以便与世俗主义“战斗”。

这就是欧洲的隐匿“内战”，它既是一场悲剧，也毫无必要。说它是悲剧，是因为它将世俗主义等同于无神论、漠然和唯物主义，从而剥夺了欧洲的道德权威，给了那些急着要把欧洲说成堕落和缺乏信念的人以可乘之机。说它毫无必要，是因为它一直误解了世俗主义的本性。恰切地说，世俗主义可以被视为欧洲的一项最高贵的成就，它的最大贡献就是创造了一套世界秩序，然而不同的宗教信仰还在为争夺信徒而战。世俗主义是基督教送给世界的礼物，也是“溢出了”基督教会自身的观念和实践。

世俗主义的关键何在？相信人与人之间有着根本性的道德平等，意味着存在一个所有人都能自由做出决定的领域，一个良心和自由行动的领域。这种信念就被概括为经典自由主义的核心价值：“平等的自由”。这是漠然或者毫无信仰的态度吗？非也。平等的自由，依赖于一种坚定信仰：成为人就是成为一种理性的、道德的能动主体，成为一种能为自己行动承担起责任的自由选择者。它重视的是良心，而非盲目遵从规则。它将权利与对他人的义务结合了起来。

这也是基督教最核心的平等主义的道德洞见。它源于保罗在“基督徒的自由”与对犹太律法的遵从之间所做的区分。在保罗和许多早期基督徒看来，强迫的信仰是一种自相矛盾的说法。最典型的是，基督教最初几个世纪的传播乃是凭借说服，而非武力强迫，这一点与伊斯兰教的早期传播形成了鲜明对比。

在这种背景下，世俗主义并非意味着没有信仰或漠然的态度，并非没有道德内涵。无疑，世俗主义不是一套中立的或“价值无涉”的框架，就像当代社会科学家有时认为的那样。相反，世俗主义界定了一系列条件，据此使得人们的本真信念能得到塑造和保护。它开启了通向真正信仰的大门，使得区分内在信念与外在服从成为了可能。

这也不只是对世俗主义的一种假设性理解，而是美国传统以来理解世俗主义的方式：世俗主义被视为基督教所提出的本真信仰的一种条件。与欧洲“内战”所形成的观念不同，世俗主义在美国一直被视为基督教孕育的平等主义道德直觉。

为什么欧洲没有这样的观念？许多世纪以来，欧洲人面对的都是一个有特权的、整体性的教会，而这样的教会与一种贵族制的社会几乎难以区分。因此，在民众看来，教会与社会等级制、顺从乃至于强制的联系，要超过与道德平等和良心的联系，而后者才是基督教信仰的基础。

结果，一种智识上的断裂产生了，尤其体现在天主教欧洲。拥有宗教思想的人们大力反对政治自由的诉求，认为它威胁到了教会，而捍卫自由的人们又将教会视为敌人。双方都没有对推动欧洲世俗主义发展的因素予以足够的褒扬，这就等于是用基督教孕育的道德直觉来反对一个有特权的、强制性的教会。相反，美国基本避免了这种“内战”。美国既没有一个整体性的教会，也没有贵族制，这就意味着美国人本能地理解了世俗主义与基督教的道德相似性，并且承认世俗主义是本真信仰的一个必要条件。与此同时，穆斯林评论家在谈论“基督教世俗主义”的时候，也感受到了这种道德相似性。

在欧洲面临伊斯兰教挑战的今日，这场“内战”又会发生什么呢？欧洲人能否更好地理解这种将基督教与政治自由相结合的道德逻辑？要想反驳欧洲世俗主义就是没有信仰或漠然态度这一观点的话，欧洲人就得这么做。欧洲人的自我理解已经岌岌可危。如果欧洲人仍然按批判世俗主义的人的那些说法——消费主义、唯物主义和非道德主义等——来理解世俗主义，他们就会失去与自身道德直觉的联系。他们就会忘记自己为何珍爱自由。

美国的情况怎样？它也不能自鸣得意。基督教基要运动的迅速发展，部分是为了应对极端伊斯兰主义的威胁，但如今或许也损害了美国人将世俗主义视为基督教道德直觉之体现的传统看法。尤其在南部和西部各州，“重生”的基督徒们越来越将世俗主义视为敌人，而非盟友。在反对堕胎和同性恋的问题上，他们不惜失去与自身信仰最深刻的道德直觉之间的联系。用马基雅维利的方式来看，如果善恶的对立如此简单，那么仁爱一定会输，“平等的自由”原则也会陷入危险。

这是欧洲历史上一个奇怪而麻烦的时刻，欧洲人与自身传统的根基失去了联系。欧洲人似乎经常失去信念，而美国人往往危险地陷入一种对待自身信仰过于简单的态度。大西洋两岸都没有充分理解自由主义的世俗主义与基督教之间的关系。

由于不懂这种关系，我们更容易低估自由主义的世俗主义的道德内涵。在今天的西方世界，自由主义的世俗主义推动了两种诱惑的发展，我们可称之为两种“自由主义异端”。第一种诱惑是将自由主义缩减成对市场经济的崇拜，对人们一时需缺或偏好的满足，而不考虑这些需缺或偏好是怎样形成的。这样一来，它就将正义的诉求变得狭隘，将自由主义缩减成了一种粗鄙的功利主义。第二种诱惑最好称之为“个人主义”，即牺牲公共精神和政治参与为代价，退回一个家庭和朋友的私人领域。这就削弱了公民结社的习惯，最终威胁到了公民身份所要求的自立精神。这两种自由主义异端，都将重心放到了自由主义价值核心——“平等的自由”——当中的第二个词“自由”，却牺牲了第一个词“平等”。他们牺牲了互惠，即在他人当中看到自我和在自我当中看到他人，而在我们看来，这才是发明个体的基础所在，它赋予自由主义以持久的道德价值。

如果身在西方的我们不理解自身传统的道德深度，我们哪里又有希望去塑造人类的相互对话呢？

注释

我首先想承认，有一些著作勇敢乃至于大胆地提出了某种关于西方观念和制度之发展进程的宏观解释：基佐的 *Hsitory of Civilisation in Europe*（《欧洲文明史》），Harmondsworth，1996；洛夫乔伊（A. O. Lovejoy）的 *The Great Chain of Being*（《存在巨链》），Cambridge，Mass.，1936；梅因的 *Ancient Law*（版本众多）；布朗，*The Rise of Western Christendom*（《西方基督教世界的兴起》），2nd edn.，Oxford，2003；D. MacCulloch，*A History of Christian*（《基督教历史》），London，2010；W. E. H. Lecky，*History of European Morals*（《欧洲伦理史》），2 vols.，London，1869；R. W. and A. J. Carlyle，*A History of Medieval Political Theory in the West*（《西方中世纪政治理论史》），2 vols.，London，1928；拉赫（P. A. Rahe），*Republics Ancient and Modern*（《古今共和》），Chapel Hill，NC，1994。这些年来我一直受益于上述著作。不过，我最大的感谢仍然要献给基佐和布朗。

第一章

本章主要归功于福斯泰尔·德·库朗热，*The Ancient City*（《古代城邦》），New York，n. d.。因为他的文字与古代来源是如此贴合，以至于我必须试着尽可能都保留下来，即便这有时意味着要采取几近于复述的做法；因为我急切地想保持他将当代读者引入一个完全陌异世界的力量。库朗热的解释有许多方面受到过批判，不仅来自马克思主义历史学家，如芬利（M. I. Finley），*The Ancient Economy*（《古代经济》），London，1985 和 G. E. M. de Sainte Croix，*The Class Struggle in the Ancient Greek World*（《古希腊世界的阶级斗争》），Ithaca，NY，1981。他们都强调财产而非宗教信仰的推动力。更多有限的纠正能在最近出版的一本文集里找到，即 O. Murray and S. Price，*The Ancient City: From Homer to Alexander*（《古代城邦：从荷马到亚历山大》），Oxford，1990。还有莫米利亚诺（A. Momigliano）的文章，载于 S. Humphreys，*The Family, Women and Death: Comparative Studies*（《家庭、妇女和死亡：比较研究文集》），Lodon，1983。但是，即便这些文献有时也可能成为某种还原论的牺牲品，但在我看来，这些添加的或纠正的东西没有一个能达到库朗热解释的深度：在研究任何一个社会时，它的自我理解始终具有第一位的重要性。

1. 库朗热，*The Ancient City*，页 117。

2. Murray and Price 编，*The Ancient City: From Homer to Alexander*，页 268。

3. 库朗热，*The Ancient City*，页 134。

4. Murray and Price 编，*The Ancient*

City: From Homer to Alexander, 页 265-294。

5. 库朗热, *The Ancient City*, 页 42。

6. 同上, 页 25。

7. 同上, 页 61。

8. 同上, 页 63。

9. Murray and Price 编, *The Ancient City: From Homer to Alexander*, 页 295-322。

10. 库朗热, *The Ancient City*, 页 99。

11. 同上, 页 211。

12. 同上, 页 67。

13. 引文同上, 页 81。

14. 同上, 页 87。

第二章

自从 19 世纪早期本雅明·贡斯当(Benjamin Constant)发表"On the Liberty of the Ancients Compared to That of the Moderns"(《论古代人的自由与现代人的自由》)一文以来,许多人的注意力集中到了古代和现代的自由观念之差异上来。贡斯当的主张深刻影响了另一批法国思想家,例如托克维尔和库朗热,但他的影响力并不仅限于此。接着,它继续影响了一些哲学著作,如以赛亚·伯林(Isaiah Berlin)的 *Two Concepts of Liberty*(《两种自由概念》),以及一些历史研究,如 P. Rahe, *Republics Ancient and Modern*, 2 vols。贡斯当的文章载 B. Constant, *Political Writings*(《政治著作集》), Cambridge, 1988。另见让-雅克·卢梭(J.-J. Rousseau),"On the Arts and Sciences"(《论艺术与科学》),载 *The Social Contract and Discourses*(《社会契约及其他论文》), London, 1966; 波考克(J. G. A. Pocock), *The Machiavellian Moment*(《马基雅维里时刻》), Princeton, 1975。我并不信服卡尔·波普尔(K. Popper)的 *The Open Society and its Enemies*(《开放社会及其敌人》), London, 1966 与 E. Havelock 的 *The Liberal Temper of Greek Politics*(《古希腊政治的自由主义诱惑》), New York, 1957, 它们试图为古希腊政治提出一种自由主义的解释。相反,芬利的 *Democracy Ancient and Modern*(《古今民主》), London, 1985 依赖于马克思主义的区分,而这降低了城邦中影响着行动的信仰的作用。

1. O. Murray and S. Price 编, *The Ancient City: From Homer to Alexander*, 页 12。

2. 库朗热, *The Ancient City*, 页 148。

3. 引文同上, 页 152。

4. 同上, 页 128-129。

5. 同上, 页 194。

6. 同上, 页 191。

7. 同上, 页 198。

8. 同上, 页 135-136。

9. 同上, 页 217。

10. 同上, 页 261。

11. 同上, 页 259。

12. 同上, 页 206。

13. 同上, 页 207。

第三章

本章首要的文献来源是希罗多德, *The Histories*(《原史》), Harmondsworth, 1994 和修昔底德, *The History of the Peloponnesian War*(《伯罗奔尼撒战争志》), Harmondsworth, 1972; 至于柏拉图和亚里士多德,便利的版本是柏拉图, *The Republic*(《理想国》), H. D. P. Lees 编译, Harmondsworth, 1955 与亚里士多德, *The Nicomachean Ethics*(《尼各马可伦理学》), R. Crisp 编译, Cambridge, 2000; *The Politics*(《政治学》), C. Lord 编译, Chicago, 1984。至于一般的背景,我推荐 E. Barker, *Plato and His Pre-decessors*(《柏拉图及其先行者们》), Cambridge, 1925; *Political Thought of Plato and Aristotle*(《柏拉图和亚

里士多德的政治思想》），London，1959；F. M. Cornford，*Plato's Theory of Knowledge*（《柏拉图的知识理论》），London，1935；E. R. Dodds，*The Greeks and the Irrational*（《希腊人和非理性的人》），Berkeley，1973；A. H. M. Jones，*The Greek City from Alexander to Justinian*（《从亚历山大大帝到查士丁尼大帝时代的希腊城邦》），Oxford，1940；卡尔·波普尔，*The Open Society and its Enemies*；让－雅克·卢梭，*The Social Contract and Dis- courses*；B. Snell，*The Discovery of the Mind：The Greek Origins of European Thought*（《心灵的发现：欧洲思想的希腊起源》），Oxford，1953；伯纳德·威廉姆斯（B. Willia- ms），*Shame and Necessity*（《羞耻与必然性》），Berkeley，Calif.，1993；P. Rahe，*Repu- blics Ancient and Modern*；还有 W. K. C. Gu- thrie，*Sophists*（《智术师》），Cambridge，1971。更大的背景可以参考 W. E. H. Lecky，*History of European Morals*，2 vols。

1. 引自 Rahe，*Republics Ancient and Modern*，卷一，页 31。

2. 引自 W. H. C. Frend，*The Early Church*（《早期教会》），London，2003，页 8。

3. 威廉姆斯，*Shame and Necessity*，页 33。

4. 引自 Rahe，*Republics Ancient and Modern*，卷一，页 37–8。

5. 引自 Lecky，*History of European Morals*，卷一，页 211。

6. 修昔底德，*The History of the Peloponnesian War*，页 131。

7. 希罗多德，*The Histories*，页 450。

8. 见 I. Ridpath 编，*Oxford Dictionary of Astronomy*（《牛津天文学辞典》），Oxford，2003，见页 28。

9. 彼得·布朗，"The Risks of Being Christian"（《做基督徒的风险》），*Times Literary Supplement*，20 Dec. 2012。

10. Guthrie，*Sophists*，*passim.*

第四章

保罗书信皆引自 RSV（《重订标准版〈圣经〉》）。保罗研究不可胜数：上有鲁道夫·布尔特曼（Rudolf Bultmann）这样伟大的神学家，下有其学生研究犹太教与基督教的关系，例如 Albert Schweitzer 和 W. D. Davies，特别参见布尔特曼，"The Theology of Paul"（《保罗的神学》），载 *Theology of the New Testament*（《新约神学》），London，1952。至于最近的研究，我认为有帮助的有 D. E. H. Whiteley，*The Theology of Saint Paul*（《圣保罗的神学》），Oxford，1972；E. P. Sanders，*Paul*，*The Law and the Jewish People*（《保罗，律法和犹太民族》），London，1985 及其短小精悍的 *Paul*（《保罗》），Oxford，1991；Geza Vermes，*The Religion of Jesus the Jew*（《犹太人耶稣的宗教》），1993；还有 M. D. Hooker 和 S. G. Wilson 合编的 *Paul and Paulinism*（《保罗与保罗主义》），London，1982。另外，A. N. Wilson 的 *Paul：The Mind of the Apostle*（《保罗：使徒的心灵》），London，1998 一书敏锐地注意到保罗的个性及其书信潜藏的诗性。A. Diehle 的 *The Theory of the Will in Classical Antiquity*（《古典时代的意志理论》），Berkeley，1982 尽管没有把保罗的思想置于中心，却也为它提供了一个引人入胜的哲学语境。更广泛的背景，可参考 F. Millar，*The Roman Near East*，*331BC – AD337*（《公元前 331 年至公元 337 年近东地区的罗马人》），Cambridge，Mass.，1993；D. MacCulloch，*A History of Christianity*（《基督教历史》），London，2010。

1. Diehle，*The Theory of the Will in Classical Antiquity*，页 10–19。

2. 引自 Diehle，*The Theory of the Will in*

Classical Antiquity，页 1。

3. 同上，第一章和第二章。

4. 同上，页 1-2。

5.《哥林多后书》5：16-17。

6.《罗马书》8：35-39。

7.《加拉太书》2：19-20。

8.《哥林多前书》3：11。

9.《加拉太书》3：28。

10.《哥林多前书》13：1-8。

11.《加拉太书》3：24-26。

12.《罗马书》7：15。

13.《哥林多前书》1：23-24。

14.《哥林多前书》7：31。

15.《加拉太书》5：13-14。

第五章

关于早期基督教思想家的著作（以希腊语为主），一本最有用的翻译集子是 M. Wiles 和 M. Santer 编译的 *Documents in Early Christian Thought*（《早期基督教思想文献》），Cambridge，1975；S. Davies 翻译的 *The Gospel of Thomas*（《多马福音》），London，2009 是另一份杰出的资料。关于基督教父的研究，我参考了 H. Chadwick，*Early Christian Thought and the Classical Tradition*（《早期基督教思想与古典传统》），Oxford，1966；W. H. C. Frend，*Rise of the Monophysite Movement*（《基督一性论运动的兴起》），Cambridge，1972；R. M. Grant，*A History of Early Christian Literature*（《早期基督教著述史》），Chicago，1966 和 *The Letter and the Spirit*（《字句与灵意》），London，1957 以及 *Gnosticism and Early Christianity*（《灵知主义与早期基督教》），New York，1959；M. Wiles，*The Christian Fathers*（《基督教父》），London，1966；哈纳克（A. von Harnack），*History of Dogma*《教义史》与 J. N. D. Kelly，*Early Christian Doctrines*（《早期基督教教义》），London，1968；彼得·布朗，*The Body and Society*（《身体与社会》），London，1989。至于通论性著作，W. H. C. Frend 的 *The Early Church* 极其敏锐地看到了教义问题，同样有帮助的还有 H. Chadwick 的 *The Early Church*（《早期教会》），Harmondsworth，1967。

1. Wiles and Santer, *Documents in Early Christian Thought*，页 186。

2. 同上，页 6。

3. 同上，页 10。

4. 同上，页 100。

5. 同上，页 228。

6. 转引自 Frend, *The Early Church*，页 63。

7. Wiles and Santer, *Documents in Early Christian Thought*，页 174。

8. 同上，页 11。

9. 同上，页 13-14。

10. 同上，页 14-15。

11. Frend, *The Early Church*，第五章；参见 Chadwick, *The Early Church*，页 33-41。

12. Frend, *The Early Church*，页 55-57，72-73；Chadwick, *The Early Church*，页 38-40。

13. *The Gospel of Thomas*，22b。

14. Wiles and Santer, *Documents in Early Christian Thought*，页 229。

15. 同上，页 230。

16. 同上，页 229。

17. 同上，页 226-227。

18. 转引自布朗，*The Body and Society*，页 83。

19. Wiles and Santer, *Documents in Early Christian Thought*，页 227。

第六章

这段时期已在彼得·布朗的著作中得到了阐释。在我看来，布朗兼具富有想象力的同情心与对各种文献的精熟，从而达到了库朗热的高度。他们都有一种罕见的能力，能进入和激活那些塑造历史的主体们的心灵；他们也都是游走于心灵和制度之间，既不幼稚，亦非简单化。因此，最主要的著作就是布朗的 *The Rise of Western Christendom*；*Power and Persuasion in Late Antiquity*（《古代晚期的权力与劝信》），Madsion，1992；*The Cult of Saints：Its Rise and Function in Early Christianity*（《圣徒崇拜：在早期基督教中的兴起和作用》），Chicago，1981。还有一部更早的著作也很重要，即耶格尔（W. Jaeger）的 *Early Christianity and Greek Paideia*（《早期基督教与希腊教化》），Cambridge，Mass.，1962。另见 R. Lane-Fox，*Pagans and Christians*（《异教徒与基督徒》），New York，1987。对于埃及的各种重大进程，Marilyn Dunn 的 *The Emergence of Monasticism*（《修道运动的兴起》），Oxford，2003 是一部杰出的导论。同时，一些关于早期修道运动的文献都由 W. Harmless 收录在 *Desert Christians*（《荒野基督徒》），Oxford，2004 一书中。

1. 转引自 W. H. C. Frend，*The Early Church*，页 63。

2. H. Chadwick，*The Early Church*，页 46。

3. 布朗，*Power and Persuasion in Late Antiquity*，页 50。

4. 同上，页 77。

5. 同上，页 78。

6. 同上，页 91。

7. 转引自 Harmless，*Desert Christians*，页 158。

8. 转引同上，页 19。

9. Chadwick，*The Early Church*，页 180。

10. 布朗，*Power and Persuasion in Late Antiquity*，页 71。

11. 转引同上，页 72。

第七章

除了 M. Dunn 在 *The Emergence of Monasticism* 里的解释，还应加上彼得·布朗的 *The Body and Society* 和 *Power and Persuasion in Late Antiquity*，以及 R. A. Markus 的杰出研究 *The End of Ancient Christianity*（《古代基督教的终结》），Cambridge，1990。基督徒从最初一群四面受敌的少数人，经君士坦丁皈信后在罗马帝国内取得了特权地位；Markus 正是考察了基督徒在此过程中所做过的复杂反应。他揭示了修道运动究竟如何逐渐吸收了殉道崇拜，又是如何激发了奥古斯丁对于修道运动和基督徒天职的思考。因此，这本书兼具回溯性与前瞻性。

1. W. H. C. Frend，*The Early Church*，页 164。

2. 转引同上，页 174–5。

3. 布朗，*Power and Persuasion in Late Antiquity*，页 157。

4. 转引自 Dunn，*The Emergence of Monasticism*，页 15。

5. 布朗，*The Body and Society*，页 83–102。

6. 转引自 Dunn，*The Emergence of Monasticism*，页 27。

7. 转引同上。

8. 转引同上，页 38。

9. 同上，页 37。

10. 转引同上，页 39。

11. 同上，页 25–41。

第八章

我最爱的 *Confessions*《忏悔录》译本当推 R. S. Pine-Coffin（Harmondsworth，1961）的本子，《上帝之城》(*The City of God*) 的可靠译本则是 R. W. Dyson（Cambridge，1998）。在本章里，彼得·布朗的著作又一次成为中心。他那部原创性研究 *Augustine of*

Hippo（《希波的奥古斯丁》），London，1967近年有所扩充，同时，*The Rise of Western Christendom*也赫然耸立着奥古斯丁的身影。其他值得参考的奥古斯丁研究包括：吉尔松（E. Gilson），*The Christian Philosophy of Saint Augustine*（《圣奥古斯丁的基督教哲学》），London，1961；G. Bonner，*Saint Augustine of Hippo：Life and Controversies*（《希波的圣奥古斯丁：生平及其论战》），London，1963；F. van der Meer *Augustine the Bishop*（《主教奥古斯丁》），London，1962；R. W. Battenhouse编，*A Companion to the Study of Saint Augustine*（《圣奥古斯丁研究指南》），1955；莫米利亚诺编，*The Conflict between Pa- ganism and Christianity in the Fourth Century*（《公元四世纪异教与基督教的斗争》），Oxford，1963。更大的背景可以参考R. Pasman编，*The Cambridge History of Medieval Philosophy*（《剑桥中世纪哲学史》），Cambridge，2010。Guglielmo Verdirame让我注意到了奥古斯丁与康德在道德思想方面的重要相似性。

1. 奥古斯丁，*Confessions*，页178；另见布朗，*Saint Augustine of Hippo：Life and Controversies*，页109。

2. 转引自布朗，*Saint Augustine of Hippo：Life and Controversies*，页154。

3. 转引同上，页155。

4. 同上，156。

5. 同上，168。

6. 布朗，*The Rise of Western Christendom*，页88。

7. 转引自布朗，*Saint Augustine of Hippo：Life and Controversies*，页152。

8. 转引同上，页150。

9. 转引同上。

10. 转引同上。

11. 布朗，*The Rise of Western Christendom*，页88-91。

12. 转引自布朗，*Saint Augustine of Hippo：Life and Controversies*，页347-8。

13. *The Cambridge History of Medieval Philosophy*，页414。

14. 转引自布朗，*Power and Persuasion in Late Antiquity*，页18。

15. 布朗，*Saint Augustine of Hippo：Life and Controversies*，页324-7。

16. 同上，324。

第九章

R. A. Markus的*The End of Ancient Christianity*考察了基督徒对于君士坦丁皈信之后，异教罗马的礼俗可能同化自己的恐惧，人们对殉道者的崇拜和基督教"节日"就是这场威胁的手段之一。P. Garnsey的*The Idea of Slavery from Aristotle to Augustine*（《从亚里士多德到奥古斯丁的奴隶制理念》），Cambridge，1990考察了关于奴隶制的各种态度，强调当时虽然没有出现针对奴隶制的正面抵抗，但也不等于人们完全默许了这一制度。基佐的*History of Civilization in Europe*和*Histoire de la Civilization en France*（《法国文明史》），3 vols.，Paris，1840精妙地描述了后罗马时代高卢人的态度和习惯，他们当时拥护基督教，但也没有抛弃古典文化和一种享受闲暇的生活方式。另见布朗，*The Rise of Western Christendom*以及W. E. Klingshirn，*Caesarius of Arles*（《阿尔勒的凯撒留斯》），Cambridge，1994。

1. Markus，*The End of Ancient Christianity*，页87-135。

2. W. H. C. Frend，*The Early Church*，页196。

3. Chadwick，*The Early Church*，页60。

4. 转引自Garnsey，*The Idea of Slavery from Aristotle to Augustine*，页82。

5. 转引自基佐，*History of Civilization in Europe*，页41。

6. 基佐，*Histoire de la Civilization en France*，卷一，页 101。

7. 同上，页 102。

8. 同上，页 104。

9. 同上，页 106。

第十章

基佐仍然是这段时期最杰出的向导。他智识超凡，在法律和历史方面训练有素，并且熟悉德国的罗马法史家（例如萨维尼）的著作，还对西哥特人抱有特殊兴趣；这一切使得他长期注重讨论日耳曼蛮族入侵以后的法典。但很遗憾，自从 1892 年 Hazlitt 的英译本出版后，迄今没有新出《法国文明史》的英文版。更晚近的有用研究，包括 P. D. King, *Law and Society in the Visigothic Kingdom*（《西哥特王国的法律与社会》），Cambridge，1972；I. N. Wood，*The Merovinigian Kingdom* 450 – 751（《墨洛温王朝：450–751 年》），London，1994；E. James，*The Origins of France*：*From Clovis to the Capetians*（《法国的起源：从克洛维到卡佩王朝》），London，1982。

1. 基佐，*Histoire de la Civilization en France*，卷一，页 325–6。

2. 转引同上，页 90–91。

3. 转引自布朗，*The Rise of Western Christendom*，页 260。

4. 转引同上，页 249。

5. 基佐，*History of Civilization in Europe*，页 42。

6. 同上。

7. 布朗，*The Rise of Western Christendom*，页 237。

8. 基佐，*Histoire de la Civilization en France*，卷一，页 358–9。

9. 同上，页 121。

10. 布朗，*The Rise of Western Christendom*，页 112。

11. 同上，页 237。

12. 基佐，*Histoire de la Civilization en France*，卷一，页 310。

13. 基佐，*History of Civilization in Europe*，页 60。

14. D. Ayers and A. S. T. Fisher，*Records of Christianity*（《基督教纪事》），Oxford，卷二，页 17。

15. 转引自布朗，*The Rise of Western Christendom*，页 225。

16. 同上，页 211。

17. 同上，页 212。

第十一章

图尔的格列高利写的 *History of the Franks*（《法兰克人史》），Harmondsworth，1974 是一部迷人而且经常令人惊异的年代志，当时有着非常多样的思想和习惯。它描绘了日耳曼侵略者有很多人怀有轻信的虔敬，试图与争斗、乱伦和暴力共同生活。I. N. Wood 为格列高利的描述补充了背景，载 *The Merovinigian Kingdom* 450 – 751。E. James 的 *The Origins of France*：*From Clovis to the Capetians* 对这段动荡年代作出了一番公允而不乏判断力的通论。基佐的 *History of Civilization in Europe* 让我们注意到西哥特王国的教会发起的法律变革，而布朗的 *The Rise of Western Christendom* 强调一种他所谓的“死亡的基督教化”，这是一种每个灵魂都在等待审判日到来的个体主义含义。

1. 转引自 James，*The Origins of France*：*From Clovis to the Capetians*，页 45。

2. 同上，页 47。

3. 转引同上，页 86。

4. 同上，页 96。

5. 布朗，*The Rise of Western Christendom*，页 263–4。

6. 同上。

7. 基佐，*History of Civilization in Europe*，页 106–7。

8. 同上，页 107。

9. 转引同上，页 107。

10. 同上，页 60–61。

第十二章

Einhard 的 *Life of Charlemagne*（《查理曼生平》）是一个很好的出发点，并且与凯撒的生平有所呼应。除此之外，别的文献选择起来略显窘迫：H. Fichtenau，*The Carolingian Empire*（《加洛林帝国》），Oxford，1968；F. – L. Ganshof，*Frankish Institutions under Charlemagne*（《查理曼治下的法兰克体制》），New York，1968；J. L. Nelson，*The Frankish World 750 – 900*（《法兰克世界：750 – 900》），London，1996；H. Pirenne，*Mohamm- ed and Charlemagne*（《默罕默德与查理曼》），London，1937；R. Collins，*Charle- magne*（《查理曼》），London，1998；J. M. Wallace – Hadrill，*The Frankish Church*（《法兰克教会》），Oxford，1983；W. Ullmann，*The Carolingian Renaissance and the Idea of Kingship*（《加洛林文艺复兴与王权观念》），Cambridge，1969。有一套关于这段时期的文选，E. Dutton 编 *Carolingian Civilization: A Reader*（《加洛林文明：一部读本》），Peterborough，Ont.，1993 表现了当时的氛围。此外，布朗的 *The Rise of Western Christen- dom* 敏锐地洞察到了查理曼及其教士顾问们的野心，无论是道德上还是智识上的野心。格列高利一世及其关于加洛林王朝的野心和修辞的著作，都产生了很大的影响。至于格列高利的生平和时代，见 J. Richards，*Consul of God*（《上帝的顾问》），London，1980。

1. 布朗，*The Rise of Western Christendom*，页 451。

2. 转引同上，页 454。

3. 转引自 F. Donald Longan，*History of the Church*（《教会史》），London，2013，页 75。

4. L. Olson，*The Early Middle Ages*（《中世纪早期》），Basingstoke，2007，页 89。

5. 转引自 E. James，*The Origins of France: From Clovis to the Capetians*，页 164。

6. 转引自 Dutton 编，*Carolingian Civilization: A Reader*，页 74。

7. 转引自 James，*The Origins of France: From Clovis to the Capetians*，页 199。

8. 转引自 Dutton 编，*Carolingian Civilization: A Reader*，页 372。

9. 布朗，*The Rise of Western Christendom*，页 212。

10. Dutton 编，*Carolingian Civilization: A Reader*，页 189–91。

第十三章

我对比了古代奴隶与劳工的各种不同处境，以免过分纠缠于“封建”一词的含义。读者们可以在 Ganshof 的 *Feudalism*（《封建主义》），London，1964 一书中考察封臣制的起源，还有两种深入研究，见 M. Bloch *Feudal Society*（《封建社会》），London，1962 与 G. Fourquin，*Lordship and Feudalism in the Middle Ages*（《中世纪的领主权和封建主义》），London，1976。晚近还有一部著作来自一位经济史学家 G. Bois，*The Transformation of the Year 1000*（《千禧年的大转型》），Manchester，1992，通过仔细研究克吕尼附近村庄的地主及其地位，表明很难将社会变革变得普遍化。在 *The Origins of France: From Clovis to the Capetians* 里，E. James 也更愿意避免使用“封建主义”一词。

1. 基佐，*Histoire de la Civilization en France*，卷三，页 121–34。

2. M. Bloch, "How and Why Ancient Slavery Came to an End", in His *Slavery and Serfdom in the Middle Ages*, trans. W. R. Beer (Berkeley, 1975), pp. 1-31。

3. Bois, *The Transformation of the Year 1000*, 页 14-17。

4. E. Dutton 编, *Carolingian Civilization: A Reader*, 页 469。

5. James, *The Origins of France: From Clovis to the Capetians*, 页 193-6。

6. 转引自同上，页 201。

7. 同上，页 74。

8. 布朗, *The Rise of Western Christendom*, 页 441。

9. 转引自 Olson, *The Early Middle Ages*, 页 103。

10. Bois, *The Transformation of the Year 1000*, 页 164, 28-9。

11. James, *The Origins of France: From Clovis to the Capetians*, 页 200。

12. 转引自 Loupot, *Hincmar: Sa vie, ses oeuvres, son influence*（《欣克马：其人，其作，其影响》），Reims, 1869, 页 265-6。

13. 转引自基佐, *Histoire de la Civilization en France*, 卷三，页 143。

第十四章

研究公元 10 世纪是一项迷人而令人困惑的工作，因为它的特点在于暴力、模糊与革新。然而，无论问题是否在于劳工状况、市场经济兴起或城市复苏，公元 10 世纪的重要性已经越来越得到公认。我想做的是阐发它的"道德"重要性，亦即加洛林王朝的教士们如何将教会开展到了乡村，并且将基督教信仰内在化，尽管当时帝国已经分崩离析。"上帝的和平"和"上帝的合约"最重要的运动，已经在 James, *The Origins of France: From Clovis to the Capetians* 和 Bois, *The Transformation of the Year 1000* 当中得到了讨论。还有一份非常生动的叙述，可见于 T. Holland, *Millennium*（《千禧年》），London, 2008。至于克吕尼的影响，见 N. Hunt 编 *Cluniac Monasticism in the Central Middle Age*（《中世纪中期的克吕尼改革》），Basingstoke, 1971。还有三种通论性研究，分别是 F. D. Logan, *A History of the Church in the Middle Ages*（《中世纪教会史》），London, 2013; W. Blockmans and P. Hoppenbrouwers, *Introduction to Medieval Europe 300 - 1550*（《中世纪欧洲导论：300 - 1550》），London, 2007; M. Deanesly, *A History of the Medieval Church*（《中世纪教会史：590-1500》），London, 1990。公元 10 世纪研究的兴趣发展还有一个迹象，就是一份准通俗类的解释，见 P. Collins, *The Birth of the West*（《西方的诞生》），New York, 2013。

1. 转引自 R. W. Southern, *Western Society and the Church in the Middle Ages*（《中世纪西方的社会与教会》），Harmondsworth, 1970, 页 152。

2. 转引自 Digby, *Ages of Faith*（《信仰时代》），Cincinnati, 1841, 卷一，页 183。

3. 转引自 James, *The Origins of France: From Clovis to the Capetians*, 页 204。

4. 转引自基佐, *Histoire de la Civilization en France*, 卷三，页 144。

5. James, *The Origins of France: From Clovis to the Capetians*, 页 78-81。

6. 同上，页 117-19, 页 205-6。

7. 同上，页 206-8。

8. Deanesly, *A History of the Church in the Middle Ages*, 页 98。

9. James, *Histoire de la Civilization en France*, 页 207。

10. 同上，页 206。

11. Blockmans and Hoppenbrouwers, *Intro-*

duction to Medieval Europe 300 - 1550，页146。

第十五章

研究“教宗革命”的两位头号学者，分别是蒂尔尼和伯尔曼。在 *Law and Revolution*（《法律与革命》），Cambridge，1983 里，伯尔曼将教宗革命纳入了他对西方法律传统的形成这一更大论证当中。蒂尔尼的研究展现了 12 到 16 世纪教会法学家的原创性，*The Idea of Natural Rights*（《自然权利理念》），Grand Rapids，1997。他还编辑了一套原始资料文集，记录了格列高利七世以及帝国与改革派教宗之间的斗争，见 *The Crisis of Church and State*（《教会与国家的危机：1050-1300》），Toronto，1988。还有一份研究记录了这场斗争的背景，见 I. S. Robinson，*Papacy* 1073 - 1198（《教宗制：1073 - 1198》），Cambridge，1990。另一些论述格列高利七世及其统治的书，见 J. Richards，*Consul of God* 与 Ullmann，*A Short History of the Papacy in the Middle Ages*（《中世纪教宗制简史》），London，1972。还有一份关于克吕尼运动的拓展研究，见 N. Hunt 编，*Cluniac Monasticism in the Central Middle Ages*（《中世纪的克吕尼修道运动》），London，1971。

1. E. Prestage 编，*Chivalry*（《骑士制度》），London，1928，页 10。

2. 基佐，*History of Civilization in Europe*，页 141。

3. 同上，页 41。

4. E. James，*The Origins of France: From Clovis to the Capetians*，页 207。

5. 蒂尔尼编，*The Crisis of Church and State*，页 9。

6. 转引自同上，页 10。

7. R. W. Southern，*Western Society and the Church in the Middle Ages*，页 98。

8. 转引自蒂尔尼编，*The Crisis of Church and State*，页 43。

9. 转引自同上，页 41。

10. 转引自同上，页 49-50。

11. 同上，页 61-2。

12. 同上，页 57。

13. 转引自同上，页 68。

14. 转引自同上，页 70。

15. 转引自同上，页 70-1。

16. 转引自同上，页 72。

17. 转引自同上，页 71。

第十六章

伯尔曼与蒂尔尼仍然是我们理解教宗如何打造法律体系的重要资源。见伯尔曼，*Law and Revolution*；蒂尔尼，*The Crisis of Church and State*，尤其页 45-53，页 116-38，页 150-58。另见 Richard Tuck，*Natural Rights Theories*（《自然权利诸理论》），Cambridge，1979。有一份关于罗马法的重要性以及教会法学家对罗马法的接受的研究，见 P. Stein，*Roman Law in European History*（《欧洲史上的罗马法》），Cambridge，1999。更加详尽的解释，见 P. Vinogradoff，*Roman Law in Medieval Europe*（《中世纪欧洲的罗马法》），Oxford，1929 与 J. Brundage，*Medieval Canon Law*（《中世纪教会法》），London，1995。还有一本有用的著作是 I. Robinson 编译的 *Papal Reform in the Eleventh Century*（《11 世纪的教宗改革》），Manchester，2004。T. Bisson 的 *The Crisis of the Twelfth Century*（《12 世纪危机》），Princeton，2009 考察了欧洲世俗统治和领主的一些重要影响。

1. 转引自蒂尔尼，*The Crisis of Church and State*，页 78-9，页 98。

2. 转引自同上，页 92。

3. 同上，页 97。

4. 转引自同上，页 15。

5. 同上，页 138。

6. R. W. Southern, *Western Society and the Church in the Middle Ages*，页 104-5。

7. 转引自蒂尔尼, *The Crisis of Church and State*，页 135。

8. F. Copleston, *A History of Philosophy*（《哲学史》），London，1993，卷三，页 33。

第十七章

12 到 13 世纪教会的集权化，以及教宗成为整个欧洲的法律与行政架构之顶峰，都是一段迷人的故事。某种程度上，这是教宗宣告主权所产生的意料之外的结果。除了上一章引述的伯尔曼与蒂尔尼的著作外，蒂尔尼的 *Foundations of the Conciliar Theory*（《公会议至上理论的基础》），Cambridge，1955 考察了教宗宣告主权的智识影响，一方面是众教宗之间的关系，另一方面是红衣主教、主教和宗教团体之间的关系。伯尔曼在 *Law and Revolution* 中强调，教会法学家如何改造了社团的观念。基佐和伯尔曼都考察了一系列发生在原罪、犯罪、刑罚、意图和个人责任方面的不同影响。这些智识发展推动了神学与哲学的分离，例如阿伯拉尔的生平和著述所揭示的那样。见 A. Kenny, *Medieval Philosophy*（《中世纪哲学》），Oxford，2005，页 44 - 8，123 - 7，260 - 63；F. Copleston, *A History of Philosophy*，卷二，页 205 - 11；A. de Libera, *La Philosphie medievale*（《中世纪哲学》），Paris，1993。

1. 伯尔曼, *Law and Revolution*，卷一，页 113-15。

2. R. W. Southern, *Western Society and the Church in the Middle Ages*，页 107-9。

3. 同上，页 116。

4. P. Stein, *Roman Law in European History*，passim.

5. 转引自伯尔曼, *Law and Revolution*，卷一，页 184。

6. 基佐, *History of Civilization in Europe*，页 108。

7. 伯尔曼, *Law and Revolution*，卷一，页 185-6。

8. 转引自同上，页 186-9。

9. 蒂尔尼, *Natural Rights Theories*，页 56。

10. 伯尔曼, *Law and Revolution*，卷一，页 215-24；蒂尔尼, *Foundations of the Conciliar Theory*，页 127-30，222-3，235-7。

第十八章

伯尔曼的 *Law and Revolution* 有一个显著特征，就是他试图在神学、法律（包括世俗法和教会法）与哲学之间建立联系。蒂尔尼的 *The Idea of Natural Rights* 的野心多少有些不同，他的视角是证明 12 世纪以降的教会法学家如何为一种权利本位的正义理论（“人权”）奠定基础，而这样的理论先前一直被认为是诞生于早期现代。蒂尔尼让我们关注教会法学家胡古奇奥的原创性，以及“司法审查”的一种早期形式的发展。权利与权力的同化就是权利理论的核心，与发明个体的讨论内容不可分离。它没有散落成各种关于“个人主义”或“个体性”之类更加混乱的术语的讨论，这一类讨论蔓延到了 C. Morris, *The Discovery of the Individual*（《发现个体：1050 - 1200》），London，1972 与 A. MacFarlane, *The Origins of English Individualism*（《英国个人主义的起源》），Cambridge，1979。

1. 伯尔曼, *Law and Revolution*，卷一，页 229。

2. 同上，页 232。

3. 转引自蒂尔尼, *The Crisis of Church and State*，页 135。

4. 伯尔曼, *Law and Revolution*，卷一，页 166-72。

5. 同上，页 139。

6. 同上。

7. 蒂尔尼，*The Idea of Natural Rights*，页 4-5。

8. 转引自同上，页 43-77。

9. 转引自同上，页 62。

10. 转引自同上。

11. 转引自同上，页 63-4。

12. 转引自同上，页 67。

13. 同上，页 64。

14. 转引自同上，页 64-5。

15. 转引自同上，页 231。

16. 转引自同上，页 72。

17. 转引自同上，页 74。

18. 同上。

19. 蒂尔尼，*The Crisis of Church and State*，页 79。

20. 转引自伯尔曼，*Law and Revolution*，卷一，页 141。

21. 同上。

第十九章

缔造现代国家的进程在西西里、法国、英格兰与西班牙各有不同。我试图确定这些国家的统治者们的共通处，以及他们如何受惠于教会的榜样。受教宗革命的影响，他们的正确统治或曰“主权”观念逐渐确立了针对“个体”的法律至上性，而非传统针对家庭的统治模式。至于这场进程的精妙复述，见基佐的 *History of Civilization in Europe*，他把阶级冲突和“集权化”视为一种集体式社会变成基于法律面前人人平等的社会的关键。这种论点影响了托克维尔、马克思和小密尔。另见 J. R. Strayer，*The Medieval Origins of the Modern State*（《现代国家的中世纪起源》），Princeton，1970；H. Mitteis，*The State in the Middle Ages*（《中世纪的国家》），Amsterdam，1975；D. C. Douglas，*The Norman Achievement*（《诺曼成就：1050 - 1100》），Berkeley，1969；C. Petit - Dutaillis，*The Feudal Monarchy in France and England: From the Tenth to the Thirteenth Century*（《法国和英格兰的封建君主制：从 10 世纪到 13 世纪》），London，1936；J. E. A. Jolliffe，*The Constitutional History of Medieval England*（《中世纪英格兰的宪制史》），London，1961；F. D. Logan，*A History of the Church in the Middle Ages*。

1. 伯尔曼，*Law and Revolution*，卷一，页 404。另见 Strayer，*The Medieval Origins of the Modern State*，尤其第一章。

2. 蒂尔尼，*The Crisis of Church and State*，页 155。

3. P. Stein，*Roman Law in European History*，页 155。

4. 蒂尔尼，*The Crisis of Church and State*，页 158。

5. 伯尔曼，*Law and Revolution*，卷一，页 419。

6. P. Stein，*Roman Law in European History*，页 64。

7. 同上，页 65-6。

8. R. W. Southern，*Western Society and the Church in the Middle Ages*，页 81。

9. P. Stein，*Roman Law in European History*，页 74。

第二十章

基佐的 *History of Civilization in Europe* 描述了贵族制社会的各阶层逐渐衰落的过程，而这种社会也从封建主义变成了一种新的中间性的社会状况，也就是“中产阶层”。10 世纪以来城市生活的复兴，以及欧洲自治市争取解放的斗争，为一种新的平等主义的社会形式和市场经济奠定了基础。伯尔曼的 *Law and Revolution* 花了一章篇幅（卷一，页 357-403）来描述“城市法”的发展及其特征。相关研究，还有一部文集是 D. Nicholas 编的 *The Growth of the Medieval*

City（《中世纪城市的发展》），London，1997。另见 G. Duby 编，*Histoire de la France urbaine*（《法国城市史》），vol. 2，Paris，1980；R. Hodges，*The Origins of Towns and Trade* 600 - 1000（《黑暗时代的经济：市镇与贸易的起源 600-1000 年》），New York，1982；D. Nicholas，*Medieval Flanders*（《中世纪的弗兰德斯》），London，1992；H. Pirenne，*Medieval Cities：Their Origins and the Revival of Trade*（《中世纪城市：起源与贸易的复兴》），New York，1956。

1. 基佐，*History of Civilization in Europe*，页 124。

2. 伯尔曼，*Law and Revolution*，卷一，页 395。

3. 基佐，*History of Civilization in Europe*，页 125。

4. 同上，页 126。

5. 同上，页 127。

6. 伯尔曼，*Law and Revolution*，卷一，页 357-403。

7. 同上，页 389，页 394-5。

8. 同上，页 396。

9. 基佐，*History of Civilization in Europe*，页 129-30。

第二十一章

N. Cohn 的 *The Pursuit of the Millennium*（《追求千禧年》），London，1970 是一本迷人的书。Cohn 以一种对实践的兴趣平衡了他对观念的感受，因此能描绘出中世纪欧洲各式各样的民众“反抗”运动。随着千禧年主义与神秘主义以及社会叛乱的结合，这些运动及其带来的威胁催生了我们熟悉的托钵修士的运动，也就多明我派和方济各派。方济各派掀起了关于“使徒贫困”和财产权的争论，与教宗针锋相对。结果，教会内部出现了一种更加激进的社会思潮，对于后来几个世纪的哲学和关于教会统治的争论产生了重要影响，进而为宗教改革铺平了道路。关于托钵修士的运动，一份简要导论是 R. W. Southern，*Western Society and the Church in the Middle Ages*，页 272-99。蒂尔尼的 *The Idea of Natural Rights* 分析了这场运动对于自然权利语言发展的影响。更加细致的研究，见 M. D. Lambert，*Franciscan Poverty：The Doctrine of the Absolute Poverty of Christ and the Apostles in the Franciscan Order*（《方济各的贫困：方济各修会里基督与众使徒的绝对贫困教义》），London，1961；J. Moorman，*History of the Franciscan Order*（《方济各修会的历史》），Oxford，1968；M. Villey，*La Formation de la pensee juridique moderne*（《现代法律思想的形成》），Paris，1975。

1. Cohn，*The Pursuit of the Millennium*，页 37-9。

2. 同上，页 39-40。

3. 同上，页 47-8。

4. 同上，页 45。

5. Southern，*Western Society and the Church in the Middle Ages*，页 281。

6. 蒂尔尼，*The Idea of Natural Rights*，页 94、页 149。

7. 同上，页 150。

8. 同上，页 153。

9. 同上，页 154-5。

10. 同上，页 147。

11. 同上。

第二十二章

本章的背景是许多亚里士多德文本的重新发掘。方济各派思想家的领袖，例如司各特和奥卡姆，对当时人越来越依赖亚里士多德的做法作出了回应，认为这股潮流似乎威胁到了基督教的道德独特性。阿奎那的《神学大全》试图融合亚里士多德主义与基督教，因此也成了他们的批判对象。至于阿奎那思想的背景和体系，见 F. Copleston，*A History of Philosophy*，卷二。更简短的介绍，见 A. Kenny，*Medieval Philosophy*（《中世纪哲学》），Oxford，2005。阐释司各特和奥卡姆的哲学的著作，见 Copleston，*A History of Philosophy*，卷三；J. Marenbon，*Later Medie- val Philosophy*（《晚期中世纪哲学》），London，1987。神学与哲学领域的这些独特"学派"的发展，在我看来就是欧洲大学兴起的一个迹象。H. Rashdall 的 *The Univer- sities of Europe in the Middle Ages*（《中世纪欧洲的大学》），Oxford，1936 可以说是这个主题的最好论著。

1. 转引自 Copleston，*A History of Philosophy*，卷二，页 545。

2. 同上，页 545-6。

3. 同上，页 546。

4. 蒂尔尼，*The Idea of Natural Rights*，页 16-19，页 29-32，页 34-7。

5. 同上，页 99-100。

6. R. W. Southern，*Western Society and the Church in the Middle Ages*，页 277-9；另见伯尔曼，*Law and Revolution*，卷一，页 120-31。

7. Rashdall，*The Universities of Europe in the Middle Ages*，页 87-267；另见 Copleston，（《哲学史》），卷二，页 212-18。

8. 同上，页 240-50，页 423-34，页 476-86。

9. R. Pasnau 编，*The Cambridge History of Medieval Philosophy*，Cambridge（《剑桥中世纪哲学史》），2010，页 415。

10. Copleston，*A History of Philosophy*，卷二，页 423-34。

11. 布朗，*The Rise of Western Christendom*，页 88。

12. R. A. Markus，*The End of Ancient Christianity*，页 77。

第二十三章

奥卡姆的成年生活可以划分为牛津时期与受皇帝庇护的"流亡"时期，因此难怪他的晚期著作比早期的逻辑学和认识论著作更有政治性和论战性。P. Boehner 编 *Selected Philosophical Writings*（《哲学著作选》），London，1952 收录了奥卡姆的早期著作。F. Copleston 的 *A History of Philosophy* 卷三论奥卡姆哲学的章节，提供了一份对其思想全景的细致评论。A. S. McGrade 的 *The Political Thought of William of Ockham*（《奥卡姆的政治思想》），Cambridge，1974 令人印象深刻，因为它一道阐释了奥卡姆的道德哲学和政治思想，从而解释了奥卡姆对于"正确理性"之角色的理解。另见 McGrade 编辑的奥卡姆 *A Letter to the Friars Minor and Other Writings*（《致小兄弟会修士的一封信及其他著作》），Cambridge，1995。但是，蒂尔尼的 *The Idea of Natural Rights* 认为奥卡姆的大部分贡献在于通过捍卫方济各派的贫困立场，推动了权利理论的发展。至于奥卡姆与唯名论如何推动现代物理学的诞生，最好的叙述见 A. C. Crombie，*From Augustine to Galileo*（《从奥古斯丁到伽利略》），London，1979，第二卷"中世纪的科学"。

1. Copleston，*A History of Philosophy*，卷二，页 259-62，页 358-62。

2. 同上，页 90-91。

3. 同上，卷三，页 4-6。

4. 同上，页 88-95。

5. 蒂尔尼，*The Idea of Natural Rights*，页 99-100。

6. 转引自 Crombie，*From Augustine to Galileo*，卷二，页 46；另见 Copleston，*A History of Philosophy*，卷三，页 71-6。

7. B. Williams，*Shame and Necessity*，passim.

8. 转引自基佐，*Histoire de la Civili-*

zation en France，卷三，页 149-50。

9. 转引自 Copleston, *A History of Philosophy*，卷三，页 101。

10. 转引自同上。

11. 转引自同上，页 113-14。

12. 蒂尔尼，*The Idea of Natural Rights*，页 187；奥卡姆的威廉，"On the Power of the Pope and Clergy"（《论教宗与教士的权力》），载 McGrade 编，*A Letter to the Friars Minor and Other Writings*，页 118-229。

13. 转引自 Crombie, *From Augustine to Galileo*，卷二，页 45。

第二十四章

教会法学家思考的多样性与深度，显然体现在它们对于公会议至上运动、批判教宗绝对主义以及探索如何在教会内部实现代议式统治的贡献上。蒂尔尼开辟了一条道路，他在 *Foundations of the Conciliar Theory* 一书里主张，教会法学家著作里还有很多需要发掘的东西，其中大部分人都不为人所知。早在 20 世纪，R. W. Carlyle 与 A. J. Carlyle 的 *A History of Medieval Political Theory in the West*（《西方中世纪政治理论史》），London，1928 也开始采起这片富矿，还有 J. N. Figgis, *Churches in the Modern State*（《现代国家里的教会》），London，1913 与 E. F. Jacob, *Essays in the Conciliar Epoch*（《关于公会议至上时代的论文集》），Manchester，1953。但 20 世纪研究公会议至上运动的佼佼者都是日耳曼学者，或许这标志了这场运动与宗教改革之间的联系。除了蒂尔尼，F. W. Maitland 为 Otto von Gierke 的 *Political The- ories of the Middle Ages*（《中世纪政治理论》），Cambridge，1938 所作的导言，以及 Ullmann, *Origins of the Great Schism*（《教会大分裂的起源》），London，1948 也是有用的英语研究。

1. 蒂尔尼，*Foundations of the Conciliar Theory*，页 147。

2. 同上，页 23-46。

3. 同上，页 49。

4. 同上，页 50。

5. 同上，页 117。

6. 蒂尔尼，*The Idea of Natural Rights*，页 110。

7. 蒂尔尼，*Foundations of the Conciliar Theory*，页 126。

8. 同上，页 126。

9. 基佐，*Hsitory of Civilisation in Europe*，页 192。

10. 同上，页 194。

第二十五章

尽管我单举布克哈特的著作，但其它文艺复兴研究也卷帙浩繁，表明概念的扩张早已超越人文主义，从艺术和文化史几乎扩展到了 14 到 16 世纪晚期的变革的所有方面。关于这些世纪，有一份优雅的正统研究是 J. Hale 的 *Civilization of Europe in the Renaissance*（《文艺复兴的欧洲文明》），London，1993；而 Skinner 的 *Foundations of Modern Political Thought*（《现代政治思想的基础》），Cambridge，1979 对政治学说的发展进行了一番整体性的细致考察。尽管 16 世纪超出了本书论述的范围，但托马斯·莫尔的《乌托邦》和伊拉斯谟的《愚人颂》始终是人文主义思想和态度的典型例子，而蒙田的《随笔集》表明了宗教改革之后宗教战争所引发的怀疑主义。

1. J. Burckhardt, *Civilisation of the Renaissance*（《文艺复兴的文明》），London，1944。

2. L. Siedentop, "Two Liberal Traditions"（《两种自由主义传统》），载 A. Ryan 编，*The Idea of Freedom*（《自由的理念》），Oxford，1979。

3. Marsilius of Padua, *Defensor Pacis*（《和平的守卫者》），New York，1991。

4. Thomas a Kempis, *Imitation of Christ*, passim.

5. 转引自 Copleston，*A History of Philosophy*，卷三，页 159。

6. 转引自同上，页 161。

7. 基佐，*Hsitory of Civilisation in Europe*，页 166-81。

索 引

（索引中出现的页码为原书页码，即本书边码）